Bettermann/Hankofer/Lomb/Ried/ter Voert/Wiegand
Kaufleute für Büromanagement – Infoband 3

Lernfelder 9-13

W0461384

Zusätzliche digitale Inhalte für Sie!

Dieses Buch bietet Ihnen mehr als nur eine gedruckte Version! Nutzen Sie die folgenden Möglichkeiten, die Ihnen für dieses Produkt auf mein.kiehl.de zur Verfügung stehen.

Online-Version

Sie haben das gedruckte Exemplar Ihres Buches nicht zur Hand oder möchten etwas schnell recherchieren? Dann nutzen Sie die Online-Version Ihres Buches. Diese steht Ihnen nach Eingabe des folgenden Freischaltcodes direkt zur Verfügung.

Online-Training

Trainieren und überprüfen Sie Ihr Wissen! Anhand der ergänzenden Aufgaben im Online-Training ist dies ganz leicht möglich.

Schalten Sie sich Ihre digitalen Mehrwerte direkt frei

Scannen Sie den QR-Code **oder** rufen Sie die Seite mein.kiehl.de auf.
Geben Sie den Freischaltcode ein und folgen Sie dem Anmeldedialog. Fertig!

Ihr Freischaltcode

BNKF-XBDC-DBKK-BQAV-QJZC-UK

Infoband 3

Kaufleute für Büromanagement

Lernfelder 9-13

Von
Verena Bettermann
Sina Dorothea Hankofer
Ute Lomb
Tina Ried
Ulrich ter Voert
Bettina Wiegand

4., aktualisierte Auflage

kiehl

ISBN 978-3-470-**66134**-6 · 4., aktualisierte Auflage 2024

Kiehl ist eine Marke des NWB Verlags

Satz: SATZ-ART Prepress & Publishing GmbH, Bochum
Druck: Elanders Waiblingen GmbH, Waiblingen

Vorwort

Sie halten den Infoband 3 der dreibändigen Buchreihe für den Ausbildungsberuf „Kaufmann/Kauffrau für Büromanagement" in den Händen. Die Bücher dieser Reihe orientieren sich an den Richtlinien des Rahmenlehrplans und beinhalten für das 3. Ausbildungsjahr die folgenden Lernfelder:

Lernfeld 9: Liquidität sichern und Finanzierung vorbereiten

Lernfeld 10: Wertschöpfungsprozesse erfolgsorientiert steuern

Lernfeld 11: Geschäftsprozesse darstellen und optimieren

Lernfeld 12: Veranstaltungen und Geschäftsreisen organisieren

Lernfeld 13: Ein Projekt planen und durchführen

Der Arbeitsplatz im Büro ist gekennzeichnet durch komplexe Aufgaben, die häufig durch den Einsatz digitaler Medien zu lösen sind. So fordert der Rahmenlehrplan einen handlungsorientierten Unterricht in Lernfeldern, der sich auf praxisnahe Lernsituationen bezieht. Dementsprechend sind die Inhalte in diesem Band nach den Lernfeldern gegliedert und knüpfen an den Erfahrungshorizont der Lernenden an. Der Erwerb der Handlungskompetenz wird dabei insbesondere mit den Dimensionen Fachkompetenz, Selbstkompetenz und Sozialkompetenz charakterisiert. Diesem Anspruch wird das Lehrwerk in Kombination mit dem Band Lernsituationen gerecht. Mittels anschaulicher Informationen, Illustrationen und Beispiele in den fünf Lernfeldern können Sie sich zunächst selbstständig das betriebswirtschaftliche Wissen erarbeiten und dieses anschließend in den praxisnahen Lernsituationen in unterschiedlichen Sozialformen anwenden, teilweise mithilfe geeigneter Softwareprogramme. Gleichzeitig ist der Band mit einem ausführlichen Stichwortverzeichnis ausgestattet und auch deshalb als Nachschlagewerk für den zweiten Teil der anstehenden Abschlussprüfung konzipiert.

Des Weiteren sollen unter dem Stichwort „Methodenkompetenz" Strategien zur Lösung betriebswirtschaftlicher Probleme erworben werden. Hierzu tragen insbesondere die Lernfelder 11 bis 13 bei, denn hier stehen organisatorische Aufgaben und Abläufe im Vordergrund und können darüber hinaus auch bei der Problemlösung in privater Hinsicht Nutzen bringen.

Weiterhin gibt der Rahmenlehrplan vor, dass Fremdsprachenkompetenz integrativer Bestandteil der Lernfelder ist. Auch in der Hinsicht wird dieser Band dem Anspruch gerecht, indem er Ihnen das notwendige englische Vokabular, z. B. für die Organisation von Veranstaltungen und Geschäftsreisen, vermittelt.

Zur Wiederholung und Übung der Inhalte umfasst das Angebot des vorliegenden Infobands die Möglichkeit eines Online-Trainings. Hier bieten Ihnen Single- und Multiple-Choice-Aufgaben sowie Lückentext- und Zuordnungsübungen die Möglichkeit, Ihr Wissen zu reflektieren.

Wir wünschen Ihnen nun viel Erfolg und Spaß beim Arbeiten mit unserem Band **Kaufleute für Büromanagement** und hoffen, Ihnen alle Inhalte klar und deutlich zu vermitteln sowie alle Fragen zu beantworten.

Für Anregungen und Kritik sind wir stets offen. Wenden Sie sich gerne unter feedback@kiehl.de an uns.

Herne, im April 2024 *Ihr Autorenteam*

Hinweis

Aus Gründen der besseren Lesbarkeit verzichten wir auf die gleichzeitige Verwendung der Sprachformen männlich, weiblich und divers (m/w/d). Sämtliche Personenbezeichnungen gelten gleichermaßen für alle Geschlechter.

Feedbackhinweis

Kein Produkt ist so gut, dass es nicht noch verbessert werden könnte. Ihre Meinung ist uns wichtig. Was gefällt Ihnen gut? Was können wir in Ihren Augen verbessern? Bitte schreiben Sie einfach eine E-Mail an: **feedback@kiehl.de**

Benutzungshinweise

Diese Symbole erleichtern Ihnen die Arbeit mit diesem Buch:

TIPP
Hier finden Sie nützliche Hinweise zum Thema.

MERKE
Das X macht auf wichtige Merksätze oder Definitionen aufmerksam.

ACHTUNG
Das Ausrufezeichen steht für Beachtenswertes, wie z. B. Fehler, die immer wieder vorkommen, typische Stolpersteine oder wichtige Ausnahmen.

INFO
Hier erhalten Sie nützliche Zusatz- und Hintergrundinformationen zum Thema.

RECHTSGRUNDLAGE
Das Paragrafenzeichen verweist auf rechtliche Grundlagen, wie z. B. Gesetzestexte.

WISSENSCHECK
In mein**kiehl** steht Ihnen zu jedem Lernfeld ein kostenfreies Online-Training zur Verfügung, das Sie mit dem in diesem Buch abgedruckten Freischaltcode nutzen können.

WEBTIPP
Hier erhalten Sie Internetadressen bzw. Weblinks, auf denen Sie vertiefende Informationen zu den Sachverhalten des jeweiligen Textabschnitts finden.

VERWEISE
Die Pfeile verweisen Sie auf andere Kapitel oder auch Arbeitsblätter desselben Bands sowie auf die anderen Titel aus dieser Reihe.

Hinweise zur Nutzung des Online-Trainings und des Zusatz-Materials zum Buch

Liebe Leserinnen und liebe Leser,

als Erstnutzer des vorliegenden Buches können Sie sich das Online-Training mithilfe des Freischaltcodes von Seite 1 direkt freischalten und zusätzlich die Buchinhalte in mein.kiehl.de recherchieren und nachlesen.

Der Verlag bietet nach dem ersten Nutzungsjahr den nachfolgenden Lesern die Möglichkeit, das Online-Training zu nutzen. Der Aufruf ist dann bis zum Erscheinen der 5. Auflage über den hier genannten Link möglich:

http://go.kiehl.de/PAAAJ-56326

Viel Erfolg und Spaß bei der Nutzung des Online-Angebotes!

Inhaltsverzeichnis

Liquidität sichern und Finanzierung vorbereiten

Das Lernfeld 9 beschäftigt sich mit der Sicherung der Liquidität in Betrieben und mit der Auseinandersetzung von Finanzierungsentscheidungen für Investitionen.

Im täglichen Rechtsgeschäft haben es Unternehmen mit einer Vielzahl von Einzahlungen und Auszahlungen zu tun. Visualisiert wird dies durch den Unternehmenskreislauf von Investition und Finanzierung. Der jeweilige Liquiditätsstatus ist zu ermitteln, um Unter- bzw. Überliquidität zu vermeiden, denn eine gesicherte Liquidität ist existenziell für ein Unternehmen.

Bei der Überwachung der Zahlungseingänge ist immer auch die Kundenbeziehung zu berücksichtigen. Trotzdem spielt u. a. das Mahnwesen als eine Maßnahme im Forderungsmanagement eine große Rolle bei der Sicherung der Liquidität.

Im Rahmen der Unternehmensfinanzierung gilt es, eine Vielzahl von unterschiedlichen Finanzierungsarten zu identifizieren und deren jeweilige Vorteile für das eigene Unternehmen zu nutzen. Hier wird erkennbar, dass Unternehmen bei der Finanzierung durch Fremdkapital andere Chancen nutzen als bei der Eigenfinanzierung. Der jeweilige Nutzenvorteil, bezogen auf die Innen- und Außenfinanzierung, muss ebenfalls im Einzelfall abgewogen werden.

Da die Finanzierung abhängig von der Rechtsform eines Unternehmens ist, beschäftigt sich dieses Kapitel mit der Unterscheidung von Einzel- bzw. Personengesellschaften sowie Kapitalgesellschaften. Außerdem wird identifiziert, wer Kaufmann ist und wie das HGB den Begriff „Firma“ definiert.

Kreditgeber werden in aller Regel eine Sicherheit fordern, wenn sie einen Kredit gewähren. Deshalb werden an dieser Stelle unterschiedliche Kreditsicherheiten erläutert und deren Chancen und Risiken erörtert. Dabei spielt auch die Bonität, die beim Kreditantrag überprüft wird, eine große Rolle. Neben der Feststellung der wirtschaftlichen und persönlichen Kreditwürdigkeit wird auch die Kreditfähigkeit überprüft.

9

1. Investition und Finanzierung

Die Sportina AG steht bei der Annahme von Aufträgen wie fast alle Unternehmen vor der Problematik, dass zwischen Auftragsannahme, Rechnungsstellung und Zahlungseingang ein Zeitraum liegt, in dem z. B. Rohstoffe vorfinanziert werden müssen, die Kapitalfreisetzung aber erst später stattfindet.

Dabei muss sichergestellt werden, dass Zahlungsbeträge und Zahlungstermine genauestens überwacht werden. In aller Regel übernimmt diese Aufgabe die Abteilung Rechnungswesen. Vom Kunden wird die Einhaltung der vereinbarten Zahlungsziele erwartet. Für das Unternehmen ist ein Forderungsmanagement (Kreditmanagement, Debitorenmanagement) besonders wichtig, wie sich im Folgenden zeigt.

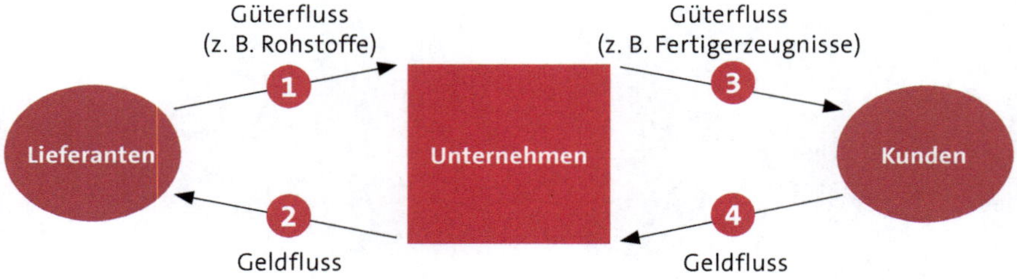

Darstellung von Investition und Finanzierung im Unternehmenskreislauf

Um den Unternehmenskreislauf in Gang zu setzen bzw. in Gang zu halten, beziehen Unternehmen von ihren Lieferanten Leistungen, um diese dann an ihre Kunden in geänderter oder auch gleicher Form zu verkaufen (= Güterstrom). Im Gegenzug fließt für diese Leistung Geld. Das Unternehmen muss die erhaltenen Leistungen bezahlen und auch die Kunden zahlen für die erhaltenen Leistungen (= Geldstrom).

MERKE

Finanzierung ist die Beschaffung des Kapitals!

Investition ist die Verwendung des Kapitals!

Jedes Unternehmen benötigt zur Finanzierung von Investitionen Kapital. Dieser Zusammenhang lässt sich in der Darstellung einer Bilanz verdeutlichen:

A	Bilanz P
Anlagevermögen (z. B. Maschinen)	**Eigenkapital**
Umlaufvermögen (z. B. Rohstoffe)	**Fremdkapital**

Die Aktivseite der Bilanz enthält die Darstellung der Investitionen eines Unternehmens (= Mittelverwendung/Kapitaleinsatz), die Passivseite der Bilanz enthält die Darstellung der Finanzierung eines Unternehmens (= Mittelherkunft/Kapitalbeschaffung).

Hat ein Unternehmen einen kurzfristigen Kredit aufgenommen (= Finanzierung), um Rohstoffe einzukaufen (= Investition), wird die Bedeutung des Begriffs „Kapitalbedarf" deutlich. Die eingekauften Rohstoffe werden im Unternehmen i. d. R. zunächst gelagert, bevor sie weiterverarbeitet werden. Bis sie schließlich an den Kunden verkauft werden können, ist oft ebenfalls eine Zwischenlagerung notwendig. Meistens erhalten die Kunden die Produkte auf Rechnung, sodass mit dem Zahlungseingang einige Tage nach Auslieferung der Produkte zu rechnen ist. Die Beschaffung (und damit der Zahlungsausgang) der Rohstoffe nach Auftragseingang bindet also Kapital, das erst nach dem Absatz (und damit dem Zahlungseingang) der Produkte freigesetzt wird.

Durch das hier dargestellte zeitliche Auseinanderfallen von Auszahlungen (erfolgen früher) und Einzahlungen (erfolgen später) entsteht der Kapitalbedarf. Bei Neugründung von Unternehmen entsteht der Kapitalbedarf außerdem dadurch, dass die Auszahlungen die Einzahlungen deutlich übersteigen.

Aerostepp

Aerostepp e. K. • Löhner Straße 215 • 32609 Hüllhorst

Sportina AG
Holsterhauser Straße 202
44625 Herne

Ihr Zeichen:	Schn
Unser Zeichen:	WE
Unsere Nachricht vom:	
Name:	Herr Wertmann
Telefon:	05744 9200500
Telefax:	05744 92005099
E-Mail:	info@aerostepp.de

Rechnungsnummer: 12645 Lieferdatum: 08.04.20xx
Kundennummer: 5000

Sehr geehrte Damen und Herren,

wir erlauben uns, Ihnen die von uns gelieferten Stepper 5100 Swinging-Feet in Rechnung zu stellen.

Rabatt

Pos.	Bezeichnung	Menge	Einzelpreis	Gesamtpreis
1	5100 Swinging-Feet	65	295,00 €	19.175,00 €
	abzgl. 10 % Händlerrabatt			1.917,50 €
	Nettobetrag			17.257,50 €
	zuzüglich 19 % Umsatzsteuer			3.278,93 €
	Bruttobetrag			20.536,43 €
				=========

Zahlungsziel Skonto

Unsere Zahlungsbedingungen:

Zahlungsziel 30 Tage. Bei Zahlung innerhalb von 10 Tagen gewähren wir 2 % Skonto.
Bei Erreichen einer Umsatzhöhe von 100.000,00 € netto im laufenden Geschäftsjahr gewähren wir Ihnen eine Jahresrückvergütung in Höhe von 3 % auf den Gesamtumsatz.

Bonus

Vielen Dank für Ihren Auftrag.
Auch für die Zukunft sind wir gern wieder Ihr verlässlicher Partner.

Mit freundlichen Grüßen

i. A. Wertmann

Geschäftsführer:
Andreas Nolte

Amtsgericht Lübbecke HRA 2244
Ust.-ID-Nr. DE789654213

Bankverbindung:
IBAN DE49 2623 6413 2407 7254 28
BIC GENODEM1SNA

liquiditätsbeeinflussende Zahlungsbedingungen (in einer Beispielrechnung)

Insgesamt werden Unternehmen darauf achten, dass sie einem Kunden nur bis zu einer bestimmten, intern festgelegten Höchstgrenze (= Kreditlinie) Kredit gewähren, um sich vor größeren Kreditausfällen zu schützen.

1.1 Liquidität

MERKE

Liquidität beschreibt in der Betriebswirtschaftslehre die Fähigkeit eines Unternehmens, Zahlungsverpflichtungen termingerecht nachzukommen.

Zur Bewertung der Liquidität stehen den Unternehmen **Liquiditätskennzahlen** zur Verfügung. Diese Kennzahlen geben Auskunft darüber, wie viel Prozent des kurzfristigen Fremdkapitals jeweils gedeckt sind durch

1. die flüssigen Mittel (z. B. Guthaben Kasse oder Guthaben Bank)
2. die flüssigen Mittel und die Forderungen
3. das Umlaufvermögen.

MERKE

$$\text{Liquidität 1. Grades in \% (Liquidität I)} = \frac{\text{flüssige Mittel}}{\text{kurzfristiges Fremdkapital}} \cdot 100$$

$$\text{Liquidität 2. Grades in \% (Liquidität II)} = \frac{\text{flüssige Mittel + Forderungen}}{\text{kurzfristiges Fremdkapital}} \cdot 100$$

$$\text{Liquidität 3. Grades in \% (Liquidität III)} = \frac{\text{Umlaufvermögen}}{\text{kurzfristiges Fremdkapital}} \cdot 100$$

INFO

- Für die Liquidität 1. Grades, auch **Barliquidität** genannt, gilt:

  Flüssige Mittel, also Bargeld im Kassenbestand oder Guthaben auf Bankkonten können für die Tilgung der kurzfristigen Schulden herangezogen werden. Da nicht das gesamte kurzfristige Fremdkapital sofort fällig ist, gilt hier als ausreichende Liquidität ein Wert von 20 %.
- Für die Liquidität 2. Grades, auch **einzugsbedingte Liquidität** genannt, gilt:

  Flüssige Mittel und Forderungen sollten die kurzfristigen Verbindlichkeiten decken. Hier ist also ein Wert von 100 % ideal.
- Für die Liquidität 3. Grades, auch **umsatzbedingte Liquidität** genannt, gilt:

  Das Umlaufvermögen sollte das kurzfristige Fremdkapital auf jeden Fall übersteigen. Hier sollte die Kennzahl mindestens 200 % betragen.

Zu beachten ist, dass die Aussagekraft der Liquiditätskennzahlen durch verschiedene Gründe eingeschränkt ist, sie geben aber im Zeitvergleich Auskunft darüber, ob sich die Liquiditätslage ändert (entspannt oder angespannter wird).

Werden diese Werte erreicht, ist das Unternehmen liquide. Sind die berechneten Werte höher, liegt **Überliquidität** vor; sind die berechneten Werte zu niedrig, liegt **Unterliquidität** vor. Sollte ein Unternehmen seinen Zahlungsverpflichtungen überhaupt nicht mehr nachkommen können, so liegt **Illiquidität** vor.

Die Unterdeckung von liquiden Mitteln kann für ein Unternehmen existenzbedrohend sein. Es sollte daher Maßnahmen gegen eine drohende Illiquidität ergreifen.

Maßnahmen bei Zahlungseingängen:

- kürzere Zahlungsziele vereinbaren
- Skonto anbieten/erhöhen
- mit Kunden Teilzahlungen vereinbaren
- Zahlungseingänge mit einer Offenen-Posten-Liste überwachen
- bei Aufträgen von Neukunden Bonitätsprüfungen durchführen
- Inkassounternehmen beauftragen
- das kaufmännische Mahnverfahren einleiten
- das gerichtliche Mahnverfahren einleiten
- usw.

Maßnahmen bei Zahlungsausgängen:

- Zahlungsziele ausnutzen
- mit Lieferanten Ratenzahlung vereinbaren
- usw.

Maßnahmen generell:

- kurzfristiges Kapital am Kapitalmarkt beschaffen (Hausbank)
- usw.

Demgegenüber ist die Überdeckung ein Rentabilitätsproblem, da hierbei Zinsverluste entstehen.

1.2 Bilanzkennzahlen

Zur Beurteilung der Finanzlage eines Unternehmens dienen noch weitere Kennzahlen. Die Ergebnisse, die eine Bilanzanalyse erbringt, sind bei ihrer Beurteilung jeweils abhängig vom Unternehmen selbst. Das heißt, dass die Daten aus der Vergangenheit immer eine Berücksichtigung finden sollten. Es ist auch von der jeweiligen Branche abhängig, zu welchem Ergebnis die Kennzahlen führen.

1.2.1 Eigenkapitalquote/Fremdkapitalquote/Verschuldungsgrad

Die **Eigenkapitalquote, die Fremdkapitalquote** und der **Verschuldungsgrad** (auch Anspannungskoeffizient) geben Auskunft über die Dispositionsfreiheit bzw. die Abhängigkeit von Gläubigern.

$$\text{Eigenkapitalquote in \%} = \frac{\text{Eigenkapital} \cdot 100}{\text{Gesamtkapital}}$$

Zur Bewertung dieser Kennzahl gilt, dass Unternehmen mit einer hohen Eigenkapitalquote unabhängiger von Gläubigern sind.

$$\text{Fremdkapitalquote in \%} = \frac{\text{Fremdkapital} \cdot 100}{\text{Gesamtkapital}}$$

Die Fremdkapitalquote gibt Aufschluss über die Verschuldung des Unternehmens. Hierbei gilt, je höher die Quote, umso höher ist die Abhängigkeit von Gläubigern.

$$\text{Verschuldungsgrad in \%} = \frac{\text{Fremdkapital} \cdot 100}{\text{Eigenkapital}}$$

Der Verschuldungsgrad zeigt das Verhältnis von Fremdkapital zu Eigenkapital. Auch hier sollte die Unternehmensleitung beachten, dass bei einem Ergebnis über 100 % das Fremdkapital die eigenen Mittel übersteigt und so eine Abhängigkeit von den Fremdkapitalgebern gegeben ist. Branchenabhängig sollte daher ein Verschuldungsgrad von < 200 % als Zielwert angestrebt werden.

1.2.2 Anlagenquote/Umlaufquote

Wie hoch die Anlagenintensität ist, zeigt die **Anlagenquote**.

$$\text{Anlagenquote in \%} = \frac{\text{Anlagevermögen} \cdot 100}{\text{Gesamtvermögen}}$$

Je höher das Ergebnis dieser Kennzahl, umso höher ist auch der Fixkostenblock, den das Unternehmen jährlich zu tragen hat.

$$\text{Umlaufquote in \%} = \frac{\text{Umlaufvermögen} \cdot 100}{\text{Gesamtvermögen}}$$

Die Höhe der Umlaufquote (Umlaufintensität) gibt Auskunft über die Kapitalbindung. Diese ist bei einer hohen Umlaufquote kurzfristig. Es gilt zu beachten, dass es Unternehmensbranchen mit hoher Anlagenintensität gibt, ebenso wie es Branchen mit hoher Umlaufintensität (z. B. ein Handelsunternehmen) gibt.

1.2.3 Deckungsgrad

Die **goldene Bilanzregel** fordert, dass langfristig im Unternehmen gebundenes Kapital auch langfristig finanziert werden sollte. Gemessen werden kann diese Regel mit dem **Deckungsgrad I** (auch Anlagendeckung durch Eigenkapital).

$$\text{Deckungsgrad I in \%} = \frac{\text{Eigenkapital} \cdot 100}{\text{Anlagevermögen}}$$

Wird das Anlagevermögen ausschließlich mit Eigenkapital finanziert, so stehen dem langfristig im Unternehmen gebundenen Kapital Finanzierungsmittel zur Verfügung, die unbefristet im Unternehmen verbleiben. Da dies in der Regel von Unternehmen nicht bewerkstelligt werden kann, sollte zur weiteren Finanzierung des Anlagevermögens langfristiges Fremdkapital dienen. Dies zeigt sich im Deckungsgrad II, bei dem die Summe aus Eigenkapital und langfristigem Fremdkapital ins Verhältnis zum Anlagevermögen gesetzt wird.

$$\text{Deckungsgrad II in \%} = \frac{(\text{Eigenkapital} + \text{langfristiges Fremdkapital}) \cdot 100}{\text{Anlagevermögen}}$$

1.2.4 Rentabilitätskennzahlen

Neben der Beurteilung der Finanzlage ist auch die Betrachtung der Erfolgslage für den Unternehmer von Bedeutung. Zum einen möchte er hier wissen, ob sich die Investition des Kapitals lohnt. Hierzu geben ihm die **Rentabilität des Eigenkapitals (Eigenkapitalrentabilität)** und die **Rentabilität des Gesamtkapitals (Gesamtkapitalrentabilität)** Auskunft. Der Unternehmer setzt hierbei Daten aus der Gewinn- und Verlustrechnung ins Verhältnis zu Daten aus der Bilanz.

$$\text{Rentabilität des Eigenkapitals in \%} = \frac{\text{Gewinn} \cdot 100}{\text{Eigenkapital}}$$

Auf diesem Weg kann die Unternehmerrentabilität berechnet werden.

$$\text{Rentabilität des Gesamtkapitals in \%} = \frac{(\text{Gewinn} + \text{Fremdkapitalzinsen}) \cdot 100}{\text{Gesamtkapital}}$$

Mit dieser Kennzahl ermittelt der Unternehmer die Unternehmensrentabilität.

Da für ein Unternehmen der Umsatz eine erhebliche Rolle spielt, wird mithilfe der Umsatzrentabilität eine Aussage über den Anteil des Gewinns an den Umsatzerlösen verdeutlicht.

$$\text{Umsatzrentabilität in \%} = \frac{\text{Gewinn} \cdot 100}{\text{Umsatz}}$$

1.3 Bonitätsprüfung

Bei der Bearbeitung der Auftragseingänge von Neukunden sollten Unternehmen eine Bonitätsprüfung durchführen, wenn sie keine Vorauszahlung verlangen. Da in der Regel die Auslieferung der Produkte auf Rechnung mit einem Zahlungsziel erfolgt, gewährt der Verkäufer seinem Kunden einen sogenannten Lieferantenkredit. Deshalb sollten die **Kreditfähigkeit**, also die rechtlichen Verhältnisse des Kunden, und die **materielle Kreditwürdigkeit**, also die wirtschaftlichen Verhältnisse des Kunden, überprüft werden.

LF 9, Kap. 5.2

Bei der Feststellung der Kreditwürdigkeit haben die Unternehmen die Möglichkeit, sich an gewerbliche Auskunfteien (z. B. SCHUFA Holding AG, Verband der Vereine Creditreform e. V.) zu wenden, um verlässliche Informationen zu erhalten. Der Datenschutz bleibt dadurch gewahrt, weil nur die Unternehmen Informationen erhalten, die ein berechtigtes Interesse glaubhaft darlegen.

Eine weitere Möglichkeit, die Kreditwürdigkeit zu prüfen, ist die Abgabe einer **Selbstauskunft**. Die Form dieser Selbstauskünfte ist frei, es können mündliche, wie auch schriftliche Selbstauskünfte gegeben werden. Der Kreditgeber wird hier konkret Fragen zur Einkommens- und Vermögenssituation stellen und sich diese ggf. mit Nachweisen belegen lassen (z. B. Kontoauszug, Bilanz, Einkommensnachweis).

Grundsätzlich ist bezüglich der Selbstauskunft geregelt, dass der Nutzer nur Fragen stellt, die er für den konkreten Zweck benötigt. Fragen, die darüber hinausgehen, sind unzulässig (= Datensparsamkeit) und müssen nicht beantwortet werden (= Auskunftsverweigerungsrecht). Macht der zukünftige Vertragspartner vorsätzlich falsche bzw. unvollständige Angaben liegt ein Betrug vor, der zur Anzeige gebracht werden kann (= Wahrheitspflicht). Die in der Selbstanzeige gemachten Angaben dürfen anderweitig nicht verwendet werden (= Datensicherheit).

Neben der Selbstauskunft und der Auskunft der gewerblichen Auskunfteien kann vom Vertragspartner noch eine **Bankauskunft** angefordert werden. Bei einer Bankauskunft gibt das Kreditinstitut (Bank) allgemein gehaltene Auskünfte über die wirtschaftlichen Verhältnisse, das Zahlungsverhalten und das Geschäftsgebaren des Kunden. Diese Auskünfte erfolgen auf der Basis der „Grundsätze für die Durchführung des Bankauskunftsverfahrens zwischen Kreditinstituten". Trotz Bedeutung der Bankauskunft soll das Bankgeheimnis gewahrt bleiben. Daher werden keine Angaben über z. B. Kontostände gemacht.

Ein weiterer Aspekt, der bei der Bonitätsprüfung eine Rolle spielt, ist die Feststellung, wie zahlungswillig der Kunde ist (= **persönliche Kreditwürdigkeit**). Besteht bereits eine Geschäftsverbindung mit dem Kunden, hat der Unternehmer Informationen aus der eigenen Kundendatei, die ihm Auskunft hierüber gibt. Wurden bspw. die letzten Rechnungen immer fristgerecht gezahlt oder konnte der Zahlungseingang erst nach vorangegangener Mahnung ausgebucht werden? Ansonsten ist es schwierig, die persönliche Kreditwürdigkeit zu erkennen.

Neben der Überprüfung der Kreditwürdigkeit ist die Frage nach der **Kreditfähigkeit** zu stellen. Kreditfähig ist, wer rechtswirksam Kreditverträge schließen kann. Alle natürlichen Personen, die voll geschäftsfähig sind, sind damit auch kreditfähig. Für juristische Personen des privaten und des öffentlichen Rechts sowie für Personenhandelsgesellschaften gilt dies ebenso.

Will eine beschränkt geschäftsfähige minderjährige Person einen Kreditvertrag abschließen, so muss neben der Zustimmung der gesetzlichen Vertreter auch die Genehmigung durch das Vormundschaftsgericht vorliegen.

1.4 Inkasso durch Inkassounternehmen

Unter **Inkasso** wird das Einziehen fälliger Beträge verstanden. Da viele Unternehmen das Inkasso aus der Hand geben und spezialisierte Inkassounternehmen beauftragen, bezeichnet der Begriff „Inkasso" auch das geschäftsmäßige Einziehen fälliger Forderungen.

Wenn ein Unternehmen ein Inkassounternehmen mit dem Forderungseinzug beauftragt, übernimmt dieses dann z. B. die weitere Korrespondenz. Welche Aufgaben das Inkassounternehmen genau übernimmt, wird vertraglich festgelegt. Für diese Dienstleistung wird eine Vergütung gezahlt.

Gründe für den Einbezug eines auf Inkasso spezialisierten Unternehmens sind z. B. Kostenersparnis (weniger Personal, ...) und die speziellen Kenntnisse und Fertigkeiten des Inkassounternehmens. Das kaufmännische Mahnverfahren wird je nach Vertrag dann nicht vom Gläubiger eingeleitet, sondern vom Inkassounternehmen. Dies gilt dann ebenso für das gerichtliche Mahnverfahren.

1.5 Das kaufmännische Mahnverfahren

Bevor der Gläubiger das Mahnverfahren in Gang setzt, sollte er überprüfen, ob die Voraussetzungen für den Zahlungsverzug (auch bezeichnet als Nicht-Rechtzeitig-Zahlung) vorliegen. Rechtsgrundlage hierfür ist § 286 BGB.

RECHTSGRUNDLAGE

§ 286 BGB Verzug des Schuldners

(1) Leistet der Schuldner auf eine Mahnung des Gläubigers nicht, die nach dem Eintritt der Fälligkeit erfolgt, so kommt er durch die Mahnung in Verzug. Der Mahnung stehen die Erhebung der Klage auf die Leistung sowie die Zustellung eines Mahnbescheids im Mahnverfahren gleich.

(2) Der Mahnung bedarf es nicht, wenn

1. für die Leistung eine Zeit nach dem Kalender bestimmt ist,
2. der Leistung ein Ereignis vorauszugehen hat und eine angemessene Zeit für die Leistung in der Weise bestimmt ist, dass sie sich von dem Ereignis an nach dem Kalender berechnen lässt,
3. der Schuldner die Leistung ernsthaft und endgültig verweigert,
4. aus besonderen Gründen unter Abwägung der beiderseitigen Interessen der sofortige Eintritt des Verzugs gerechtfertigt ist.

(3) Der Schuldner einer Entgeltforderung kommt spätestens in Verzug, wenn er nicht innerhalb von 30 Tagen nach Fälligkeit und Zugang einer Rechnung oder gleichwertigen Zahlungsaufstellung leistet; dies gilt gegenüber einem Schuldner, der Verbraucher ist, nur, wenn auf diese Folgen in der Rechnung oder Zahlungsaufstellung besonders hingewiesen worden ist. Wenn der Zeitpunkt des Zugangs der Rechnung oder Zahlungsaufstellung unsicher ist, kommt der Schuldner, der nicht Verbraucher ist, spätestens 30 Tage nach Fälligkeit und Empfang der Gegenleistung in Verzug.

[...]

Laut § 286 BGB bedarf es also einer Mahnung, damit der Schuldner in Zahlungsverzug gerät. Allerdings ist unter bestimmten Voraussetzungen eine Mahnung entbehrlich. Zum einen muss der Schuldner nicht noch einmal angemahnt werden, wenn ein Fälligkeitstermin bereits festgelegt (also bestimmt) wurde (z. B. Rechnung zahlbar bis spätestens 30.06.20..). Weiterhin ist eine Mahnung entbehrlich, wenn der Fälligkeitstermin bestimmbar, also sich nach einem Ereignis oder nach dem Kalender berechnen lässt (z. B. Rechnung zahlbar spätestens 14 Tage nach Erhalt der Rechnung). Ist der Zahlungszeitpunkt weder kalendermäßig bestimmt noch kalendermäßig bestimmbar, so tritt der Zahlungsverzug nach Ablauf von 30 Tagen ab Rechnungszugang beim Schuldner ein.

Obwohl der Gesetzgeber in § 286 BGB den Hinweis gibt, dass der Gläubiger die Wahl hat zwischen der Mahnung, der Erhebung der Klage oder der Zustellung eines Mahnbescheids, wird der Verkäufer zunächst versuchen, mithilfe des kaufmännischen Mahnverfahrens den Käufer zur Zahlung zu bewegen, wenn dieser seinen Zahlungsverpflichtungen nicht nachkommt.

Das Mahnverfahren läuft dabei unternehmensindividuell ab. In der Regel wird der Gläubiger seinen säumigen Zahler mit einem ersten Schreiben an die Begleichung der Rechnung freundlich erinnern. Hat der Verkäufer schon erste negative Erfahrungen mit dem Käufer sammeln können, wird diese erste Mahnung bereits fordernd formuliert werden. Mit dieser ersten Mahnung und der Mitteilung einer Nachfrist für die Zahlung ist diese dann in jedem Fall fällig. Nach Ablauf der Nachfrist bleibt es dem Unternehmer überlassen, weitere Mahnungen zu versenden. In einigen Unternehmen ist es üblich, bis zu drei Mahnungen abzuschicken, bevor das gerichtliche Mahnverfahren eingeleitet wird. Eine zweite Mahnung kann in Abhängigkeit der Kundenbeziehung eine weitere Erinnerungsformulierung sein, es ist hier aber schon möglich, dass der Unternehmer mit Nachdruck auf die Zahlung der Rechnung hinweist. In einer dritten Mahnung wird der Gläubiger seinen Ton noch verschärfen, um den Kunden zur Zahlung zu bewegen.

1.6 Das gerichtliche Mahnverfahren

In einigen Fällen bleibt das außergerichtliche Mahnverfahren leider erfolglos und die Forderung seitens des Gläubigers wird nicht erfüllt. Nun hat der Verkäufer die Möglichkeit, einen Mahnbescheid beim Mahngericht zu beantragen. Um das Mahnverfahren zu beantragen benötigt der Unternehmer keinen Rechtsanwalt. Er muss nur auf einem offiziellen Formular einen Antrag stellen.

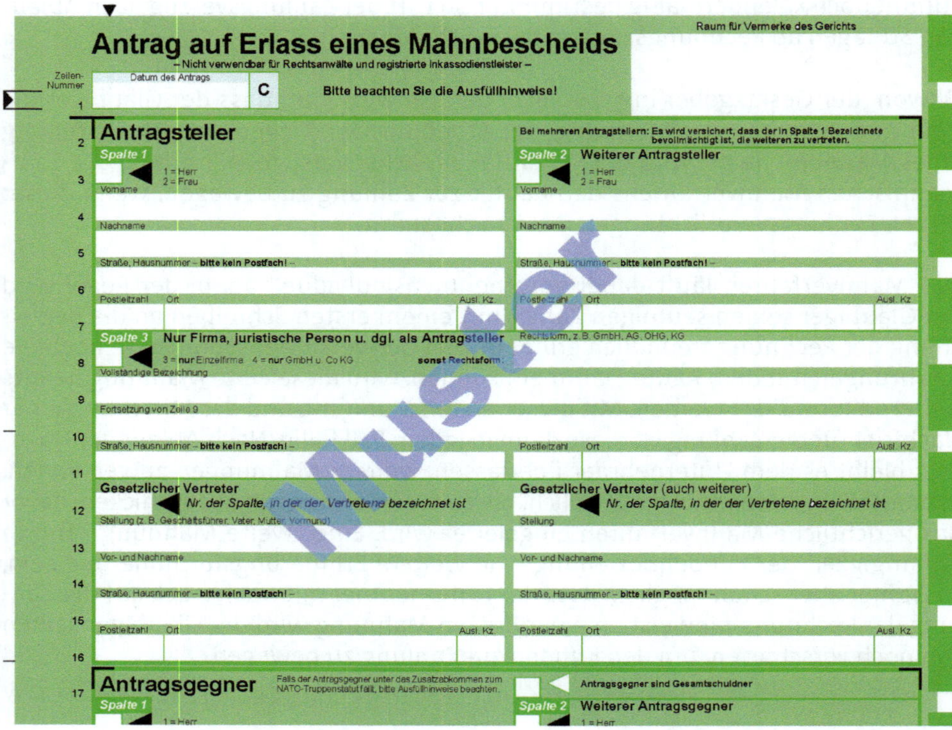

Antrag auf Erlass eines Mahnbescheids
– Nicht verwendbar für Rechtsanwälte und registrierte Inkassodienstleister –

Raum für Vermerke des Gerichts

Zeilen-Nummer

1 Datum des Antrags C Bitte beachten Sie die Ausfüllhinweise!

2 **Antragsteller** — Bei mehreren Antragstellern: Es wird versichert, dass der in Spalte 1 Bezeichnete bevollmächtigt ist, die weiteren zu vertreten.

Spalte 1 — Spalte 2 Weiterer Antragsteller

3 1 = Herr 2 = Frau — 1 = Herr 2 = Frau

Vorname — Vorname

4 Nachname — Nachname

5 Straße, Hausnummer – bitte kein Postfach! – — Straße, Hausnummer – bitte kein Postfach! –

6 Postleitzahl Ort Ausl. Kz. — Postleitzahl Ort Ausl. Kz.

7 Spalte 3 Nur Firma, juristische Person u. dgl. als Antragsteller — Rechtsform, z. B. GmbH, AG, OHG, KG

8 3 = nur Einzelfirma 4 = nur GmbH u. Co KG sonst Rechtsform:

Vollständige Bezeichnung

9 Fortsetzung von Zeile 9

10 Straße, Hausnummer – bitte kein Postfach! – — Postleitzahl Ort Ausl. Kz.

11 Gesetzlicher Vertreter — Gesetzlicher Vertreter (auch weiterer)

12 Nr. der Spalte, in der der Vertretene bezeichnet ist — Nr. der Spalte, in der der Vertretene bezeichnet ist

Stellung (z. B. Geschäftsführer, Vater, Mutter, Vormund) — Stellung

13 Vor- und Nachname — Vor- und Nachname

14 Straße, Hausnummer – bitte kein Postfach! – — Straße, Hausnummer – bitte kein Postfach! –

15 Postleitzahl Ort Ausl. Kz. — Postleitzahl Ort Ausl. Kz.

16

17 **Antragsgegner** — Falls der Antragsgegner unter das Zusatzabkommen zum NATO-Truppenstatut fällt, bitte Ausfüllhinweise beachten. — Antragsgegner sind Gesamtschuldner

Spalte 1 1 = Herr — Spalte 2 Weiterer Antragsgegner 1 = Herr

Muster

Auf dem Antrag vermerkt der Gläubiger die Geldforderung und die beteiligten Personen. Einen Nachweis über die Fälligkeit muss der Gläubiger nicht erbringen.

www.online-mahnantrag.de

Neben der handschriftlichen Antragstellung besteht auch die Möglichkeit, einen Online-Mahnantrag zu stellen.

Der Antrag muss unabhängig vom Streitwert beim zuständigen Amtsgericht (= Mahngericht) gestellt werden. Geht der Antrag auf Mahnverfahren bei Gericht ein, so werden Gerichtskosten fällig. Die Höhe der Gerichtskosten ist abhängig vom Wert der Beträge, die als Hauptforderung geltend gemacht werden (mind. 36 €).

Nach Eingang des Antrags auf Erlass eines Mahnbescheids prüft das Gericht die formellen Voraussetzungen, erlässt den Mahnbescheid und stellt diesen dem Schuldner zu. Den Gläubiger benachrichtigt das Gericht über das Zustellungsdatum.

Wenn der Schuldner nun zahlt, ist das Mahnverfahren beendet. Falls die Forderung nicht rechtmäßig ist hat der Schuldner die Möglichkeit, binnen zwei Wochen Widerspruch einzulegen. Über diesen Widerspruch wird mündlich verhandelt. Falls im Ergebnis festgestellt wird, dass der Widerspruch gerechtfertigt war, muss der Schuldner nicht zahlen. Sollte jedoch der Widerspruch zurückgewiesen werden, endet das Mahnverfahren und geht in ein normales Gerichtsverfahren (Antrag auf Vollstreckungstitel) über.

Falls der Schuldner nicht reagiert, erlässt das Amtsgericht auf Antrag des Gläubigers einen Vollstreckungsbescheid. Der Antrag muss spätestens sechs Monate nach Zustellung des Mahnbescheids gestellt werden. Nach Zustellung des Vollstreckungsbescheids hat der Schuldner die letzte Möglichkeit zu zahlen. Geht die Zahlung beim Gläubiger ein, ist das Mahnverfahren beendet, reagiert der Schuldner nicht, wird der Vollstreckungsbescheid rechtskräftig und das Mahnverfahren endet. Nachdem nun der Vollstreckungsbescheid rechtskräftig geworden ist, besteht die Möglichkeit der Zwangsvollstreckung in das bewegliche (z. B. Pfändung von Lohnforderungen, Pfändung von Einrichtungsgegenständen) und in das unbewegliche Vermögen (Zwangsversteigerung von Grundstücken) des Schuldners. Hierbei wird sich eines Gerichtsvollziehers bedient.

Wie auch gegen den Mahnbescheid kann der Schuldner gegen den Vollstreckungsbescheid Einspruch innerhalb von zwei Wochen einlegen. Damit endet das Mahnverfahren und geht in ein normales Gerichtsverfahren über. In diesem Gerichtsverfahren wird nun festgestellt, ob sich der Schuldner im Recht befindet oder aber ob der Gläubiger im Recht ist. Wenn der Schuldner also seiner Zahlungsverpflichtung trotz Gerichtsurteil nicht nachkommt, kann der Gläubiger die Zwangsvollstreckung einleiten. Hierbei wird ein Zugriff auf das Vermögen des Schuldners möglich. Eine Zwangsvollstreckung ist in bewegliche Sachen, in unbewegliche Sachen aber auch in Rechte und Forderungen möglich. Ein Gerichtsvollzieher pfändet nun Gegenstände (d. h. er nimmt Wertgegenstände als Pfand mit sich; bzw. klebt ein Pfandsiegel auf Gegenstände) im Wert der Forderung. Von der Pfändung ausgeschlossen sind lebensnotwendige Dinge und Sachen, die der Schuldner zwingend zur Ausübung seiner Arbeit benötigt. Begleicht der Schuldner nun immer noch nicht die Forderung, können die gepfändeten Gegenstände öffentlich versteigert werden. Aus dem Erlös werden dann die Schulden aber auch die Verfahrenskosten beglichen.

Sollte die Zwangsvollstreckung erfolglos sein, kann eine eidesstattliche Versicherung des Schuldners erwirkt werden. Dabei muss der Schuldner sein gesamtes Vermögen offenlegen und die Richtigkeit seiner Angaben unter „Eides statt“ versichern. Erscheint der Schuldner zur Offenlegung seiner wirtschaftlichen Verhältnisse nicht vor Gericht, ergeht Haftbefehl gegen ihn. Die eidesstattliche Versicherung wie auch der Haftbefehl werden in ein Schuldnerverzeichnis bei Gericht eingetragen.

Generell kann auf das gerichtliche Mahnverfahren verzichtet werden und der Schuldner direkt beim zuständigen Amtsgericht (am Wohn- bzw. Geschäftssitz des Beklagten) bzw. beim zuständigen Landgericht (am Wohn- bzw. Geschäftssitz des Beklagten) verklagt werden, wenn der Streitwert über 5.000 € liegt.

1.7 Verzugszinsen

Dem Verkäufer stehen bei Zahlungsverzug verschiedene Rechte zu. Unter anderem kann er auf Erfüllung des Vertrags bestehen und neben dem Ersatz des Schadens, der ihm durch den Zahlungsverzug entsteht (z. B. Kosten für die Mahnung), auch Verzugszinsen berechnen.

§ 288 BGB (Verzugszinsen und sonstiger Verzugsschaden) gibt vor, dass eine Geldschuld während des Verzugs zu verzinsen ist. Der Verzugszinssatz beträgt dabei für das Jahr fünf Prozentpunkte über dem Basiszinssatz. Den Basiszins legt die Deutsche Bundesbank halbjährlich fest, seit dem 01.07.2023 beträgt er 3,12 %. Bei zweiseitigen Handelsgeschäften liegt der Zinssatz für Entgeltforderungen neun Prozentpunkte über dem Basiszinssatz.

Für die Berechnung der Verzugszinsen wird nach der taggenauen Zinsmethode (act/act) vorgegangen, wobei das Jahr mit 365 und das Schaltjahr mit 366 Tagen berechnet werden. In der Regel beginnt der Verzugszeitraum einen Tag nach dem Fälligkeitsdatum. Fällt der Fälligkeitstag auf einen Samstag, Sonntag oder Feiertag, so gilt laut § 193 BGB als Fälligkeitstag der nächste Werktag.

Beispiele

(Fälligkeit: 31.12.2023) Verzugszeitraum: 01.01.2024 - 30.06.2024 = 182 Tage (2024 Schaltjahr)

(Fälligkeit: 31.12.2024) Verzugszeitraum: 01.01.2025 - 30.06.2025 = 181 Tage

(Fälligkeit: 25.12.2024) Verzugszeitraum: 27.12.2024 - 30.06.2025 = 186 Tage (25.12. Feiertag, 26.12. Feiertag, 27.12. Fälligkeit)

Bei Verzugszinsen wird kein Zinseszins berücksichtigt.

1.8 Die Auswirkung dieser Maßnahmen auf die Kundenbeziehung

Um sich vor Zahlungsausfällen zu schützen und das Risiko einer Illiquidität zu vermeiden, wurden verschiedene Maßnahmen beschrieben. Die Einbeziehung dieser Maßnahmen hat immer auch Auswirkung auf die Kundenbeziehung. Je nachdem, wie risikobereit der Unternehmer ist, wird er auf entsprechende Maßnahmen verzichten, um die neu entstehende oder bereits existierende Kundenbeziehung nicht zu gefährden. Auch hier gilt die Maxime, dass es ungleich schwerer ist, neue Kunden zu gewinnen, als alte zu halten.

Der Unternehmer steht also vor der schwierigen Entscheidung, die Forderung zu realisieren ohne die eigentliche Geschäftsbeziehung zu belasten. Diese Problematik zu lösen obliegt unter Abwägung der Vor- und Nachteile jedem Unternehmer selbst.

Für den Unternehmer gilt hier also, dass der Forderungsausfall von vornherein vermieden werden sollte. Bestimmte Risikofaktoren können dabei im Vorfeld bereits berücksichtigt werden. Neben der Bonitätsprüfung hat der Verkäufer die Möglichkeit, sich bei den zuständigen Kammern Informationen über die Geschäftspartner einzuholen. Daneben dient auch das Handelsregister bzw. das Unternehmensregister als eine weitere Grundlage zur Informationsbeschaffung. Auch über das Schuldnerverzeichnis kann sich der Verkäufer ein Bild seines Geschäftspartners machen.

Selbst bei der Ausgestaltung der Verträge hat der Verkäufer Möglichkeiten, einen Forderungsausfall gar nicht erst eintreten zu lassen. Mit Neukunden, über die er nur wenige Informationen hat, kann er z. B. Vorkasse vereinbaren. In diesem Fall wird er erst liefern, wenn der Kunde seine Rechnung im Vorfeld bezahlt hat. Er hat dabei aber zu beachten, dass sich der Kunde evtl. nicht auf die Zahlungsmodalität einlässt und dadurch ein Vertrag nicht zustande kommt.

Des Weiteren kann er die Ware unter Eigentumsvorbehalt liefern oder auf andere Sicherungsmittel zurückgreifen.

LF 9, Kap. 7.

Auch bei der eben beschriebenen Forderungsdurchsetzung hat er es in der Hand, die Kundenbeziehung nicht zu gefährden.

1.9 Die Verjährung von Forderungen

RECHTSGRUNDLAGE

§ 194 BGB Gegenstand der Verjährung

(1) Das Recht, von einem anderen ein Tun oder Unterlassen zu verlangen (Anspruch), unterliegt der Verjährung.

[...]

Der Gesetzgeber erreicht mit Formulierung dieses Paragrafen eine Rechtssicherheit und die Wahrung des Rechtsfriedens, weil nach Ablauf einer festgelegten Zeit die Ansprüche gegen einen Schuldner verjähren. Hiermit sind nicht nur vertragliche Ansprüche (z. B. Kaufpreisforderung), sondern auch andere zivilrechtliche Ansprüche (z. B. Unterhaltsforderung) gemeint. Daher ist es für die Auftragsabwicklung mit Kunden sehr wichtig, dass der Gläubiger die Fristen kennt, nach denen Leistungsansprüche verjähren.

RECHTSGRUNDLAGE

§ 195 BGB Regelmäßige Verjährungsfrist

Die regelmäßige Verjährungsfrist beträgt drei Jahre.

Die regelmäßige Verjährungsfrist beginnt laut § 199 BGB mit dem Schluss des Jahres (also 31.12.20.., 24:00 Uhr), in dem der Anspruch entstanden ist. Unter diese Verjährungsfrist fallen zum Beispiel auch die Ansprüche aus Forderungen (= offene Rechnungen).

Neben der regelmäßigen Verjährungsfrist gibt es noch andere Verjährungsfristen, die im BGB geregelt sind. So verjähren nach § 196 BGB Ansprüche auf Übertragung des Eigentums an einem Grundstück erst nach zehn Jahren. Eine 30-jährige Verjährungsfrist setzt der Gesetzgeber u. a. für Ansprüche aus vollstreckbaren Vergleichen oder vollstreckbaren Urkunden und auch Schadenersatzansprüche, die auf der vorsätzlichen Verletzung des Lebens, des Körpers, der Gesundheit, der Freiheit oder der sexuellen Selbstbestimmung beruhen, fest.

Nur bei Mord gibt der Gesetzgeber keine Verjährung vor **(§ 78 Strafgesetzbuch)**, d. h. Mord verjährt nie.

RECHTSGRUNDLAGE

§ 214 BGB Wirkung der Verjährung

(1) Nach Eintritt der Verjährung ist der Schuldner berechtigt, die Leistung zu verweigern.

[...]

Der Anspruch aus der Forderung bleibt zwar bestehen, aber der Schuldner kann nach Ablauf der Verjährungsfrist die Zahlung der Geldforderung verweigern.

Mithilfe des Mahnverfahrens kann die Verjährung verhindert werden.

Verjährungsfristen können unter bestimmten Umständen neu beginnen oder unterliegen der Hemmung.

RECHTSGRUNDLAGE

§ 212 BGB Neubeginn der Verjährung

(1) Die Verjährung beginnt erneut, wenn

1. der Schuldner dem Gläubiger gegenüber den Anspruch durch Abschlagszahlung, Zinszahlung, Sicherheitsleistung oder in anderer Weise anerkennt oder
2. eine gerichtliche oder behördliche Vollstreckungshandlung vorgenommen oder beantragt wird.

[...]

Damit erreicht der Gesetzgeber, dass für die in dem Gesetz bezeichneten Fälle die Verjährung komplett von vorne beginnt, wenn die Verjährungsfrist dafür noch nicht abgelaufen ist. Bei dem Neubeginn beginnt die Verjährungszeit also erneut. Dies ist zum Beispiel der Fall, wenn der Schuldner eine Teilzahlung auf die Forderung leistet.

RECHTSGRUNDLAGE

§ 203 BGB Hemmung der Verjährung bei Verhandlungen

Schweben zwischen dem Schuldner und dem Gläubiger Verhandlungen über den Anspruch oder die den Anspruch begründenden Umstände, so ist die Verjährung gehemmt, bis der eine oder der andere Teil die Fortsetzung der Verhandlungen verweigert. Die Verjährung tritt frühestens drei Monate nach dem Ende der Hemmung ein.

§ 204 BGB Hemmung der Verjährung durch Rechtsverfolgung

(1) Die Verjährung wird gehemmt durch

1. die Erhebung der Klage auf Leistung oder auf Feststellung des Anspruchs, auf Erteilung der Vollstreckungsklausel oder auf Erlass des Vollstreckungsurteils,

[...]

(2) Die Hemmung nach Absatz 1 endet sechs Monate nach der rechtskräftigen Entscheidung oder anderweitigen Beendigung des eingeleiteten Verfahrens.

[...]

§ 209 BGB Wirkung der Hemmung

Der Zeitraum, währenddessen die Verjährung gehemmt ist, wird in die Verjährungsfrist nicht eingerechnet.

Bei der Hemmung wird das Weiterlaufen der rechtlichen Frist für eine gewisse Zeit verhindert. Dies ist zum Beispiel der Fall, wenn im Rahmen des Mahnverfahrens der Mahnbescheid zugestellt wird. Hierbei wird erreicht, dass der Ablauf der Verjährung für eine bestimmte Zeit gehemmt, also unterbrochen wird. § 204 BGB nennt noch weitere Gründe für die Hemmung der Verjährung durch Rechtsverfolgung.

2. Unternehmensgründung

Für Unternehmensgründer sind viele Motive ausschlaggebend dafür, dass sie sich selbstständig machen wollen. Ein wichtiger Grund ist sicher die Unabhängigkeit, endlich Dinge alleine entscheiden zu können. Allerdings bleibt zu berücksichtigen, dass der Unternehmer auch das wirtschaftliche Risiko trägt.

Am Anfang einer jeden Neugründung steht eine wohlüberlegte Geschäftsidee. Um sich seiner Idee sicher zu sein und auch andere, wie z. B. mögliche Investoren, von der Geschäftsidee zu überzeugen, bedient sich der angehende Unternehmer dem Businessplan als Hilfsmittel. Hier werden alle Informationen über das neu zu gründende Unternehmen dargelegt. Die Geschäftsidee wird genau beschrieben und zwar so, dass diese klar wird, ohne dass ein Nichtfachmann noch Nachfragen hat. Der Gründer macht sich außerdem darüber Gedanken, welche **persönlichen Voraussetzungen** er für das Unternehmen und die Umsetzung der Idee mitbringt. Neben den persönlichen Voraussetzungen sind auch die **wirtschaftlichen Prämissen** von Bedeutung. Hier stellt der Existenzgründer Fragen nach dem geeigneten Standort, der Personalbedarf muss beleuchtet werden, das Marketingkonzept muss geklärt werden und die Frage nach der Finanzierung wird eruiert. Die Konkurrenzsituation wird genauso beleuchtet wie die zukünftige Kundengruppe.

Schlussendlich sind noch die **rechtlichen Rahmenbedingungen** zu klären.

2.1 Voraussetzungen für die Unternehmensgründung

2.1.1 Persönliche Voraussetzungen

Wenn der Existenzgründer überprüfen möchte, ob er die entsprechenden persönlichen Voraussetzungen hat, können für ihn dabei u. a. folgende Fragestellungen hilfreich sein:

- Verfüge ich über die fachlichen Kenntnisse, um das Unternehmen zu gründen und zu führen?
- Welche berufliche Qualifizierung bringe ich mit?
- Wie ehrgeizig bin ich?
- Bin ich physisch und psychisch belastbar?
- Bin ich bereit, das Unternehmerrisiko einzugehen?
- Wie viel Verantwortungsbewusstsein habe ich?
- Wie gehe ich damit um, wenn es mal nicht so gut läuft?
- Bin ich auch über das normale Maß (insbesondere in der schwierigen Anlaufphase) einsatzbereit?
- usw.

2.1.2 Wirtschaftliche Voraussetzungen

An dieser Stelle muss sich der Unternehmer Gedanken über den Markt machen. Er muss sich die Frage stellen, wer sein Produkt bzw. seine Idee benötigt. Sinnvoll ist es auch, sich mit der Konkurrenzsituation auseinanderzusetzen.

Die Wahl des geeigneten Standorts muss arbeitsorientiert, absatzorientiert, materialorientiert oder verkehrsorientiert gefällt werden. Auch eine Umweltorientierung bzw. die unterschiedliche Besteuerung kann Ausschlag auf die Wahl des Standorts geben.

Neben dem Personalbedarf muss an dieser Stelle auch der Finanzierungsbedarf geklärt werden.

Außerdem muss der Existenzgründer steuerliche Überlegungen anstellen. Er muss das erforderliche Kapital beschaffen, sofern die Gründungsinvestitionen die eigenen Mittel übersteigen. Dabei muss bereits bedacht werden, dass Materialien für den laufenden Geschäftsprozess beschafft werden müssen.

Neben grundsätzlichen Organisationsentscheidungen sind auch schon absatzpolitische Entscheidungen zu fällen, die Auswirkungen auf die Wirtschaftlichkeit haben.

2.1.3 Rechtliche Voraussetzungen

Zunächst muss der Unternehmensgründer klären, ob seine Geschäftsidee in ein Handelsunternehmen, ein Dienstleistungsunternehmen oder ein Industrie- bzw. Handwerksunternehmen mündet. Davon hängt die jeweils für das Unternehmen zuständige Kammer ab. Neben der Anmeldung bei einer Kammer muss das Gewerbe beim Gewerbeamt und beim Finanzamt angemeldet werden. Des Weiteren besteht die Pflicht, sich bei einer Krankenkasse und bei einer Berufsgenossenschaft zu versichern. Für bestimmte Unternehmen ist eine Erlaubnis bzw. der Nachweis einer Qualifikation zur Gründung unabdingbar. Rechtliche Grundlage hierfür ist die Gewerbeordnung (GewO).

RECHTSGRUNDLAGE

§ 1 GewO

Der Betrieb eines Gewerbes ist jedermann gestattet, soweit nicht durch dieses Gesetz Ausnahmen oder Beschränkungen vorgeschrieben oder zugelassen sind.

Die Gewerbeordnung legt damit die Gewerbefreiheit inhaltlich fest, listet aber gleichzeitig in den §§ 29 ff. GewO die Gewerbetreibenden auf, die einer besonderen Genehmigung bedürfen.

Diverse andere Rechtsvorschriften, wie z. B. das Arzneimittelrecht, sehen für die Ausübung bestimmter Tätigkeiten weitere Genehmigungen vor.

Neben der Gewerbeanmeldung muss sich der Existenzgründer die Frage stellen, welche Rechtsform sein Unternehmen haben soll, da dies u. a. Auswirkung auf die Haftung gegenüber den Gläubigern hat. Außerdem ist zu klären, ob er als Kaufmann agiert oder ob er Freiberufler ist.

Von der jeweiligen Kaufmannseigenschaft hängt es ab, ob eine Eintragung ins Handelsregister obligatorisch ist.

In jedem Fall braucht der Existenzgründer die Gewissheit, ob das Gewerbe ausgeübt werden kann, bevor hohe Investitionen getätigt werden.

Das Bundesministerium für Wirtschaft und Energie hat ein Portal für Existenzgründer eingerichtet.

www.existenzgruender.de

2.2 Kaufmannseigenschaften

RECHTSGRUNDLAGE

§ 1 HGB

(1) Kaufmann im Sinne dieses Gesetzbuchs ist, wer ein Handelsgewerbe betreibt.

(2) Handelsgewerbe ist jeder Gewerbebetrieb, es sei denn, dass das Unternehmen nach Art oder Umfang einen in kaufmännischer Weise eingerichteten Geschäftsbetrieb nicht erfordert.

2.2.1 Istkaufmann

Das HGB versteht unter dem Betrieb eines Gewerbes eine auf Gewinnerzielung und planmäßige Wiederholung gerichtete selbstständige Tätigkeit. Damit definiert das HGB den „Betrieb eines Gewerbes" nur sehr allgemein. Die Frage, ob jemand Kaufmann ist hängt aber außerdem noch von der Bedingung ab, dass das Unternehmen nach Art oder Umfang einen in kaufmännischer Weise eingerichteten Geschäftsbetrieb erfordert. Ob ein solcher Geschäftsbetrieb vorliegt, hängt von verschiedenen Beurteilungskriterien ab. Als Merkmale gelten hier u. a. Art und Umfang der Geschäftstätigkeit, Umsatzhöhe, Höhe des Eigenkapitals, Kredithöhe, Höhe des Gewinns, Mitarbeiteranzahl, Anzahl der Kunden und der Lieferanten, Anzahl der Standorte, Organisationsaufwand bei der Tätigkeit usw. Dabei ist immer der Einzelfall zu prüfen.

Der Istkaufmann ist verpflichtet sich im **Handelsregister** eintragen lassen, wobei die Kaufmannseigenschaft bereits vor der Eintragung besteht, die Eintragung also nur noch rechtsbezeugend **(= deklaratorisch)** ist.

INFO

Das **Handelsregister** ist ein amtliches Verzeichnis aller Kaufleute eines Amtsgerichtsbezirks. Da jeder Einsicht in das Handelsregister haben kann, gewährt es z. B. Rechtssicherheit darüber, wer Verträge abschließen kann.

Es ist ein öffentliches Verzeichnis, das jedem Einsicht gewährt, ohne dass ein berechtigtes Interesse dargelegt werden muss. Es bietet insofern Rechtssicherheit (hier Vertrauensschutz), da sich der gutgläubig Einsicht nehmende auf die Tatsachen verlassen kann, die in dem Register eingetragen sind.

Aufgeteilt ist das Handelsregister in zwei Abteilungen. Abteilung A enthält die Einzelunternehmen und die Personengesellschaften (z. B. OHG, KG), Abteilung B führt die Kapitalgesellschaften (z. B. UG, GmbH, AG) auf.

www.handelsregister.de

Die Registerrecherche ist auch elektronisch möglich.

Neben dem Istkaufmann legt das HGB noch weitere Kaufmannseigenschaften fest:

2.2.2 Kannkaufmann (§ 2 HGB)

Wenn der Geschäftsbetrieb keinen nach Art und Umfang in kaufmännischer Weise eingerichteten Geschäftsbetrieb erfordert (z. B. bei einem Kleingewerbetreibenden) besteht die Möglichkeit des Eintrags in das Handelsregister. Erst mit dieser rechtsbegründenden **(= konstitutiven)** Eintragung entsteht die Kaufmannseigenschaft.

Es müssen also hier die Vor- und Nachteile der Kaufmannseigenschaft abgewogen werden.

2.2.3 Land- und Forstwirt (§ 3 HGB)

Für die Land- und Forstwirte hat das HGB ebenfalls die Möglichkeit eingerichtet, sich als Kaufmann ins Handelsregister eintragen zu lassen. Sie zählen also auch erst mit der Eintragung zu den Kaufleuten und sind vergleichbar mit den Kannkaufleuten.

2.2.4 Formkaufmann (§ 6 HGB)

Die Vorschriften für den Kaufmann finden auch auf die Handelsgesellschaften Anwendung. Handelsgesellschaften sind Personen- (z. B. OHG, KG) und Kapitalgesellschaften (z. B. GmbH, AG). Diese Eintragung ist ebenfalls konstitutiv.

Demnach ist die Sportina AG ein Kaufmann kraft Rechtsform (Rechtsform ist hier AG).

Der Kaufmann für Büromanagement bzw. die Kauffrau für Büromanagement ist nach dem Definitionsverständnis des HGB **kein** Kaufmann im Sinne des Gesetzes.

2.3 Firma

RECHTSGRUNDLAGE

§ 17 HGB

(1) Die Firma eines Kaufmanns ist der Name, unter dem er seine Geschäfte betreibt und die Unterschrift abgibt.

(2) Ein Kaufmann kann unter seiner Firma klagen und verklagt werden.

---

§ 17 HGB definiert die Firma als Namen, unter dem der Kaufmann seine Geschäfte betreibt und auch die Unterschrift abgibt. Er kann unter seiner Firma klagen und verklagt werden. Die Firma ist im Handelsregister eingetragen. Das Firmenrecht im HGB verlangt die Beachtung verschiedener Grundsätze.

INFO

Firmengrundsätze

Firmenausschließlichkeit (§ 18 Abs. 1 HGB)	Die Firma muss Unterscheidungskraft besitzen.
Firmenwahrheit/Firmenklarheit (§ 18 Abs. 2 HGB)	Die Firma darf keine Angaben enthalten, die geeignet sind, irrezuführen.
Rechtsformzusatz (§ 19 HGB)	Die Firma muss einen entsprechenden Rechtsformzusatz enthalten.
Firmenbeständigkeit (§§ 21, 22 HGB)	Die Firma darf beibehalten werden. Auch wenn jemand anderer die Firma weiterführt, z. B. durch Kauf, Vererbung, kann der alte Name (= Firma) weiterverwendet werden.
Firmenveräußerungsverbot (§ 23 HGB)	Die Firma kann nicht ohne das Handelsgeschäft veräußert werden.
Firmenunterscheidbarkeit (§ 30 HGB)	Jede neue Firma muss sich von allen an demselben Ort oder in derselben Gemeinde bereits bestehenden und in das Handelsregister oder in das Genossenschaftsregister eingetragenen Firmen deutlich unterscheiden.

Kaufleute können zwischen verschiedenen **Firmenarten** wählen.

- **Personenfirma**
  Zum einen besteht die Möglichkeit, eine Personenfirma zu wählen. Diese besteht aus einem oder auch mehreren Personennamen (z. B. Bettina Wiegand e. K.).
- **Sachfirma**
  Eine Sachfirma leitet sich aus dem Gegenstand des Unternehmens ab (z. B. Transportdienstleistungen OHG).
- **Gemischte Firma (= Mischfirma)**
  Die gemischte Firma beinhaltet einen Namen und auch den Unternehmensgegenstand (z. B. Wiegand Transporte KG).
- **Fantasiefirma**
  Den größten Spielraum lässt dem Unternehmen die Fantasiefirma. Hier wählt es einen reinen Fantasienamen (z. B. Fluchti GmbH).

MERKE

Es ist immer zu beachten, dass der entsprechende Rechtsformzusatz mit aufgeführt wird. Dieser gehört mit zum Firmenkern (= also der Mindestinhalt, der nach dem Gesetz notwendig ist).

Werden weitere Inhalte der Firma beigefügt, die über den gesetzlichen Mindestinhalt hinausgehen, so spricht man hier von Firmenzusätzen. Allerdings müssen auch bei diesen Zusätzen die Firmengrundsätze berücksichtigt werden.

3. Rechtsformen

Bei der Unternehmensgründung wird u. a. auch die Rechtsform des Unternehmens festgelegt. Der Unternehmer hat hierbei betriebswirtschaftliche Auswirkungen zu beachten. Zum einen muss er überlegen, ob er das Unternehmen alleine gründet, oder ob neben ihm noch weitere Gesellschafter zur Gründung der Gesellschaft bereit stehen. Außerdem legt er die Geschäftsführung des Unternehmens fest. Des Weiteren spielt die Haftung bei der Wahl der Rechtsform eine große Rolle. Hier muss der Unternehmer klären, ob den Gläubigern nur das Gesellschaftsvermögen zur Haftung zur Verfügung steht, oder ob der Unternehmer die Haftung auf das Privatvermögen der Gesellschafter ausdehnen will. Auch auf die Gewinnverteilung hat die Wahl der Rechtsform einen Einfluss. Schlussendlich hat die Entscheidung für eine bestimmte Rechtsform noch Auswirkung auf die Besteuerung eines Unternehmens. Bei Personengesellschaften z. B. wird die Steuer nicht bei der Gesellschaft sondern bei den Gesellschaftern erhoben. Demgegenüber zahlen Kapitalgesellschaften Körperschaftsteuer. Einen Überblick über in Deutschland gängige Rechtsformen gibt folgende Übersicht:

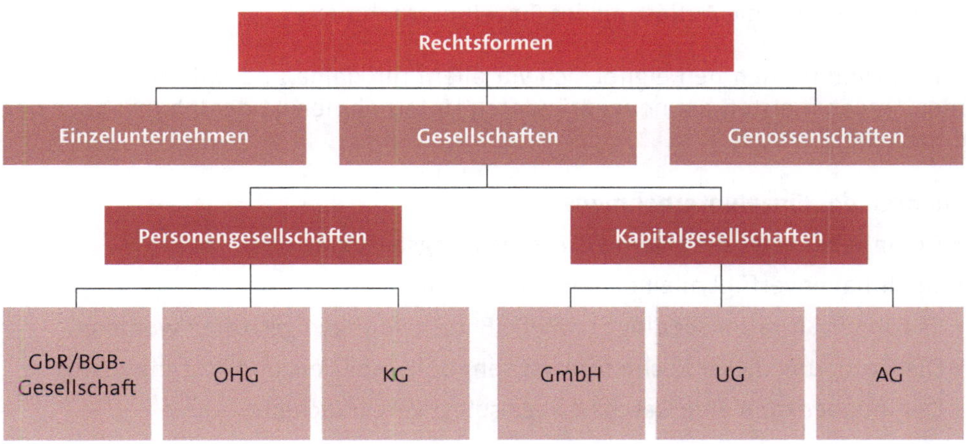

3.1 Einzelunternehmen

Der Unternehmensgründer benötigt zur Gründung kein Mindestkapital. Allerdings haftet der Einzelunternehmer mit dem Betriebs- und dem Privatvermögen (= unbeschränkte Haftung). Über die Gewinnverwendung entscheidet der Unternehmer alleine, so wie er auch den Verlust alleine trägt. Der Gewinn oder Verlust fließt dabei in die Festsetzung der Einkommensteuer des Inhabers ein.

Der Inhaber des Einzelunternehmens leitet das Unternehmen grundsätzlich alleine, allerdings kann er die Geschäftsführung auch an eine durch ihn ermächtigte Personen übertragen. Das Einzelunternehmen ist formlos zu gründen, es entsteht durch die Aufnahme der selbstständigen Tätigkeit als Gewerbetreibender oder auch als Freiberufler. Angemeldet wird das Unternehmen beim Gewerbeamt. Damit ist das Einzelunternehmen die Rechtsform, die am einfachsten zu gründen ist.

Liegen die Bedingungen eines Istkaufmannes vor, oder hat sich der Unternehmer als Kannkaufmann ins Handelsregister eintragen lassen, so gelten die Vorschriften für Kaufleute, wobei das Einzelunternehmen keine juristische Person wird, sondern eine natürliche Person bleibt. Damit ist dann auch das HGB die gesetzliche Grundlage für das Einzelunternehmen.

Bei der Firma sind die gesetzlichen Bestimmungen zu beachten. Der Rechtsformzusatz ist laut § 19 Abs. 1 HGB bei Einzelkaufleuten die Bezeichnung „eingetragener Kaufmann/-frau“ oder eine allgemein verständliche Abkürzung dieser Bezeichnung; z. B. e. K. oder e. Kfm. bzw. e. Kfr.

Die Auflösung eines Einzelunternehmens erfolgt bei Insolvenz und Liquidation (Geschäftsaufgabe). Stirbt der Einzelunternehmer, so geht das Unternehmen auf den/die Erben über (hier müsste, sofern der Erbe/die Erben das Unternehmen nicht weiterführen will/wollen, die Firma zur Löschung angemeldet werden). Wird das Einzelunternehmen später in eine andere Rechtsform umgewandelt, bedeutet dies auch die Auflösung des Einzelunternehmens.

Das Einzelunternehmen eignet sich vor allem für kleine und mittlere Unternehmen. In den meisten der neugegründeten Unternehmen ist der Inhaber auch der einzige Mitarbeiter.

Chancen des Einzelunternehmens

- Der Inhaber trägt die alleinige Entscheidungsbefugnis.
- Der Inhaber verfügt alleine über den Gewinn.
- Es können situationsbedingt schnelle Entscheidungen getroffen werden.
- Die Gründung dieser Rechtsform ist sehr unkompliziert und kostengünstig.
- Der Inhaber kann eine Geschäftsidee selbst verwirklichen.

Risiken des Einzelunternehmens

- Verantwortung liegt alleine beim Inhaber, er trägt das Risiko von Fehlentscheidungen.
- Der Inhaber trägt das Verlustrisiko.
- Der Inhaber haftet mit seinem gesamten Privatvermögen.
- Die Kapitalbeschaffung kann z. B. bei Banken ungleich schwerer sein.
- Der Inhaber trägt insbesondere in der Anlaufphase eine hohe Arbeitsbelastung.

3.2 Personengesellschaften

Bei den Personengesellschaften steht im Gegensatz zu den Kapitalgesellschaften die Mitarbeit der Gesellschafter im Vordergrund. Hierbei gibt es Partner, die sich zusammenschließen, um ein Handelsgewerbe zu betreiben und Gesellschafter, die mit dem Zusammenschluss einen anderen Zweck verfolgen. Freiberufler können sich beispielsweise zu einer GbR zusammenschließen. Die im Folgenden beschriebene Offene Handelsgesellschaft (OHG) und die Kommanditgesellschaft (KG) zählen ebenfalls zu den Personalgesellschaften. Ihr Zweck stellt den Betrieb eines Handelsgewerbes dar.

Bei der Gründung von Personengesellschaften entstehen sogenannte quasi-juristische Personen.

3.2.1 Gesellschaft bürgerlichen Rechts (GbR)

Die Gesellschaft bürgerlichen Rechts wird auch BGB-Gesellschaft genannt, da für sie die Vorschriften des BGB gelten. Zur Gründung müssen sich mindestens zwei Gesellschafter zusammenschließen, um die Erreichung eines gemeinsamen Zwecks zu fördern. Geregelt ist die GbR in den §§ 705 ff. BGB. Zur Gründung ist ein Gesellschaftsvertrag vorgesehen, der auch formlos geschlossen werden kann. Aus Beweisgründen wird dieser in der Regel jedoch schriftlich formuliert. Ein Mindestkapital ist nicht notwendig. Diese Geschäftspartnerschaft ist auch für Kleingewerbetreibende geeignet. Wie auch bei der OHG haften die Gesellschafter mit ihrem Privatvermögen. Da die Vorschriften des HGB nicht auf die GbR zutreffen, trägt diese auch keine Firma und wird nicht im Handelsregister eingetragen. Die Gesellschaft kann in ein Gesellschaftsregister eingetragen werden (§ 707 BGB). Mit der Eintragung ist die Gesellschaft verpflichtet, die Bezeichnungen „eingetragene Gesellschaft bürgerlichen Rechts" oder „eGbR" zu tragen.[1]

---

1 Seit dem 01.01.2024 gilt das Gesetz zur Modernisierung des Personengesellschaftsrechts (MoPeG). Das Gesetz sieht eine Vielzahl von zentralen Änderungen für alle Formen der Personengesellschaften vor.

3.2.2 Offene Handelsgesellschaft (OHG)

Wesen

Die OHG ist laut HGB eine Gesellschaft, deren Zweck auf den Betrieb eines Handelsgewerbes unter gemeinschaftlicher Firma gerichtet ist. Dabei ist zu beachten, dass bei keinem der Gesellschafter die Haftung gegenüber den Gesellschaftsgläubigern beschränkt ist.

Gründung

Die OHG kann durch einen formfreien Vertrag von mindestens zwei Personen gegründet werden. Die OHG muss ins Handelsregister eingetragen werden. Sie besteht spätestens mit Eintragung ins Handelsregister. Bei Aufnahme der Tätigkeit vor Eintragung entsteht die OHG bereits zu diesem Zeitpunkt, daher ist die Eintragung ins Handelsregister dann auch nur noch deklaratorisch. Zur Gründung ist gesetzlich kein Mindestkapital vorgeschrieben.

Gesetzliche Grundlage

Die wichtigste gesetzliche Grundlage für die OHG ist das HGB.

Firma

Die Firma muss den Bedingungen der §§ 17 ff. HGB entsprechen und laut § 19 Abs. 2 HGB die Bezeichnung „Offene Handelsgesellschaft" oder eine allgemein verständliche Abkürzung dieser Bezeichnung enthalten (z. B. OHG).

Rechte und Pflichten der Gesellschafter

Das HGB gliedert unter §§ 109 ff. HGB die Rechte und Pflichten der Gesellschafter in zwei Bereiche. Zunächst werden die Rechte und Pflichten genannt, die das Rechtsverhältnis der Gesellschafter untereinander **(= Innenverhältnis)** festlegen. Das Innenverhältnis (§§ 109 - 122 HGB) kann vollständig durch den Gesellschaftervertrag festgelegt werden.

- Jeder Gesellschafter ist berechtigt und verpflichtet, die Geschäfte der Gesellschaft zu führen **(= Geschäftsführung)**. Diese Geschäftsführungsbefugnis erstreckt sich auf alle Handlungen, die der gewöhnliche Betrieb des entsprechenden Handelsgewerbes mit sich bringt. Ansonsten ist der Beschluss aller Gesellschafter notwendig.

- Als weitere wichtigste Pflicht ist hier das **Wettbewerbsverbot** zu nennen. Dieses Verbot untersagt dem Gesellschafter, dass er weder in dem Handelszweig der Gesellschaft Geschäfte macht, noch an einer anderen, gleichartigen Handelsgesellschaft als persönlich haftender Gesellschafter teilnimmt (außer, die anderen Gesellschafter haben ihre Einwilligung dazu gegeben).
- Durch das **Kontrollrecht** haben die Gesellschafter die Möglichkeit, sich über die Angelegenheiten der Gesellschaft persönlich zu unterrichten.
- Die geschäftsführungsbefugten Gesellschafter sind laut § 120 HGB gegenüber der Gesellschaft zur Aufstellung des Jahresabschlusses verpflichtet. Der Anteil am Gewinn oder Verlust ist nach Maßgabe von § 709 Abs. 3 BGB zu ermitteln.

Im Rechtsverhältnis der Gesellschafter zu Dritten **(= Außenverhältnis)** sind weitere Rechte und Pflichten verzeichnet (§§ 123 ff. HGB). Die Rechte im Außenverhältnis können nur in gesetzlich vorgesehenen Ausnahmefällen eingeschränkt werden. Dies führt dazu, dass Regelungen, die der Gesellschaftsvertrag vorsieht, im Außenverhältnis nicht wirksam werden und nur Einfluss auf das Innenverhältnis haben.

- Jeder Gesellschafter hat das Recht, die Gesellschaft zu vertreten **(= Geschäftsvertretung)**. Dieses Recht erstreckt sich auf alle gerichtlichen und außergerichtlichen Geschäfte und Rechtshandlungen. Eine Beschränkung dieser Vertretungsmacht ist Dritten gegenüber unwirksam.
- Die Gesellschafter haften persönlich **(= persönliche Haftung der Gesellschafter)**.

Haftung

Bei der OHG haften alle Gesellschafter **unbeschränkt** (Die Haftung ist nicht nur auf das Geschäftsvermögen beschränkt, sondern auch auf das Privatvermögen erweitert.), **unmittelbar** (Der Gläubiger kann sich zur Befriedigung seiner Schuld direkt an einen Gesellschafter persönlich wenden.) und **solidarisch** (= gesamtschuldnerisch; d. h. jeder Gesellschafter haftet für die gesamten Schulden des Unternehmens).

Gewinn

Die Gewinnverteilung sollte vertraglich geregelt werden. Laut § 709 BGB richtet sich der Anteil an Gewinn und Verlust vorrangig nach den vereinbarten Beteiligungsverhältnissen. Sind diese nicht vereinbart worden, richtet er sich nach dem Verhältnis der vereinbarten Werte der Beiträge. Sind auch diese nicht vereinbart worden, hat jeder Gesellschafter ohne Rücksicht auf den Wert seines Beitrags den gleichen Anteil am Gewinn und Verlust.

Beispiel

Gewinnverteilung in der Müller OHG
Das Unternehmen weist einen Jahresgewinn in Höhe von 60.000 € aus.

Die Gesellschafter sind Anton Müller, der eine Kapitaleinlage in Form eines Gebäudes geleistet hat (Wert 200.000 €); Berta Müller, die eine Kapitaleinlage in Höhe von 100.000 € geleistet hat und Christian Müller (ohne Kapitaleinlage).

Im Gesellschaftsvertrag wurde vereinbart, dass zunächst die geleistete Kapitaleinlage mit 5 % verzinst werden soll, der Restgewinn wird zu gleichen Teilen aufgeteilt.

Zunächst erhält jeder Gesellschafter 5 % seines Kapitalanteils:
- Anton Müller 5 % von 200.000 € = 10.000 €
- Berta Müller 5 % von 100.000 € = 5.000 €
- Christian Müller 5 % von 0 € = 0 €.

Damit sind vorab schon 15.000 € des Jahresgewinns verteilt (es verbleiben noch 60.000 € - 15.000 € = 45.000 € Restgewinn, der nun zu gleichen Teilen aufgeteilt wird.

45.000 € : 3 (Gesellschafter) = 15.000 €. Jeder Gesellschafter erhält also noch zusätzlich 15.000 €.

Insgesamt verteilt sich der Jahresgewinn in Höhe von 60.000 € wie folgt:
- Anton Müller erhält 10.000 € + 15.000 € = 25.000 €
- Berta Müller erhält 5.000 € + 15.000 € = 20.000 €
- Christian Müller erhält 0 € + 15.000 € = 15.000 €.

Auflösung der OHG

Auflösungsgründe für eine OHG sind nach § 138 HGB neben der Eröffnung des Insolvenzverfahrens auch ein gerichtlicher Beschluss. Außerdem können die Gesellschafter das Ende der OHG beschließen. Wurde die OHG bereits mit einem Ablaufdatum gegründet, dann endet diese mit dem Zeitablauf.

Chancen der OHG

- Zur Gründung ist kein Mindestkapital vorgeschrieben.
- Das unternehmerische Risiko ist auf mehrere Gesellschafter aufgeteilt.
- Eine bessere Kapitalbereitstellung und -beschaffung ist möglich.
- Es besteht eine hohe Kreditwürdigkeit.
- Eine Aufteilung der Arbeiten ist möglich.

Risiken der OHG

- Die Haftung bei einer OHG ist auf das Privatvermögen der Gesellschafter ausgeweitet, außerdem haftet jeder Gesellschafter solidarisch für die gesamten Schulden.
- Die Entscheidungen werden möglicherweise nicht so schnell getroffen wie z. B. bei dem Einzelunternehmen.

3.2.3 Kommanditgesellschaft (KG)

Wesen

Ähnlich wie die OHG ist die KG eine Gesellschaft, deren Zweck auf den Betrieb eines Handelsgewerbes unter gemeinschaftlicher Firma gerichtet ist, allerdings ist im Unterschied zur OHG bei mindestens einem Gesellschafter die Haftung gegenüber den Gesellschaftsgläubigern beschränkt (§ 161 HGB).

Gründung

Die KG kann durch einen formfreien Vertrag von mindestens zwei Personen gegründet werden, dabei ist mindestens ein Gesellschafter ein Vollhafter (Komplementär) und mindestens ein Gesellschafter ein Teilhafter (= Kommanditist).

Die KG muss ins Handelsregister eingetragen werden. Jedoch besteht die KG im Innenverhältnis bereits schon mit Vertragsabschluss. Für den Fall, dass die KG mit der Zustimmung des Kommanditisten bereits ihre Geschäfte aufnimmt, haftet dieser bis zur Eintragung allerdings zunächst unbeschränkt. Die Eintragung ins Handelsregister ist dann nur noch deklaratorisch. Zur Gründung ist gesetzlich kein Mindestkapital vorgeschrieben.

Gesetzliche Grundlage

Die wichtigste gesetzliche Grundlage für die KG ist das HGB.

Firma

Die Firma muss den Bedingungen der §§ 17 ff. HGB entsprechen und laut § 19 Abs. 3 HGB die Bezeichnung „Kommanditgesellschaft" oder eine allgemein verständliche Abkürzung dieser Bezeichnung enthalten (z. B. KG).

Rechte und Pflichten der Gesellschafter

Wie bei der OHG sind die Rechte und Pflichten der Gesellschafter einer KG in zwei Bereiche gegliedert. Zunächst werden die Rechte und Pflichten genannt, die das Rechtsverhältnis der Gesellschafter untereinander **(= Innenverhältnis)** festlegen. Das Innenverhältnis (§§ 164 - 169 HGB) kann vollständig durch den Gesellschaftervertrag festgelegt werden.

- Die Kommanditisten sind von der Geschäftsführung ausgeschlossen, sie können aber einer Handlung der persönlich haftenden Gesellschafter widersprechen, wenn diese über den gewöhnlichen Betrieb des Handelsgewerbes der Gesellschaft hinausgeht.
- Jeder vollhaftende Gesellschafter ist berechtigt und verpflichtet, die Geschäfte der Gesellschaft zu führen **(= Geschäftsführung)**. Diese Geschäftsführungsbefugnis erstreckt sich auf alle Handlungen, die der gewöhnliche Betrieb des entsprechenden Handelsgewerbes mit sich bringt. Ansonsten ist der Beschluss aller Vollhafter notwendig.
- Für die Komplementäre der KG gilt das **Wettbewerbsverbot**, die Kommanditisten unterliegen diesem Verbot nicht.
- Der Kommanditist hat das **Kontrollrecht**, er kann die abschriftliche Mitteilung des Jahresabschlusses verlangen und dessen Richtigkeit prüfen.
- Die geschäftsführungsbefugten Gesellschafter sind laut § 120 HGB gegenüber der Gesellschaft zur Aufstellung des Jahresabschlusses verpflichtet. Der Anteil am Gewinn oder Verlust ist nach Maßgabe von § 709 Abs. 3 BGB zu ermitteln.

Im Rechtsverhältnis der Gesellschafter zu Dritten **(= Außenverhältnis)** sind weitere Rechte und Pflichten verzeichnet (§§ 170 ff. HGB). Die Rechte im Außenverhältnis können nur in gesetzlich vorgesehenen Ausnahmefällen eingeschränkt werden. Dies führt dazu, dass Regelungen, die der Gesellschaftsvertrag vorsieht im Außenverhältnis nicht wirksam werden und nur Einfluss auf das Innenverhältnis haben.

- Nur die Komplementäre haben das Recht, die Gesellschaft zu vertreten **(Geschäftsvertretung)**. Dieses Recht erstreckt sich auf alle gerichtlichen und außergerichtlichen Geschäfte und Rechtshandlungen. Eine Beschränkung dieser Vertretungsmacht ist Dritten gegenüber unwirksam. Der Kommanditist ist zur Geschäftsvertretung nicht berechtigt.
- Der Kommanditist haftet den Gläubigern nur dann unmittelbar bis zur Höhe seiner Einlage, solange er diese noch nicht voll geleistet hat (vgl. § 171 HGB).

Haftung

Bei der KG haften die Komplementäre

- **unbeschränkt (= persönlich)**, d. h. Haftung nicht nur auf das Geschäftsvermögen beschränkt, sondern auch auf das Privatvermögen erweitert,
- **unmittelbar (= direkt)**, d. h. der Gläubiger kann sich zur Befriedigung seiner Schuld direkt an einen Gesellschafter persönlich wenden; der Kommanditist nur dann, wenn er seine Einlage noch nicht voll geleistet hat, und
- **solidarisch (= gesamtschuldnerisch)**, d. h. jeder Gesellschafter haftet für die gesamten Schulden des Unternehmens.

Gewinn

Die Gewinnverteilung sollte vertraglich geregelt werden. Laut § 709 BGB richtet sich der Anteil an Gewinn und Verlust vorrangig nach den vereinbarten Beteiligungsverhältnissen. Sind diese nicht vereinbart worden, richtet er sich nach dem Verhältnis der vereinbarten Werte der Beiträge. Sind auch diese nicht vereinbart worden, hat jeder Gesellschafter ohne Rücksicht auf den Wert seines Beitrags den gleichen Anteil am Gewinn und Verlust.

Beispiel

Gewinnverteilung in der Meier KG

Das Unternehmen weist einen Jahresgewinn in Höhe von 40.000 € aus.

Die vollhaftenden Gesellschafter sind Armin Meier, der eine Kapitaleinlage in Höhe von 150.000 € und Birgit Meier, die eine Kapitaleinlage in Höhe von 50.000 € geleistet hat. Ihre Tochter, Claudia Meier, die sich derzeit noch im Studium der Betriebswirtschaftslehre befindet, ist mit 20.000 € beteiligt. Sie hat die Haftung aber auf diese Einlage beschränken lassen.

Für die Gewinnverteilung haben die drei Gesellschafter die folgende Regelung vereinbart:

Vom Jahresgewinn erhält jeder Gesellschafter zunächst 3 % seines Kapitalanteils, ein verbleibender Restgewinn soll im Verhältnis 6:3:1 verteilt werden. Armin Meier erhält 6 Teile, Birgit Meier erhält 3 Teile und Claudia Meier erhält 1 Teil.

Gewinnverteilung:

- Armin Meier 3 % von 150.000 € = 4.500 €
- Birgit Meier 3 % von 50.000 € = 1.500 €
- Claudia Meier 3 % von 20.000 € = 600 €.

Damit sind vorab schon 6.600 € des Jahresgewinns verteilt (es verbleiben noch 33.400 €). Dieser Restgewinn soll im Verhältnis 6:3:1 (also insgesamt 10 Teile) verteilt werden.

- 33.400 € : 10 = 3.340 €
- Armin Meier erhält hiervon noch 20.040 € (3.340 € • 6)
- Birgit Meier erhält hiervon noch 10.020 € (3.340 € • 3)
- Claudia Meier erhält hiervon noch 3.340 € (3.340 € • 1)

Insgesamt verteilt sich der Jahresgewinn in Höhe von 40.000 € wie folgt:

- Armin Meier erhält 4.500 € + 20.040 € = 24.540 €
- Birgit Meier erhält 1.500 € + 10.020 € = 11.520 €
- Claudia Meier erhält 600 € + 3.340 € = 3.940 €.

Auflösung der KG

Auflösungsgründe für eine KG sind wie bei der OHG neben der Eröffnung des Insolvenzverfahrens auch ein gerichtlicher Beschluss. Außerdem können die Gesellschafter das Ende der KG beschließen. Wurde die KG bereits mit einem Ablaufdatum gegründet, dann endet diese mit dem Zeitablauf. Fällt bei der KG der letzte Komplementär weg, wird die Gesellschaft aufgelöst. Fällt der letzte Kommanditist weg, wird sie automatisch zu einer OHG.

Chancen der KG

- Es ist kein Mindestkapital zur Gründung vorgeschrieben.
- Das unternehmerische Risiko ist auf mehrere Gesellschafter verteilt.
- Eine bessere Kapitalbereitstellung und -beschaffung ist möglich.
- Es besteht eine hohe Kreditwürdigkeit.
- Die Aufteilung der Arbeiten ist möglich.
- Die Haftung bei den Kommanditisten ist beschränkt.

Risiken der KG

- Die Haftung der Komplementäre ist auf deren Privatvermögen ausgeweitet, außerdem haften die Vollhafter solidarisch für die gesamten Schulden.
- Die Entscheidungen werden möglicherweise nicht so schnell getroffen wie z. B. bei dem Einzelunternehmen.
- Der Kommanditist hat keine Weisungsmöglichkeit auf die Geschäftsleitung, kann aber bei außergewöhnlichen Geschäften Einfluss nehmen.

3.3 Kapitalgesellschaften

Die im Folgenden beschriebenen Gesellschaften GmbH, UG und AG gehören zu den Kapitalgesellschaften. Bei diesen Rechtsformen steht die Kapitalbeteiligung im Vordergrund. Sie sind juristische Personen, besitzen also im Gegensatz zur OHG und KG, die sogenannte quasi-juristische Personen sind, eine eigene Rechtspersönlichkeit.

3.3.1 Gesellschaft mit beschränkter Haftung (GmbH)

Wesen

Eine GmbH kann zu jedem gesetzlich zulässigen Zweck gegründet werden (muss also nicht unbedingt ein Handelsgewerbe sein). Die Gesellschafter (bzw. der Gesellschafter) sind am Stammkapital mit ihrem Geschäftsanteil beteiligt. Die Haftung gegenüber den Gläubigern der Gesellschaft ist auf das Geschäftsvermögen beschränkt.

Gründung

Die GmbH kann von einer oder mehreren Personen (natürliche oder juristische Personen) gegründet werden. Zur Gründung ist ein notariell beurkundeter Gesellschaftsvertrag notwendig. Das GmbH-Gesetz schreibt ein Stammkapital von mindestens 25.000 € vor. Ein Gesellschafter kann mehrere Geschäftsanteile übernehmen, dabei muss der Nennbetrag jedes Geschäftsanteils auf volle Euro lauten. Die Summe der Geschäftsanteile ergibt das Stammkapital. Die Gesellschaft wird in das Handelsregister eingetragen. Das GmbHG schreibt vor, dass mind. 50 % des Stammkapitals eingezahlt sein müssen, damit die Gesellschaft eingetragen werden kann. Bezüglich der Geschäftsanteile müssen mindestens 25 % von jedem Anteil eingezahlt werden. Vor der Eintragung besteht die GmbH als solche nicht (§ 11 GmbHG).

Gesetzliche Grundlage

Das Gesetz betreffend die Gesellschaften mit beschränkter Haftung (kurz GmbHG) ist die wichtigste gesetzliche Grundlage für die GmbH. Ebenso gelten u. a. die Vorschriften des HGB.

Firma

Laut § 4 GmbHG muss die Firma die Bezeichnung „Gesellschaft mit beschränkter Haftung" oder eine allgemein verständliche Abkürzung dieser Bezeichnung (z. B. GmbH) enthalten.

Bei Gesellschaften, die steuerbegünstigte Zwecke verfolgen, kann die Abkürzung gGmbH (also gemeinnützige GmbH) lauten.

Rechte und Pflichten der Gesellschafter

Zu den wichtigsten Pflichten der Gesellschafter zählt die Übernahme eines Geschäftsanteils. Der Gesellschafter hat das Recht, über seinen Geschäftsanteil zu verfügen, sofern darüber keine anders lautende Aussage in der Satzung getroffen wurde. Außerdem haben die Gesellschafter üblicherweise Anspruch auf den Jahresgewinn. Den Gesellschaftern ist Einblick in die Bücher zu gestatten außerdem können sie Auskunft über Angelegenheiten der GmbH verlangen. Jeder Euro Geschäftsanteil gewährt dem Gesellschafter eine Stimme.

Geschäftsführung und Vertretung der Gesellschaft

Die Geschäftsführung obliegt in der GmbH dem Geschäftsführer bzw. den Geschäftsführern. Dieser muss nicht, kann aber auch Gesellschafter der GmbH sein.

Der Geschäftsführer vertritt die Gesellschaft. Hat die GmbH keinen Geschäftsführer (= Führungslosigkeit), so vertreten laut § 35 GmbHG die Gesellschafter gemeinschaftlich die Gesellschaft nach außen.

Organe der GmbH

Die Geschäftsführung (das Leitungsorgan)

Die GmbH ist eine juristische Person. Damit diese handlungsfähig wird, ist der bzw. sind die Geschäftsführer das wichtigste Organ (§ 6 GmbHG). Die Gesellschafterversammlung bestellt die Geschäftsführer. Diese Bestellung wird durch den Geschäftsführer zur Eintragung im Handelsregister angemeldet. Solange ein Geschäftsführer im Handelsregister als Geschäftsführer eingetragen ist, gilt er auch als Geschäftsführer der GmbH. Die Geschäftsführer führen die Geschäfte und vertreten die Gesellschaft nach außen. Die Geschäftsführung wird durch einen Gesellschaftervertrag (= Anstellungsvertrag) geregelt. In diesem werden die Rechte und Pflichten der Geschäftsführer festgelegt. Beispielsweise wird hier die Vergütung festgelegt. Die Vertretungsbefugnis hingegen kann nach außen nicht vertraglich vereinbart werden.

Für einen Gesellschafter-Geschäftsführer sind zum Teil besondere Vorschriften zu beachten.

Die Gesellschafterversammlung (das Beschlussorgan)

Als oberstes Organ wird die Gesamtheit der Gesellschafter bezeichnet. Die Gesellschafter schließen den Gesellschaftsvertag. Die Zuständigkeiten der Gesellschafterversammlung sind in § 46 GmbHG geregelt. Beispielsweise bestimmen die Gesellschafter die Verwendung des Jahresergebnisses. Ihnen obliegt außerdem die Überprüfung und Überwachung der Geschäftsführer und auch die Bestellung der Prokuristen bzw. der Handlungsbevollmächtigten für die GmbH. In der Gesellschafterversammlung üben die Gesellschafter ihr Stimmrecht aus. Dieses Stimmrecht richtet sich nach dem jeweiligen Kapitalanteil der Gesellschafter. Laut § 47 GmbHG gewährt jeder Euro eines Geschäftsanteils eine Stimme. Die Beschlussfassung erfolgt nach der Mehrheit der abgegebenen Stimmen.

Der Aufsichtsrat (das Überwachungsorgan)

Wenn die GmbH mindestens 500 Mitarbeiter hat, muss sie einen Aufsichtsrat bilden. Die Bildung des Aufsichtsrats kann aber auch im Gesellschaftsvertrag vorgesehen sein. Im Aufsichtsrat sind gewählte Gesellschafter als Vertreter der Anteilseigener und gewählte Mitarbeiter als Vertreter der Arbeitnehmerseite vertreten. Hier soll hauptsächlich eine Mitbestimmung der Arbeitnehmer möglich gemacht werden.

Die Hauptaufgabe des Aufsichtsrats ist die Überwachung der Geschäftsführung.

Haftung

Die Haftung gegenüber den Gläubigern der GmbH ist grundsätzlich auf das Gesellschaftsvermögen beschränkt. (Zu beachten ist aber, dass in einigen Ausnahmefällen eine unbeschränkte Haftung möglich ist. Dazu können noch vertragliche Haftungsvereinbarungen kommen.)

Im Gesellschaftervertrag kann eine Nachschusspflicht der Gesellschafter vereinbart sein. Dies bedeutet, dass die Gesellschafter unter bestimmten Voraussetzungen beschränkte (§ 28 GmbHG) oder nicht auf einen bestimmten Betrag beschränkte (§ 27 GmbHG) Nachschüsse zu leisten haben. Diese Nachschüsse dienen meistens der Sanierung der Gesellschaft.

Gewinn

Der Gewinn der GmbH steht den Gesellschaftern zu. Das GmbH-Gesetz sieht bei der Gewinnverteilung vor, dass der Gewinn im Verhältnis der Geschäftsanteile zu verteilen ist (§ 29 GmbHG). Im Gesellschaftsvertrag kann eine davon abweichende Gewinnverteilung festgelegt werden.

Auflösung der GmbH

§ 60 GmbHG regelt die Auflösungsgründe.

Wie bei den Personengesellschaften kann auch die GmbH für eine bestimmte Zeit gegründet werden. Die GmbH endet dann mit diesem Zeitablauf. Neben der Eröffnung des Insolvenzverfahrens führt auch ein gerichtlicher Beschluss zur Auflösung der GmbH. Außerdem können die Gesellschafter das Ende der Gesellschaft beschließen. Die GmbH wird auch durch die Löschung der Gesellschaft wegen Vermögenslosigkeit aufgelöst.

Chancen der GmbH

- Die Haftung ist auf das Gesellschaftsvermögen beschränkt.
- Die Gesellschafter können Geschäftsführer bestellen.
- Kontrollmöglichkeiten.

Risiken/Probleme der GmbH

- Es ist ein Mindestkapital zur Gründung notwendig.
- Der Gründungsprozess ist aufwendig.
- Es besteht eine beschränkte/unbeschränkte Nachschusspflicht der Gesellschafter.
- Die Möglichkeiten der Kapitalbeschaffung sind schlechter.

3.3.2 Unternehmergesellschaft – haftungsbeschränkt (UG)

Wesen

Die Unternehmergesellschaft (haftungsbeschränkt) ist eine Abwandlung der GmbH und gibt insbesondere kleineren Unternehmen die Möglichkeit, die Haftung auf das Gesellschaftsvermögen zu beschränken.

Gründung

Wie bei der GmbH wird zur Gründung einer Unternehmergesellschaft (haftungsbeschränkt) mindestens ein Gesellschafter benötigt. Im Gegensatz zur GmbH wird bei einer UG (haftungsbeschränkt) ein Stammkapital von nur 1 € benötigt. Die UG (haftungsbeschränkt) ist zur Gründung beim Handelsregister anzumelden, dabei ist auch das Mindeststammkapital in bar aufzubringen. (Sacheinlagen sind hier nicht möglich.)

Der Gesellschaftsvertrag (= die Satzung) ist notariell zu beurkunden. Wird eine vom Gesetzgeber vorgegebene Mustersatzung verwendet, so ist die notarielle Beglaubigung ausreichend.

Gesetzliche Grundlage

Da die UG (haftungsbeschränkt) eine Variante der GmbH ist, gilt als gesetzliche Grundlage hier ebenfalls das Gesetz betreffend die Gesellschaften mit beschränkter Haftung (kurz GmbHG). In § 5a GmbHG wird die UG (haftungsbeschränkt) besonders festgelegt.

Firma

Die Gesellschaft muss den Rechtsformzusatz Unternehmergesellschaft (haftungsbeschränkt) enthalten. Es darf aber auch die Abkürzung UG (haftungsbeschränkt) verwendet werden. Eine Abkürzung des Teiles „haftungsbeschränkt“ ist nicht möglich.

Aus Vereinfachungsgründen wird im folgenden Text die Unternehmergesellschaft (haftungsbeschränkt) bzw. UG (haftungsbeschränkt) abgekürzt mit Unternehmergesellschaft bzw. UG. Gemeint ist jedoch immer die UG „haftungsbeschränkt".

Geschäftsführung

Die Geschäftsführung obliegt bei der UG dem Geschäftsführer bzw. den Geschäftsführern. Dieser muss nicht, kann aber auch Gesellschafter der UG sein.

Organe der UG

Da die UG keine eigene Rechtsform ist, sondern nur eine Variante der GmbH, hat sie die gleichen Organe wie auch die GmbH.

Geschäftsführung (das Leitungsorgan)

Damit die UG handlungsfähig wird, ist der bzw. sind die Geschäftsführer das wichtigste Organ (§ 6 GmbHG). In aller Regel ist bei der UG der Unternehmensgründer der Gesellschafter. Da die UG insbesondere für kleinere Unternehmen infrage kommt, ist der Gesellschafter meistens auch gleichzeitig der Geschäftsführer.

Der Geschäftsführer führt die Geschäfte und vertritt die Gesellschaft nach außen.

Ist der Geschäftsführer nicht gleichzeitig Gesellschafter werden auch hier die Rechte und Pflichten des Geschäftsführers durch einen Gesellschaftervertrag (= Anstellungsvertrag) festgelegt. Die Vertretungsbefugnis ist gesetzlich geregelt.

Gesellschafterversammlung (das Beschlussorgan)

Insofern es mehrere Gesellschafter gibt, ist eine Gesellschafterversammlung nach den gesetzlichen Vorschriften einzuberufen. Die Rechte der Gesellschafterversammlung sind ebenso im GmbHG verankert (vgl. auch Gesellschafterversammlung bei der GmbH).

Aufsichtsrat (das Überwachungsorgan)

Da die UG aus Gründen der Vereinfachung auf den Weg gebracht wurde, wird in aller Regel auch auf die Bildung eines Aufsichtsrats verzichtet. Wenn allerdings die Mitarbeiteranzahl 500 und mehr beträgt, muss sie einen Aufsichtsrat bilden.

Haftung

Für die Unternehmergesellschaft gelten die Haftungsregelungen des GmbH-Gesetzes. Dies bedeutet auch, dass die Gesellschaft den Gläubigern nur mit dem Gesellschaftsvermögen haftet. (Ausnahmen sind möglich.)

Gewinn

Der Gewinn einer UG steht dem bzw. den Gesellschaftern zu. Dabei wird der Gewinn im Verhältnis der Geschäftsanteile verteilt. Allerdings können auch hier im

Gesellschaftsvertrag abweichende Regelungen getroffen werden. Die Gewinne dürfen jedoch erst in voller Höhe ausgeschüttet werden, wenn mithilfe der Gewinne eine Rücklage in Höhe von 25.000 € erreicht wird. Dabei müssen jedes Jahr 25 % des Gewinns in die gesetzliche Rücklage fließen, bis die 25.000 € aufgebracht wurden. Das Gesetz gibt hierbei keine zeitliche Frist vor. Hat der Unternehmer keinen Gewinn gemacht, fließt auch kein Geld in die Rücklage. (Anmerkung: Wird das Stammkapital in Höhe von 25.000 € erreicht, hat der Unternehmer die Möglichkeit die Rechtsform in GmbH zu ändern.)

Auflösung der UG

Die Auflösungsgründe für die UG sind in § 60 GmbHG geregelt.

Wie die GmbH auch kann die UG für eine bestimmte Zeit gegründet werden. Neben der Eröffnung des Insolvenzverfahrens führt auch ein gerichtlicher Beschluss zur Auflösung der UG. Des Weiteren können die Gesellschafter das Ende der Gesellschaft beschließen. Die Löschung der Gesellschaft wegen Vermögenslosigkeit führt zur Auflösung der UG.

Chancen der UG

- Die Haftung ist auf das Gesellschaftsvermögen beschränkt.
- Mini GmbH, Ein-Euro-GmbH
- günstiger Einstieg für Jungunternehmer
- Die Umwandlung in eine GmbH bei Erreichen des Mindeststammkapitals ist möglich.
- Der Gründungsprozess ist günstig.

Risiken/Probleme der UG

- 1 € Mindestkapital ist selten für eine Unternehmensgründung ausreichend.
- Es bestehen schlechtere Möglichkeiten der Kapitalbeschaffung.
- Durch das gesetzlich nicht vorgeschriebene Mindeststammkapital ist die UG bei Geschäftspartnern wenig kreditwürdig.
- Es müssen Gewinnrücklagen gebildet werden.

Das Bundesministerium für Wirtschaft und Energie hält ein Musterprotokoll zur Gründung einer UG vor.

www.existenzgruender.de/DE/Weg-in-die-Selbstaendigkeit/Vorbereitung/Gruendungswissen/Rechtsformen/UG-haftungsbeschraenkt/inhalt.html

3.3.3 Aktiengesellschaft (AG)

Wesen

Wie auch die Gesellschaften mit beschränkter Haftung können Aktiengesellschaften zu jedem gesetzlich zulässigen Zweck gegründet werden. Die AG ist eine juristische Person, bei der die Haftung gegenüber den Gläubigern auf das Gesellschaftsvermögen beschränkt ist. Eine Aktiengesellschaft hat ein in Aktien zerlegtes Grundkapital.

Aktien

Diese Aktien können **Nennbetragsaktien**, d. h. sie lauten auf einen bestimmen Nennbetrag (z. B. 1 €), oder **Stückaktien**, d. h. sie lauten auf einen bestimmten Anteil am Grundkapital, sein.

Je nach Umfang der durch die Aktie verbrieften Rechte gibt es **Stammaktien**, die die gewöhnlichen gesetzlichen und satzungsmäßigen Aktionärsrechte verbriefen und **Vorzugsaktien**, die mit bestimmten Vorrechten ausgestattet sind (z. B. Mehrstimmrechtsaktie oder Dividendenvorzüge). **Inhaberaktien** sind im Hinblick auf ihre Übertragbarkeit derart ausgestaltet, dass sie durch Einigung und Übergabe formlos übertragen werden können, während bei den **Namensaktien** eine bestimmte Person als Berechtigter ausgewiesen wird. Wird eine Namensaktie übertragen, muss zusätzlich zur Einigung und Übergabe ein Eintrag im Aktienregister erfolgen.

Gründung

Zur Gründung werden eine oder mehrere Personen benötigt. Diese müssen die Aktien gegen Einlagen übernehmen. Der Gesellschaftsvertrag (= die Satzung) muss notariell beurkundet werden. Zur Gründung ist ein Grundkapital von mindestens 50.000 € notwendig. Das Grundkapital wird in Aktien zerlegt, wobei der geringste Nennwert einer Aktie 1 € beträgt. Eine Ausgabe der Aktien unter dem Nennwert ist gesetzlich nicht erlaubt. Über pari (also über Nennwert) ist eine Ausgabe möglich und in der Realität sogar üblich (z. B. hat ein Anteilseigner der Sportina AG bei Emission [= Ausgabe von Wertpapieren] für die 1-€-Aktie mehr als 1 € bezahlt).

Wie schon bei der GmbH ist die Eintragung der AG ins Handelsregister konstitutiv. Die AG wird als solche also erst mit der Eintragung ins Handelsregister zur Aktiengesellschaft.

Gesetzliche Grundlage

Einer Aktiengesellschaft dient als eine der wichtigsten gesetzlichen Grundlagen das Aktiengesetz (AktG). Neben dem HGB hat die Aktiengesellschaft noch weitere Gesetzesgrundlagen zu beachten.

Firma

In § 4 AktG ist geregelt, dass die Aktiengesellschaft die Bezeichnung „Aktiengesellschaft" oder eine allgemein verständliche Abkürzung dieser Bezeichnung (z. B. AG) enthalten muss. Die Sportina AG erfüllt die Bedingungen des Gesetzes. Hier liegt eine Fantasiefirma vor (Sportina – lässt aber auch Rückschlüsse auf den Unternehmensgegenstand zu; AG – ist die allgemein verständliche Abkürzung).

Geschäftsführung

Als juristische Person benötigt die AG ein Organ, das ihr die Handlungsfähigkeit ermöglicht. Der Vorstand der AG übernimmt diese geschäftsführende Funktion unter eigener Verantwortung.

Organe der AG

Vorstand (= das Leitungsorgan)

Der Aufsichtsrat der AG wählt den Vorstand für längstens fünf Jahre, eine wiederholte Bestellung oder auch die Verlängerung der Amtszeit (jeweils für höchstens fünf Jahre) ist möglich. Die Aufgaben des Vorstands sind im AktG geregelt. Die Vertretungsbefugnis kann dabei nicht beschränkt werden, wenngleich im Innenverhältnis die Geschäftsführungsbefugnis durch den Anstellungsvertrag geregelt werden kann. Der Vorstand bestimmt die Geschäftspolitik, legt den Jahresabschluss vor und beruft neben weiteren Aufgaben die Hauptversammlung ein.

Hauptversammlung (= das Beschlussorgan)

Die Hauptversammlung (HV) ist die Versammlung der Aktionäre. Hier können die Aktionäre (= Shareholder), also die Eigentümer der Gesellschaft, ihre Rechte in den Angelegenheiten der AG wahrnehmen (vgl. § 118 AktG). Die Rechte der Hauptversammlung sind in § 119 AktG geregelt. Unter anderem beschließt die HV die Bestellung der Mitglieder des Aufsichtsrats, die Verwendung des Bilanzgewinns, sowie Maßnahmen der Kapitalbeschaffung. Neben der ordentlichen Hauptversammlung, die laut Gesetz einmal im Jahr stattfinden muss, muss der Vorstand die Hauptversammlung auch einberufen, wenn das Wohl der Gesellschaft dies erfordert.

Aufsichtsrat (= das Überwachungsorgan)

Im Gegensatz zur GmbH, bei der die Einrichtung dieses Organs fakultativ sein kann, ist der Aufsichtsrat bei einer AG obligatorisch (= verpflichtend). Die Hauptaufgabe des Aufsichtsrats einer AG ist laut § 111 AktG die Überwachung der Geschäftsführung. Aus diesem Grund darf der Aufsichtsrat u. a. die Bücher der Gesellschaft einsehen. Um diese Überwachungsfunktion durchzusetzen, kann kein Vorstandsmitglied gleichzeitig Mitglied im Aufsichtsrat sein. Außerdem muss der Aufsichtsrat die Hauptversammlung einberufen, wenn das Wohl der Gesellschaft dies erfordert.

Da auch hier eine Mitbestimmung möglich sein soll, setzt sich der Aufsichtsrat in der Regel aus Mitgliedern der Aktionäre (als Eigentümer), aus Arbeitnehmern und ggf. aus weiteren Mitgliedern zusammen. Bei der Zusammensetzung sind z. B. das Montan-Mitbestimmungsgesetz, das Mitbestimmungsgesetz und das Betriebsverfassungsgesetz zu berücksichtigen. Dieses Organ wird von der Hauptversammlung für vier Jahre gewählt. § 95 AktG benennt die Vorgaben bzgl. der Anzahl der Mitglieder im Aufsichtsrat. Dabei muss der Aufsichtsrat aus mindestens drei Mitgliedern bestehen.

Haftung

Die Haftung einer Aktiengesellschaft ist auf das Geschäftsvermögen beschränkt. Eine Nachschusspflicht, wie sie bei einer GmbH möglich sein kann, existiert bei einer Aktiengesellschaft nicht. Im Konkursfall verliert der Aktionär seinen Anteil am Aktienkapital.

Zu beachten ist jedoch die Organhaftung. Hierunter ist zu verstehen, dass Organmitglieder (also bspw. der Vorstand) für Schäden, die auf einer von ihnen begangenen Pflichtverletzung beruhen, persönlich, unbeschränkt und mit ihrem gesamten Vermögen haften (Schadenersatzpflicht).

Gewinn

Eine Aktiengesellschaft muss laut Aktiengesetz (§§ 150 ff. AktG) eine gesetzliche Rücklage bilden. Daneben können noch weitere, z. B. satzungsmäßige Rücklagen aus dem Gewinn gebildet werden. Grundsätzlich schlägt der Vorstand der AG eine Gewinnverwendung vor, dieser Vorschlag muss von der Hauptversammlung beschlossen werden. Wird darüber beschlossen, dass der Gewinn an die Anteilseigner ausgezahlt wird, so spricht man davon, dass die Aktionäre eine Dividende erhalten.

Auflösung der AG

§ 262 AktG regelt die Auflösungsgründe.

Wie bei einer GmbH kann die Aktiengesellschaft für eine bestimmte Zeit gegründet werden. Die AG endet dann mit diesem Zeitablauf. Neben der Eröffnung des Insolvenzverfahrens führt auch ein gerichtlicher Beschluss zur Auflösung der AG. Außerdem können die Gesellschafter das Ende der Gesellschaft beschließen. Die AG wird wie die GmbH auch durch die Löschung der Gesellschaft wegen Vermögenslosigkeit aufgelöst.

Chancen der AG

- Die Haftung ist auf das Geschäftsvermögen beschränkt.
- Die Aktien (Inhaberaktien) sind leicht übertragbar.
- Eine Kapitalbeschaffung ist durch Kapitalerhöhung möglich.
- Ein Börsengang ist möglich (auch hier kann neues Kapital beschafft werden).
- Die Eigentümer können Einfluss nehmen.
- Es besteht nur ein geringes Verlustrisiko für die Aktionäre.

Risiken/Probleme der AG

- Es ist ein Mindestkapital zur Gründung notwendig.
- Der Gründungsprozess ist aufwendig.
- Der Gestaltungsspielraum der Unternehmen ist durch das Aktiengesetz eingeschränkt.

4. Investitionsanlässe und Kapitalbedarf

4.1 Investitionsanlässe

Für den Unternehmer ergeben sich unterschiedliche Anlässe, um Investitionen zu tätigen. In der Gründungsphase eines Unternehmens kann es zu einem erheblichen Kapitalbedarf kommen. Von diesen sogenannten **Gründungsinvestitionen** (auch Erstinvestitionen genannt) unterscheidet man die **Ersatzinvestitionen** (auch **Reinvestitionen** genannt). Beispielsweise durch Verschleiß ist ein Unternehmer gezwungen, defekte Anlagen zu ersetzen. Dienen die Investitionen der Rationalisierung, so spricht man von **Rationalisierungsinvestitionen**. Im Gegensatz zu den reinen Ersatzinvestitionen versprechen die Rationalisierungsinvestitionen eine Verbesserung im Arbeitsprozess. Diese Investitionen werden zum

Beispiel getätigt, weil der technische Fortschritt verbesserte Anlagen verspricht. Kauft der Unternehmer zusätzlich zum bisherigen Bestand eine neue Maschine, so leistet er eine **Erweiterungsinvestition**. Neben diesen unterschiedlichen Absichten zu investieren, werden in der Literatur noch weitere Investitionsarten unterschieden.

Abhängig davon, in was investiert wird, unterscheidet man die **Sachinvestition**, bei der finanzielle Mittel in materielle Gegenstände fließen, von den **immateriellen Investitionen**, bei denen die Mittel z. B. in Forschung, Lizenzen und Patente fließen.

Daneben können Unternehmer auch Wertpapiere, Beteiligungen, u. a. erwerben. Diese Investitionsart wird **Finanzinvestition** genannt.

4.2 Kapitalbedarf

Wie eingangs bereits erläutert setzt jede Investition eine Finanzierung voraus. Dabei muss der Unternehmer den Kapitalbedarf genau ermitteln. Diese Kapitalbedarfsermittlung bezieht sich in Abhängigkeit der Investitionsarten in der Regel auf drei Phasen.

- **vor Gründung:** Bereits vor Gründung des Unternehmens wird schon Kapital benötigt. Kaum ein Unternehmer geht das Risiko ein, sein Unternehmen zu gründen, ohne vorher die Marktbedingungen analysiert zu haben. Des Weiteren kommen auch durch die Gründung selbst Kosten auf den Unternehmer zu. Je nach Rechtsform können auch diese Kosten nicht unerheblich sein (Notarkosten, Anmeldegebühren, Genehmigungen usw.).
- **bei Gründung:** Um überhaupt den Geschäftsbetrieb aufnehmen zu können, müssen je nach Branche das Vermögen, speziell das Anlagevermögen (z. B. Grundstücke, Gebäude, Maschinen) und das Umlaufvermögen (z. B. Rohstoffe, Hilfsstoffe und Betriebsstoffe) angeschafft werden.
- **nach Gründung:** Kapitalbedarf wird in der gesamten Lebensdauer des Unternehmens auftreten. Die laufenden Betriebskosten müssen ebenso gedeckt werden können, wie weitere geplante aber auch im Vorfeld nicht planbare Investitionen.

Der Kapitalbedarf hängt außerdem noch von weiteren Faktoren ab. Eine Übersicht über einige wichtige Faktoren gibt die nachfolgende Aufzählung:

- Größe des Betriebs
- Rechtsform
- Branche
- Tiefe und Breite des Produktionsprogramms bzw. des Sortiments

- Art der Gründung (z. B. Neugründung oder Übernahme)
- Standort
- Zahlungskonditionen für die Kunden bzw. Lieferanten
- Lagerumschlagshäufigkeit
- Unternehmenspolitik.

4.2.1 Kapitalbedarfsermittlung für das Anlagevermögen

Bei dieser Kapitalbedarfsermittlung erfasst der Unternehmer alle notwendigen Aufwendungen für das geplante Anlagevermögen.

Beispiel

Die Sportina AG hat zur Gründung ein Grundstück gekauft und ein Betriebsgebäude mit Lagerhalle gebaut. Neben dem Grundstückspreis (Wert 150.000 €) mussten also die Nebenkosten (z. B. Notargebühren 700 €) sowie die Baukosten in Höhe von 750.000 € finanziert werden. Des Weiteren musste die Betriebs- und Geschäftsausstattung angeschafft werden. Büroräume wurden eingerichtet. Hierfür war Kapital in Höhe von 25.000 € erforderlich. Um die Handelswaren ausliefern zu können und der Geschäftsleitung sowie dem Vertrieb die notwendige Flexibilität zu ermöglichen, wurden für den Fuhrpark 80.000 € veranschlagt. Zum Anlagevermögen wird bei der Kapitalbedarfsermittlung auch der eiserne Bestand hinzugerechnet, da diese Werte dauerhaft im Unternehmen gebunden sind, um dem Unternehmen eine ständige Lieferbereitschaft zu ermöglichen. Hier veranschlagt die Sportina AG einen Wert von 10.000 €. Außerdem wird noch mit weiteren zusätzlichen einmaligen Ausgaben in Höhe von 3.000 € (z. B. für die Personalrekrutierung) gerechnet.

In der Summe ergibt sich nun folgender Kapitalbedarf für das Anlagevermögen:

	Grundstück	150.000 €
+	Nebenkosten	700 €
+	Baukosten	750.000 €
+	Betriebs- und Geschäftsausstattung	25.000 €
+	Fuhrpark	80.000 €
+	Sicherheitsreserve	10.000 €
+	zusätzliche Ausgaben	3.000 €
=	**Summe**	**1.018.700 €**

Der Kapitalbedarf für das Anlagevermögen der Sportina AG beträgt in diesem Beispiel 1.018.700 €.

4.2.2 Kapitalbedarfsermittlung für das Umlaufvermögen

Bei der Finanzierung des Umlaufvermögens berücksichtigt der Unternehmer, dass er die laufenden Ausgaben bis zum jeweiligen Umsatzeingang vorfinanziert. Werden z. B. Rohstoffe eingekauft, die für die Fertigung von Produkten benötigt werden, dann werden diese in der Regel zunächst eingelagert (außer bei Just-in-time-Fertigung), bis sie in den Produktionsprozess wandern. Auch die Produktion benötigt, je nach Arbeitsgang und Produkt, Zeit. Es wäre utopisch zu glauben, dass die Produkte sofort nach ihrer Herstellung an den Kunden verkauft werden. In vielen Industriebetrieben wird auf Lager produziert, sodass auch hier das Kapital gebunden bleibt. Nach dem Verkauf der Produkte ist normalerweise damit zu rechnen, dass der Zahlungseingang erst nach einigen Tagen erfolgt, je nachdem, welche Konditionen dem Kunden eingeräumt wurden und wie seine Zahlungsmoral ist. Positiv wirkt sich aber umgekehrt das Zahlungsziel aus, das der Rohstofflieferant eingeräumt hat.

Vereinfacht kann hier der Kapitalbedarf wie folgt errechnet werden:

MERKE

Kapitalbedarf für das Umlaufvermögen = Kapitalbindungsdauer • ∅ tägliche Ausgaben

Ein Lieferant der Sportina AG, der Heimtrainer herstellt, ermittelt folgende Daten zur Berechnung des Kapitalbedarfs:

Die Rohstoffe für den Heimtrainer, die mit einem Zahlungsziel von 10 Tagen eingekauft werden, lagern durchschnittlich 20 Tage, bevor sie in den Produktionsprozess eingehen. Die Produktion des Endprodukts dauert 5 Tage. Bis zum Verkauf lagert jeder Heimtrainer durchschnittlich 20 Tage. Der Lieferant hat seinen Kunden ein Zahlungsziel von 15 Tagen eingeräumt.

Der Lieferant der Sportina AG rechnet demnach mit einer Kapitalbindungsdauer von (20 Tage Lagerdauer + 5 Tage Dauer der Produktion + 20 Tage Lagerdauer der Endprodukte + 15 Tage Zahlungsziel für den Kunden - 10 Tage Zahlungsziel des Rohstofflieferanten =) 50 Tagen.

Die täglichen Ausgaben hat der Lieferant wie folgt ermittelt:

Ø tägliche Lohnausgaben in Höhe von 3.000 €

Ø tägliche Ausgaben für Werkstoffeinsatz in Höhe von 2.000 €

Ø tägliche Gemeinkosten (also Kosten, die dem Produkt nicht direkt zuzurechnen sind) in Höhe von 1.000 €.

Damit beträgt die Summe der Ausgaben täglich durchschnittlich 6.000 €.

Dies ergibt einen Kapitalbedarf für das Umlaufvermögen von 50 Tagen • 6.000 € = 300.000 €.

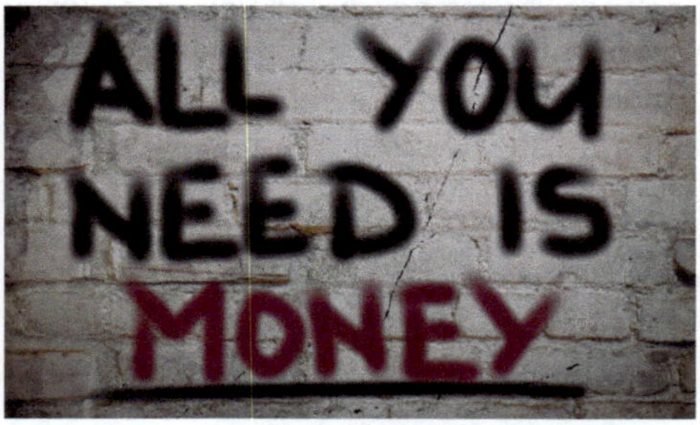

5. Finanzierungsarten

Unternehmen haben unterschiedliche Möglichkeiten ihren Finanzbedarf zu decken. Je nach Kapitalherkunft differenziert man die Außenfinanzierung und die Innenfinanzierung. Bei der **Außenfinanzierung** wird das Kapital dem Unternehmen von außen zugeführt (z. B. bei der Kreditfinanzierung), bei der **Innenfinanzierung** stammt es aus dem Unternehmen selbst. (So wird bei der Selbstfinanzierung der Gewinn für Investitionen verwendet und nicht an die Eigentümer ausgeschüttet.) Des Weiteren gibt die rechtliche Stellung des Kapitalgebers ein Unterscheidungsmerkmal vor. Wenn der Kapitalgeber Eigentümer des Unternehmens ist, spricht man von **Eigenfinanzierung** (z. B. bei der Beteiligungsfinanzierung). Wird dem Unternehmen Fremdkapital (im Fall der Kreditfinanzierung) zur Verfügung gestellt, so liegt **Fremdfinanzierung** vor. Entscheidend für den Unternehmer bei der Wahl der Finanzierungsart sind diverse Besonderheiten. So sind beispielsweise bei der Fremdfinanzierung Zinszahlungen zu berücksichtigen und die Innenfinanzierung ist nur dann möglich, wenn finanzielle Mittel im Unternehmen freigesetzt werden können. Bei der Eigenfinanzierung ist es möglich, dass ein neuer Gesellschafter das Kapital zur Verfügung stellt und sich damit die Geschäftsführung und Vertretung neu strukturiert. Aber auch die Außenfinanzierung kann sich als nachteilig darstellen, wenn sich beispielsweise kein geeigneter Kapitalgeber findet.

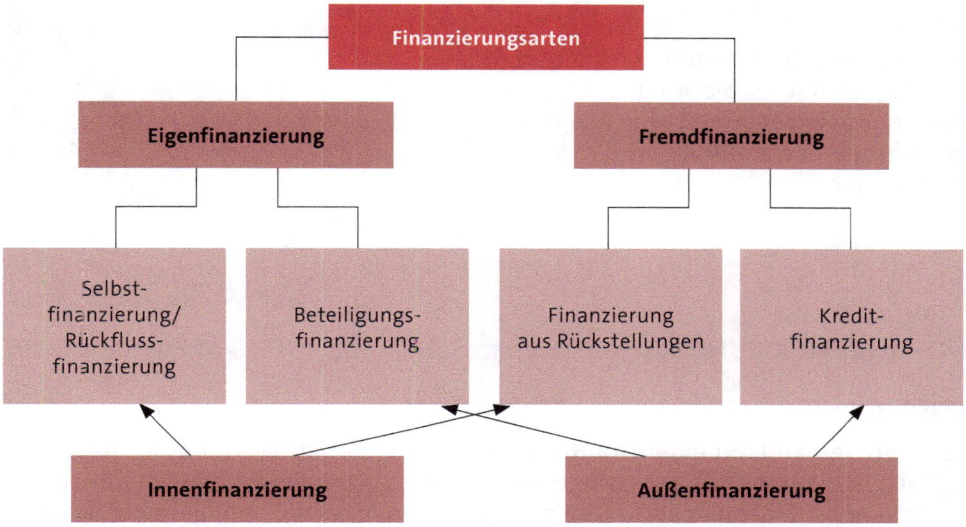

Jede Finanzierungsart ist demnach entweder Außen- oder Innenfinanzierung und gleichzeitig Fremd- oder Eigenfinanzierung. So gehört der Kontokorrentkredit als Beispiel der Kreditfinanzierung zur Außenfinanzierung, weil hier dem Unternehmen von außen Kapital zugeführt wird, und zur Fremdfinanzierung, da der Kapitalgeber (z. B. ein Kreditinstitut) dem Unternehmen Fremdkapital zur Verfügung stellt.

Bei der Wahl der Finanzierungsart ist immer auch entscheidend, wie lange der Unternehmer das Geld benötigt. So ist neben der kurzfristigen Finanzierung (Finanzierung hat eine Laufzeit von unter einem Jahr), die mittelfristige Finanzierung (Finanzierung hat eine Laufzeit von einem Jahr bis vier Jahren) und die langfristige Finanzierung (Finanzierung von mehr als vier Jahren) möglich.

Weitere Entscheidungskriterien für die Finanzierungsart können neben den Zinsverpflichtungen die Dauer der Verfügbarkeit, die Haftung, die geforderten Sicherheiten, die mögliche steuerliche Absetzbarkeit und die Gewinnbeteiligung sein.

5.1 Der Kontokorrentkredit

Benötigt ein Unternehmen kurzfristig Kapital, so hat es die Möglichkeit, einen Kontokorrentkredit in Anspruch zu nehmen. Dieser Kredit wird in § 355 HGB geregelt.

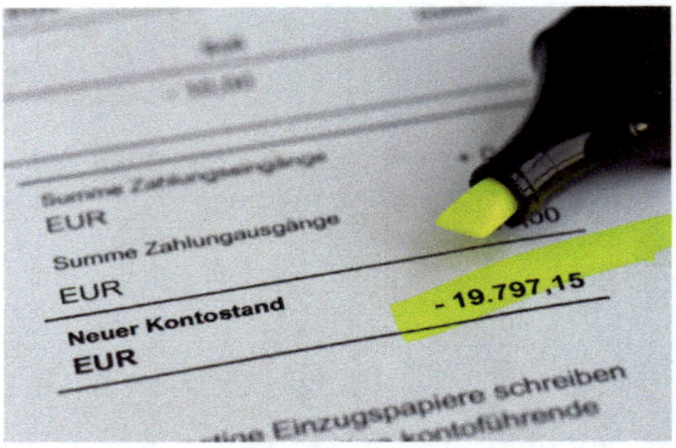

RECHTSGRUNDLAGE

§ 355 HGB

(1) Steht jemand mit einem Kaufmann derart in Geschäftsverbindung, dass die aus der Verbindung entspringenden beiderseitigen Ansprüche und Leistungen nebst Zinsen in Rechnung gestellt und in regelmäßigen Zeitabschnitten durch Verrechnung und Feststellung des für den einen oder anderen Teil sich ergebenden Überschusses ausgeglichen werden (laufende Rechnung, Kontokorrent), so kann derjenige, welchem bei dem Rechnungsabschluss ein Überschuss gebührt, von dem Tag des Abschlusses an Zinsen von dem Überschuss verlangen, auch soweit in der Rechnung Zinsen enthalten sind.

(2) Der Rechnungsabschluss geschieht jährlich einmal, sofern nicht ein anderes bestimmt ist.

(3) Die laufende Rechnung kann im Zweifel auch während der Dauer einer Rechnungsperiode jederzeit mit der Wirkung gekündigt werden, dass derjenige, welchem nach der Rechnung ein Überschuss gebührt, dessen Zahlung beanspruchen kann.

Das Kreditinstitut räumt dem Kreditnehmer die Möglichkeit ein, innerhalb eines bestimmten vorher festgelegten Kreditrahmens einen Kredit in Anspruch zu nehmen. Bis zu dieser Grenze kann er das Konto dann ohne vorherige Rücksprache nutzen. Geldeingänge, die auf dieses Konto als Habenzahlungen eingehen, führen zu einer Verringerung des in Anspruch genommenen Kreditbetrags. Die Zinsen werden nur für den tatsächlich in Anspruch genommenen Kredit berechnet. Damit ist der Kontokorrentkredit ein flexibler Kredit, der häufig dazu dient, kurzfristige Schwankungen im Kapitalbedarf auszugleichen. Zur Verfügung gestellt wird dieser Kredit auf dem Kontokorrentkonto (auch Girokonto genannt). Mit diesem Konto ist ein laufendes Konto gemeint, das zur Abwicklung des Zahlungsverkehrs dient. Je nach Vertragsbedingungen und unter Berücksichtigung der gesetzlichen Rahmenbedingungen erfolgt der Kontoabschluss mindestens einmal jährlich. In der Regel werden die Kreditinstitute diese Konten monatlich oder vierteljährlich abrechnen. Besteht eine Kontoverbindung länger, kann es sogar sein, dass die Bank eine Überziehung über den vereinbarten Rahmen zulässt. Zusätzlich zu den vereinbarten Sollzinsen (= Zinsen für den tatsächlich in Anspruch genommenen Kredit) wird die Bank hierfür einen Überziehungszins verlangen. Neben den Sollzinsen und den Überziehungszinsen kommen je nach Vereinbarung noch weitere Kosten auf den Kreditnehmer zu. Eine Kreditprovision ist eine Bereitstellungsgebühr, die den gewährten, aber nicht in Anspruch genommenen Kredit berücksichtigt. Eine Umsatzprovision kann zusätzliche Gebühren abdecken und daneben können auch noch weitere Kosten anfallen.

Vorteile/Chancen

- Der Kontokorrentkredit dient der Sicherstellung der Zahlungsfähigkeit. Er ermöglicht Unternehmen z. B. Aufträge vorzufinanzieren.
- Die Einräumung dieses Kredits ist in aller Regel sehr unkompliziert und eröffnet dem Unternehmen eine flexible Handhabung. Falls der Kredit nicht benötigt wird, müssen keine weiteren Absprachen getroffen werden.
- Außerdem hat der Unternehmer eine ständige Kontrolle über die Inanspruchnahme des Kredits, da der Ausweis über den Kontoauszug erfolgt. Auch eine sofortige Tilgung ist möglich.
- Er eignet sich als Finanzierungsinstrument zur Ausnutzung von Skonti, da er meistens günstiger ist, als der Lieferantenkredit.

Nachteile/Risiken

- Das Risiko des Kontokorrentkredits liegt eindeutig in der Höhe der Kosten. Alleine der Sollzinssatz liegt über dem Zinssatz anderer Kreditarten.
- Außerdem hat der Kreditgeber die Möglichkeit, kurzfristige Kündigungen auszusprechen, sodass der Kreditnehmer den Kredit kurzfristig zurückzahlen muss.
- Als langfristige Finanzierungsart ist der Kontokorrent wegen der hohen Kosten denkbar ungeeignet.

5.2 Der Lieferantenkredit

Von einem Lieferantenkredit spricht man dann, wenn ein Kunde Waren bzw. Produkte oder auch Dienstleistungen erhält, ohne dass er diese sofort bezahlen muss, da er ein Zahlungsziel (Beispiel: Die Sportina AG erhält Sportgeräte im Wert von 10.000 €. Die Rechnung enthält als Zahlungsbedingung den folgenden Hinweis: „Rechnung zahlbar innerhalb von 8 Tagen unter Abzug von 3 % Skonto ansonsten innerhalb von 30 Tagen rein netto") eingeräumt bekommt. Damit ist der Lieferantenkredit ein kurzfristiger Kredit, bei dem der Käufer der Schuldner und der Verkäufer der Gläubiger ist. Der Preis, der für diesen Kredit gezahlt wird, ist direkt nicht erkennbar. Anders als beim Kontokorrentkredit, bei dem ein festgelegter Sollzins vereinbart wird, muss der Zins beim Lieferantenkredit aus dem vereinbarten Skontosatz berechnet werden.

Mithilfe der Jahreszinsformel kann vereinfacht ein Jahreszins berechnet werden.

MERKE

$$\text{Jahreszins} = \frac{\text{Skonto} \cdot 360 \cdot 100}{\text{Kreditzeitraum}}$$

Der Kreditzeitraum beträgt in dem genannten Beispiel 22 Tage, da der Schuldner innerhalb der ersten 8 Tage den Skonto in Anspruch nehmen kann, die Rechnung aber bis spätestens von 30 Tagen bezahlen muss (30 - 8 Tage = 22 Tage Kreditzeitraum).

$$\text{Jahreszins} = \frac{0{,}03 \cdot 360 \cdot 100}{22} \qquad \text{Skonto hier } 3\,\% = 0{,}03$$

In diesem Beispiel beträgt der Jahreszins vereinfacht berechnet 49,09 %.

Mithilfe des effektiven Jahreszinses wird der Preis für den Lieferantenkredit genauer berechnet.

Die Berechnung erfolgt unter Berücksichtigung des tatsächlichen Skontobetrags. In dem Beispiel spart die Sportina AG 300 €, wenn sie die Rechnung innerhalb von 8 Tagen zahlt und den Lieferantenkredit nicht in Anspruch nimmt. Sie überweist dann nur 9.700 € an den Gläubiger.

Ausgehend von diesen Daten berechnet sich der effektive Jahreszins mit der folgenden Formel:

MERKE

$$\text{effektiver Jahreszins} = \frac{\text{Skontobetrag} \cdot 360 \cdot 100}{\text{Zahlungsbetrag} \cdot \text{Kreditzeitraum}}$$

$$\text{effektiver Jahreszins} = \frac{300 \cdot 360 \cdot 100}{9.700 \cdot 22} = 50{,}6\ \%$$

Der **effektive Jahreszins** beträgt in diesem Fall **50,6 %**.

Nachteile/Risiken

- Ein beachtlicher Nachteil ist bei der Berechnung der Kosten deutlich geworden. Der Lieferantenkredit ist ein sehr teurer Kredit. Der Unternehmer muss sich bewusst machen, dass es sogar günstiger sein kann, den Skonto auszunutzen und dafür einen Kredit in Anspruch zu nehmen.

Vorteile/Chancen

- Wird ein Zahlungsziel eingeräumt, also ein Lieferantenkredit gewährt, so geschieht dies oftmals ohne vorherige Kreditwürdigkeitsprüfung. Damit ist der Lieferantenkredit in seiner Inanspruchnahme sehr unkompliziert.
- Die Geldschuld entsteht erst mit der Rechnungsstellung.

5.3 Das Darlehen

Will ein Unternehmer mittel- oder langfristige Investitionen tätigen, kommen der Kontokorrentkredit und auch der Lieferantenkredit nicht infrage. Beim Darlehen überlässt der Darlehensgeber dem Darlehensnehmer den vereinbarten Geldbetrag. Dafür muss der Darlehensnehmer einen Zins zahlen. Den geschuldeten Geldbetrag muss er bei Fälligkeit dem Darlehensgeber wieder zurückzahlen.

Das Darlehen ist in § 488 BGB geregelt.

RECHTSGRUNDLAGE

§ 488 BGB Vertragstypische Pflichten beim Darlehensvertrag

(1) Durch den Darlehensvertrag wird der Darlehensgeber verpflichtet, dem Darlehensnehmer einen Geldbetrag in der vereinbarten Höhe zur Verfügung zu stellen. Der Darlehensnehmer ist verpflichtet, einen geschuldeten Zins zu zahlen und bei Fälligkeit das zur Verfügung gestellte Darlehen zurückzuzahlen.

(2) Die vereinbarten Zinsen sind, soweit nicht ein anderes bestimmt ist, nach dem Ablauf je eines Jahres und, wenn das Darlehen vor dem Ablauf eines Jahres zurückzuzahlen ist, bei der Rückzahlung zu entrichten.

(3) Ist für die Rückzahlung des Darlehens eine Zeit nicht bestimmt, so hängt die Fälligkeit davon ab, dass der Darlehensgeber oder der Darlehensnehmer kündigt. Die Kündigungsfrist beträgt drei Monate. Sind Zinsen nicht geschuldet, so ist der Darlehensnehmer auch ohne Kündigung zur Rückzahlung berechtigt.

In der Regel haben Darlehen eine Laufzeit von mehr als vier bis fünf Jahren. Laufzeiten von über 30 Jahren sind ebenfalls möglich.

Beispiel

Die Sportina AG plant die hauseigene Computeranlage zu erneuern. Nachdem verschiedene Angebote eingeholt wurden, wird die Entscheidung zugunsten eines hessischen Lieferanten gefällt. Die Gesamtkosten in Höhe von 50.000 € inkl. Montage und Einrichtung will die Sportina AG zu 100 % über ein Darlehen finanzieren. Bei dem derzeitig günstigen Zinsniveau kann die Hausbank der Sportina AG einen Darlehenszins von 3 % anbieten. Aus Vereinfachungsgründen sollen in diesem Beispiel keine weiteren Kosten anfallen. Die Sportina AG kann zwischen drei unterschiedlichen Tilgungsarten wählen.

In Abhängigkeit von der Tilgungsart liegen folgende Darlehensarten vor:

Festdarlehen/Fälligkeitsdarlehen

Bei einem Festdarlehen, auch Fälligkeitsdarlehen genannt, tilgt der Schuldner das Darlehen in einer Summe am Ende der festgelegten Laufzeit. Die Zinsen werden über die gesamte Laufzeit geleistet.

Der Tilgungsplan der Sportina AG könnte im Falle eines Fälligkeitsdarlehens wie folgt aussehen:

Jahr	Darlehensschuld am Jahresanfang (in €)	Zinsen (in €)	Tilgung (in €)	Gesamtbelastung (in €)	Darlehensschuld am Jahresende (in €)
1	50.000,00	1.500,00	-	1.500,00	50.000,00
2	50.000,00	1.500,00	-	1.500,00	50.000,00
3	50.000,00	1.500,00	-	1.500,00	50.000,00
4	50.000,00	1.500,00	-	1.500,00	50.000,00
5	50.000,00	1.500,00	50.000,00	51.500,00	0,00

Vorteile/Chancen des Fälligkeitsdarlehens

- Die geringe Belastung während der Laufzeit schont die Liquidität.
- Es eignet sich, wenn der Kreditnehmer eine entsprechend hohe Auszahlung erwartet (z. B. Fälligkeit einer Kapitallebensversicherung oder Schenkung).

Nachteile/Risiken des Fälligkeitsdarlehens

- Die Rückzahlung in einer Summe kann evtl. problematisch werden.
- Nach Ablauf der Zinsbindung können sich die Zinsen erhöhen.

Abzahlungsdarlehen/Ratendarlehen

Das Abzahlungsdarlehen, auch als Ratendarlehen bekannt, ist dadurch gekennzeichnet, dass die jährliche Tilgung gleich hoch ist. Diese Tilgung wird im Kreditvertrag individuell festgelegt und im Darlehensvertrag prozentual ausgewiesen. Zusätzlich zur gleichbleibenden Tilgung muss der Schuldner Darlehenszinsen zahlen. Durch die jährliche Tilgung verringert sich die Darlehensschuld, was zu sinkenden Zinszahlungen führt. Zins und Tilgung bilden die Gesamtbelastung. In der Summe sinkt die jährliche Gesamtbelastung.

Der Tilgungsplan der Sportina AG könnte im Falle eines Abzahlungsdarlehens wie folgt aussehen:

Im Darlehensvertrag wurde eine Tilgungsrate von 10 % des ursprünglichen Darlehensbetrags festgelegt.

Jahr	Darlehensschuld am Jahresanfang (in €)	Zinsen (in €)	Tilgung (in €)	Gesamtbelastung (in €)	Darlehensschuld am Jahresende (in €)
1	50.000,00	1.500,00	5.000,00	6.500,00	45.000,00
2	45.000,00	1.350,00	5.000,00	6.350,00	40.000,00
3	40.000,00	1.200,00	5.000,00	6.200,00	35.000,00
4	35.000,00	1.050,00	5.000,00	6.050,00	30.000,00
5	30.000,00	900.00	5.000,00	5.900,00	25.000,00
...	...	...	...	...	...

Vorteile/Chancen des Abzahlungsdarlehens

- Die Darlehensschuld sinkt stetig.
- Die Gesamtbelastung sinkt im Laufe der Jahre.

Nachteile/Risiken des Abzahlungsdarlehens

- Die Gesamtbelastung ist zu Beginn der Tilgung hoch.
- Die Rate muss immer neu berechnet werden.
- Nach Ablauf der Zinsbindung können sich die Zinsen erhöhen.

Annuitätendarlehen/Tilgungsdarlehen

Bei dem Annuitätendarlehen (Tilgungsdarlehen) ist die Gesamtbelastung, also die Summe aus Zinszahlung und Tilgung jährlich gleich. Die Zinszahlungen sinken im Verlauf, während der Tilgungsbetrag steigt. Dadurch wird das Annuitätendarlehen bei gleicher Tilgungsrate schneller abgezahlt als das Abzahlungsdarlehen.

Der Tilgungsplan der Sportina AG könnte im Falle eines Annuitätendarlehens wie folgt aussehen:

Im Darlehensvertrag wurde eine anfängliche Tilgungsrate von 10 % festgelegt. Durch die Zinsbelastung in Höhe von 3 % legt sich die Sportina AG in diesem Fall auf eine Annuität von 6.500 € (5.000 € + 1.500 €) fest.

Jahr	Darlehensschuld am Jahresanfang (in €)	Zinsen (in €)	Tilgung (in €)	Gesamtbelastung (in €)	Darlehensschuld am Jahresende (in €)
1	50.000,00	1.500,00	5.000,00	6.500,00	45.000,00
2	45.000,00	1.350,00	5.150,00	6.500,00	39.850,00
3	39.850,00	1.195,50	5.304,50	6.500,00	34.545,50
4	34.545,50	1.036,37	5.463,63	6.500,00	29.081,87
5	29.081,87	872,46	5.627,54	6.500,00	23.454,33
...	...	...	...	...	...

Der Darlehensnehmer wird seine Annuität in Abhängigkeit der Laufzeit festlegen. Die Annuität wird berechnet, indem der Kapitalwiedergewinnungsfaktor mit dem Darlehensbetrag multipliziert wird. Die Formel für den Kapitalwiedergewinnungsfaktor lautet:

$$\text{Kapitalwiedergewinnungsfaktor} = \frac{i \cdot (1+i)^n}{(1+i)^n - 1}$$

Die Annuität ergibt sich dabei aus dem Produkt des entsprechenden Darlehensbetrags und dem Kapitalwiedergewinnungsfaktor.

Will die Sportina AG beispielsweise ihr Darlehen innerhalb von fünf Jahren zurückzahlen, berechnet sich folgende Annuität: (dabei ist i = Zinssatz, hier 3 % und n = Laufzeit, hier fünf Jahre)

$$\text{Annuität} = \frac{0{,}03 \cdot (1 + 0{,}03)^5}{(1 + 0{,}03)^5 - 1} \cdot 50.000\ € = 10.917{,}73\ €$$

Um das Darlehen innerhalb von fünf Jahren zu tilgen, muss die Sportina AG also eine Annuität in Höhe von 10.917,73 € aufwenden.

Vorteile/Chancen des Annuitätendarlehens

- Die gleichbleibende Annuität ist für den Unternehmer gut zu kalkulieren.
- Es wird schneller getilgt als ein vergleichbares Abzahlungsdarlehen.

Nachteile/Risiken des Annuitätendarlehens

- Nach Ablauf der Zinsbindung können sich die Zinsen erhöhen.

Für den Kreditantrag halten die Kreditinstitute in aller Regel ein Formular bereit, auf dem alle notwendigen Angaben festgehalten werden. Dabei sind alle persönlichen Daten, der Verwendungszweck des Kredits sowie die Einnahmen- und Ausgabensituation des Antragstellers, insbesondere sein Vermögen und seine Schulden wichtig. Bei Firmenkrediten muss neben weiteren Auskünften noch die Rechtsform (Handelsregisterauszug) angegeben werden. Banken verlangen hier in der Regel noch die Vorlage der jüngsten Bilanzen sowie der Gewinn- und Verlustrechnungen. Um über die Geschäftsführung informiert zu sein, verlangen die Banken hier ggf. auch den Gesellschaftervertrag. In Abhängigkeit von der Rechtsform ist es denkbar, dass die Gesellschafter eine persönliche Haftung übernehmen. Dann wird die Bank hierzu entsprechende Unterlagen (zum Privatvermögen) einfordern. Auch Auskünfte des Finanzamts sind für die Banken zur Beurteilung der Kreditwürdigkeit interessant. Je nachdem, was finanziert werden soll, verlangt die Bank noch weitere Unterlagen (z. B. Grundbuchauszug, Kostenaufstellungen).

5.4 Die Selbstfinanzierung

5.4.1 Die offene Selbstfinanzierung

Hat ein Unternehmen am Geschäftsjahresende Gewinn gemacht, stellt sich die Frage, wofür dieser Gewinn verwendet werden soll. Zum einen besteht die Möglichkeit, den Gewinn an die Eigentümer des Unternehmens auszuzahlen. Zum anderen kann der Gewinn aber auch für Investitionen im Unternehmen verbleiben. Die Einbehaltung des Gewinns ist in der jeweiligen Bilanz ersichtlich, sodass hier von der offenen Selbstfinanzierung gesprochen wird. Bei Einzelkaufleuten wird der Gewinn den Gewinnrücklagen zugeführt. In Unternehmen mit der Rechtsform OHG und KG wird der nicht entnommene Gewinn den Kapitalkonten der Gesellschafter gutgeschrieben. Bei den Unternehmen mit der Rechtsform einer Kapitalgesellschaft wird der nicht ausgeschüttete Gewinn in die Gewinnrücklage übertragen. Bei der AG schreibt das AktG die Bildung von Rücklagen gesetzlich vor. Laut § 150 AktG muss eine AG eine gesetzliche Rücklage bilden, bevor satzungsmäßige bzw. freiwillige Rücklagen gebildet werden können.

5.4.2 Die stille (verdeckte) Selbstfinanzierung

Durch die Bewertung des Anlagevermögens bzw. des Umlaufvermögens hat ein Unternehmen die Möglichkeit, stille Reserven zu bilden.

Wie durch die Unterbewertung der Aktiva einer Bilanz eine stille Reserve entsteht, soll an folgendem Beispiel deutlich werden:

Die Sportina AG hat vor fünf Jahren einen Lkw zur Auslieferung der Waren an die Kunden erworben. Der Neupreis des Lkw bei Anschaffung betrug 80.000 €. Der Lkw hat eine Nutzungsdauer von zehn Jahren und wird daher jährlich mit 8.000 € abgeschrieben. In den Geschäftsbüchern wird der Lkw also nach fünf Jahren mit einem Wert von 40.000 € geführt. Tatsächlich aber liegt der Wert in der Regel höher. Daher berücksichtigt die kalkulatorische Abschreibung den tatsächlichen Wert des Lkw.

LF 10, Kap. 3.

Durch die Bewertung des Lkw ist in diesem Fall eine stille Reserve entstanden. Würde die Sportina AG den Lkw am Markt verkaufen und könnte sie beispielsweise einen Verkaufspreis von 50.000 € erzielen, löst sich die stille Reserve auf und es wird ein Gewinn realisiert.

Bei der Bewertung der Gegenstände des Vermögens müssen Unternehmer gesetzliche Vorschriften, wie z. B. bei der Bewertung des Umlaufvermögens das strenge bzw. bei der Bewertung des Anlagevermögens das gemilderte Niederstwertprinzip (§ 252 HGB), beachten.

Die stille Selbstfinanzierung kann aber nicht nur durch die Unterbewertung der Aktiva entstehen sondern auch durch die Überbewertung der Passiva. Auch hier gelten die Vorschriften des HGB. Der Unternehmer muss den Grundsatz der kaufmännischen Vorsicht genauso beachten wie das Höchstwertprinzip.

Die Sportina AG hat Garantierückstellung für ein neues Sportgerät gebildet. Nach Ablauf der Garantiezeit stellt die Sportina AG fest, dass erheblich weniger Garantiefälle als gedacht bearbeitet werden mussten. Die Rückstellungen wurden demnach zu hoch gebildet. Auch in diesem Fall ist eine stille Rücklage gebildet worden. Werden die Rückstellungen aufgelöst, wird auch hier Gewinn realisiert.

Vorteile/Chancen

- Durch diese Form der Finanzierung erhöht sich der Liquiditätsstatus des Betriebs.
- Außerdem erhöht sich die Kreditwürdigkeit des Unternehmens, da das Eigenkapital steigt.
- Es fallen keine Zinszahlungen an, außerdem muss dieses Kapital nicht zurückgezahlt werden.
- Diese Art der Finanzierung stellt langfristig Kapital (= Eigenkapital) zur Verfügung.
- Das Unternehmen bleibt unabhängig von Kapitalgebern.
- Das Unternehmen finanziert sich aus eigener Kraft.

Nachteile/Risiken

- Die Einbehaltung von Gewinnen ist nur möglich, wenn der Eigentümer zustimmt.
- Diese Finanzierungsart ist nur möglich, wenn Gewinne (verdeckt oder offen) entstehen.

Die Möglichkeit der Finanzierung durch Rückstellungen wird in Kapitel 5.7 genauer erläutert.

5.5 Die Rückflussfinanzierung

Bei der **Rückflussfinanzierung** finanziert sich ein Unternehmen aus den Abschreibungsgegenwerten. Dazu kalkuliert es die Abschreibungsgegenwerte mit in die Verkaufspreise ein. Über den Verkauf der Produkte, Waren und Dienstleistungen fließen dann die Gegenwerte an das Unternehmen zurück. Wie diese Form der Finanzierung funktioniert soll das folgende Beispiel der Sportina AG zeigen:

Die Sportina AG nutzt zur Verteilung ihrer Waren den bereits beschriebenen Lkw, den sie für 80.000 € gekauft hat. Die jährliche Abschreibung beträgt 8.000 €. Wenn nun die Verkaufspreise der Waren ermittelt werden, berücksichtigt die Sportina AG diese 8.000 € und verteilt sie auf die Preise. Werden alle Waren in dem geplanten Zeitraum verkauft, fließen als ein Teil der Erlöse die 8.000 € an die Sportina AG zurück. Nach zehn Jahren könnte die Sportina AG mit den ihr so zugeflossenen Werten den Lkw neu anschaffen.

Jahr	Lkw	Wert des Lkw (in €)	Abschreibung (in €)	Rückfluss am Ende des Jahres (in €)	verbleibende flüssige Mittel (in €)	Neuanschaffung
1	1	80.000	8.000	8.000	8.000	-
2	1	72.000	8.000	8.000	16.000	-
3	1	64.000	8.000	8.000	24.000	-
...	...	...	...	...	...	-
10	1		8.000	8.000	80.000	1 Lkw

Zu beachten ist allerdings zum einen, dass in der Regel die Wiederbeschaffung teurer ist, da ein neuer Lkw nach zehn Jahren alleine durch den technischen Fortschritt aber auch durch die übliche Teuerung mehr kostet als bei der Anschaffung vor zehn Jahren. Allerdings wird zum anderen der Lkw nach den zehn Jahren noch nutzbar sein, sodass das zugeflossene Kapital für eine Ersatzinvestition noch nicht benötigt wird (= Kapitalfreisetzungseffekt). So könnte die Sportina AG das über die Abschreibungsgegenwerte zugeflossene Kapital auch zunächst anders verwenden, was als Kapazitätserweiterungseffekt (= Lohmann-Ruchti-Effekt) bezeichnet wird. Dieser Effekt soll an folgender Tabelle verdeutlicht werden. Die Ausgangslage bleibt gleich, nur der Lkw soll auch nach zehn Jahren noch nutzbar sein. Der Einfachheit halber soll der neue Lkw ebenfalls 80.000 € kosten und auf zehn Jahre abgeschrieben werden.

Jahr	Lkw	Wert des Lkw (in €)	Abschreibung (in €)	Rückfluss am Ende des Jahres (in €)	verbleibende flüssige Mittel (in €)	Neuanschaffung
1	1	80.000	8.000	8.000	8.000	-
2	1	72.000	8.000	8.000	16.000	-
3	1	64.000	8.000	8.000	24.000	-
...	...	...	...	...	...	-
10	1		8.000	8.000	80.000	1 Lkw
11	2	80.000	8.000	8.000	8.000	
12	2	72.000	8.000	8.000	16.000	1 Transporter, gebraucht (Wert 16.000)
...	...	...	...	...	...	...

Neben einem weiteren Lkw konnte die Sportina AG auch noch einen gebrauchten Transporter kaufen. Auch diese Investition lässt sich abschreiben, sodass auch hier die Möglichkeit der Finanzierung aus Abschreibungsgegenwerten möglich ist.

Vorteile/Chancen

- Die finanziellen Mittel stehen langfristig zur Verfügung.
- Es sind keine fremden Kapitalgeber nötig.
- Das Unternehmen finanziert sich auch hier aus eigener Kraft.

Nachteile/Risiken

- Es ist nicht sicher, dass die kalkulierten Abschreibungsbeträge auch über die Umsatzerlöse „verdient“ werden.
- Die Wiederbeschaffungen nach einigen Jahren sind in der Regel teurer.
- Erstinvestitionen müssen bereits getätigt sein; die Rückflussfinanzierung ist also erst mit laufender Geschäftstätigkeit möglich.

5.6 Die Beteiligungsfinanzierung

Bei der Frage nach der Finanzierung bietet die Beteiligungsfinanzierung dem Unternehmen die Möglichkeit, sich Eigenkapital zu beschaffen. Dabei spielt es keine Rolle, ob das Kapital vom bisherigen Eigentümer zur Verfügung gestellt wird, oder ob neue Gesellschafter Mittel zur Verfügung stellen. Allerdings sollte der Unternehmer beachten, dass sich bei der Neuaufnahme von Gesellschaftern evtl. die Mitspracherechte verändern. Die Mittel, die dem Unternehmer zufließen, können Geldmittel aber auch Sachmittel und Rechte sein.

Je nach Rechtsform hat die Beteiligungsfinanzierung unterschiedliche Auswirkungen. Bei dem **Einzelunternehmen** muss der Inhaber selbst neue Mittel als Eigenkapital zur Verfügung stellen, er bleibt damit weiterhin alleiniger Geschäftsführer und -vertreter. In der Realität ist dies jedoch schwierig für den Inhaber, da meistens das gesamte Kapital bereits in das Unternehmen eingebracht wurde. Über einen stillen Gesellschafter (stillen Teilhaber) hat ein Einzelunternehmer die Möglichkeit, Kapital von außen zu beschaffen, ohne dass sich die Rechtsform ändert.

Die Gesellschafter der **OHG** können, wie auch der Einzelunternehmer, selbst weitere Mittel zur Verfügung stellen. Der Vorteil dieser Rechtsform liegt in diesem Fall darin, dass ein bzw. mehrere neue Gesellschafter neue Mittel zur Verfügung stellen, ohne dass zwingend eine Rechtsformänderung vorgenommen werden muss. Zu beachten bleibt, dass sich die Rechte und Pflichten der OHG auch auf die neuen Gesellschafter auswirken.

Bei einer **KG** können neben den Möglichkeiten, die auch eine OHG hat, unter anderem neue Teilhafter aufgenommen werden. Auch hier bleibt zu beachten, dass die Rechte der KG auf die neuen Komplementäre und Kommanditisten wirken.

Die Gesellschafter der **GmbH** können bei dieser Art der Finanzierung ihre Geschäftsanteile erhöhen oder auch neue Gesellschafter aufnehmen. An der Situation der Geschäftsführung ändert sich durch die Einlagenfinanzierung nicht zwingend etwas.

Wird bei einer **AG** das Eigenkapital durch diese Art der Finanzierung erhöht, geschieht dies durch die Ausgabe (= Emission) von neuen Aktien. Zunächst werden den Altaktionären über ein Bezugsrecht die neuen Aktien (auch junge Aktien genannt) zum Kauf angeboten. Dies soll verhindern, dass sich durch eine Kapitalerhöhung Stimmrechtsanteile verschieben. Altaktionäre können ihre Bezugsrechte aber auch verkaufen und so neuen Aktionären eine Beteiligung ermöglichen.

Vorteile/Chancen

- Die finanziellen Mittel stehen langfristig zur Verfügung (Eigenkapital).
- Das Unternehmen finanziert sich auch hier aus eigener Kraft, was sich positiv auf die Kreditwürdigkeit auswirkt.
- Der Liquiditätsstatus bleibt bestehen (keine Zins- und Tilgungszahlung).

Nachteile/Risiken

- Die Mitspracherechte verschieben sich möglicherweise.
- Nicht allen Unternehmen gelingt es, auf diese Weise neue Kapitalgeber zu gewinnen.
- Wenn neue Gesellschafter aufgenommen wurden, wird der Gewinn auf mehr Köpfe verteilt.

5.7 Die Finanzierung aus Rückstellungen

Finanziert sich ein Unternehmen aus Teilen der Rückstellungen, so schöpft es Geld aus eigener Kraft. Allerdings sind Rückstellungen per Definition Fremdkapital, sodass hier eine Form der Innenfinanzierung und Fremdfinanzierung stattfindet.

RECHTSGRUNDLAGE

§ 249 HGB Rückstellungen

(1) Rückstellungen sind für ungewisse Verbindlichkeiten und für drohende Verluste aus schwebenden Geschäften zu bilden. Ferner sind Rückstellungen zu bilden für

1. im Geschäftsjahr unterlassene Aufwendungen für Instandhaltung, die im folgenden Geschäftsjahr innerhalb von drei Monaten, oder für Abraumbeseitigung, die im folgenden Geschäftsjahr nachgeholt werden,
2. Gewährleistungen, die ohne rechtliche Verpflichtung erbracht werden.

(2) Für andere als die in Absatz 1 bezeichneten Zwecke dürfen Rückstellungen nicht gebildet werden. Rückstellungen dürfen nur aufgelöst werden, soweit der Grund hierfür entfallen ist.

Die finanziellen Mittel, die das Unternehmen zurückstellt, können bis zur Inanspruchnahme im Unternehmen genutzt werden. Ähnlich wie bei der Finanzierung aus nicht ausgeschütteten Gewinnen (offene Selbstfinanzierung) stehen die Rückstellungszuführungen (z. B. Pensionsrückstellungen) bis zum tatsächlichen Verbrauch (Pensionsanspruch wird fällig) dem Unternehmen zur Verfügung, weil sie erst später für den eigentlichen Zweck ausgezahlt werden.

Den Wert der Rückstellungen erkennt der Unternehmer in der Bilanz auf der Passivseite unter der Position „Rückstellungen". Die Rückstellung an sich erfolgt aus den Gegenwerten der Umsätze, d. h. sie wird über die Verkaufserlöse eingenommen.

Als positiver Nebeneffekt bei der Entstehung von Rückstellungen ist zu nennen, dass die Aufwendungen für die Rückstellungsbildung als solche den Gewinn mindern und somit zu einer Steuerersparnis führen.

Zu beachten ist hierbei, dass es Rückstellungen gibt, deren Fälligkeit in weiter Zukunft liegt. Diese dienen dann dem Unternehmen auch zur langfristigen Finanzierung.

Vorteile/Chancen

- Die finanziellen Mittel stehen in Abhängigkeit der Fälligkeit langfristig zur Verfügung.
- Das Unternehmen finanziert sich auch hier aus eigener Kraft.
- Es handelt sich zwar um Fremdkapital, aber es erfolgt keine Zinszahlung; die „Tilgung" erfolgt zu einem späteren Zeitpunkt.
- Es ist möglich, dass nicht die gesamte Rückstellung fällig wird (= stille Reserve).
- Eine Steuerersparnis ist möglich.

Nachteile/Risiken

- Es handelt sich um Fremdkapital, das zu einem späteren Zeitpunkt zurückgezahlt werden muss.
- Die Passivposition „Fremdkapital" erhöht sich.
- Eine nicht benötigte Rückstellung wird ausgebucht und muss versteuert werden.
- Es sind gesetzliche Bestimmungen zu beachten. Rückstellungen müssen aus den Umsatzerlösen gebildet werden können und sind daher gewinnmindernd.

6. Besondere Finanzierungsmaßnahmen

Neben den genannten Finanzierungsarten haben Unternehmen auch die Möglichkeit, ihren Finanzierungsbedarf durch Leasing oder Factoring zu senken. Diese Möglichkeiten stellen Sonderformen der Finanzierung dar.

6.1 Das Leasing

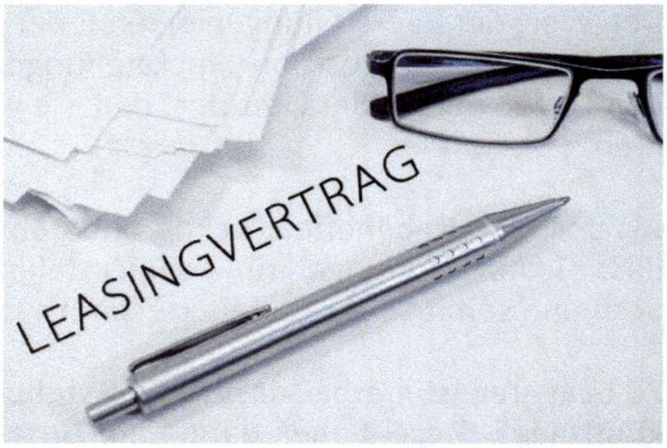

Beim Leasing nutzt der Leasingnehmer ein bestimmtes Leasinggut. Dieses wird ihm entweder vom Leasinggeber als Hersteller des Gutes oder auch von einer Leasinggesellschaft in Form einer Art Miete überlassen. Zwischen Leasinggeber und Leasingnehmer wird ein Leasingvertrag geschlossen, der individuell verschiedene Formen des Leasings regelt. Der Leasingnehmer hat so die Möglichkeit, ein Objekt zu nutzen, ohne dafür bei der Anschaffung schon das gesamte Kapital aufzubringen.

Je nach Unterscheidungskriterium differenziert man unterschiedliche Leasingarten.

Beim **direkten Leasing** (= Herstellerleasing) ist anders als beim indirekten Leasing der Leasinggeber auch der Hersteller bzw. Händler des Produkts. Wenn der Leasinggeber ein Leasingobjekt von einem Hersteller bzw. Händler gekauft hat, um es als Leasinggut zu vermieten, so liegt **indirektes Leasing** vor. Somit ist diese Art des Leasings abhängig von der wirtschaftlichen Stellung des Leasinggebers.

Darstellung des indirekten Leasing

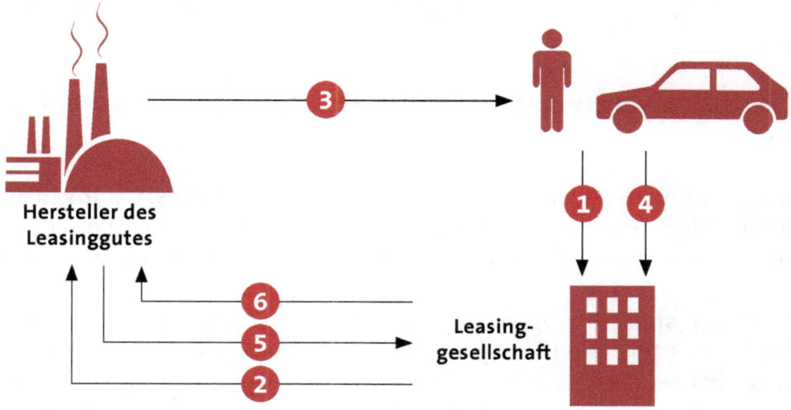

1 = Leasingvertrag
2 = Auftrag an den Hersteller
3 = Auslieferung des Leasingobjekts
4 = Zahlung der Leasingraten
5 = Rechnung
6 = Rechnungsausgleich

Darstellung des direkten Leasing

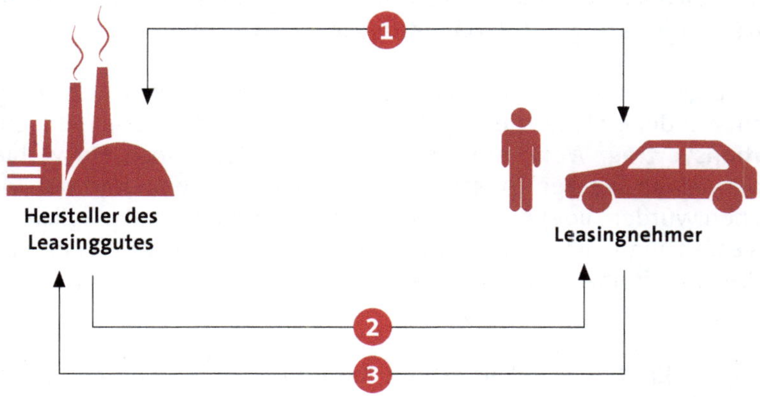

1 = Leasingvertrag
2 = Übergabe des Leasingobjekts
3 = Zahlung der Leasingraten

Ist das Mietobjekt ein bewegliches Gut, so liegt **Mobilienleasing** vor. Das Leasen von beweglichen Gegenständen macht in Deutschland den größten Leasingumsatz aus.

Werden hingegen unbewegliche Objekte geleast, so spricht man von **Immobilienleasing**.

In Abhängigkeit vom Verwendungszweck werden das **Investitionsgüterleasing** (hier können Objekte zur Ausstattung, wie z. B. Telefonanlagen aber auch Produktionsanlagen, geleast werden) und das **Konsumgüterleasing** unterschieden.

Leasingverträge sind auch in Bezug auf die Leasingdauer und die Kündigungsmöglichkeiten unterschiedlich gestaltet. Wird das Leasinggut mit besonderen Kündigungsrechten ausgestattet und ist daher eher kurzfristig, und wird außerdem das Leasinggut am Ende der Laufzeit wieder zurückgegeben, so liegt **Operating-Leasing** (Operate Leasing) vor. Beim **Financial-Leasing** (auch Finanzierungsleasing oder Finance-Leasing) liegt eine feste Grundmietzeit vor, in der weder der Leasinggeber noch der Leasingnehmer den Vertrag kündigen können. Nach Ablauf dieser Grundmietzeit hat der Leasingnehmer die Möglichkeit, das Leasingobjekt zurückzugeben, zu kaufen oder auch den Leasingvertrag zu verlängern. Wird das Leasingobjekt zurückgegeben, liegt das **Finanzierungsleasing ohne Option** vor. Behält sich der Käufer die Kaufoption vor, spricht man von **Finanzierungsleasing mit Kaufoptionsrecht**. Die Möglichkeit der Vertragsverlängerung bezeichnet man als **Finanzierungsleasing mit Verlängerungsoptionsrecht**.

Gleichen die gezahlten Leasingraten die Anschaffungs- bzw. Herstellungskosten und die entstandenen Finanzierungskosten aus, so handelt es sich um einen **Vollamortisationsvertrag**. Wenn am Ende der Mietlaufzeit noch ein verbleibender Restbetrag gezahlt werden muss, da nicht alle Kosten während der Mietdauer ausgeglichen wurden, liegt ein **Teilamortisationsvertrag** vor. Bezüglich der Amortisationsgestaltung existieren am Markt unterschiedliche Verträge, die im Rahmen der Vertragsfreiheit zwischen den beiden Vertragspartnern vereinbart werden können.

Ob Leasing die Kreditwürdigkeit erhöht, hängt davon ab, ob das Leasinggut bilanziell dem Leasingnehmer zuzuordnen ist oder noch im Eigentum des Leasinggebers verbleibt. Dazu sind die jeweiligen Besonderheiten der individuellen Verträge zu beachten. Das Bundesfinanzministerium hat Leasingerlasse dazu veröffentlicht, in welchen Fällen das wirtschaftliche Eigentum auf den Leasingnehmer übergeht, der dann das Objekt zu bilanzieren hat, bzw. in welchen Fällen es noch beim rechtlichen Eigentümer verbleibt.

Kurioses:

Der Serengetipark Hodenhagen hat fünf weiße Tiger geleast, das Land Nordrhein-Westfalen hat Pferde für seine Polizei-Reiterstaffel geleast, Landwirte leasen Kühe und Legehennen und Unternehmen leasen Personal.

Vorteile/Chancen

- Die Finanzierung wird auf Raten aufgeteilt.
- Unter bestimmten Umständen wird der Leasingnehmer Eigentümer des Leasingobjekts, was sich positiv auf die Außendarstellung der Bilanz ausübt.
- Durch die Möglichkeit, immer neue Leasinggüter zu nutzen, bleibt der Leasingnehmer technisch auf dem neuesten Stand.
- Verbleibt das Leasinggut im Eigentum des Leasinggebers sind die Leasingraten durch den Leasingnehmer steuerlich als Betriebsausgaben absetzbar.
- Feste Leasingraten sind planbar und dienen als Kalkulationsgrundlage.
- Sieht der Leasingvertrag die Rücknahme des Leasinggutes vor, muss sich der Leasingnehmer nicht um eine Entsorgung kümmern.
- In Abhängigkeit von der Höhe der Leasingraten bleibt der Unternehmer zahlungsfähig.

Nachteile/Risiken

- Es entstehen hohe Kosten, da der Leasinggeber Gewinn und Risiko in die Leasingrate einkalkuliert.
- Das Risiko des Verlusts und der Beschädigung wird in aller Regel versichert, was zu weiteren Kosten führt.
- Nicht in jedem Fall sind die Leasingraten steuerlich absetzbar.
- Die vertragliche Ausgestaltung ist sehr komplex.

Der Unternehmer muss bei der Frage, ob er einen Gegenstand kauft und dabei fremdfinanziert, oder ob er diesen least, seine eigenen Prämissen berücksichtigen und diese bei der Vertragsgestaltung mit einbeziehen.

6.2 Das Factoring

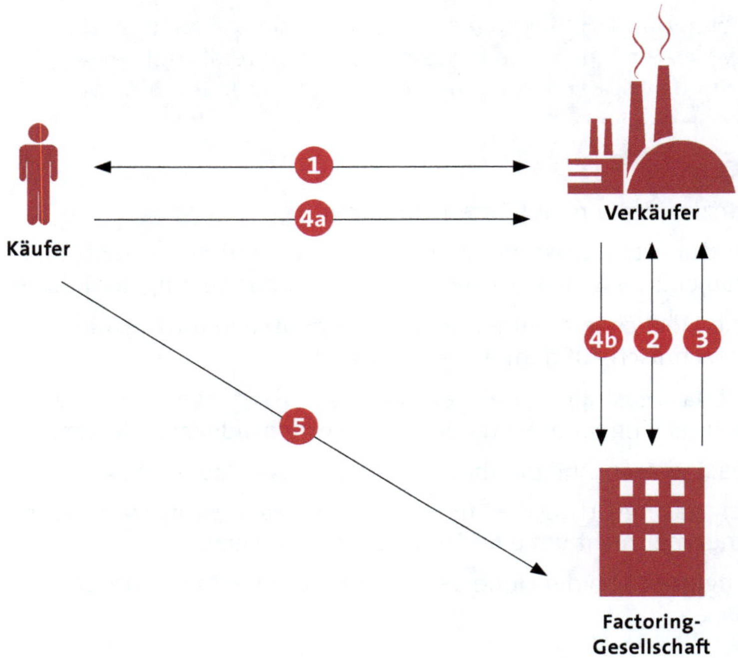

1 = Kaufvertrag, Rechnung auf Ziel

2 = Factoring-Vertrag regelt den Ankauf der Forderung

3 = sofortige Zahlung an den Factoring-Kunden

4a = Käufer zahlt bei Fälligkeit an den Verkäufer (stilles Factoring)

4b = Verkäufer leitet Zahlung an Factoring-Gesellschaft weiter oder

5 = Käufer zahlt bei Fälligkeit an die Factoring-Gesellschaft (offenes Factoring)

Aus der Situation, dass der Verkäufer zu einem großen Teil Leistungen auf Ziel tätigt, entsteht die Möglichkeit, die dem Käufer gestundete Forderung an einen Factor zu verkaufen. Somit ermöglicht der Factor, meistens eine Factoringgesellschaft, dem Factoringnehmer die Möglichkeit, vorzeitig an finanzielle Mittel zu gelangen. Je nach Vertragsgestaltung kann ein Factor verschiedene Leistungen übernehmen. Der Factor kann zum einen alle mit der Forderungsverwaltung anfallenden Arbeiten übernehmen. Des Weiteren wird beim echten Factoring auch die Übernahme des Zahlungsausfallrisikos durch den Factor (= Delkrederefunktion) vereinbart. Je nach Vertrag übernimmt die Factoringgesellschaft dabei nicht nur die Forderung, sondern treibt auch eine fällige noch ausstehende Forderung ein. Üblicherweise bieten die Factoringgesellschaften ein sogenanntes „Full Service Factoring" an, bei dem der Factor neben der Finanzierungsfunktion die Dienstleistungsfunktion (also die Übernahme der Verwaltungstätigkeiten) und die Delkrederefunktion übernimmt.

Wie beim Leasing auch müssen beim Abschluss eines Factoringvertrags die jeweiligen Vertragsbedingungen beachtet werden.

Es ist durchaus möglich, dass der Factoringnehmer nicht möchte, dass sein Schuldner von dem Verkauf der Forderung erfährt. Er wird dann versuchen, mit der Factoringgesellschaft ein stilles Factoring zu vereinbaren. Der Kunde des Factoringnehmers wird dann nicht über den Verkauf der Forderung informiert und zahlt bei Fälligkeit der Forderung mit schuldbefreiender Wirkung an den Factoringnehmer. Der Factoringnehmer muss diese Zahlung an den Factor weiterleiten. In der Regel werden die Factoringgesellschaften jedoch das offene Factoring vereinbaren, da dann der Schuldner über den Verkauf der Forderung informiert wird und bei Zahlungsfälligkeit nur noch direkt an den Factor zahlen kann.

Damit ist Factoring eine Form der kurzfristigen Fremdfinanzierung, weil Forderungen abgetreten werden. Dies ist im Kreditgeschäft eine Kreditsicherheit und wird dort als Zession bezeichnet.

Kap. 7.5

Vorteile/Chancen

- Das Factoring ermöglicht eine kurzfristige Finanzierung des Umlaufvermögens.
- Je nach Vertrag übernimmt der Factor das Risiko des Forderungsausfalls.
- Je nach Vertrag übernimmt der Factor die Forderungsverwaltung.
- Es wirkt sich positiv auf den Liquiditätsstatus des Factoringkunden aus.

Nachteile/Risiken

- Es entstehen ggf. hohe Kosten, da der Factor die Forderungen einschätzt.
- Es besteht eine Abhängigkeit vom Factor.
- Es besteht kein Einfluss auf das Mahnwesen, was möglicherweise die Kundenbeziehung verschlechtert.
- Es besteht kein direkter Kundenkontakt mehr, was evtl. zur Verärgerung der eigenen Kunden führen kann.
- Nicht alle Forderungen werden vom Factor übernommen.

6.3 Leasing oder Kauf auf Kredit

Bei der Suche nach geeigneten Finanzierungsmöglichkeiten gibt es verschiedene Alternativen. Es gilt im Vorfeld die jeweiligen Vor- und Nachteile abzuwägen, bevor man sich für eine Finanzierungsmöglichkeit entscheidet.

Bei einer Kreditfinanzierung wird der Käufer durch den Kaufvertrag (durch Einigung und Übergabe) Eigentümer des Investitionsgegenstands. Wurde ein Eigentumsvorbehalt vereinbart, so erlischt dieser durch die Zahlung des Kaufpreises. Das Investitionsgut wird auf der Aktivseite im Anlagevermögen verbucht, auf der Passivseite erscheint die Finanzierung bei den Verbindlichkeiten. Beim Kauf hat der Kunde die Möglichkeit Rabatte auszuhandeln, da er dieselbe Verhandlungsposition hat wie bei einem Barkauf. Die Rückzahlung des Kredits wird im Voraus vereinbart und ist somit langfristig planbar. Sondertilgungen sind je nach Ausgestaltung des Vertrags möglich.

Beim Leasing handelt es sich um eine spezielle Form der Miete. Im Vordergrund steht hierbei das reine Nutzungsrecht. Der Leasinggeber bleibt i. d. R. rechtlicher und wirtschaftlicher Eigentümer. Erst nach vollständiger Restzahlung kann das Leasinggut (je nach Vertragsart) in das Eigentum des Leasingnehmers übergehen. Da das Leasinggut zunächst im Eigentum des Leasinggebers bleibt, trägt dieser dafür Sorge, dass es ausreichend versichert wird. Diese Kosten werden in die Leasingrate mit eingerechnet. Allerdings trägt üblicherweise der Leasinggeber das Verwertungsrisiko.

Die monatlichen Leasingraten sind in der Regel geringer als bei einem vergleichbaren Kreditkauf. Je höher die Anzahlung beim Leasing, umso niedriger können diese Raten sein. Eine kostenintensive Anschaffung lässt sich so ggf. leichter finanzieren. Zu berücksichtigen bleiben aber in den meisten Leasingverträgen die Anzahlung und ggf. die Schlussrate. In Bezug auf die Gesamtkosten ist Leasing daher in der Regel teurer als der Kreditkauf.

Kreditgeber und auch Leasinggeber werden eine Bonitätsprüfung durchführen, bevor sie sich vertraglich binden. Während beim Leasing das Leasinggut Sicherheit gewährleistet wird eine Bank als Kreditgeber vor der Auszahlung eines Kredits eine Sicherheit verlangen.

LF 9, Kap. 7.

Unternehmer können die Leasingraten als Aufwand steuerlich geltend machen, sodass die Steuerlast gesenkt werden kann. Bei der Kreditfinanzierung führen die Zinszahlungen und die Abschreibungen zu Betriebsausgaben und so zu einer steuerlichen Absetzbarkeit.

Um konkret eine Entscheidung für Leasing bzw. für den Kauf auf Kredit zu fällen, müssen die jeweilige individuelle Situation und die persönlichen Bedürfnisse berücksichtigt werden. Außerdem muss ein situationsgerechter Kostenvergleich durchgeführt werden. Wichtig ist es ebenso, die jeweilige Vertragsausgestaltung genau zu lesen. Dies gilt für Leasing ebenso wie für den Kreditvertrag.

7. Die Bedeutung der Kreditsicherheiten

Wendet sich der Unternehmer bei der Suche nach finanziellen Mitteln in Form von Fremdkapital an einen Kreditgeber, so wird dieser neben der Möglichkeit des sogenannten Blankokredits, also der Gewährung eines Kredits ohne Stellung von bewertbaren Kreditsicherheiten, in der Regel eine Kreditsicherheit verlangen. Falls der Schuldner bei Fälligkeit nicht zahlen kann, hat der Gläubiger so die Möglichkeit, die gestellte Sicherheit zu verwerten. Wie diese Verwertung aussieht, hängt von der jeweiligen Sicherheit ab. Neben dem Blankokredit (= Personalkredit) bietet die Bürgschaft eine Möglichkeit der Kreditsicherung im Rahmen einer Personalsicherheit. Außerdem existieren Realkredite, bei denen bewegliche oder unbewegliche Objekte zur Sicherung des Kredits (= Realkredit) dienen.

Einen Überblick über die Kreditsicherheiten gibt folgende Abbildung:

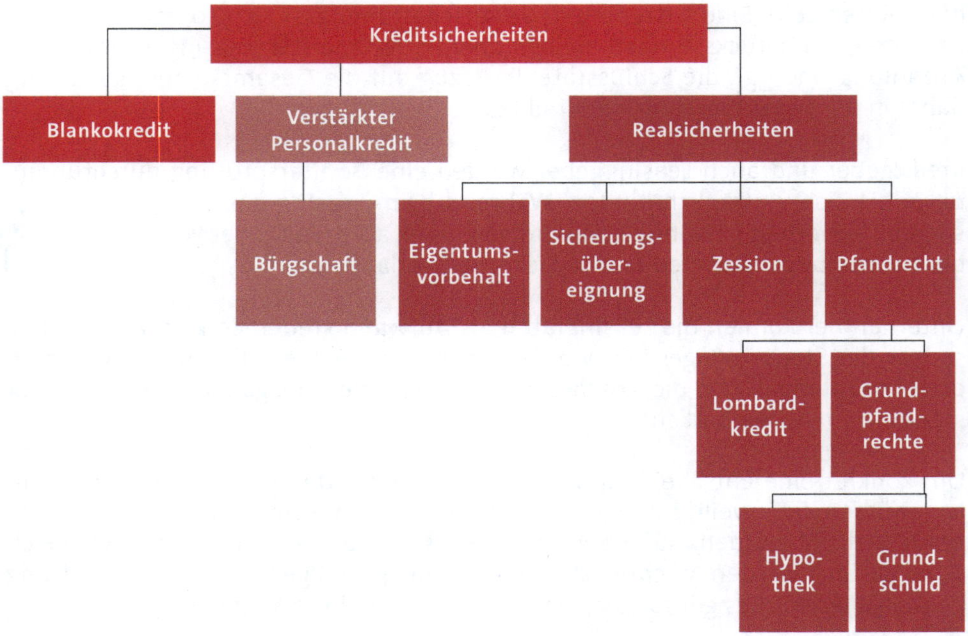

7.1 Die Bürgschaft

„Leiste nicht Bürgschaft über dein Vermögen; und wenn du gebürgt hast, so kümmere dich darum, als ob du es bereits bezahlen müsstest."

(Quelle: Bibel, Jesus Sirach 8.13)

Bürgschaftskredit

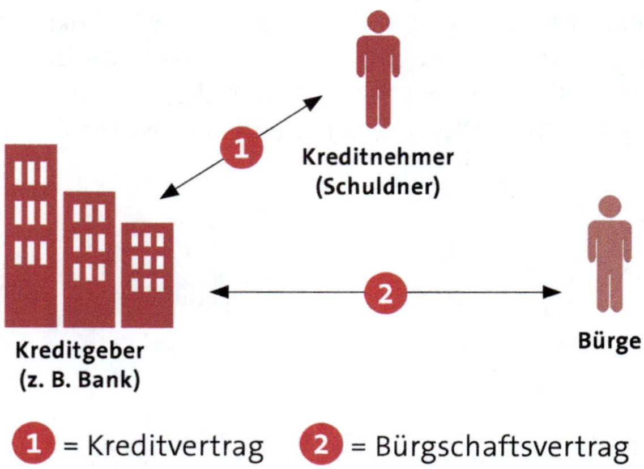

Wird bei einem Kreditvertrag eine Bürgschaft als Sicherheit verlangt, so tritt neben den eigentlichen Schuldner (= Hauptschuldner) ein Bürge, der sich dazu verpflichtet unter bestimmten Voraussetzungen für die Verbindlichkeiten des Hauptschuldners einzutreten. Diese Verbindlichkeiten bestehen in der eigentlichen Tilgung des Kredits aber auch in der Zinszahlung.

Bestand und Umfang einer Bürgschaft sind immer abhängig von der Hauptschuld; dies bedeutet, wenn diese Hauptschuld nicht mehr besteht, so haftet auch der Bürge nicht mehr (= Akzessorietät).

Geregelt ist die Bürgschaft in §§ 765 ff. BGB sowie in §§ 349 ff. HGB.

RECHTSGRUNDLAGE

§ 765 BGB Vertragstypische Pflichten bei der Bürgschaft

(1) Durch den Bürgschaftsvertrag verpflichtet sich der Bürge gegenüber dem Gläubiger eines Dritten, für die Erfüllung der Verbindlichkeit des Dritten einzustehen.

(2) Die Bürgschaft kann auch für eine künftige oder eine bedingte Verbindlichkeit übernommen werden.

Da neben der Person des Schuldners eine weitere Person zur Sicherheit verpflichtet wird, entsteht hierbei ein verstärkter Personalkredit. Die Bürgschaft entsteht durch einen Vertrag (= Bürgschaftsvertrag) wobei zwei verschiedene Arten der Bürgschaft unterschieden werden.

Bei der **Ausfallbürgschaft** haftet der Bürge erst, wenn der Hauptschuldner „ausfällt“. Gemeint ist damit, dass der Gläubiger nachweisen muss, dass der Schuldner zahlungsunfähig ist. Dies ist erfüllt, wenn eine Zwangsvollstreckung gegen den Hauptschuldner ohne Erfolg war.

RECHTSGRUNDLAGE

§ 771 BGB Einrede der Vorausklage

Der Bürge kann die Befriedigung des Gläubigers verweigern, solange nicht der Gläubiger eine Zwangsvollstreckung gegen den Hauptschuldner ohne Erfolg versucht hat (Einrede der Vorausklage). Erhebt der Bürge die Einrede der Vorausklage, ist die Verjährung des Anspruchs des Gläubigers gegen den Bürgen gehemmt, bis der Gläubiger eine Zwangsvollstreckung gegen den Hauptschuldner ohne Erfolg versucht hat.

Wenn der Bürge dann an den Kreditgeber zahlt, geht die Forderung auf ihn über.

Bei der **selbstschuldnerischen Bürgschaft** haftet der Bürge im Gegensatz zur Ausfallbürgschaft wie der Hauptschuldner selbst. In diesem Fall wird die „Einrede zur Vorausklage“ ausgeschlossen. Der Kreditgeber ist dann nicht mehr gezwungen zunächst die Forderung beim Hauptschuldner einzutreiben, sondern kann sich gleich direkt an den Bürgen wenden. Der Bürge haftet also so, als wäre er selbst der Schuldner (= selbstschuldnerisch).

Kaufleute können den Bürgschaftsvertrag mündlich schließen, wenn dies zu ihrem Handelsgeschäft gehört. Ansonsten ist der Bürgschaftsvertrag immer schriftlich abzuschließen. Selbst die Erteilung der Erklärung in elektronischer Form ist laut § 766 BGB nicht möglich. Aus Gründen der Nachweisbarkeit wird der Kreditgeber auch bei Kaufleuten eine Bürgschaftserklärung in Schriftform verlangen.

Vorteile/Chancen

- Falls die eigene Bonität nicht ausreicht, besteht die Möglichkeit, über eine Bürgschaft einen Kredit zu erhalten.
- Der Kreditnehmer erhält Liquidität.

Nachteile/Risiken

- Ein geeigneter Bürge muss erst gefunden werden.
- Es entstehen Konflikte, wenn der Hauptschuldner die Forderung nicht erfüllen kann.
- Oft werden im Verwandtschafts- oder Bekanntschaftsbereich Bürgen gefunden; damit wird die eigene Zahlungsschwierigkeit öffentlich.

7.2 Der Eigentumsvorbehalt

Der Eigentumsvorbehalt ist ein beliebtes, oft gewähltes Mittel, wenn bei einem Kaufvertrag ein Zahlungsziel vereinbart wurde und der Käufer die Rechnung nicht sofort bezahlt.

RECHTSGRUNDLAGE

§ 449 BGB Eigentumsvorbehalt

(1) Hat sich der Verkäufer einer beweglichen Sache das Eigentum bis zur Zahlung des Kaufpreises vorbehalten, so ist im Zweifel anzunehmen, dass das Eigentum unter der aufschiebenden Bedingung vollständiger Zahlung des Kaufpreises übertragen wird (Eigentumsvorbehalt).

(2) Aufgrund des Eigentumsvorbehalts kann der Verkäufer die Sache nur herausverlangen, wenn er vom Vertrag zurückgetreten ist.

(3) Die Vereinbarung eines Eigentumsvorbehalts ist nichtig, soweit der Eigentumsübergang davon abhängig gemacht wird, dass der Käufer Forderungen eines Dritten, insbesondere eines mit dem Verkäufer verbundenen Unternehmens, erfüllt.

Nach Abschluss eines Kaufvertrags sind beide Parteien zur Erfüllung verpflichtet. Der Verkäufer verpflichtet sich unter anderem, dem Käufer das Eigentum zu übertragen. Selbst wenn der Käufer seiner Verpflichtung zur Zahlung des Kaufpreises nicht nachkommt, hätte der Verkäufer keine Handhabe, seine Ware zurückzufordern (§ 929 BGB). Bei dem **Kauf unter Eigentumsvorbehalt** wird diese Eigentumsübertragung in Abhängigkeit einer Bedingung aufgeschoben (§ 158 BGB). Die Bedingung ist laut § 449 BGB die Zahlung des Kaufpreises. Dieser **einfache Eigentumsvorbehalt** erstreckt sich aber lediglich auf die verkaufte Sache und wirkt nur auf das Verhältnis zwischen Käufer und Verkäufer.

Problematisch wird diese Sicherung, wenn z. B. der Käufer die Sache, die er unter Eigentumsvorbehalt nach § 449 BGB erworben hat, verarbeitet oder weiterveräußert. Damit auch hier der Verkäufer eine Sicherheit erhält, wird im Kaufvertrag ein sogenannter **verlängerter Eigentumsvorbehalt** vereinbart. Dieser bezieht sich darauf, dass z. B. bei Verkauf oder Be- bzw. Verarbeitung die Ansprüche des Käufers auf den Verkäufer übergehen. Somit ist der Vorbehaltsverkäufer auch dann gesichert, wenn das ursprüngliche Eigentum an dem gelieferten Gegenstand z. B. durch eine Weiterveräußerung untergeht. Um die Forderung zu realisieren, hat der Verkäufer die Möglichkeit, der öffentlichen Versteigerung oder auch des freihändigen Verkaufs. Auch die Rückübertragung an den Verkäufer ist möglich.

Kaufverträge können auch unter der Bedingung des **erweiterten Eigentumsvorbehalts** geschlossen werden. Dies bietet dem Verkäufer die Möglichkeit, den Vorbehalt erst dann zu löschen, wenn alle Rechnungen eines Kunden bezahlt wurden. Der Eigentumsvorbehalt erstreckt sich also hierbei nicht nur auf den in der Rechnung bezeichneten Gegenstand.

Vorteile/Chancen

- Der Verkäufer behält bei Nichtzahlung des Käufers eine Sicherheit.
- Es handelt sich um eine übliche, für den Käufer nicht ungewöhnliche, Form der Sicherheit.

Nachteile/Risiken

- Der Verkäufer kann die Sicherheit möglicherweise schlecht verwerten.
- Der Verkäufer muss den Nachweis erbringen, dass er der Eigentümer ist (z. B. durch den Kaufvertrag).
- Die Verwertung erbringt nicht den vollen Zahlungsausgleich.

7.3 Die Sicherungsübereignung

Bei einer Sicherungsübereignung erhält der Kreditgeber eine dingliche Sicherheit für seine Forderung. Das Besondere an dieser Kreditsicherheit ist, dass die Sache in das Eigentum des Kreditgebers (= Eigentümer und mittelbarer Besitzer) übergeht, jedoch im Besitz des Schuldners (= unmittelbarer Besitzer) bleibt, sodass dieser die Sache weiterhin nutzen kann. Entstanden ist diese Form der Kreditbesicherung aus Gründen der Zweckmäßigkeit als Ersatz für die Bestellung des Pfandrechts. Gesetzlich ist die Sicherungsübereignung als solche nicht geregelt. Kreditnehmer und Kreditgeber schließen neben dem Kreditvertrag einen Sicherungsübereignungsvertrag, in dem das Besitzmittlungsverhältnis (= Besitzkonstitut) vereinbart wird.

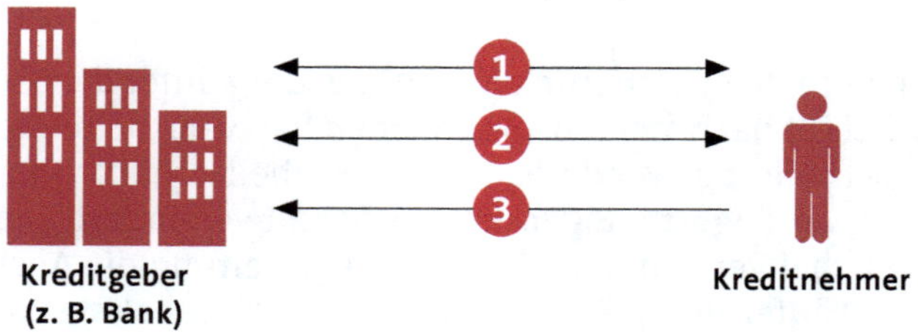

1 = Kreditvertrag

2 = Sicherungsübereignungsvertrag (= Vereinbarung des Besitzmittlungsverhältnisses)

3 = Übertragung des Eigentums

In der Praxis werden meistens bewegliche Gegenstände des Anlagevermögens aber auch des Umlaufvermögens (z. B. Waren) sicherungsübereignet. Beispielhaft kann hier die Sicherungsübereignung eines Pkw dargestellt werden. Will ein Kreditnehmer einen Pkw finanzieren, bietet sich unter anderem die Sicherungsübereignung als Sicherheit für den Kredit an. Die Bank finanziert den Kauf des Pkw (Kreditvertrag). Im Kreditvertrag verpflichtet sich der Kunde zur Tilgung des Kredits sowie zur Zinszahlung. Im Sicherungsübereignungsvertrag wird vereinbart, dass der Pkw in das Eigentum der Bank übergeht. Dies lässt sich bei einem Pkw durch die Zulassungsbescheinigung Teil II (früher Fahrzeugbrief) nachweisen. Der Kreditnehmer nutzt das Fahrzeug als Besitzer. Ist am Ende der Kreditlaufzeit der Kreditnehmer seinen Verpflichtungen nachgekommen, endet auch der Sicherungsübereignungsvertrag und das Besitzkonstitut wird aufgehoben. Der Kreditnehmer erhält dann das Eigentum an dem Pkw. Falls der Kreditnehmer jedoch seinen Zahlungsverpflichtungen nicht nachkommen sollte, kann die Bank den Pkw als Sicherheit verwerten. Um das Sicherungsgut vor Untergang zu schützen, verlangen Banken in aller Regel eine Versicherung. Beim Pkw wird dies eine Vollkaskoversicherung sein, damit im Fall eines Unfalls der Pkw durch eine Versicherung wertmäßig ersetzt werden kann.

Vorteile/Chancen

- Der Kreditnehmer kann den sicherungsübereigneten Gegenstand nutzen.
- Aus dem bestehenden Vermögen können Sicherheiten gestellt werden.
- Die Sicherungsübereignung ist nach außen nicht erkennbar.

Nachteile/Risiken

- Bei Zahlungsverzug kann der Kreditgeber den Gegenstand sofort verwerten.
- Es findet ein Eigentumswechsel statt.

7.4 Der Lombardkredit

Beim Lombardkredit werden bewegliche Sachen an einen Kreditgeber verpfändet, um einen Kredit zu besichern. Der Begriff „Lombardkredit" ist geprägt von der Lombardei, einer norditalienischen Region, in der im Mittelalter aufgrund des europäischen Handels bereits solche Beleihungsgeschäfte getätigt wurden.

Dabei erfolgt die Verpfändung (daher auch **Pfandrecht**) durch Einigung und Übergabe. Kreditnehmer und Kreditgeber einigen sich über die Entstehung des Pfandrechts. Das Pfandgut wird, im Gegensatz zur Sicherungsübereignung, an den Kreditgeber übergeben. Ist der Gläubiger bereits im Besitz der Sache, genügt alleine die Einigung über die Entstehung des Pfandrechts. Anders als bei der Sicherungsübereignung bleibt der Schuldner hier Eigentümer der Sache. Der Pfandrechtsgläubiger wird nur Besitzer. Dieser muss das Pfandgut sorgfältig aufbewahren und nach Erlöschen wieder an den Verpfänder zurückgeben.

Um das Risiko eines Wertverlusts abzudecken, und auch um die Nebenkosten (Zinsen usw.) einzukalkulieren, beleihen Kreditinstitute die ihnen zur Verpfändung angebotenen Gegenstände nicht mit dem vollen Wert. In der Verpfändungserklärung werden der Gegenstand der Verpfändung, das Verwertungsrecht und die Bewertung der verpfändeten Werte festgehalten.

Wenn der Schuldner seinen Zahlungsverpflichtungen aus dem Kreditvertrag nicht nachkommt, kann der Gläubiger das Pfandgut veräußern. Nach § 1234 BGB muss der Gläubiger den Verkauf des Pfandgutes zunächst androhen und auch eine Wartefrist einhalten, bevor eine Veräußerung möglich ist. Das Pfandgut kann freihändig verkauft werden, wenn es einen Börsen- oder Marktpreis hat. Dies ist beispielsweise bei festverzinslichen Wertpapieren der Fall, die zur Verpfändung gut geeignet sind. Wenn das Pfandgut keinen Börsen- oder Marktpreis hat, gibt es die Möglichkeit, es öffentlich zu versteigern.

Vorteile/Chancen

- Aus dem Vermögen können Sicherheiten gestellt werden.
- Dienen Wertpapiere als Sicherheit, hat der Gläubiger die Möglichkeit der Finanzierung, ohne dass er die Wertpapiere verkaufen muss.
- Er eignet sich für kurzfristige Kredite.

Nachteile/Risiken

- Der Kreditnehmer kann die Sache nicht verwenden.
- Bei Zahlungsverzug kann der Kreditgeber den Gegenstand sofort verwerten.
- Es findet ein Besitzwechsel statt.
- Nicht alle Gegenstände sind zur Verpfändung geeignet.

7.5 Die Zession

Bei einem Zessionskredit werden einer Bank als Kreditgeber zur Besicherung des Kredits Forderungen (und andere Rechte) abgetreten. Dabei überträgt der Kreditnehmer als Sicherungsgeber (= Zedent) die Forderung an die Bank. Als Sicherungsnehmer (= Zessionar) wird diese Eigentümer der Forderung. Der Vertrag über die Abtretung der Forderung wird dabei ohne Mitwirkung des Drittschuldners geschlossen und ist ohne seine Benachrichtigung wirksam.

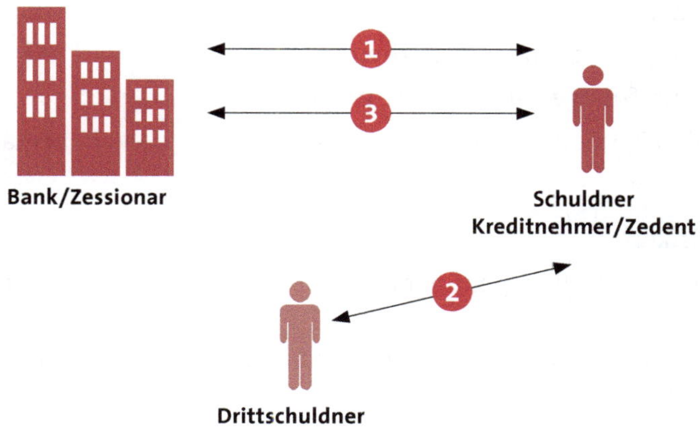

1 = Kreditvertrag

2 = bestehende Forderung gegenüber einem Drittschuldner

3 = Abtretung der Forderung an den Kreditgeber/Zessionar

Es sind zwei Arten der Zession möglich. Wenn der Drittschuldner über die Forderungsabtretung nicht informiert wird, liegt eine **stille Zession** vor. Der Drittschuldner zahlt dann mit schuldbefreiender Wirkung an seinen ursprünglichen Gläubiger. Der Zedent muss diese Zahlung an den Zessionar abführen.

Wird der Drittschuldner über die Abtretung der Forderung in Kenntnis gesetzt, liegt eine **offene Zession** vor. Wenn der Zedent seinen Zahlungsverpflichtungen nicht nachkommt, hat die Bank die Möglichkeit, den Drittschuldner zur Zahlung aufzufordern. Dieser muss dann bei Fälligkeit seiner Verbindlichkeit direkt an die Bank zahlen.

Wenn nur eine bestimmte Forderung an den Kreditgeber abgetreten wird spricht man von **Einzelzession**, während sich bei der **Kollektivzession** Höhe und Zusammensetzung der Forderungen ständig ändern. Die Kollektivzession kann in Form einer **Mantelzession** (Hier reicht der Zedent in regelmäßigen Zeitabständen neue Debitorenlisten ein und mit dieser Einreichung tritt die Abtretung der neuen Forderungen in Kraft.) oder in Form einer **Globalzession** (Hier werden z. B. Forderungen gegenüber einer bestimmten vorher festgelegten Kundengruppe abgetreten, die Abtretung gilt dann vom Zeitpunkt der Entstehung an.) vereinbart werden.

Das in Kapitel 6.2 beschriebene Factoring kann mit dem Zessionskredit verglichen werden. Hierbei kauft der Factor (dies kann ebenfalls eine Bank sein) die Forderungen an. Dabei übernimmt der Factor aber das volle Kreditrisiko und führt, im Gegensatz zum Zessionskredit, je nach vertraglicher Vereinbarung auch das Forderungsmanagement durch.

Vorteile/Chancen

- Die Forderungen dienen als Sicherheiten.
- Es ist eine kurzfristige Finanzierung möglich.
- Bei der stillen Zession erfährt der Drittschuldner nichts vom Verkauf der Forderung.

Nachteile/Risiken

- Bei Forderungsausfall (gegenüber dem Drittschuldner) bleibt Hauptforderung bestehen.
- Bei der offenen Zession ist der Drittschuldner über die Abtretung der Forderung informiert.

7.6 Die Grundpfandrechte

Als Grundpfandrecht wird das Pfandrecht an einem Grundstück bezeichnet. Hierbei wird dem Kreditgeber eine unbewegliche Sache (eine Immobilie) verpfändet. Der Vorgang der Verpfändung gleicht dem unter Kapital 7.4 beschriebenen Lombardkredit. Der Unterschied liegt in der Übertragung der Sache. Da ein Grundstück nicht an den Pfandgläubiger übertragen werden kann, wird das Grundpfandrecht im Grundbuch als Grundschuld eingetragen. Ein Grundbuch ist ein öffentliches Register, das Auskunft über alle Grundstücke, deren Eigentumsverhältnisse, Lasten und Beschränkungen und eben auch die Grundpfandrechte gibt. Das Grundbuch wird beim Grundbuchamt geführt. Im Gegensatz zum Handelsregister hat hier jedoch nur derjenige die Möglichkeit zur Einsichtnahme, der ein berechtigtes Interesse belegen kann. Das elektronisch geführte Grundbuch kann über das Internet eingesehen werden. Das Grundbuch enthält neben der Aufschrift vier Teile (Bestandsverzeichnis, Abteilung I, Abteilung II, Abteilung III). Die Grundpfandrechte werden in der dritten Abteilung eingetragen.

Je nachdem, welche Grundpfandrechte ein Grundstück bereits belasten, gibt es erstrangige und nachrangige Rechte. Bei einer Zwangsvollstreckung werden die Rechte nach ihrem Rang befriedigt, d. h. zunächst wird das erstrangige Recht erfüllt. Kreditinstitute sind daher bestrebt, bei der Kreditvergabe einen ersten Rang zu erhalten. Bezogen auf die Sicherheit verschaffen sie sich dadurch einen hohen Schutz. Aus diesem Grund sind diese Art der Realkredite in aller Regel die günstigsten Kredite (bezogen auf die Effektivverzinsung).

Als Grundpfandrechte kommt neben einer Grundschuld auch eine Hypothek infrage. Wird eine **Hypothek** als Belastung eines Grundstücks eingetragen, so setzt dieses Pfandrecht das Bestehen der Forderung (= akzessorisch) voraus. Das heißt, sobald die eigentliche Forderung erlischt, erlischt auch die Hypothek. Aus eben diesem Grund bevorzugen Kreditinstitute die Eintragung einer **Grundschuld**, da diese weit flexibler ist, weil sie vom Bestehen einer Forderung unabhängig (= abstrakt) ist. Ist das Darlehen zurückgezahlt, kann die Grundschuld als Absicherung für ein weiteres Darlehen dienen, eine Hypothek müsste im Grundbuch gelöscht und für ein neues Darlehen müsste eine neue Hypothek eingetragen werden. Ein weiterer Unterschied zwischen der Hypothek und der Grundschuld ist die persönliche Haftung. Während bei der Hypothek neben dem Grundpfandrecht der Kreditnehmer auch persönlich haftet, haftet bei einer Grundschuld ausschließlich das Grundpfandrecht. Eine persönliche Haftung liegt hier nicht vor.

Ein Grundpfandrecht entsteht erst mit der Einigung über die Bestellung des Rechts und der Eintragung im Grundbuch.

Vorteile/Chancen

- Grundpfandrechte bieten langfristige Sicherheit.
- Der Schuldzins ist im Vergleich zu anderen Finanzierungsarten niedriger.

Nachteile/Risiken

- Es besteht eine persönliche Haftung bei der Hypothek.
- Die Grundpfandrechte werden im Grundbuch erfasst.
- Es besteht die Möglichkeit einer Zwangsvollstreckung.

Kreditgeber werden Kreditsicherheiten nicht mit dem vollständigen Wert der Sicherheit beleihen. Zur Festlegung wird der Sicherheit ein sogenannter Beleihungswert beigemessen. Wenn der Kreditnehmer seinen Zahlungsverpflichtungen nicht mehr nachkommen kann, dann sollte die Sicherheit im Verwertungsfall diesen Wert erzielen. Beliehen wird dieser Wert i. d. R. bis maximal zu einer, meistens intern festgelegten, Beleihungsgrenze. Bei Immobilien ist hier beispielsweise das Pfandbriefgesetz (PfandBG) zu berücksichtigen.

8. Berechnungen im Kreditbereich

8.1 Zinsen für (kurzfristige) Kredite

Die Berechnungen im Kreditbereich werden ausgehend von der kaufmännischen Zinsformel vorgenommen. Dabei werden anders als bei den Verzugszinsen das Jahr mit 360 Tagen und der Monat mit 30 Tagen berechnet, unabhängig davon, wie viele Tage das Jahr bzw. der Monat tatsächlich hat.

MERKE

Die Formel zur Berechnung der **Jahreszinsen** lautet:

$$\text{Zinsen} = \frac{\text{Kapital} \cdot \text{Zinssatz}}{100}$$

Die Formel zur Berechnung der **Monatszinsen** lautet:

$$\text{Zinsen} = \frac{\text{Kapital} \cdot \text{Monate} \cdot \text{Zinssatz}}{100 \cdot 12\ \text{Monate}}$$

Die Formel zur Berechnung der **Tageszinsen** lautet:

$$\text{Zinsen} = \frac{\text{Kapital} \cdot \text{Tage} \cdot \text{Zinssatz}}{100 \cdot 360\ \text{Tage}}$$

Hierbei gilt: Kapital ist hier der Kreditbetrag, Zinssatz ist hier der Kreditzinssatz und Monate bzw. Tage ist der Kreditzeitraum.

Beispiele

Beispiel 1:

Die Sportina AG benötigt zur Finanzierung der Ausstattung zweier neuer Büroräume einen kurzfristigen Kredit in Höhe von 20.000 €. Im Kreditvertrag wird vereinbart, dass dieser Kredit mit 3 % verzinst wird. Die Tilgung erfolgt endfällig nach genau zwei Jahren.

Die Sportina AG stellt sich dabei die Frage, wie viele Zinsen sie in einem Jahr zahlen muss und wie viele Zinsen insgesamt anfallen.

Berechnung:

$$\text{Zinsen} = \frac{20.000\ € \cdot 3}{100} = 600\ €$$

Im Jahr fallen hierbei 600 € Zinsen an. Da der Kredit zwei Jahre läuft, zahlt die Sportina AG insgesamt 1.200 € Zinsen.

Beispiel 2:

Die Sportina AG benötigt zur Finanzierung eines Kopiergeräts einen kurzfristigen Kredit in Höhe von 1.500 €. Auch dieser Kredit ist nach vier Monaten endfällig. Die Verzinsung liegt bei 5 %.

Berechnung:

$$\text{Zinsen} = \frac{1.500\ € \cdot 4 \cdot 5}{100 \cdot 12} = 25\ €$$

Für diesen Zeitraum fallen Zinsen in Höhe von 25 € an.

Beispiel 3:

Im letzten Monat hat die Sportina AG einen kurzfristigen Überbrückungskredit in Höhe von 11.500 € für 20 Tage in Anspruch genommen. Der Zinssatz für diesen Kredit, der ohne Sicherheit gewährt wurde, betrug 11 %.

$$\text{Zinsen} = \frac{11.500\ € \cdot 20 \cdot 11}{100 \cdot 360} = 70{,}28\ €$$

Die Bank stellt der Sportina AG dafür 70,28 € in Rechnung.

Durch das Umstellen der oben beschriebenen Formeln lassen sich mithilfe der kaufmännischen Zinsformel bei Bedarf auch der entsprechende Darlehensbetrag, der gesuchte Zinssatz bzw. die Kreditlaufzeit ermitteln.

MERKE

Sind **Laufzeit, Zinsen und Zinssatz** gegeben und wird der Kreditbetrag gesucht, verwendet man die folgenden Formeln:

$$\text{Kapital} = \frac{\text{Zinsen} \cdot 100}{\text{Zinssatz}}$$

$$\text{Kapital} = \frac{\text{Zinsen} \cdot 100 \cdot 12}{\text{Zinssatz} \cdot \text{Monate}}$$

$$\text{Kapital} = \frac{\text{Zinsen} \cdot 100 \cdot 360}{\text{Zinssatz} \cdot \text{Tage}}$$

Sind **Zinsen, Kapital und Laufzeit** des Kredits gegeben und der Unternehmer möchte wissen, zu welchem Zinssatz der Kredit verzinst wurde, verwendet man die folgenden Formeln:

$$\text{Zinssatz} = \frac{\text{Zinsen} \cdot 100}{\text{Kapital}}$$

$$\text{Zinssatz} = \frac{\text{Zinsen} \cdot 100 \cdot 12}{\text{Kapital} \cdot \text{Monate}}$$

$$\text{Zinssatz} = \frac{\text{Zinsen} \cdot 100 \cdot 360}{\text{Kapital} \cdot \text{Tage}}$$

Sind **Zinssatz, Zinsen und Kapital** gegeben und der Unternehmer möchte den Kreditzeitraum ermitteln verwendet man folgende Formeln:

$$\text{Kreditzeitraum in Jahren} = \frac{\text{Zinsen} \cdot 100}{\text{Kapital} \cdot \text{Zinssatz}}$$

$$\text{Kreditzeitraum in Monaten} = \frac{\text{Zinsen} \cdot 100 \cdot 12}{\text{Kapital} \cdot \text{Zinssatz}}$$

$$\text{Kreditzeitraum in Tagen} = \frac{\text{Zinsen} \cdot 100 \cdot 360}{\text{Kapital} \cdot \text{Zinssatz}}$$

8.2 Finanzierungsgewinn bei Inanspruchnahme des Skontos

Aus wirtschaftlichen Überlegungen muss der Unternehmer in Erwägung ziehen, zur Ausnutzung eines Skontos ggf. einen kurzfristigen Kredit in Anspruch zu nehmen. Verdeutlicht werden soll diese Entscheidung an folgendem Beispiel:

Die Sportina AG kauft Waren im Wert von 10.000 € (brutto) auf Rechnung. Die Zahlungsbedingungen des Lieferanten lauten:

„Zahlbar innerhalb von 10 Tagen mit Skontoabzug 3 %, ansonsten zahlbar innerhalb von 30 Tagen“

Da das Kontokorrentkonto der Sportina AG bereits überzogen ist, zieht die Geschäftsleitung zwei Möglichkeiten in Erwägung:

1. Möglichkeit:

Die Rechnung wird erst am 30. Tag bezahlt, um den Kontokorrentkredit nicht noch weiter in Anspruch nehmen zu müssen. Nachteil ist hierbei, dass der Skonto nicht in Abzug gebracht werden kann.

Die Sportina AG zahlt also am 30. Tag 10.000 € und verzichtet auf 300 € Skonto.

2. Möglichkeit:

Die Rechnung wird am 10. Tag vom laufenden Konto gezahlt, der Skonto wird in Abzug gebracht.
An den Lieferanten überweist die Sportina AG daher 9.700 €. Diese 9.700 € muss sie aber im Vergleich zur 1. Möglichkeit 20 Tage (30 - 10) finanzieren. Für die Überziehung des Kontos zahlt die Sportina AG 15 % Zinsen.

$$\text{Zinsen} = \frac{9.700\ € \cdot 20 \cdot 15}{100 \cdot 360} = 80{,}83\ €$$

Das heißt, dass hierbei 80,83 € an Zinsen an die Bank zu zahlen sind.

Wendet die Geschäftsleitung der Sportina AG also die 2. Möglichkeit an, kann sie den Skonto in Höhe von 300 € in Anspruch nehmen und zahlt dafür Zinsen in Höhe von 80,83 €.

Der Finanzierungsgewinn beträgt in diesem Fall 300 € - 80,83 € = 219,17 €.

In aller Regel, jedoch immer in Abhängigkeit der jeweiligen Kreditzinsen, ist es rentabler, den Rechnungsbetrag zu finanzieren um den Skonto in Anspruch zu nehmen.

Hat ein Unternehmen seinen Kreditspielraum bereits erschöpft, bleibt diesem oftmals nur die Möglichkeit der Finanzierung über einen Lieferantenkredit.

Wertschöpfungsprozesse erfolgsorientiert steuern

Die Analyse der Wertschöpfungsprozesse auf Grundlage der Daten der Kosten- und Leistungsrechnung ist notwendig für die erfolgreiche Steuerung des Unternehmens und die Beurteilung des betrieblichen Erfolgs. Im vorliegenden Kapitel erlernen die Schüler die Kompetenz, Kosten zu identifizieren und zu beurteilen sowie als Entscheidungsvorbereitung zu nutzen.

Zunächst wird ein Überblick über Aufgaben und Inhalte der Kosten- und Leistungsrechnung gegeben und verschiedene Kostenarten differenziert. Dabei wird die Abgrenzungsrechnungstabelle zur Ermittlung der Kosten und Leistungen als methodisches Hilfsmittel eingeführt.

Nachdem die Höhe der einzelnen Kosten feststeht, wird im Sinne der Vollkostenrechnung der Frage nachgegangen, in welchen Betriebsbereichen die Kosten entstanden sind. Während die Zuordnung der Einzelkosten unproblematisch ist, werden die Gemeinkosten mithilfe des Betriebsabrechnungsbogens auf die verschiedenen Kostenstellen verrechnet.

Anschließend werden die Ergebnisse des Betriebsabrechnungsbogens dazu genutzt, die Gemeinkostenzuschlagssätze aufzustellen, die bei der Kostenträgerrechnung relevant sind. Hierbei werden die Selbstkosten eigener Erzeugnisse ermittelt und man unterscheidet nach Ist-, Normal- und Plankosten. Dazu werden bei voller Kostendeckung die Listenverkaufspreise der eigenen Erzeugnisse sowie die Angebotspreise von Handelswaren kalkuliert.

Im Zuge der Plankostenrechnung steht anschließend die Kostenentwicklung abhängig vom Beschäftigungsgrad im Fokus. Kosten, Erlöse und Gewinne werden mithilfe von Funktionen rechnerisch und grafisch veranschaulicht.

Abschließend wird die Teilkostenrechnung thematisiert, wobei der Deckungsbeitrag im Vordergrund steht. Marktorientierte Entscheidungen, z. B. über das Produktionsprogramm und Preise, die nicht alle Kosten decken, bieten hierzu den Ansatzpunkt.

10

1. Grundlagen der Kosten- und Leistungsrechnung (KLR)

Die Kosten- und Leistungsrechnung (KLR) ist die Aufstellung der Kosten- und Leistungen eines Unternehmens und wird als internes Rechnungswesen bezeichnet. Die KLR ermittelt, welche Kosten im Unternehmen anfallen und wie sie auf die erbrachten Leistungen, die Produkte oder Dienstleistungen zu verrechnen sind.

1.1 Einordnung der KLR

Die Kosten- und Leistungsrechnung ist ein einzelner Baustein für unternehmerische Entscheidungen. Als Teil des betrieblichen Rechnungswesens lässt sie sich wie folgt einordnen:

<table>
<tr><th colspan="5">Das betriebliche Rechnungswesen</th></tr>
<tr><th colspan="3">Externes Rechnungswesen</th><th colspan="2">Internes Rechnungswesen</th></tr>
<tr><td rowspan="2">Lernfeld 6</td><td rowspan="2">Buchführungspflicht für alle Kaufleute nach HGB zum Schutz Dritter

= Rechnungskreis I</td><td>Gegenüberstellung von Vermögen und Schulden</td><td>Investitions-/Finanzierungsrechnung zur Planung und Entscheidungsfindung der Investitionen und des Kapitalbedarfs</td><td>Lernfeld 9</td></tr>
<tr><td>Ermittlung des unternehmerischen Gewinns</td><td>Kosten- und Leistungsrechnung zur Steuerung und Kontrolle des betriebsbezogenen Gewinns
= Rechnungskreis II</td><td>Lernfeld 10</td></tr>
</table>

1.2 Aufgaben der KLR

Die Kosten- und Leistungsrechnung dient der **Überwachung**, **Steuerung** und **Kontrolle** des betriebsbezogenen Gewinns. Dieser wird ermittelt, indem alle Aufwendungen und Erträge des Rechnungswesens überprüft werden, ob sie dem Betriebszweck dienen und dem Geschäftsjahr zuzuordnen sind.

Vermieten von Gebäuden oder Erträge aus Wertpapierverkäufen dienen nicht dem Ziel eines Sportartikelherstellers. Der Einkauf von Stoffen für die Herstellung der Sportbekleidung hingegen schon. Stellt man nur die Aufwendungen und Erträge gegenüber, die dem Betriebszweck dienen, erhält man den **Betriebsgewinn** (der betriebliche Erfolg).

Das Betriebsergebnis ist Übersicht über tatsächliche Kosten, für die Kalkulation der Selbstkosten, Herstellkosten und der Verkaufspreise.

1.3 Systeme der KLR

Teilkostenrechnung	**Vollkostenrechnung**
= berücksichtigt nicht alle Kosten aufgrund von marktbezogenen Entscheidungen	= alle Kosten eines Produktes oder einer Dienstleistung werden bei der Berechnung berücksichtigt

IST-Kosten	**Normalkosten**	**Plankosten**
= tatsächlich entstandene Kosten	= Durchschnittskosten auf Grundlage vergangener Perioden	= zukünftige Kosten werden kalkuliert

KostenARTEN	**KostenSTELLEN**	**KostenTRÄGER**
= Einzel- oder Gemeinkosten	= Material, Fertigung, Verwaltung und Vertrieb	= Produkt A, B, C ...

Prozesskosten	**Projektkosten**
= hier werden Kosten bestimmten Prozessen zugeordnet, z. B. Entwicklungsphase	= hier werden Kosten bestimmten Projekten zugeordnet, z. B. Produkt VW Golf mit Solarmodul

2. Unterscheidung der Kostenarten

Die Kosten lassen sich nach unterschiedlichen Kriterien ordnen. Zunächst unterscheidet man Stück- und Gesamtkosten, wobei die Stückkosten die Kosten je Einheit sind und die Gesamtkosten die Kosten für einen Zeitabschnitt, für ein Projekt, für einen Auftrag, eine Produktreihe usw. sein können.

2.1 Kosten und ihre Verbrauchsart

Kosten können nach ihrer Verbrauchsart unterschieden werden. So differenziert man nach Personalkosten, die für die menschliche Arbeit angefallen sind, und nach den Kosten für Betriebsmittel oder Werkstoffe.

2.2 Abgrenzung der Kosten von Aufwendungen

Aufwendungen aus dem Rechnungswesen werden abgegrenzt. Alle Aufwendungen, die nicht betriebsbedingt oder periodenbedingt sind, werden nicht in den Rechnungskreis II übernommen. Auch außergewöhnliche Aufwendungen werden abgegrenzt (z. B. Feuerschaden).

Aus Aufwendungen werden Kosten, wenn

1. Aufwendungen dem Betriebszweck dienen und in **gleicher** Höhe in den Rechnungskreis II übernommen werden können, diese heißen: **GRUNDKOSTEN**, z. B. Gehälter.
2. Aufwendungen dem Betriebszweck dienen, aber in **anderer** Höhe in den Rechnungskreis II übernommen werden können, diese heißen: **ANDERSKOSTEN**, z. B. Rohstoffpreise, die stark schwanken, werden mit dem Mittelwert erfasst.
3. **ZUSATZKOSTEN** dazugerechnet, also kalkuliert, werden. Sie sind nicht aus dem Rechnungswesen, sind also *keine* Aufwendungen. Zum Beispiel der Unternehmerlohn muss zusätzlich kalkuliert werden und wird im Rechnungskreis II ergänzt.

Kap. 3.

2.3 Unterscheidung der Kosten nach der Möglichkeit der Zurechnung auf Produkte

Bei der Vollkostenrechnung werden alle Kosten berücksichtigt, die für die Bereitstellung der Güter zum Verkauf anfallen. Man unterscheidet sie danach, ob sie sich auf ein Produkt zurechnen lassen oder nicht. Kosten für Rohstoffe (z. B. Fleece-Stoff für Sportbekleidung) und Fertigungslöhne sind z. B. **Einzelkosten** und lassen sich direkt auf das Produkt zurechnen. Dagegen lassen sich Abschreibungen für Maschinen, Miete usw. nicht einem Produkt zurechnen. Sie werden als **Gemeinkosten** bezeichnet. In der Vollkostenrechnung werden die Gemeinkosten mithilfe des Betriebsabrechnungsbogens auf verschiedene Kostenstellen verteilt. Bei den Kostenstellen handelt es sich um Betriebsbereiche, bei denen die Kosten entstanden sind. Sie werden funktionsorientiert nach Material-, Fertigung-, Vertriebs- und Verwaltungsbereich differenziert. Mithilfe der Kostenträgerstückrechnung werden schließlich die Selbstkosten in der Vollkostenrechnung je Produkt ermittelt. Sie werden als Kostenträger bezeichnet. Auf Basis der Kosten können dann Angebotspreise kalkuliert werden.

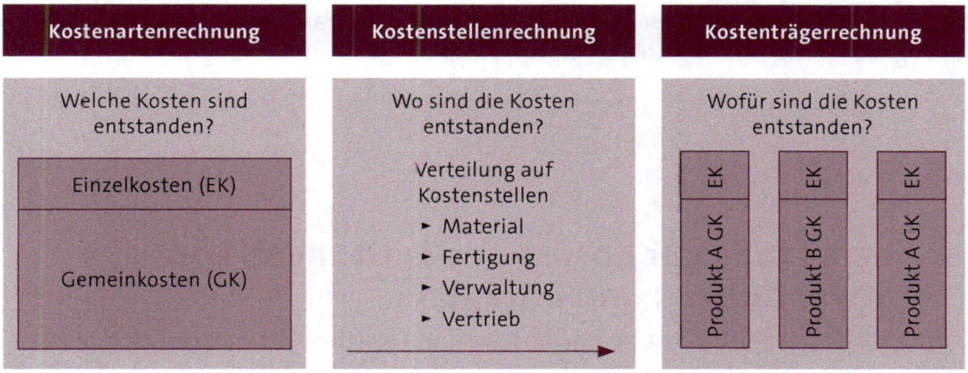

Kap. 4. und 5.

2.4 Gliederung der Kosten in Abhängigkeit der Beschäftigung

Bei der Teilkostenrechnung wird nach variablen und fixen Kosten unterschieden. Die variablen Kosten sind beschäftigungsabhängig. Dazu gehören z. B. Rohstoffe, Fertigungslöhne oder der Energieverbrauch. Bei der Produktion eines Fleece-Pullovers werden 1,5 m^2 Stoff benötigt, bei der Produktion von 40 Pullovern vierzigmal so viel. Dagegen sind fixe Kosten nicht abhängig von der Beschäftigung. Die Abschreibungen für eine Nähmaschine sind bei einer Produktion von einem Fleece-Pullover genauso hoch, wie bei der Produktion von 40 Pullovern.

Einzelkosten sind stets variabel aber variable Kosten sind nicht unbedingt Einzelkosten.

Beispiel

Ein Fleece-Pullover wird aus 1,5 m^2 Fleece-Stoff gefertigt. Ein Mitarbeiter benötigt für die Fertigung fünf Minuten an einer Nähmaschine.

Der Fleece-Stoff und der Fertigungslohn gehören zu den Einzelkosten, denn dem Produkt lassen sich 1,5 m^2 Fleece-Stoff und $\frac{1}{12}$ Lohnstunde zuordnen. Beide Kostenarten sind auch variable Kosten, denn bei einer erhöhten Produktion von Fleece-Pullovern erhöhen sich im gleichen Verhältnis die Kosten für den Fleece-

Stoff und für die Lohnstunden. Die Energiekosten für die Maschine sind keine Einzelkosten, da sich die Energie nicht direkt auf das Produkt zurechnen lässt. Deshalb gehört der Energieaufwand zu den Gemeinkosten. Dennoch sind die Energiekosten variabel, da sich diese bei Erhöhung der Fertigungsmenge ebenfalls erhöhen. Die linearen Abschreibungen für die Nähmaschine können nicht auf ein Produkt zugerechnet werden und sind daher Gemeinkosten. Da sie aber auch bei unterschiedlicher Produktionsmenge unverändert bleiben, handelt es sich gleichzeitig um fixe Kosten, da sie beschäftigungsunabhängig sind.

Kap. 7.

3. Abgrenzung der Kosten und Leistungen von Aufwendungen und Erträgen

Grundlage zur Identifizierung der Kosten und Leistungen sind zunächst die Aufwendungen und Erträge aus dem Rechnungskreis I, die bereits aus der Buchführung bekannt sind. Allerdings sind die Kosten nicht den Aufwendungen und die Erträge nicht den Leistungen in voller Höhe gleichzusetzen. Hier ist zunächst eine Abgrenzungsrechnung erforderlich.

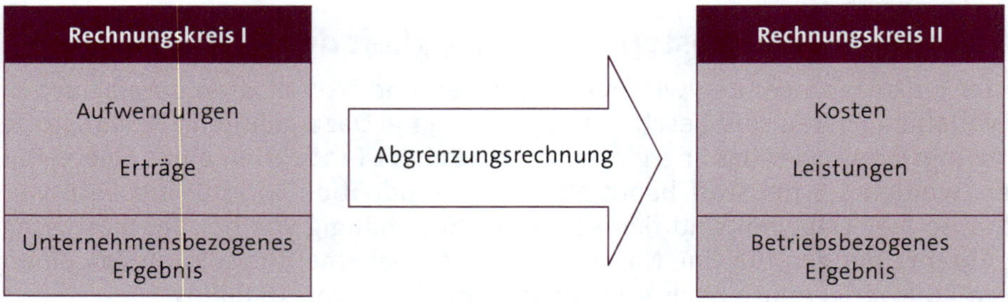

Die Differenz zwischen Aufwendungen und Erträgen im Rechnungskreis I (= Saldo) wird als unternehmensbezogenes Ergebnis und jene aus dem Rechnungskreis II als betriebsbezogenes Ergebnis bezeichnet. Die Ergebnisse müssen nicht übereinstimmen. Sind beispielsweise die Aufwendungen höher als die Kosten, ist der betriebsbezogene Erfolg besser als der unternehmensbezogene.

3.1 Aufwandsgleiche Kosten und ertragsgleiche Leistungen

Beispiel

In der Kostenrechnung der Sportina AG sollen die Kosten ermittelt werden, die für die Produktion eines Auftrags über 500 Fleece-Pullover entstanden sind. Während der Bearbeitung dieses Auftrags sind folgende Aufwendungen im Betrieb entstanden:

Aufwandsart	**Betrag**
Materialaufwendungen	5.000 €
Personalaufwendungen für die Fertigung	7.000 €
Personalaufwendungen für die Verwaltung	1.400 €
Aufwendungen für den Vertrieb	1.200 €
Steuervorauszahlung	1.500 €
Teilabschreibung wegen eines Brandschadens an einem Nähautomaten	47.000 €
Verlust aus dem Verkauf des nun nicht mehr benötigten Nähautomatens	1.620 €
Summe	**64.720 €**

Um die Kosten je Pullover zu ermitteln, müsste man nun die 64.720 € auf die 500 Fleece-Pullover verteilen und auf die daraus resultierenden 129,44 € noch einen Gewinn aufschlagen und somit den Verkaufspreis festlegen. Kosten wie hier für Personal, Material, Verwaltung und Vertrieb oder Wertminderungen durch Abnutzung sind durch die Produktion und den anschließenden Verkauf des Erzeugnisses entstanden. Die Steuervorauszahlung bezieht sich nicht auf diesen Auftrag, sondern ist eine Vorauszahlung für eine noch kommende Steuerschuld. Daher ist dieser Aufwand nicht relevant für die Kosten des bezogenen Auftrags. Auch die Teilabschreibung durch den Brandschaden, der während der Bearbeitung dieses Auftrags entstanden ist, kann nicht nur alleine diesem Auftrag zugerechnet werden. Das Risiko ist auf einen größeren Zeitraum und damit auf mehrere Aufträge zu verteilen. Schließlich ist auch bedenklich, den Verlust durch den Verkauf der Maschine für die Kalkulation des Verkaufspreises dieses Auftrags anzusetzen, denn dass der Nähautomat mit Verlust verkauft wurde, kann nicht in der Kostenkalkulation dieses Auftrags berücksichtigt werden. Aus diesem Beispiel lässt sich die Erkenntnis ableiten, dass die Aufwendungen nicht in gleicher Höhe als Kosten anzusetzen sind.

MERKE

Aufwandsgleiche Kosten werden als Grundkosten bezeichnet und erfüllen folgende Kriterien:

- Sie entsprechen in ihrer Höhe den Aufwendungen der Finanzbuchhaltung.
- Sie entstehen bei der Erfüllung des Betriebszwecks (z. B. Produktion von Sportbekleidung).
- Sie sind nicht außerordentlich und gehören keiner fremden Periode an.

3.2 Neutrale Aufwendungen und Erträge

Aufwendungen, die nicht dem Betriebszweck entsprechen, werden als betriebsfremd bezeichnet.

Beispiel

Die Sportina AG hat in der Buchhaltung Aufwendungen von 2.400 € durch den Verlust aus dem Verkauf einer Maschine und 3.100 € durch den Verkauf von Wertpapieren gebucht.

Diese Aufwendungen sind keine Kosten, weil das Sachziel des Unternehmens die Produktion und der Verkauf von Sportartikeln und nicht der Handel mit Maschinen oder Wertpapieren ist. Sie werden als **neutrale Aufwendungen** bezeichnet. Weitere Beispiele dafür sind Spenden, Zins- und Instandhaltungsaufwendungen für Gebäude, die vermietet werden oder Abschreibungen auf Finanzanlagen. Ebenfalls sind Aufwendungen, die einer anderen Periode angehören, neutral. Ein Beispiel hierfür können Steuernachzahlungen sein. Schließlich werden auch nicht alltägliche Aufwendungen, z. B. durch Unfälle, nicht in der Kostenrechnung berücksichtigt.

Auf der anderen Seite gehen nicht alle Erträge als Leistungen in die Kosten- und Leistungsrechnung ein.

Beispiel

Die Sportina AG hat am Jahresende einen Gewinn erwirtschaftet. Dieser ist insbesondere durch Vermietung von Wohnhäusern und Renditenzahlungen aus Beteiligungen entstanden.

Diese Erträge werden bei der Kosten- und Leistungsrechnung nicht berücksichtigt. Denn sie dienen nicht der Verfolgung des Betriebszwecks. Ebenso sind Erträge keine Leistungen, wenn sie in anderen Perioden oder in ungewöhnlicher Höhe entstanden sind. Sie werden als **neutrale Erträge** bezeichnet.

Während man bei dem Saldo aus Erträgen und Aufwendungen vom Unternehmensergebnis spricht und die Differenz aus Leistungen und Kosten als Betriebsergebnis bezeichnet, ist der Saldo aus neutralen Erträgen und Aufwendungen das neutrale Ergebnis oder auch das **Ergebnis unternehmensbezogener Abgrenzung**.

MERKE

Neutrale Aufwendungen und neutrale Erträge stellen **keine** Kosten bzw. Leistungen dar und sind durch folgende Merkmale gekennzeichnet:

Neutrale Aufwendungen	**Neutrale Erträge**
► **betriebsfremde** Aufwendungen, z. B. Verluste aus dem Wertpapierverkauf, Spenden	► **betriebsfremde** Erträge, z. B. Mieterträge, Zinserträge oder Erträge aus Wertpapierverkäufen
► betriebliche **außerordentliche** Aufwendungen (unregelmäßig oder außergewöhnlich hoch), z. B. Verluste aus Schadensfällen oder aus dem Abgang von Vermögensgegenständen	► betriebliche **außerordentliche** Erträge, (unregelmäßig oder außergewöhnlich hoch) z. B. Forderungsverzicht von Gläubigern, Erträge aus dem Abgang von Vermögensgegenständen
► betriebliche **periodenfremde** Aufwendungen, z. B. Nachzahlungen (Löhne, Betriebssteuern)	► betriebliche **periodenfremde** Erträge, z. B. Steuerrückerstattung

3.3 Kosten in anderer Höhe

Wenn Aufwendungen in anderer Höhe angesetzt werden müssen, als diese angefallen sind, nennt man diese Anderskosten. Dies wird in den folgenden Kapiteln erklärt.

3.3.1 Abweichende Verrechnungspreise der Rohstoffe

Kauft ein Unternehmen mehrmals in einer Periode Rohstoffe zu unterschiedlichen Preisen, werden die Verbräuche mit einem durchschnittlichen Verrechnungspreis bewertet, wenn nicht mit Preissteigerungen in Zukunft gerechnet wird. Andernfalls werden auch diese berücksichtigt.

Beispiel

Die Sportina AG beschafft einen Fleece-Stoff zu unterschiedlichen Preisen. Am Jahresanfang ist noch kein Material am Lager. Die Beschaffung erfolgt in folgenden Mengen und zu folgenden Preisen:

Datum	Zugang		
	Menge in m²	**Bezugspreis je m²**	**Bezugswert insgesamt**
02.01.20..	20	13,20 €	264 €
04.05.20..	20	12,80 €	256 €
07.08.20..	20	13,00 €	260 €
07.11.20..	20	12,40 €	248 €
Summe:	80		1.028 €
Durchschnittswert:	20	12,85 €	257 €

Ermittlung des durchschnittlichen Bezugspreises (DP):

$$DP = \frac{\text{Bezugswert}}{\text{Bezugsmenge}} = \frac{1.028\ €}{80\ m^2} = 12{,}85\ €/m^2$$

Da noch 5 m^2 auf Lager sind, ergibt dies einen Lagerwert von:

$5\ m^2 \cdot 12{,}85\ €/m^2 = 64{,}25\ €$.

Da in der Finanzbuchhaltung, nach dem Grundsatz des strengen Niederstwertprinzips die Bestände zu höchstens 12,40 € angesetzt werden dürfen, ergibt sich in der Finanzbuchhaltung ein Lagerwert von 62 €.

Rohstoff: Fleece-Stoff	
Wertansatz in der Finanzbuchhaltung (Rechnungskreis I)	Wertansatz in der KLR (Rechnungskreis II)
62 €	64,25 €

Demnach unterscheiden sich die Bewertungsansätze in der Finanzbuchhaltung und der Kosten- und Leistungsrechnung.

Diese unterschiedlichen Bewertungsansätze spiegeln sich auch bei der Bewertung des Verbrauchs an Werkstoffen bzw. bei der Ermittlung der Materialkosten wider.

MERKE

Materialkosten müssen nicht zwingend in der Höhe in die Kosten- und Leistungsrechnung eingehen, wie in der Finanzbuchhaltung, denn bei der Buchführung steht das Vorsichtsprinzip bei der Bewertung der Vorräte im Vordergrund, während bei der Kosten- und Leistungsrechnung die tatsächlich entstandenen Kosten für Materialien im Vordergrund stehen.

3.3.2 Anderskosten bei den Abschreibungen

Ebenso können auch Abschreibungen in anderer Höhe als in der Finanzbuchhaltung vorliegen.

Beispiel

Die Sportina AG benötigt in regelmäßigen Zeitabständen neue Nähmaschinen. Die neue Investition soll mit den jährlichen Abschreibungen der alten Maschinen finanziert werden. Für die Nähmaschine XXV2 liegt in der Buchführung folgende Anlagekarte vor.

Anlage: Verpackungsmaschine XXV2	**Inventar-Nr.:** 9475	**Baujahr:** 20..	**Anschaffungsdatum:** 02.01.20..
Lieferant: Huckmann AG	**Bestellnummer:** 1578	**Garantie:** 2 Jahre	**Versicherungswert:** 12.000,00 €
voraussichtliche Nutzungsdauer: 7 Jahre	**Anschaffungskosten:** 11.858 €	**Abschreibungsmethode:** linear	**Fester Abschreibungsbetrag pro Jahr:** 1.694 €
Jahr	**Buchwert am Jahresanfang**	**Abschreibungsbetrag**	**Buchwert am Jahresende**
1	11.858 €	1.694 €	10.164 €
2	10.164 €	1.694 €	8.470 €
3	8.470 €	1.694 €	6.776 €
4	6.776 €	1.694 €	5.082 €
5	5.082 €	1.694 €	3.388 €
6	3.388 €	1.694 €	1.694 €
7	1.694 €	1.693 €	1 €
8	1 €	0 €	1 €
9	1 €	1 €	0 €

Problematisch für die Kosten- und Leistungsrechnung ist,

1. dass die Nähmaschine zwei Jahre länger im Gebrauch ist als es zunächst entsprechend der AfA-Tabelle angenommen wurde. Daher müssten die Abschreibungsbeträge auf eine andere Anzahl an Jahren verteilt werden.
2. dass die Nähmaschine in den Jahren unterschiedlich beansprucht wurde. Daher könnte ihr Wertverlust auch leistungsabhängig ermittelt werden. Eine andere Abschreibungsmethode kann für die Kosten- und Leistungsrechnung gewählt werden.
3. dass die jährlichen Abschreibungsbeträge, die über den Verkaufserlös an das Unternehmen zurückfließen, den Wiederbeschaffungswert einbringen. Damit kann aus den Abschreibungen eine neue Maschine finanziert werden.

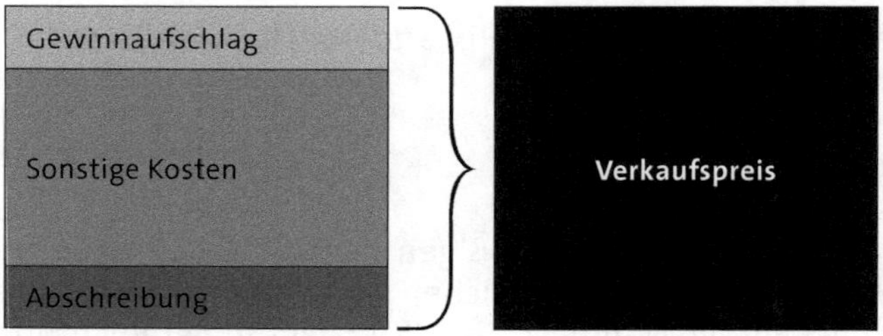

Da die Anschaffungskosten der Maschine jährlich steigen, sollten zur Ermittlung der Abschreibungsbeträge nicht die Anschaffungskosten angesetzt werden, sondern der Wiederbeschaffungswert.

Beispiel

Die Anschaffungskosten der Nähmaschine betrugen 11.858 €. Über die jährlichen kalkulatorischen Abschreibungen soll nach der tatsächlichen betriebsindividuellen Nutzungsdauer von neun Jahren der Wert der Wiederbeschaffung der Nähmaschine durch Verkaufserlöse zurückfließen. Da von einer Preissteigerungsrate von 1 % pro Jahr ausgegangen wird, ergibt sich nach einem Jahr folgender Wiederbeschaffungswert:

Wiederbeschaffungswert: 11.858 € + (11.858 € • 1 %) = 11.976,58 €

So ist der Wiederbeschaffungswert für die weiteren acht Jahre fortzuschreiben und ergibt 12.968,92 €.

Bei der individuellen Nutzungsdauer von neun Jahren und einer linearen Abschreibung beträgt der

kalkulatorische Abschreibungsbetrag: $\frac{12.968{,}92\text{ €}}{9} \approx 1.441\text{ €}$.

MERKE

Die Abschreibungen im Rechnungskreis I müssen nicht denen der Kosten- und Leistungsrechnung entsprechen, da bei der Buchführung andere Motive als bei dem Ansatz des Rechnungskreises II zugrunde gelegt werden. Mögliche Gründe für unterschiedliche Abschreibungen können sein:

- Wahl unterschiedlicher Abschreibungsmethoden
- betriebsindividuelle statt betriebsgewöhnliche Nutzungsdauer
- Wiederbeschaffungswert statt Anschaffungskosten.

3.3.3 Anderskosten bei den Zinsen und der Miete

Auch Zinsaufwendungen und Mietaufwendungen können als Kosten in anderer Höhe in die Kostenrechnung als in der Buchführung eingehen.

Beispiel

Der Geschäftsinhaber von Sportgeräte Meyer e. K., Herr Meyer, hat sein privates Geldvermögen in Höhe von 500.000 € bisher bei Sportina AG investiert und hierfür eine Verzinsung bekommen. Nun hat er sich seine Geschäftsanteile auszahlen lassen und in seinen eigenen Geschäftsbetrieb investiert. Die Investitionen des Unternehmens bezogen sich allerdings nicht nur auf betriebliche Zwecke, sondern auch auf den Kauf einer Eigentumswohnung, in der seine Freundin wohnt.

Bei diesem Beispiel verzichtet Herr Meyer auf die Verzinsung seiner Geldanlage. Damit dem Unternehmer diese Einnahme nicht entgeht, muss auch diese Verzinsung bei der Kostenrechnung und damit bei der Festlegung der Verkaufspreise berücksichtigt werden.

Gleichzeitig investiert Herr Meyer in betriebsfremde Vermögensgegenstände, wie in eine Eigentumswohnung für seine Freundin. Dies darf wiederum nicht bei der Kostenrechnung berücksichtigt werden.

Da es sich also nicht ganz einfach gestaltet, die **betriebsnotwendigen Zinsen** für die Kosten- und Leistungsrechnung zu ermitteln, werden die kalkulatorischen Zinsen wie folgt ermittelt:

Zunächst wird das **betriebsnotwendige Vermögen** ermittelt. Dies sind alle Vermögensgegenstände, in die investiert wurde, und die dem Betriebszweck dienen. Anschließend wird von diesem Betrag das Kapital, für das keine Zinsen gezahlt werden müssen, wie Lieferantenkredite und andere zinslos zur Verfügung gestellte Kredite, abgezogen. Dieses wird als **Abzugskapital** bezeichnet. Daraus ergibt sich schließlich das **betriebsnotwendige Kapital**. Dieses bezeichnet nun das Eigen- und Fremdkapital, das zur Realisierung des Betriebszwecks notwendig ist. Davon werden die Zinsen ermittelt, wobei ein durchschnittlicher Zinssatz verwendet wird, um Zinsschwankungen angemessen zu berücksichtigen.

Beispiel

Die Vermögens-/Kapitalsituation der Sportgeräte Meyer e. K. sieht so aus:

Aktiva — **Sportgeräte Meyer e. K. zum 31.12.20..** — **Passiva**

Aktiva	€	Passiva	€
A. Anlagevermögen		**A. Eigenkapital**	590.000
betrieblich genutzte Grundstücke und Gebäude	135.000		
vermietete Gebäude	100.000	**C. Verbindlichkeiten**	
Fuhrpark	40.000	gegenüber Kreditinstituten	150.000
BGA	210.000	aus Lieferungen und Leistungen	260.000
B. Umlaufvermögen			
Handelswaren	250.000		
Forderungen	200.000		
Wertpapiere des UV	40.000		
Kasse	2.000		
Bankguthaben	23.000		
	1.000.000		1.000.000

MERKE

Die kalkulatorischen Zinsen werden nun wie folgt ermittelt:

			Beträge (in €)
	betriebsnotwendiges Anlagevermögen (z. B. ohne vermietete Gebäude)		385.000
+	betriebsnotwendiges Umlaufvermögen (z. B. ohne Wertpapiere)		475.000
=	betriebsnotwendiges Vermögen		860.000
-	Abzugskapital (= Lieferantenkredite)		260.000
=	betriebsnotwendiges Kapital		600.000
	durchschnittlicher Zinssatz	5 %	
	kalkulatorische Zinsen		30.000

Auch Mietaufwendungen können als Kosten in anderer Höhe als in der Buchführung in die Kostenrechnung eingehen.

Beispiel

Ein ehemaliger Spitzensportler stellt dem Unternehmen Meyer e. K. einen Verkaufsraum zu einem weitaus günstigeren Mietpreis zur Verfügung, als es der derzeitige Mietspiegel vorgibt.

In diesem Fall kann der Unternehmer einen höheren Betrag für die kalkulatorische Miete als den tatsächlichen Mietpreis in der Buchführung ansetzen.

3.3.4 Abgrenzung der Aufwendungen von den Anderskosten

MERKE

Wenn Kosten in anderer Höhe angesetzt werden, als die im Rechnungswesen gebuchten Aufwendungen, werden sie als **Anderskosten** bezeichnet. Das Schema zur Unterscheidung der Aufwendungen in der Buchführung von den Kosten in der Kosten- und Leistungsrechnung:

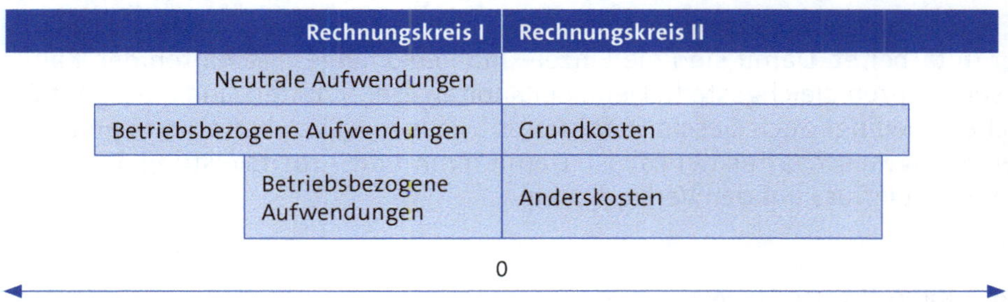

3.4 Zusätzliche Kosten

Während neutrale Aufwendungen von den Kosten abzugrenzen sind und auch Aufwendungen in anderer Höhe als Kosten anzusetzen sind, gibt es in der Kosten- und Leistungsrechnung Kosten, denen **keine Aufwendungen** gegenüberstehen.

3.4.1 Unternehmerlohn als Zusatzkosten

Beispiel

Der Geschäftsinhaber Herr Meyer, von Sportgeräte Meyer e. K., hat zuvor bei Sportina AG gearbeitet und dort ein Gehalt bezogen. Da er nun selbstständig ist, bezieht er kein Gehalt mehr, sondern entnimmt sich aus dem Geschäftsvermögen private Entnahmen.

Damit auch diese Ausgaben zuvor über die Einnahmen durch Verkaufserlöse gedeckt sind, ist der kalkulatorische Unternehmerlohn als zusätzliche Kosten in der Kostenrechnung sowie bei der Festlegung der Verkaufspreise zu berücksichtigen. Die Höhe des kalkulatorischen Unternehmerlohns richtet sich nach der Höhe des Gehalts eines leitenden Angestellten.

Unternehmerlohn kann in der Kostenrechnung als Zusatzkosten angesetzt werden. Dies ist allerdings nur bei Unternehmen möglich, bei denen der Firmeninhaber mitarbeitet. Damit sind die Einzel- und Personengesellschaften den Kapitalgesellschaften gleichgestellt. Denn bei Kapitalgesellschaften sind die Eigentümer nicht unbedingt auch Geschäftsführer, so wie es bei Einzelunternehmen und bei Personengesellschaften der Fall ist. Damit nimmt die Arbeitsleistung des Firmeninhabers Einfluss auf den Verkaufspreis.

3.4.2 Kalkulatorische Wagnisse

Bereits im Kapitel 3.2 wurden mit der Thematisierung der neutralen Aufwendungen die außerordentlichen Aufwendungen von den Kosten abgegrenzt. Dennoch unterliegt der tägliche Geschäftsbetrieb Risiken, die auch bei der Festlegung der Verkaufspreise berücksichtigt werden sollten. Aus diesem Grund sind auch kalkulatorische Wagnisse als Zusatzkosten zu berücksichtigen. So werden Kosten für Risiken auf mehrere Perioden im Durchschnitt verteilt.

Folgende Einzelwagnisse sind möglich:

- Fertigungswagnisse (z. B. Fehlproduktionen, Gewährleistungen)
- Beständewagnisse (z. B. Diebstahl oder Verderb der Warenvorräte, Währungs- und Kursschwankungen)
- Anlagewagnisse (z. B. Unfälle, Katastrophen)
- Entwicklungswagnisse (Fehler bei Forschung und Entwicklung)
- Vertriebswagnisse (Forderungsausfälle, Kursschwankungen)
- Gewährleistungswagnisse
- sonstige branchenbezogene Wagnisse (z. B. Personen- oder Umweltschäden).

Im Gegensatz zu den Einzelwagnissen gibt es noch das Unternehmerrisiko, keinen Gewinn zu erwirtschaften als Gesamtwagnis. Dieses Risiko ist nicht kalkulierbar und wird in der Kostenrechnung nicht berücksichtigt, da dieses Risiko ja gerade durch eine richtige Kosten- und Leistungsrechnung vermieden werden soll.

Für die Ermittlung der Kosten der Einzelwagnisse werden nach Erfahrungswerten prozentuale Werte passender Berechnungsgrundlagen hinzugezogen. Die Kosten für das Vertriebswagnis könnten folgendermaßen ermittelt werden.

Beispiel

Die Sportgeräte Meyer e. K. hatte in den vergangenen drei Jahren folgende Forderungsausfälle:

Jahr	Forderungsbestand am Jahresende	Ausfälle pro Jahr	Prozentualer Anteil des Forderungsausfalls am gesamten Forderungsbestand	Rechenweg
1	300.000 €	10.000 €	3,33 %	$\frac{10.000\text{ €} \cdot 100\ \%}{300.000\text{ €}}$
2	400.000 €	15.000 €	3,75 %	$\frac{15.000\text{ €} \cdot 100\ \%}{400.000\text{ €}}$
3	350.000 €	16.000 €	4,57 %	$\frac{16.000\text{ €} \cdot 100\ \%}{350.000\text{ €}}$
durchschnittlicher prozentualer Anteil des Forderungsausfalls am gesamten Forderungsbestand = kalkulatorischer Wagniskostenzuschlag			3,88 %	$\frac{3{,}33\ \% + 3{,}75\ \% + 4{,}57\ \%}{3}$

Am Ende des aktuellen Jahres hat das Unternehmen einen ausstehenden Forderungsbestand in Höhe von 420.000 €. Die Wagniskosten werden nun wie folgt berechnet:

Wagniskosten = 420.000 € • 3,88 % = 16.296 €

Das Unternehmen kann sich auch gegen bestimmte Risiken, wie den Forderungsausfall, versichern. Hierfür zahlt das Unternehmen Versicherungsbeiträge, die als Aufwendungen erfasst werden. Dem stehen in der Kosten- und Leistungsrechnung diese Ausgaben als Grundkosten gegenüber.

3.4.3 Abgrenzung der Zusatzkosten

Neben Unternehmerlohn und kalkulatorischen Wagnissen können auch Mietkosten als Zusatzkosten angesetzt werden. Wenn der Firmeninhaber Geschäftsräume aus seinem privaten Eigentum kostenlos zur Verfügung stellt, können Mietkosten angesetzt werden, denen keine Aufwendungen gegenüberstehen.

MERKE

Wenn Kosten angesetzt werden, denen im Rechnungswesen keine gebuchten Aufwendungen gegenüberstehen, werden Sie als Zusatzkosten bezeichnet. Das Schema zur Unterscheidung der Aufwendungen in der Buchführung von den Kosten in der Kosten- und Leistungsrechnung aus dem vorangehenden Kapitel kann nun wie folgt erweitert werden:

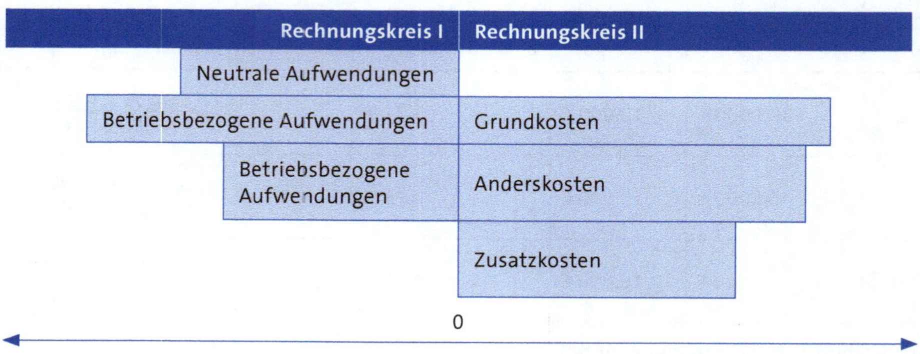

3.5 Abgrenzungstabelle

Die Abgrenzung der Kosten von den Aufwendungen sowie der Leistungen von den Erträgen wird mithilfe der Abgrenzungstabelle durchgeführt.

MERKE

Die Tabelle hat folgendes Aussehen:

<table>
<tr><th colspan="4">Rechnungskreis I</th><th colspan="6">Rechnungskreis II</th></tr>
<tr><th colspan="4">Gewinn- und Verlustrechnung (Fibu)</th><th colspan="4">Abgrenzungsbereich</th><th colspan="2" rowspan="2">Kosten- und Leistungsbereich</th></tr>
<tr><th colspan="4">Kontenklassen 5, 6, 7</th><th colspan="2">Unternehmensbezogene Abgrenzung</th><th colspan="2">Kostenrechnerische Korrekturen</th></tr>
<tr><th>Kontonummer</th><th>Kontobezeichnung</th><th>Aufwendungen</th><th>Erträge</th><th>Neutrale Aufwendungen</th><th>Neutrale Erträge</th><th>Aufwendungen Fibu</th><th>Verrechnete Kosten</th><th>Kosten</th><th>Leistungen</th></tr>
<tr><td>⋮</td><td>⋮</td><td>⋮</td><td>⋮</td><td>⋮</td><td>⋮</td><td>⋮</td><td>⋮</td><td>⋮</td><td>⋮</td></tr>
<tr><td colspan="2">Summen:</td><td>...</td><td>...</td><td>...</td><td>...</td><td>...</td><td>...</td><td>...</td><td>...</td></tr>
<tr><td colspan="2" rowspan="2">Salden (Ergebnisse)</td><td></td><td></td><td></td><td></td><td></td><td></td><td></td><td></td></tr>
<tr><td colspan="2">Unternehmensergebnis</td><td colspan="2">Ergebnis aus unternehmensbezogener Abgrenzung</td><td colspan="2">Ergebnis aus kostenrechnerischen Korrekturen</td><td colspan="2">Betriebsergebnis</td></tr>
</table>

Mit dieser Tabelle werden nun alle Kosten und Leistungen von den Aufwendungen und Erträgen abgegrenzt, wie es im folgenden Beispiel veranschaulicht wird:

Beispiel

Folgende GuV-Rechnung der Sportgeräte Meyer e. K. liegt vor:

S	Gewinn- und Verlustkonto		H
6080 Aufwendungen Handelswaren	210.000	5100 Umsatzerlöse für Waren	340.000
6300 Gehälter	80.000	5400 Mieterträge	60.000
6520 Abschreibungen	30.000		
7500 Zinsaufwendungen	70.000		
3000 Eigenkapital (Gewinn)	10.000		
	400.000		400.000

Zur Kostenrechnung liegen folgende Angaben vor:

- Die Aufwendungen für Handelswaren entsprechen den kalkulatorischen Kosten.
- Die kalkulatorischen Abschreibungen ergeben 25.000 €.
- 10.000 € der Zinsaufwendungen sind für Investitionen in Werkswohnungen der Mitarbeiter.
- Es wird in der Kosten- und Leistungsrechnung ein kalkulatorischer Unternehmerlohn (kalk UL) in Höhe von 85.000 € berücksichtigt.

Daraus ergibt sich folgende Abgrenzung mithilfe der Abgrenzungstabelle:

Rechnungskreis I				Rechnungskreis II					
Gewinn- und Verlustrechnung (Fibu)				**Abgrenzungsbereich**				**Kosten- und Leistungsbereich**	
Kontenklassen 5, 6, 7				**Unternehmensbezogene Abgrenzung**		**Kostenrechnerische Korrekturen**			
Kontonummer	**Kontobezeichnung**	**Aufwendungen €**	**Erträge €**	**Neutrale Aufwendungen €**	**Neutrale Erträge €**	**Aufwendungen Fibu €**	**Verrechnete Kosten €**	**Kosten €**	**Leistungen €**
5100	Umsatzerl.		340.000						340.000
5400	Mietertr.		60.000		60.000				
6080	Aufw. Hw.	210.000						210.000	
6300	Gehälter	80.000						80.000	
6520	Abschr.	30.000				30.000	25.000	25.000	
7500	Zinsaufw.	70.000		10.000				60.000	
	kalk. UL						85.000	85.000	
Summen:		390.000	400.000	10.000	60.000	30.000	110.000	460.000	340.000
Salden (Ergebnisse):		**10.000**		**50.000**		**80.000**			**120.000**
		Unternehmensergebnis		**Ergebnis aus unternehmensbezogener Abgrenzung**		**Ergebnis aus kostenrechnerischen Korrekturen**		**Betriebsergebnis**	

Erläuterungen zum Beispiel:

In den ersten vier Spalten werden die Erträge und Aufwendungen aus dem GuV-Konto in die Tabelle eingetragen. Sie sind so geordnet, dass mit der nummerisch kleinsten Kontonummer begonnen wird. Anschließend wird die Abgrenzung vorgenommen:

Umsatzerlöse dienen in voller Höhe dem Betriebszweck und gehen deshalb mit 340.000 € als Leistung in den Kosten- und Leistungsbereich ein.

Bei den Mieterträgen handelt es sich um neutrale Erträge. Deshalb werden sie als neutrale Erträge in der Spalte „Unternehmensbezogene Abgrenzungen" erfasst und nicht im Kosten- und Leistungsbereich.

Die Aufwendungen für Handelswaren und Gehälter dienen dem Betriebszweck und werden in voller Höhe als Kosten angesetzt.

Da die bilanziellen Abschreibungen nicht den kalkulatorischen Abschreibungen entsprechen, sind nun **kostenrechnerische Korrekturen** vorzunehmen. Die Aufwendungen in Höhe von 30.000 €, die im Rechnungskreis I gebucht wurden, sind in der Spalte **„Aufwendungen Fibu"** einzutragen. Die Anderskosten über 25.000 € werden in der Spalte **„Verrechnete Kosten"** und als Kosten im Kosten- und Leistungsbereich erfasst. Dazu sind die Kosten in Höhe von 60.000 € in die Spalte **„Kosten"** einzutragen.

Von den Zinsaufwendungen müssen 10.000 € als neutrale Aufwendungen abgegrenzt werden, da es nicht dem Betriebszweck dient, Wohnungen zur Vermietung bereitzustellen. Deshalb wird dieser Betrag als neutraler Aufwand bei der unternehmensbezogenen Abgrenzung erfasst. Die übrigen 60.000 € sind Kosten im Kosten- und Leistungsbereich.

Schließlich ist noch der kalkulatorische Unternehmerlohn zu berücksichtigen. Im Rechnungskreis I ist dieser nicht enthalten, denn es handelt sich um Zusatzkosten. Die 85.000 € werden nur als verrechnete Kosten bei den kostenrechnerischen Korrekturen und als Kosten im Kosten- und Leistungsbereich geführt.

Nach der Abgrenzung werden die Summen der Spalten gebildet und schließlich die Salden (Ergebnisse) ermittelt.

Die Differenz zwischen Erträgen und Aufwendungen ist das Unternehmensergebnis. Steht der Saldo links, weil die Erträge höher als die Aufwendungen sind, handelt es sich um einen Gewinn. Steht das Ergebnis rechts unter den Erträgen, ist dies ein Verlust. Im Beispiel wurde ein unternehmensbezogener Gewinn in Höhe von 10.000 € erwirtschaftet.

Beim Ergebnis aus unternehmensbezogener Abgrenzung ist es ebenso. Ein neutraler Gewinn steht links und ein neutraler Verlust rechts. Im Beispiel wurde ein neutraler Gewinn in Höhe von 50.000 € erwirtschaftet.

Beim Saldo aus den kostenrechnerischen Korrekturen erkennt man, dass in der Finanzbuchhaltung 80.000 € weniger Aufwand als verrechnete Kosten erfasst wurden. Dies ist das Ergebnis aus kostenrechnerischen Korrekturen.

Im Kosten- und Leistungsbereich sind Kosten in Höhe von 460.000 € und Leistungen über 340.000 € erfasst. Dies bedeutet, dass das Betriebsergebnis negativ ist und sich ein betriebsbezogener Verlust von 120.000 € ergeben hat.

Aus diesen Ergebnissen lassen sich nun weitere Schlüsse ziehen: Würde sich das Unternehmen nur auf die betriebsbezogenen Aufgaben beschränken, würde auch unternehmensbezogen ein Verlust erwirtschaftet werden. Zum Beispiel wirkt die Position „Kalkulatorischer Unternehmerlohn“ sehr negativ auf das Betriebsergebnis, was in der Gewinn- und Verlustrechnung nicht berücksichtigt wird. Gleichzeitig beeinflussen die Mieterträge das unternehmensbezogene Ergebnis positiv, gehen aber nicht in die Kosten- und Leistungsrechnung ein. Die Geschäftsleitung sollte nach Maßnahmen suchen, um Kosten zu sparen oder durch eine neue Preiskalkulation die Leistungen zu steigern.

MERKE

Rechnungskreis I	Rechnungskreis II	
Unternehmensbezogenes Ergebnis: + 10.000 €	Ergebnis aus unternehmensbezogener Abgrenzung	+ 50.000 €
	Ergebnis aus kostenrechnerischen Korrekturen	+ 80.000 €
	Betriebsergebnis	- 120.000 €
	Gesamtergebnis RK II	+ 10.000 €

Übereinstimmung

4. Kostenstellenrechnung in der Vollkostenrechnung

In der Vollkostenrechnung werden die Kostenstellen untersucht. Eine Kostenstelle ist der Ort, an dem die Kosten entstehen. Erst wenn klar ist, in welchem Betriebsbereich welche Kosten entstehen, ist die Kostenkontrolle möglich, um Maßnahmen zur Kostensenkung einzuleiten.

4.1 Kostenträgereinzelkosten und Kostenträgergemeinkosten

In der Vollkostenrechnung wird die Einteilung der Kostenstellen nach Tätigkeiten bzw. Funktionen vorgenommen. Man unterscheidet nach der Material-, Fertigungs-, Verwaltungs- und Vertriebskostenstelle.

Die Einzelkosten können den Produkten (= Kostenträger) zugeordnet werden. Sie werden auch als **Kostenträgereinzelkosten** bezeichnet. Dazu gehören das Fertigungsmaterial als Materialeinzelkosten und die Fertigungslöhne als Fertigungseinzelkosten. Darüber hinaus gibt es Sondereinzelkosten, die sich nicht einem Produkt aber einem Auftrag zuordnen lassen. Diese tauchen als Sondereinzelkosten der Fertigung und Sondereinzelkosten des Vertriebs auf. Die Sondereinzelkosten werden erst später bei der Kostenträgerrechnung thematisiert.

Schwieriger gestaltet sich die Zuordnung der **Kostenträgergemeinkosten** auf die Kostenstellen. Diese werden auch weiterhin als Gemeinkosten bezeichnet. Hier bedient man sich einer tabellarischen Verteilungsmöglichkeit, dem Betriebsabrechnungsbogen (BAB). Hat man mit dem BAB die Gemeinkosten je Stelle ermittelt, können hieraus Zuschlagssätze für die Kalkulation der Verkaufspreise abgeleitet werden.

An den vier Kostenstellen entstehen aufgrund ihrer Tätigkeiten folgende Kostenarten:

Kostenstellen nach Funktionen gegliedert	**Tätigkeiten**	**Beispiel der Kostenarten**	
		Einzelkosten	**Gemeinkosten**
Material	Einkauf, Warenannahme, Lagerung und Verwaltung und Ausgabe der Materialien, ...	Fertigungsmaterial	Hilfs- und Betriebsstoffe, Gehälter einschl. sozialer Abgaben, Büromaterial, Abschreibungen/Zinsen/Miete für Lagergebäude und -einrichtungen, ...
Fertigung	Fertigungsentwicklung, Produktionsleitung und -planung, ...	Fertigungslöhne Sondereinzelkosten für die Entwicklung für einen Auftrag	Gehälter einschl. sozialer Abgaben, Abschreibungen/Zinsen/Miete für Produktionsgebäude und -einrichtungen, Maschinenkosten und Energie, Steuern, ...
Verwaltung	allgemeine Verwaltung, kaufmännische Leitung, Personal-/Finanzbuchhaltung, Controlling, ...		Gehälter einschl. sozialer Abgaben, Büromaterial, Abschreibungen/Zinsen/Miete für Verwaltungsgebäude und -einrichtungen, ...
Vertrieb	Verkauf, Versand, Werbung, ...	Sondereinzelkosten für den Verkauf eines Auftrags	Aufwendungen für Kommunikation und Werbung, Vertriebsprovsion, Gehälter inkl. sozialer Abgaben, ...

4.2 Verteilung der Gemeinkosten auf die Kostenstellen mit dem BAB

Der BAB ist ein Kalkulationsschema für die Verrechnung der Gemeinkosten. Nachdem diese Kosten mithilfe der Abgrenzungsrechnung festgestellt wurden, werden sie aufgrund von Belegen, wie Materialentnahmescheinen, Verbrauchszählerständen oder Verhältniszahlen auf die vier Kostenstellen Material, Fertigung, Verwaltung und Vertrieb verteilt. Ziel des BAB ist einerseits die Feststellung, welche Kosten in welchen Bereichen entstehen. Andererseits werden Zuschlagssätze für die Selbstkostenkalkulation der Produkte ermittelt, die auf die Kostenträgereinzelkosten aufgeschlagen werden. Somit ist der BAB eine gute Grundlage zur Analyse und Steuerung der Gemeinkosten.

Beispiel

Die Huckmann AG stellt Maschinen her und weist für das abgelaufene Quartal folgende Kosten aus:

Einzelkosten

Fertigungsmaterial	160.000 €	Fertigungslöhne	220.000 €

Gemeinkosten

Hilfs-/Betriebsstoffe	15.000 €	Energiekosten	27.000 €
Gehälter	98.000 €	Abschreibungen	80.000 €
Sozialkosten	77.000 €	sonstige Kosten	135.000 €

Für die Verteilung der Gemeinkosten sind folgende Verteilungsschlüssel vorzunehmen:

Kostenstellen			**Material**	**Fertigung**	**Verwaltung**	**Vertrieb**
Gemeinkosten	**Verteilungsgrundlage**	**Gesamtkosten**	**I**	**II**	**III**	**IV**
Hilfsstoffe	Materialentnahmeschein	15.000 €	500 €	14.500 €	0 €	0 €
Gehälter	Gehaltsliste	98.000 €	23.000 €	17.000 €	35.000 €	23.000
Sozialkosten	Verteilerschlüssel	77.000 €	1	3	2	1
Energiekosten	kWh	27.000 €	4.000 kWh	40.000 kWh	5.000 kWh	5.000 kWh
Abschreibungen	Verteilerschlüssel	80.000 €	3	9	2	2
sonstige Kosten	laut Belegen	135.000 €	36.000 €	28.000 €	56.000 €	15.000 €

Schritt 1: Verteilung der Gemeinkosten mittels Betriebsabrechnungsbogen

Betriebsabrechnungsbogen

Kostenstellen			**Material**	**Fertigung**	**Verwaltung**	**Vertrieb**
Gemeinkosten	**Verteilungsgrundlage**	**Gesamtkosten**	**I**	**II**	**III**	**IV**
Hilfsstoffe	Materialentnahmeschein	15.000 €	500 €	14.500 €	0 €	0 €
Gehälter	Gehaltsliste	98.000 €	23.000 €	17.000 €	35.000 €	23.000 €
Sozialkosten	Verteilerschlüssel	77.000 €	11.000 €	33.000 €	22.000 €	11.000 €
Energiekosten	kWh	27.000 €	2.000 €	20.000 €	2.500 €	2.500 €
Abschreibungen	Verteilerschlüssel	80.000 €	15.000 €	45.000 €	10.000 €	10.000 €
sonstige Kosten	laut Belegen	135.000 €	36.000 €	28.000 €	56.000 €	15.000 €
	Summe:	432.000 €	87.500 €	157.500 €	125.500 €	61.500 €

Erläuterungen zum Beispiel:

Gegeben sind im aufgeführten Beispiel Einzel- und Gemeinkosten. Einzelkosten lassen sich direkt auf die Kostenträger (also Produkte) zurechnen aber Gemeinkosten nicht.

Kostenstellen		**Material**	**Fertigung**	**Verwaltung**	**Vertrieb**
Gemeinkosten	**Gesamtkosten**	**I**	**II**	**III**	**IV**
Sozialkosten	77.000 €	1	3	2	1

Die Verteilung auf die Kostenstellen der Sozialkosten in Höhe von 77.000 € erfolgt beispielsweise mit einem vorgegebenen Verteilerschlüssel, z. B. aufgrund der Mitarbeiterzahl, Lohn- und Gehaltssumme oder sonstigen Kennzahlen.

Zunächst errechnet man die Summe der Verhältniszahlen: 1 + 3 + 2 + 1 = 7,

dividiert anschließend die Gesamtkosten durch diese Summe:

$$\text{Faktor} = \frac{77.000\ €}{7} = 11.000\ €$$

Diesen Faktor multipliziert man anschließend mit den entsprechenden Verhältniszahlen und erhält den Anteil der zugerechneten Kostenstellengemeinkosten.

Kostenstellen	**Material**	**Fertigung**	**Verwaltung**	**Vertrieb**	**Summe**
Gemeinkosten	**I**	**II**	**III**	**IV**	
Sozialkosten	1 • 11.000 € = 11.000 €	3 • 11.000 € = 33.000 €	2 • 11.000 € = 22.000 €	1 • 11.000 € = 11.000 €	77.000 €

Nach Verteilung aller Gemeinkosten werden die Gesamtkosten je Kostenstelle ermittelt.

MERKE

Die Kosten, die mit der Abgrenzungsrechnung identifiziert werden, können wie folgt unterteilt werden:

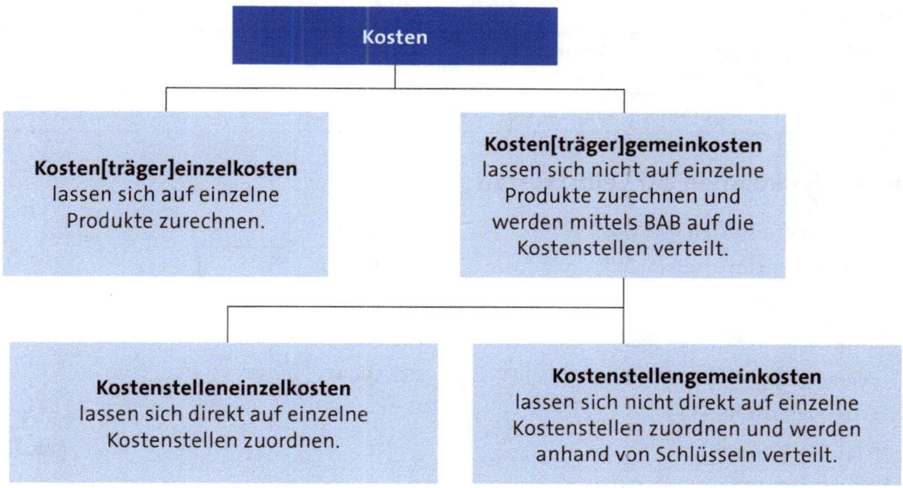

4.3 Ermittlung der Selbstkosten

Die Kalkulation der Selbstkosten eines Produkts ist bereits in Lernfeld 3 thematisiert und soll an dieser Stelle wieder aufgegriffen werden. Zunächst einmal ist die Kalkulation der gesamten Selbstkosten dargestellt. Hierzu wird am Beispiel oben angeknüpft.

Beispiel

Wir knüpfen am Beispiel der Huckmann AG an. Folgende Kosten stehen nun fest:

Einzelkosten

Materialeinzelkosten = Fertigungsmaterial:	160.000 €	Fertigungseinzelkosten = Fertigungslöhne	220.000 €

Betriebsabrechnungsbogen						
Kostenstellen			**Material**	**Fertigung**	**Verwaltung**	**Vertrieb**
Gemeinkosten	**Verteilungs-grundlage**	**Gesamt-kosten**	**I**	**II**	**III**	**IV**
	Summe:	432.000 €	87.500 €	157.500 €	125.500 €	61.500 €

Schritt 2: Kalkulation der Selbstkosten

	Materialeinzelkosten (MEK)	160.000 €		
+	Materialgemeinkosten (MGK)	87.500 €		
=	Materialkosten (MK)		247.500 €	
	Fertigungseinzelkosten (FEK)	220.000 €		
+	Fertigungsgemeinkosten (FGK)	157.500 €		
=	Fertigungskosten (FK)		377.500 €	
=	Herstellkosten (HK)			625.000 €
+	Verwaltungsgemeinkosten (VwGK)			125.500 €
+	Vertriebsgemeinkosten (VtGK)			61.500 €
=	Selbstkosten (SK)			812.000 €

Bei der Ermittlung der Selbstkosten werden zunächst die Materialeinzelkosten und die Materialgemeinkosten zu Materialkosten sowie die Fertigungseinzelkosten und die Fertigungsgemeinkosten zu Fertigungskosten addiert. Anschließend werden die Materialkosten und die Fertigungskosten zu Herstellkosten addiert. Schließlich werden die Herstellkosten, die Verwaltungskosten und die Vertriebskosten zu Selbstkosten addiert.

MERKE

Für die Ermittlung der Selbstkosten wird folgendes Kalkulationsschema verwendet:

Materialeinzelkosten (MEK)		
+ Materialgemeinkosten (MGK)		
	= Materialkosten (MK)	
Fertigungseinzelkosten (FEK)		
+ Fertigungsgemeinkosten (FGK)		
	= Fertigungskosten (FK)	
		= Herstellkosten (HK))
		+ Verwaltungsgemeinkosten (VwGK)
		+ Vertriebsgemeinkosten (VtGK)
		= Selbstkosten (SK)

4.4 Ermittlung der Zuschlagssätze

Folgende Zuschlagsgrundlagen sind üblich:

Zuschlagsgrundlage		Gemeinkosten
Materialeinzelkosten	←	Materialgemeinkosten
Fertigungseinzelkosten	←	Fertigungsgemeinkosten
Herstellkosten	←	Verwaltungsgemeinkosten
Herstellkosten	←	Vertriebsgemeinkosten

MERKE

Die Zuschlagssätze werden wie folgt errechnet:

Zuschlagssatz	**Formel**
Materialgemeinkostenzuschlagssatz (MGKZ)	$MGKZ = \frac{MGK \cdot 100\ \%}{MEK}$
Fertigungsgemeinkostenzuschlagssatz (FGKZ)	$FGKZ = \frac{FGK \cdot 100\ \%}{FEK}$
Verwaltungsgemeinkostenzuschlagssatz (VwGKZ)	$VwGKZ = \frac{VwGK \cdot 100\ \%}{HK}$
Vertriebsgemeinkostenzuschlagssatz (VtGKZ)	$VtGKZ = \frac{VtGK \cdot 100\ \%}{HK}$

Damit erweitert sich der BAB aus dem Beispiel oben wie folgt:

Beispiel

Schritt 3: Ermittlung der Zuschlagsgrundlagen

Zuschlagssatz	**Berechnung**
Materialgemeinkostenzuschlagssatz (MGKZ)	$MGKZ = \frac{87.500\ € \cdot 100\ \%}{160.000\ €} \approx 54.69\ \%$
Fertigungsgemeinkostenzuschlagssatz (FGKZ)	$FGKZ = \frac{157.500\ € \cdot 100\ \%}{220.000\ €} \approx 71,59\ \%$
Verwaltungsgemeinkostenzuschlagssatz (VwGKZ)	$VwGKZ = \frac{125.500\ € \cdot 100\ \%}{625.000\ €} = 20,08\ \%$
Vertriebsgemeinkostenzuschlagssatz (VtGkZ)	$VtGKZ = \frac{61.500\ € \cdot 100\ \%}{625.000\ €} = 9,84\ \%$

Betriebsabrechnungsbogen						
Kostenstellen			**Material**	**Fertigung**	**Verwaltung**	**Vertrieb**
Gemeinkosten	**Verteilungs-grundlage**	**Gesamt-kosten**	**I**	**II**	**III**	**IV**
Hilfsstoffe	Materialent-nahmeschein	15.000 €	500 €	14.500 €	0 €	0 €
Gehälter	Gehaltsliste	98.000 €	23.000 €	17.000 €	35.000 €	23.000 €
Sozialkosten	Verteiler-schlüssel	77.000 €	11.000 €	33.000 €	22.000 €	11.000 €
Energiekosten	kWh	27.000 €	2.000 €	20.000 €	2.500 €	2.500 €
Abschreibungen	Verteiler-schlüssel	80.000 €	15.000 €	45.000 €	10.000 €	10.000 €
sonstige Kosten	laut Belegen	135.000 €	36.000 €	28.000 €	56.000 €	15.000 €
Summe:		432.000 €	87.500 €	157.500 €	125.500 €	61.500 €
Zuschlagsgrundlagen:						
Materialeinzelkosten			160.000 €			
Fertigungseinzelkosten				220.000 €		
Herstellkosten					625.000 €	625.000 €
Zuschlagssätze:			54,69 %	71,59 %	20,08 %	9,84 %

Hinweis: Die Prozentsätze sind teilweise gerundet.

Schließlich ergibt sich daraus folgende **Berechnung der Selbstkosten** unter Berücksichtigung der Zuschlagssätze:

Materialeinzelkosten	160.000 €			
+ Materialgemeinkosten (54,69 %)	87.500 €			
= Materialkosten		247.500 €		
Fertigungseinzelkosten	220.000 €			
+ Fertigungsgemeinkosten (71,59 %)	157.500 €			
= Fertigungskosten		377.500 €		
			= Herstellkosten der Erzeugung	625.000 €
			+ Verwaltungsgemeinkosten (20,08 %)	125.500 €
			+ Vertriebsgemeinkosten (9,84 %)	61.500 €
			= Selbstkosten	812.000 €

4.5 Ermittlung der Zuschlagssätze unter Berücksichtigung von Bestandsveränderungen

Die Materialeinzelkosten sind für die Materialgemeinkosten sowie die Fertigungseinzelkosten für die Fertigungsgemeinkosten entsprechend dem Verursacherprinzip die passende Zuschlagsgrundlage, denn entsprechend der Produktionsmenge kann man in den meisten Fällen einen Zusammenhang feststellen. Problematischer sind die Herstellkosten als Zuschlagsgrundlage für die Verwaltungs- und Vertriebskosten, wenn die Produktionsmenge nicht mit der Absatzmenge übereinstimmt. Aus diesem Grund müssen Bestandsmehrungen und -minderungen berücksichtigt werden, wenn die Herstellkosten als Zuschlagsgrundlage nach dem Verursacherprinzip für die Verwaltungs- und Vertriebsgemeinkosten hinzugezogen werden sollen. Die Vertriebs- und Verwaltungsgemeinkosten stehen eher im Zusammenhang mit der verkauften Menge als mit der hergestellten Menge. Aus dem Grund unterscheidet man nach

- den Herstellkosten der Erzeugung und
- den Herstellkosten des Umsatzes.

Beispiel

Schritt 4: Die Huckmann AG hat nun am Ende der betrachteten Periode einen Mehrbestand in Höhe von 25.000 €, da nicht alle gefertigten Maschinen verkauft wurden. Daraus ergeben sich neue Zuschlagsgrundlagen für die Zuschlagssätze und neue Zuschlagssätze für die Vertriebs- und Verwaltungsgemeinkosten:

Berechnung der Herstellkosten des Umsatzes

Materialeinzelkosten (MEK)	160.000 €		
+ Materialgemeinkosten (MGK)	87.500 €		
= Materialkosten (MK)		247.500 €	
Fertigungseinzelkosten (FEK)	220.000 €		
+ Fertigungsgemeinkosten (FGK)	157.500 €		
= Fertigungskosten (FK)		377.500 €	
= Herstellkosten der Erzeugung (HKdE)			625.000 €
- Bestandsmehrung der Fertigen Erzeugnisse			25.000 €
= Herstellkosten des Umsatzes (HKdU)			600.000 €

Da fertige Erzeugnisse in Höhe von 25.000 € nicht verkauft wurden und die Vertriebskosten nur in Zusammenhang mit der verkauften Menge stehen, muss die Mehrung des Bestands von den Herstellkosten der Erzeugung subtrahiert werden, um die Herstellkosten des Umsatzes zu erhalten.

Der Vertriebsgemeinkostenzuschlagssatz wird nun auf Basis der Herstellkosten des Umsatzes ermittelt.

Daraus ergeben sich folgende neue Zuschlagssätze:

Zuschlagssatz	**Beispiel**
Verwaltungsgemeinkostenzuschlagssatz (VwGKZ)	$\text{VwGKZ} = \frac{125.500\ € \cdot 100\ \%}{600.000\ €} \approx 20{,}92\ \%$
Vertriebsgemeinkostenzuschlagssatz (VtGKZ)	$\text{VtGKZ} = \frac{61.500\ € \cdot 100\ \%}{600.000\ €} = 10{,}25\ \%$

Schließlich erfolgt die **Berechnung der Selbstkosten des Umsatzes**:

Materialeinzelkosten	160.000 €			
+ Materialgemeinkosten (54,69 %)	87.500 €			
= Materialkosten		247.500 €		
Fertigungseinzelkosten	220.000 €			
+ Fertigungsgemeinkosten (71,59 %)	157.500 €			
= Fertigungskosten		**377.500 €**		
			= Herstellkosten der Erzeugung	625.000 €
			- Bestandsmehrung der Fertigen Erzeugnisse	25.000 €
			= Herstellkosten des Umsatzes	600.000 €
			+ Verwaltungsgemeinkosten (20,92 %)	125.500 €
			+ Vertriebsgemeinkosten (10,25 %)	61.500 €
			= Selbstkosten des Umsatzes	**787.000 €**

MERKE

Die Herstellkosten der Erzeugung und des Umsatzes unterscheiden sich durch den Mehr- oder Minderbestand an fertigen und unfertigen Erzeugnissen. Die Herstellkosten des Umsatzes werden folgendermaßen ermittelt:

	Herstellkosten der Erzeugung
-	Bestandsmehrung an fertigen und unfertigen Erzeugnissen
+	Bestandsminderungen an fertigen und unfertigen Erzeugnissen
=	**Herstellkosten des Umsatzes**

Gibt es bei den fertigen und unfertigen Erzeugnissen Bestandsveränderungen, sind die Zuschlagsgrundlagen wie folgt:

Zuschlagsgrundlage		**Kostenträgergemeinkosten**
Herstellkosten des Umsatzes	→	Verwaltungsgemeinkosten
Herstellkosten des Umsatzes	→	Vertriebsgemeinkosten

Daraus ergeben sich folgende neue Zuschlagssätze:

Zuschlagssatz	**Formel**
Verwaltungsgemeinkostenzuschlagssatz (VwGKZ)	$\text{VwGKZ} = \frac{\text{VwGK} \cdot 100\,\%}{\text{HKdU}}$
Vertriebsgemeinkostenzuschlagssatz (VtGKZ)	$\text{VtGKZ} = \frac{\text{VtGK} \cdot 100\,\%}{\text{HKdU}}$

5. Kostenträgerrechnung in der Vollkostenrechnung

An die Kostenstellenrechnung schließt sich nun die die dritte Stufe der Vollkostenrechnung, die Kostenträgerrechnung, an. Damit ist die Ermittlung der Kosten je Kostenträger gemeint.

Ein Kostenträger kann

- ein Produkt oder eine Produktserie/-sorte
- eine Dienstleistung
- ein Projekt

sein.

Handelswaren werden hierbei zunächst nicht berücksichtigt.

Abhängig vom Fertigungsverfahren unterscheidet man die Kostenträgerrechnung nach

- Kostenträgerzeitrechnung
- Kostenträgerstückrechnung.

5.1 Kostenträgerzeitrechnung

In der Kostenträgerzeitrechnung ermittelt man das Betriebsergebnis für eine bestimmte Periode (z. B. einen Monat, ein Jahr). Die Kosten subtrahiert man von den Leistungen, also den Umsatzerlösen, so wie wir es bereits bei der Abgrenzungsrechnung kennengelernt haben. Die Kostenträgerzeitrechnung kann man für Betriebsbereiche, Produktgruppen oder einzelne Produkte durchführen, um so zu ermitteln, wo Gewinn oder Verlust und in welcher Höhe dieser erwirtschaftet wird.

Beispiel

Das Kostenträgerblatt der Huckmann AG für die Sparte „Nähautomaten" sah in der vergangenen Periode wie folgt aus (vgl. Beispiel aus den letzten Kapiteln):

Kostenträgerzeitblatt: Sparte Nähautomaten, 3. Quartal 20..		
Kosten	**Zuschlagssatz**	**Betrag**
MEK (Materialeinzelkosten)		160.000 €
+ MGK (Materialgemeinkosten)	54,69 %	87.500 €
= MK (Materialkosten)		247.500 €
FEK (Fertigungseinzelkosten)		220.000 €
+ FGK (Fertigungsgemeinkosten)	71,59 %	157.500 €
= FK (Fertigungskosten)		377.500 €
Herstellkosten d. Erzeugung		625.000 €
- Best.-Mehrung		25.000 €
Herstellkosten d. Umsatzes		600.000 €
+ VwGK (Verwaltungsgemeinkosten)	20,92 %	125.500 €
+ VtGK (Vertriebsgemeinkosten)	10,25 %	61.500 €
= Selbstkosten des Umsatzes		787.000 €
Umsatzerlöse		900.000 €
Betriebsergebnis		113.000 €

Hinweis: Aufgrund der gerundeten Zuschlagssätze ergeben sich bei den Beträgen Differenzen.

Aus diesem Kostenträgerzeitblatt lässt sich nun Aufschluss darüber geben, wie hoch die Ertragskraft der Sparte „Nähautomaten“ war. Dies lässt sich auch mit anderen Sparten oder anderen Perioden vergleichen. Zum Vergleich sind Kennzahlen sinnvoll:

Prozentualer Betriebserfolg	Wirtschaftlichkeit
$= \frac{\text{Gewinn} \cdot 100\,\%}{\text{Kosten}}$ bzw. $= \frac{\text{Verlust} \cdot 100\,\%}{\text{Kosten}}$	$= \frac{\text{Leistungen}}{\text{Kosten}}$
$= \frac{113.000\,€ \cdot 100\,\%}{787.000\,€} = 14{,}36\,\%$	$= \frac{900.000\,€}{787.000\,€} = 1{,}14$

MERKE

Im Kostenträgerzeitblatt werden die Kosten für eine bestimmte Zeit für einen Betrieb, Sparte oder Produktgruppe unter Berücksichtigung der Bestandsveränderungen an unfertigen und fertigen Erzeugnissen aufgelistet. Diese werden von den Leistungen abgezogen und geben Auskunft über das **Betriebsergebnis** und die entsprechende Ertragskraft.

5.2 Vergleich der Normal- und Ist-Kosten mit dem Kostenträgerzeitblatt

Die Zuschlagssätze aus dem Kostenträgerzeitblatt könnten nun für die Kalkulation der Verkaufspreise von Nähautomaten genommen werden. Problematisch ist aber, dass Unregelmäßigkeiten und Schwankungen, z. B. beim Preis, bei der Beschäftigung oder beim Verbrauch, enthalten sind. Aus diesem Grund verwendet man für die Preiskalkulation im Rahmen der Kostenträgerstückrechnung Zuschlagssätze, die um die Unregelmäßigkeiten bereinigt sind. Man verwendet Zuschlagssätze „unter normalen Bedingungen“. Sie werden als **Normalkostenzuschlagssätze** bezeichnet. Im Rahmen der Normalkostenrechnung werden die Zuschlagssätze aus **Durchschnittswerten** vergangener Perioden ermittelt.

Beispiel

In den vergangenen Perioden wurden bei der Huckmann AG mit dem BAB folgende Materialgemeinkostenzuschlagssätze in der Sparte „Nähautomaten“ ermittelt:

Periode	1	2	3	4	5	6	7	8
MGKZ	52,00 %	56,89 %	55,21 %	51,64 %	54,87 %	57,30 %	57,40 %	54,69 %

$$\text{durchschnittlicher Materialgemeinkostenzuschlag} = \frac{(52 + 56{,}89 + 55{,}21 + 51{,}64 + 54{,}87 + 57{,}3 + 57{,}40 + 54{,}69)\ \%}{8} = 55\ \%$$

Der durchschnittliche Materialgemeinkostenzuschlag ergibt 55 % und wird als Normalkostenzuschlagssatz verwendet.

Beispiel

	Normal-kosten	**Zuschlagssätze**		**Ist-Kosten**	**Kostenabweichungen**	
		Normal-kosten	Ist-Kosten			
MEK	160.000 €			160.000 €		
+ MGK	88.000 €	55,00 %	54,69 %	87.500 €	500 €	Überdeckung
= MK	248.000 €			247.500 €		
FEK	220.000 €			220.000 €		
+ FGK	154.000 €	70,00 %	71,59 %	157.500 €	- 3.500 €	Unterdeckung
= FK	374.000 €			377.500 €		
= HK d. Erzeugung	622.000 €			625.000 €		
- Bestands-Mehrung	25.000 €			25.000 €		
= HK d. Umsatzes	597.000 €			600.000 €	- 3.000 €	Unterdeckung
+ VwGK	119.400 €	20,00 %	20,92 %	125.500 €	- 6.100 €	Unterdeckung
+ VtGK	59.700 €	10,00 %	10,25 %	61.500 €	- 1.800 €	Unterdeckung
= SK	776.100 €			787.000 €	- 10.900 €	Unterdeckung
Umsatzerlöse	900.000 €			900.000 €		
Umsatzergebnis	123.900 €					
Betriebs-ergebnis				113.000 €		

Beim Vergleich der Selbstkosten auf Normalkostenbasis und Ist-Kostenbasis ist festzustellen, dass die Zuschlagssätze nicht übereinstimmen. Hier ist zunächst nach den Ursachen zu fragen.

Bei dauerhaften Preis- und Beschäftigungsabweichungen sollten die Zuschlagssätze angepasst werden. Bei Verbrauchsabweichungen muss hinterfragt werden, was die Ursache ist. Bei Vorgaben, die nicht erreicht werden können, sollte auch hierbei über die Anpassung der Zuschlagssätze nachgedacht werden.

Die Differenz zwischen den Umsatzerlösen und den Selbstkosten auf Normalkostenbasis wird als Umsatzergebnis bezeichnet. Da bei der Normalkosten-Kalkulation außerordentliche Ereignisse herausgerechnet sind, eignet sich das Umsatzergebnis gut zur kurzfristigen Erfolgskontrolle. Hier könnte die Umsatzergebnisrate ermittelt und verglichen werden. Diese gibt Auskunft über das Verhältnis des Erfolgs zu den Umsatzerlösen:

$$\text{Umsatzergebnisrate} = \frac{\text{Umsatzergebnis}}{\text{Umsatzerlöse}} = \frac{123.900\ € \cdot 100\ \%}{900.000\ €} = 13{,}77\ \%$$

Es gilt die Aussage: Je höher die Umsatzergebnisrate, desto höher der Erfolg im Vergleich zu den Umsatzerlösen und desto geringer die Kosten im Vergleich zu den Umsatzerlösen.

Das Umsatzergebnis zuzüglich der Kostenabweichung ergibt das Betriebsergebnis:

- Umsatzergebnis + Kostenüberdeckung = Betriebsergebnis
- Umsatzergebnis - Kostenunterdeckung = Betriebsergebnis.

Mit den Normalkosten können zwar Angebote kalkuliert werden, dennoch ist die Normalkostenrechnung von der Plankostenrechnung abzugrenzen. Denn bei der Plankostenrechnung werden die Mengen und die Einzelkosten prognostiziert. Sie wird auch häufig als Soll-Kostenrechnung oder Vorkalkulation bezeichnet.

LF 10, Kap. 5.6

MERKE

Ist-Kostenrechnung	Normalkostenrechnung	Plankostenrechnung
Ermittlung der Selbstkosten des Betriebs/eines Betriebsbereichs/einer Produktgruppe/ eines Produkts für eine Periode		
Zusammenstellung der tatsächlich angefallenen Kosten	Kosten unter normalen Umständen	Sollkosten/Vorkalkulation
► tatsächlich in der Vergangenheit angefallene Kosten ► Preisschwankungen gehen voll ein	► Durchschnittswerte der Vergangenheit ► Preisschwankungen sind ausgeglichen	► zukunftsorientierte Kosten

Gründe für die Abweichung der Zuschlagssätze:

- Preisabweichungen (Preiserhöhungen bei den Hilfs- und Betriebsstoffen, Gehaltserhöhungen, Mieterhöhungen usw.)
- Beschäftigungsabweichungen (durch erhöhte Produktion z. B. mehr Reparaturaufwand, Überstundenzulagen)
- Verbrauchsabweichungen (höhere Verbräuche bei den Materialien oder höhere Arbeitszeiten).

5.3 Vorwärtskalkulation des Listenverkaufspreises eigener Erzeugnisse

Während sich die Kostenträgerzeitrechnung auf einen Zeitraum bezieht und hier auch Bestandsveränderungen fertiger und unfertiger Erzeugnisse berücksichtigt werden, geht es bei der Kostenträgerstückrechnung um die Herstell- und Selbstkostenkalkulation eines Produkts oder eines Kundenauftrags, Bestandsveränderungen bleiben unberücksichtigt. Die Selbstkosten dienen hier als Grundlage für die Angebotskalkulation und helfen bei Entscheidungen, ob die Kosten für die Fertigung zu hoch sind, und das Produkt besser nicht produziert oder fremdbezogen werden sollte. Andererseits können Lagerbestände mit den ermittelten Herstellkosten bewertet werden.

Infoband 1, LF3

MERKE

Bei der Kostenträgerstückrechnung werden die Kosten je Kostenträger (= Produkt) ermittelt. Mit der Kostenträgerstückrechnung können

- die Bestände der fertigen und unfertigen Erzeugnisse bewertet werden
- Informationen darüber gewonnen werden, ob selbst produziert oder fremdbezogen werden soll
- Angebotspreise für ein Produkt festgelegt werden, wenn der Markt keinen Preis vorgibt.

Beispiel

Die Huckmann AG stellt unter anderem Nähautomaten für die Fertigung von Bekleidung her. Die Sportina AG möchte gerne einen Automaten für die Herstellung von Sportbekleidung kaufen. Hierzu sind bei der Huckmann AG aus der Kostenrechnung folgende Daten bekannt:

Einzelkosten		Gemeinkostenberechnung nach den Normalkosten-Zuschlagssätzen	
Verbrauch von Fertigungsmaterial:	12.500 €	Materialgemeinkostenzuschlag:	10 %
Fertigungslöhne:	1.800 €	Fertigungsgemeinkostenzuschlag:	110 %
Sondereinzelkosten für die Fertigung:	800 €	Verwaltungsgemeinkostenzuschlag:	18 %
Sondereinzelkosten für den Vertrieb:	890 €	Vertriebsgemeinkostenzuschlag:	12 %

Für die Kalkulation der Selbstkosten für dieses Produkt wird das bereits bekannte Rechenschema der Selbstkostenkalkulation verwendet. Die Addition der Sondereinzelkosten für die Fertigung und für den Vertrieb wird ergänzt:

Position	Prozentsatz	Betrag
MEK (Materialeinzelkosten)		12.500,00 €
+ MGK (Materialgemeinkosten)	10 %	1.250,00 €
= MK (Materialkosten)		13.750,00 €
FEK (Fertigungseinzelkosten)		1.800,00 €
+ FGK (Fertigungsgemeinkosten)	110 %	1.980,00 €
+ Sondereinzelkosten der Fertigung		800,00 €
= FK (Fertigungskosten)		4.580,00 €
= HK (Herstellkosten)		18.330,00 €
+ VwGK (Verwaltungsgemeinkosten)	18 %	3.299,40 €
+ VtGK (Vertriebsgemeinkosten)	12 %	2.199,60 €
+ Sondereinzelkosten des Vertriebs		890,00 €
= Selbstkosten		24.719,00 €

Die Ermittlung der Herstellkosten ist nun wichtig für folgende Entscheidungen:

- Soll die Huckmann AG das Produkt selbst fertigen oder ist es bei Fremdbezug günstiger?
- Zu welchem Wert ist der Automat zu bewerten, wenn er zunächst auf dem Lager liegt und noch nicht verkauft wird?

Die Ermittlung der Selbstkosten ist nun wichtig für folgende Fragestellungen

- Welcher Verkaufspreis soll festgelegt werden?
- Führen die Produktion und der Verkauf des Automaten zu einem Gewinn, wenn ein Marktpreis vorgegeben ist?

Beispiel

Die Huckmann AG plant einen Gewinnaufschlag in Höhe von 15 %. Mit dem Kunden Sportina AG sind ein Kundenrabatt von 5 % sowie 2 % Skonto vereinbart worden.

Somit ist die Kalkulation weiter fortzuführen:

Position	Prozentsatz	Betrag
= Selbstkosten		24.719,00 €
+ Gewinn	15 %	3.707,85 €
= Barverkaufspreis		28.426,85 €
+ Kundenskonto	2 %	580,14 €
= Zielverkaufspreis		29.006,99 €
+ Kundenrabatt	5 %	1.526,68 €
= Listenverkaufspreis		30.533,67 €

Erläuterung zum Beispiel:

- Für den Gewinn sind die Selbstkosten die Zuschlagsgrundlage, es wird also gerechnet:

$$\text{Gewinn} = \frac{\text{Selbstkosten} \cdot \text{Gewinnprozentsatz}}{100} = \frac{24.719\ € \cdot 15}{100} = 3.707,85\ €$$

Dieser Betrag wird zu den Selbstkosten hinzugerechnet und ergibt den Barverkaufspreis.

► Gewöhnlich verkauft die Huckmann AG ihre Produkte auf Ziel. Von diesen Rechnungen können sich die Kunden Skonto kürzen. Der Kunde ermittelt den Skontobetrag vom Zieleinkaufpreis:

So rechnet der Kunde:		**So rechnet der Verkäufer:**	
Zielverkaufspreis ≙ 100 %	29.006,99 €	Barverkaufspreis ≙ 98 %	28.426,85 €
- Skonto (2 %): $\frac{29.006,99\ € \cdot 2}{100}$	580,14 €	+ Skonto (2 %): $\frac{28.426,85\ € \cdot 2}{98}$	580,14 €
= Barverkaufspreis ≙ 98 %	28.426,85 €	= Zielverkaufspreis ≙ 100 %	29.006,99 €
Der Kunde rechnet rückwärts.		Der Verkäufer rechnet vorwärts.	
Der Zielverkaufspreis entspricht 100 % und der Barverkaufspreis 98 %.			
Der Kunde rechnet „vom Hundert“.		Der Verkäufer rechnet „im Hundert“.	

► Ebenso ist der Rabattbetrag zu ermitteln. Diesen kann sich der Kunde vom Betrag in der Preisliste kürzen. In der Regel wird zwischen dem Kunden und Lieferanten ein individueller Kundenrabatt ausgehandelt, der vom Umsatz oder von anderen Faktoren abhängig ist:

So rechnet der Kunde:		**So rechnet der Verkäufer:**	
Listenverkaufspreis ≙ 100 %	30.533,67 €	Zielverkaufspreis ≙ 95 %	29.006,99 €
- Rabatt (5 %): $\frac{30.533,67\ € \cdot 5}{100}$	1.526,68 €	+ Rabatt (5 %): $\frac{29.006,99\ € \cdot 5}{95}$	1.526,68 €
= Zielverkaufspreis ≙ 95 %	29.006,99 €	= Listenverkaufspreis ≙ 100 %	30.533,67 €
Der Kunde rechnet rückwärts.		Der Verkäufer rechnet vorwärts.	
Der Listenverkaufspreis entspricht 100 % und der Zielverkaufspreis 95 %.			
Der Kunde rechnet „vom Hundert“.		Der Verkäufer rechnet „im Hundert“.	

Erweiterung des Kalkulationsschemas um die Vertriebsprovision:

Ist noch eine Provision vom Zielverkaufspreis an den Vertreter zu bezahlen, ist auch diese bei der Angebotskalkulation zu berücksichtigen.

Beispiel

Mit Bezug auf die Vorwärtskalkulation aus dem vorangehenden Beispiel muss die Huckmann AG berücksichtigen, dass auch der Vertreter eine Provision in Höhe von 7 % vom Zielverkaufspreis bekommt. Nun hat die Huckmann AG wie folgt zu kalkulieren:

Position	Prozentsatz	je Stück
= Selbstkosten		24.719,00 €
+ Gewinn	15 %	3.707,85 €
= Barverkaufspreis		28.426,85 €
+ Kundenskonto	2 %	624,77 €
+ Vertreterprovision	7 %	2.186,68 €
= Zielverkaufspreis		31.238,30 €
+ Kundenrabatt	5 %	1.644,12 €
= Listenverkaufspreis		32.882,42 €

Erläuterung zum Beispiel:

Neu an diesem Beispiel ist, dass sich der Kunde zwar vom Zielverkaufspreis 2 % Skonto kürzen kann. Die Vertriebsprovision hat er aber zunächst zu zahlen. Diese wird mit einer gesonderten Abrechnung von der Huckmann AG an den Vertreter überwiesen.

So rechnet der Kunde:		So rechnet der Verkäufer:	
Zielverkaufspreis ≙ 100 %	31.238,30 €	Barverkaufspreis ≙ 91 %	28.426,85 €
- Skonto (2 %): $\frac{31.238,30\text{ €} \cdot 2}{100}$	624,77 €	+ Skonto (2 %): $\frac{28.426,85\text{ €} \cdot 2}{91}$	624,77 €
- Vertreterprovision (7 %):	2.186,68 €	+ Vertreterprovision (7 %):	2.186,68 €
= Barverkaufspreis ≙ 91 %	28.426,85 €	= Zielverkaufspreis ≙ 100 %	31.238,30 €
Der Kunde rechnet rückwärts.		Der Verkäufer rechnet vorwärts.	
Der Zielverkaufspreis entspricht 100 % und der Barverkaufspreis 91 %.			
Der Kunde rechnet „vom Hundert“.		Der Verkäufer rechnet „im Hundert“.	

MERKE

Zur Festlegung des Angebotspreises führt der Verkäufer eine Vorwärtskalkulation durch:

Vorwärts ↓

Position	
MEK (Materialeinzelkosten)	≙ 100 % Zuschlagsgrundlage
+ MGK (Materialgemeinkosten)	
= MK (Materialkosten)	
FEK (Fertigungseinzelkosten)	≙ 100 % Zuschlagsgrundlage
+ FGK (Fertigungsgemeinkosten)	
+ Sondereinzelkosten der Fertigung	
= FK (Fertigungskosten)	
= HK (Herstellkosten)	≙ 100 % Zuschlagsgrundlage
+ VwGK (Verwaltungsgemeinkosten)	
+ VtGK (Vertriebsgemeinkosten)	
+ Sondereinzelkosten des Vertriebs	
= Selbstkosten	≙ 100 % Zuschlagsgrundlage
+ Gewinn	
= Barverkaufspreis	≙ 100 % - (Skontosatz + Provisionssatz) Zuschlagsgrundlage
+ Kundenskonto	
+ Vertreterprovision	
= Zielverkaufspreis	≙ 100 % - Kundenrabattsatz Zuschlagsgrundlage
+ Kundenrabatt	
= Listenverkaufspreis	

5.4 Rückwärtskalkulation des Listenverkaufspreises eigener Erzeugnisse

Gibt der Markt oder der Kunde einen Preis vor, muss die Huckmann AG prüfen, ob sie ihr Produkt zu diesem Preis anbieten kann und dabei noch Gewinn erwirtschaftet. Für diesen Fall muss der Verkäufer eine Rückwärtskalkulation durchführen.

Beispiel

Die Huckmann AG möchte auch Automaten für Bekleidungszuschnitte herstellen. Am Markt kann das Unternehmen diesen Automaten für 28.000 € anbieten. Unter Berücksichtigung der bereits bekannten Zuschlagssätze und der geschätzten Lohnkosten interessiert die Geschäftsleitung:

Wie hoch dürfen unter folgenden Bedingungen die Kosten für das Fertigungsmaterial (Materialeinzelkosten) höchstens sein?

Selbstkostenkalkulation		Gewinn- und Angebotskalkulation	
Fertigungslöhne:	1.600 €	Gewinnaufschlag:	15 %
Materialgemeinkostenzuschlag:	12 %	Kundenskonto:	2 %
Fertigungsgemeinkostenzuschlag:	110 %	Vertreterprovision:	7 %
Verwaltungsgemeinkostenzuschlag:	18 %	Kundenrabatt:	5 %
Vertriebsgemeinkostenzuschlag:	12 %		

Nun muss das Unternehmen unten beim Listenverkaufspreis beginnen und rückwärts kalkulieren.

Position	Prozentsatz	Betrag
MEK (Materialeinzelkosten)		11.456,52 €
+ MGK (Materialgemeinkosten)	12 %	1.374,78 €
= MK (Materialkosten)		12.831,30 €
FEK (Fertigungseinzelkosten)		1.600,00 €
+ FGK (Fertigungsgemeinkosten)	110 %	1.760,00 €
= FK (Fertigungskosten)		3.360,00 €
= HK (Herstellkosten)		16.191,30 €
+ VwGK (Verwaltungsgemeinkosten)	18 %	2.914,44 €
+ VtGK (Vertriebsgemeinkosten)	12 %	1.942,96 €
= Selbstkosten		21.048,70 €
+ Gewinn	15 %	3.157,30 €
= Barverkaufspreis		24.206,00 €
+ Kundenskonto	2 %	532,00 €
+ Vertreterprovision	7 %	1.862,00 €
= Zielverkaufspreis		26.600,00 €
+ Kundenrabatt	5 %	1.400,00 €
= Listenverkaufspreis		28.000,00 €

Erläuterung zum Beispiel:

Der Verkäufer beginnt unten beim Listenverkaufspreis, zieht 5 % Rabatt ab und erhält den Zielverkaufspreis. Der Listenverkaufspreis entspricht 100 %. Ebenso ist mit dem Kundenskonto und der Vertriebsprovision zu verfahren. Sie sind vom Zielverkaufspreis zu ermitteln, wobei dieser 100 % entspricht. Anschließend sind diese Beträge vom Zielverkaufspreis zu subtrahieren und man erhält den Barverkaufspreis.

Bei der Gewinnermittlung ist nun wieder an die Vorwärtskalkulation zu erinnern, denn dabei wurde der Gewinn auf die Selbstkosten aufgeschlagen und diese entsprechen 100 %. Deshalb entspricht der Barverkaufspreis 115 %. Da der Prozentsatz des Gewinns zu den 100 % addiert wird, spricht man von der „Rechnung auf Hundert".

Wird vom Barverkaufspreis der Gewinn abgezogen, ermittelt man die Selbstkosten.

Vorwärtskalkulation		**Rückwärtskalkulation**	
Selbstkosten ≙ 100 %	21.048,70 €	Barverkaufspreis ≙ 115 %	24.206,00 €
+ Gewinn (15 %): $\frac{21.048{,}70\ € \cdot 15}{100}$	3.157,30 €	- Gewinn (15 %): $\frac{24.206{,}00\ € \cdot 15}{115}$	3.157,30 €
= Barverkaufspreis ≙ 115 %	24.206,00 €	= Selbstkosten ≙ 100 %	21.048,70 €
Rechnung „vom Hundert"		Rechnung „auf Hundert"	

Anschließend sind die Vertriebs- und Verwaltungsgemeinkosten zu ermitteln. Da bei der Rückwärtskalkulation die Selbstkosten zwar bekannt sind, aber nicht die Herstellkosten, die bei der Vorwärtskalkulation die Zuschlagsgrundlage sind und 100 % entsprechen, müssen die Selbstkosten mit 130 % gleichgesetzt werden. Denn zu den 100 % von den Herstellkosten müssen 18 % Verwaltungsgemeinkosten und 12 % Vertriebsgemeinkosten hinzu addiert werden. Die Rechnung sieht wie folgt aus:

Rückwärtskalkulation	
Selbstkosten ≙ 130 %	21.048,70 €
- Vertriebsgemeinkosten (12 %): $\frac{21.048{,}70\ € \cdot 12}{130}$	1.942,96 €
- Verwaltungsgemeinkosten (18 %): $\frac{21.048{,}70\ € \cdot 18}{130}$	2.914,44 €
= Herstellkosten ≙ 100 %	16.191,30 €
Rechnung „auf Hundert"	

Die Angaben zu den Fertigungskosten entsprechen denen der Vorwärtskalkulation und werden deshalb genauso wie im vorangehenden Kapitel ermittelt.

Die Materialkosten sind die Differenz der Herstellkosten von den Fertigungskosten, also 12.831,30 €. Diese Position entspricht 112 % (= 100 % Materialeinzelkosten und 12 % Materialgemeinkosten). Daher ist schließlich die maximale Höhe der Materialeinzelkosten wie folgt zu ermitteln:

Rückwärtskalkulation

Materialkosten ≙ 112 %	12.831,30 €
- Materialgemeinkosten (12 %): $\frac{12.831,30\ € \cdot 12}{112}$	1.374,78 €
= Materialeinzelkosten ≙ 100 %	11.456,52 €

Rechnung „auf Hundert"

Demnach darf das einzukaufende Fertigungsmaterial den Betrag in Höhe von 11.456,52 € nicht übersteigen, wenn der vom Markt vorgegebene Verkaufspreis eingehalten werden soll.

MERKE

Steht der Listenverkaufspreis durch den Markt oder den Kunden fest, muss der Verkäufer prüfen, ob er zu diesem Preis anbieten kann; das heißt, ob er kostendeckend produzieren kann und sich ein Gewinn in gewünschter Höhe ergibt. In diesem Fall muss der Verkäufer eine Rückwärtskalkulation durchführen.

Rückwärts ↑

Position	
MEK (Materialeinzelkosten)	
+ MGK (Materialgemeinkosten)	Zuschlagsgrundlage ≙ 100 % + MGK
= MK (Materialkosten)	
FEK (Fertigungseinzelkosten)	
+ FGK (Fertigungsgemeinkosten)	
= FK (Fertigungskosten)	
= HK (Herstellkosten)	
+ VwGK (Verwaltungsgemeinkosten)	Zuschlagsgrundlage ≙ 100 % + VwGKZ + VtGKZ
+ VtGK (Vertriebsgemeinkosten)	
= Selbstkosten	
+ Gewinn	Zuschlagsgrundlage ≙ 100 % + Gewinnzuschlagssatz
= Barverkaufspreis	
+ Kundenskonto	Zuschlagsgrundlage ≙ 100 %
+ Vertreterprovision	
= Zielverkaufspreis	
+ Kundenrabatt	Zuschlagsgrundlage ≙ 100 %
= Listenverkaufspreis	

5.5 Vor- und Nachkalkulation

Da die Verkaufspreise auf Basis der Vorkalkulation mit den Normalkosten ermittelt werden, bietet es sich an, die **Vorkalkulation** der Nachkalkulation (oder auch Ist-Kalkulation) gegenüberzustellen, um herauszufinden, ob der Gewinn in geplanter Höhe, oder niedriger bzw. höher als geplant ausfällt. Bei der Vorkalkulation werden die Zuschlagssätze der Normalkosten verwendet. Eventuell werden sie auch abgeändert, wenn Abweichungen erwartet werden. Die Mengen und Einzelkosten werden ebenfalls prognostiziert.

Beispiel

Kosten	Prozentsatz	Vorkalkulation	Prozentsatz	Nachkalkulation
MEK (Materialeinzelkosten)		12.000,00 €		12.400,00 €
+ MGK (Materialgemeinkosten)	35 %	4.200,00 €	34 %	4.216,00 €
= MK (Materialkosten)		16.200,00 €		16.616,00 €
FEK (Fertigungseinzelkosten)		12.800,00 €		13.000,00 €
+ FGK (Fertigungsgemeinkosten)	276 %	35.328,00 €	285 %	37.050,00 €
+ Sondereinzelkosten der Fertigung		800,00 €		800,00 €
= FK (Fertigungskosten)		48.928,00 €		50.850,00 €
= HK (Herstellkosten)		65.128,00 €		67.466,00 €
+ VwGK (Verwaltungsgemeinkosten)	12 %	7.815,36 €	14 %	9.445,24 €
+ VtGK (Vertriebsgemeinkosten)	16 %	10.420,48 €	17 %	11.469,22 €
= Selbstkosten		83.363,84 €		88.380,46 €
+ Gewinn	15 %	12.504,58 €	8,47 %	7.487,96 €
= Barverkaufspreis		95.868,42 €		
+ Kundenskonto	2 %	2.107,00 €		
+ Vertriebsprovision	7 %	7.374,49 €		
= Zielverkaufspreis		105.349,91 €		
+ Kundenrabatt	5 %	5.544,73 €		
= Listenverkaufspreis		110.894,64 €		

Während nach der Vorkalkulation die Selbstkosten mit 83.363,84 € veranschlagt wurden und dementsprechend mit dem Kunden ein Listenverkaufspreis in Höhe von 110.894,64 € und ein Barverkaufspreis über 95.868,42 € vereinbart wurde, fällt der Gewinn niedriger als geplant aus, da die Selbstkosten mit 88.380,46 € höher als erwartet sind. Daraus ergibt sich

geplanter Gewinn: 12.504,58 €
tatsächlicher Gewinn: 7.487,96 €

geplanter Gewinnaufschlag: 15 %

tatsächlicher Gewinnaufschlag: $\frac{7.487{,}96\,€ \cdot 100\,\%}{88.380{,}46\,€} = 8{,}47\,\%$

MERKE

Durch den Vergleich der Vorkalkulation mit der Nachkalkulation wird überprüft, inwiefern der veranschlagte Kostenrahmen eingehalten wurde. Gleichzeitig werden der tatsächlich verbleibende Gewinn und Gewinnaufschlag ermittelt.

6. Kalkulation der Handelswaren

Bei der Kalkulation der Handelswaren unterscheidet man ebenfalls zwei unterschiedliche Arten der Kalkulation:

- Sind die Bezugskosten bekannt, wird der Listenverkaufspreis vorwärts kalkuliert.
- Ist der Angebotspreis durch die Nachfrage vorgegeben, ist eine Rückwärtskalkulation durchzuführen, um zu prüfen, ob die Handelsware zu dem Preis angeboten werden kann.

6.1 Vorwärtskalkulation der Handelswaren

Wie auch bei den fertigen Erzeugnissen wird die Vorwärtskalkulation angewendet, wenn die Kosten bekannt sind – in diesem Fall der Listeneinkaufspreis des Lieferanten.

Beispiel

Die Sportina AG kauft den Stepper Aero 154 als Handelsware ein. Der Listeneinkaufspreis beträgt 67 €. Die Prozentsätze und Bezugskosten sind wie folgt festgelegt:

Position	Prozentsatz	Betrag
Listeneinkaufspreis		**67,00 €**
- Lieferrabatt	**12 %**	8,04 €
= Zieleinkaufspreis		58,96 €
- Lieferskonto	**2 %**	1,18 €
= Bareinkaufspreis		57,78 €
+ Bezugskosten		**2,00 €**
= Bezugspreis		59,78 €
+ Handelskosten	**25 %**	14,95 €
= Selbstkosten		74,73 €
+ Gewinn	**40 %**	29,89 €
= Barverkaufspreis		104,62 €
+ Kundenskonto	**2 %**	2,14 €
= Zielverkaufspreis		106,75 €
+ Kundenrabatt	**30 %**	45,75 €
= Listenverkaufspreis		152,50 €

Erläuterung zum Beispiel:
Hier wird bei der Kalkulation oben beim Listeneinkaufspreis begonnen. Rabatt und Skonto werden wie gewohnt abgezogen und die Bezugskosten addiert. Bezugskosten sind alle Ausgaben, die die Verpackung und den Transport betreffen.

Auf den Bezugspreis werden Handlungskosten prozentual aufgeschlagen. Unter Handlungskosten sind folgende Kosten gefasst:

- Kosten der Angebotszusammenstellung (z. B. Suchen und Finden möglicherweise nachgefragter Artikel)
- Verwaltungskosten für die Raumnutzung, Büroeinrichtung, Personalaufwendungen
- Lagerkosten für die Raumnutzung, Warenpflege, Transporteinrichtungen, Personalaufwendungen
- Werbungskosten (z. B. Prospekte, Werbebanner)
- Verpackung (Neu- oder Umverpacken von Waren)
- Steuern und sonstige Kosten.

Zuschlagsgrundlage ist der Bezugspreis. Addiert man die Handlungskosten zum Bezugspreis, ergeben sich die Selbstkosten.

Ebenso wird – wie bei der Kalkulation der fertigen Erzeugnisse – der Gewinn aufgeschlagen. Bei der Ermittlung des Skontobetrags und des Rabatts muss der Verkäufer wieder „im Hundert“ rechnen. Dies ist im vorangehenden Kapitel bereits erläutert worden.

Kap. 5.3

6.2 Rückwärtskalkulation der Handelswaren

Ist der Preis durch die Kunden oder den Markt vorgegeben, bietet sich die Rückwärtskalkulation an, um zu prüfen, ob zu dem Preis auch die Selbstkosten gedeckt sind, bzw. wie hoch die Listeneinkaufspreise der Handelswaren höchstens sein dürfen.

Beispiel

Die Sportina AG möchte gerne den Stepper Aero 154 als Handelsware in ihr Sortiment aufnehmen. Die Beschaffungsabteilung steht nun vor Vertragsverhandlungen mit den Lieferanten und fragt den Listeneinkaufspreis an. Da ihre Kunden nur bereit sind, höchstens 150 € dafür zu zahlen, interessiert die Beschaffungsabteilung nun, wie hoch der Listeneinkaufspreis des Steppers maximal sein darf. Hierzu ist eine Rückwärtskalkulation notwendig. Es wird beim Listenverkaufspreis begonnen.

Position	Prozentsatz	Betrag
Listeneinkaufspreis		65,86 €
- Lieferrabatt	**12 %**	7,90 €
= Zieleinkaufspreis		57,96 €
- Lieferskonto	**2 %**	1,16 €
= Bareinkaufspreis		56,80 €
+ Bezugskosten		**2,00 €**
= Bezugspreis		58,80 €
+ Handlungskosten	**25 %**	14,70 €
= Selbstkosten		73,50 €
+ Gewinn	**40 %**	29,40 €
= Barverkaufspreis		102,90 €
+ Kundenskonto	**2 %**	2,10 €
= Zielverkaufspreis		105,00 €
+ Kundenrabatt	**30 %**	45,00 €
= Listenverkaufspreis		**150,00 €**

Der Listeneinkaufspreis darf maximal 65,86 € betragen.

Erläuterungen zum Beispiel:
In diesem Fall ist der Ausgangspunkt der Listenverkaufspreis in Höhe von 150 €. Davon kann der Kunde 30 % Kundenrabatt und 2 % Skonto – wie gewohnt „vom Hundert" – kürzen.

z. B. $\frac{\text{Listenverkaufspreis} \cdot 30}{100}$ und $\frac{\text{Zielverkaufspreis} \cdot 2}{100}$

Da der Gewinn eigentlich auf die Selbstkosten aufgeschlagen wird, entsprechen die Selbstkosten 100 % und der Gewinn 40 %. Da in diesem Fall nur der Barverkaufspreis, der 140 % entspricht, vorliegt, muss „auf Hundert" gerechnet werden. Ebenso ist mit den Handlungskosten zu verfahren: Bekannt sind der Handlungskostenzuschlagssatz von 125 %. Es ist demnach „auf Hundert" zu rechnen.

z. B. $\frac{\text{Barverkaufspreis} \cdot 40}{140}$ und $\frac{\text{Selbstkosten} \cdot 25}{125}$

Die Bezugskosten sind im Beispiel ein Betrag pro Stück und werden demnach vom Bezugspreis subtrahiert und man erhält den Bareinkaufspreis.

Bei der Vorwärtskalkulation wird der Lieferskonto vom Bareinkaufspreis ermittelt, der 100 % entspricht. Deshalb stellt der Zieleinkaufspreis nur 98 % dar und der Lieferskontobetrag ist bei der Rückwärtskalkulation „im Hundert" zu ermitteln. Ebenso ist mit dem Lieferrabatt zu verfahren. Der Listeneinkaufspreis beträgt 100 % und deshalb der Zieleinkaufspreis nur 88 %.

z. B. $\frac{\text{Bareinkaufspreis} \cdot 2}{98}$ und $\frac{\text{Zieleinkaufspreis} \cdot 12}{88}$

6.3 Vereinfachte Verfahren der Handelswarenkalkulation

Da der Aufschlag für Handlungskosten, Gewinn, Kundenrabatt und -skonto bei den meisten Handelsunternehmen für alle Waren häufig gleich ist, gibt es vereinfachte Kalkulationsverfahren. Hierbei geht es insbesondere um den Aufschlag auf den Bezugspreis zur Ermittlung des Listenverkaufspreises.

Beispiel

Der Bezugspreis für den Stepper Aero 160 beträgt 65 €. Hierauf soll ein **Kalkulationszuschlag** in Höhe von 150 % aufgerechnet werden, um den Listenverkaufspreis zu erhalten. Daraus ergibt sich folgendes Kalkulationsschema:

Position	Kalkulationszuschlagssatz	Betrag
Bezugspreis		65,00 €
Kalkulationszuschlag	150 %	97,50 €
Listenverkaufspreis		162,50 €

Dies ergibt folgenden Kalkulationsfaktor:

$$\text{Kalkulationsfaktor} = \frac{162{,}50\,€}{65{,}00\,€} = 2{,}5$$

MERKE

Der **Kalkulationszuschlagssatz** ist die prozentuale Differenz zwischen Listenverkaufspreis und Bezugspreis, Basis ist der Bezugspreis.

$$\textbf{Kalkulationszuschlag} = \frac{(\text{Listenverkaufspreis - Bezugspreis}) \cdot 100\,\%}{\text{Bezugspreis}}$$

Die Vorwärtskalkulation wird noch weiter vereinfacht durch den Kalkulationsfaktor:

$$\textbf{Kalkulationsfaktor} = \frac{\text{Listenverkaufspreis}}{\text{Bezugspreis}}$$

- Multipliziert man den Kalkulationsfaktor mit dem Bezugspreis, erhält man den Listenverkaufspreis.
- Dividiert man den Kalkulationsfaktor durch den Listenverkaufspreis, erhält man den Bezugspreis.

Mit diesem Kalkulationsfaktor kann nun auf einfache Weise der Listenverkaufspreis errechnet werden:

Beispiel

Bezugspreis = 65 €, Kalkulationsfaktor = 2,5

Listenverkaufspreis = 65,00 € • 2,5 = 162,50 €

Im Zuge der Rückwärtskalkulation wird der Differenzbetrag zwischen Listenverkaufspreis und Bezugspreis Handelsspanne genannt und bezeichnet somit den Prozentsatz für den Unterschiedsbetrag zwischen Listenverkaufspreis und Bezugspreis, Basis ist hierbei der Listenverkaufspreis.

MERKE

Die Handelsspanne lässt sich wie folgt ermitteln:

$$\textbf{Handelsspanne} = \frac{\text{Kalkulationszuschlag} \cdot 100\,\%}{\text{Listenverkaufspreis}}$$

Beispiel

Bezogen auf das Beispiel ergibt sich Folgendes:

$$\text{Handelsspanne} = \frac{97{,}50\,€ \cdot 100\,\%}{162{,}50\,€} = 60\,\%$$

Anhand der Handelsspanne kann nun der Bezugspreis aufgrund des Listenverkaufspreises ermittelt werden:

Bezugspreis = Listenverkaufspreis - (Listenverkaufspreis • Handelsspanne) = 162,50 € - (162,50 € • 60 %) = 65 €

Natürlich ist es auch möglich, mit dem Kalkulationsfaktor den Bezugspreis auf Basis des Listenverkaufspreises zu errechnen:

$$\text{Bezugspreis} = \frac{\text{Listenverkaufspreis}}{\text{Kalkulationsfaktor}} = \frac{162{,}50\ €}{2{,}5} = 65{,}00\ €$$

---

7. Einfluss des Beschäftigungsgrades auf die Kosten

Die variablen Kosten sind abhängig von der Beschäftigung und die fixen Kosten sind davon unabhängig. In diesem Kapitel wird näher darauf eingegangen, inwiefern sich die Kosten bei unterschiedlicher Beschäftigung verhalten. Hierbei handelt es sich um eine Plankostenkalkulation, die – wie die Teilkostenrechnung – nach variablen und fixen Kosten differenziert.

7.1 Beschäftigung, Kapazität und Beschäftigungsgrad

Mit Beschäftigung ist die tatsächliche Leistung gemeint, die ein Betrieb oder Betriebsbereich in einem bestimmten Zeitraum erbringt. In diesem Zusammenhang spricht man auch von der Kapazität als technisch höchst mögliche Leistung. In beiden Fällen wird diese Leistung in der Regel durch die Produktionsmenge in Stück, Litern, Kilogramm usw. ausgedrückt. Setzt man die tatsächliche Leistung mit der höchst möglichen Leistung in Beziehung, erhält man den Beschäftigungsgrad. Dieser gibt darüber Auskunft, wie hoch die relative Auslastung der Kapazität des Unternehmens in einem bestimmten Zeitraum ist.

MERKE

$$\text{Beschäftigungsgrad} = \frac{\text{tatsächliche Produktionsmenge} \cdot 100\ \%}{\text{höchstmögliche Produktionsmenge}}$$

Beispiel

Auf der neuen Schneidemaschine der Sportina AG könnten in der Stunde 120 Schnitte von Sporthosen gefertigt werden. Tatsächlich werden allerdings nur 90 Stück geschnitten.

Technische Kapazität: 120 Stück

Beschäftigung: 90 Stück

$$\text{Beschäftigungsgrad} = \frac{90\ \text{Stück} \cdot 100\ \%}{120\ \text{Stück}} = 75\ \%$$

Die Schneidemaschine arbeitet bei einem Beschäftigungsgrad von 75 %.

7.2 Lineare Kostenfunktion

Nun stellt sich die Frage, wie sich die Kosten bei unterschiedlichen Beschäftigungsgraden verhalten. Die variablen Kosten sind von der Beschäftigung abhängig. Hierfür kann folgende Kostenfunktion K_v (x), die von der Menge x abhängig ist, aufgestellt werden:

$$K_v(x) = k_v \cdot x$$

Die Bedeutung der Bestandteile dieser Kostenfunktion ist wie folgt:

k_v: variable Kosten pro Mengeneinheit

x: Anzahl der Mengeneinheiten

K_v (x): variable Kostenfunktion abhängig von der Anzahl der Mengeneinheiten x.

Rechnerisch und grafisch lässt sich das mit folgendem Beispiel verdeutlichen:

Beispiel

Die Sportina AG fertigt Laufhosen. Die variablen Kosten für Material, Löhne und Energie betragen 25 € je Stück. Daraus ergibt sich die folgende Kostenfunktion:

$K_v(x) = 25\ €/\text{Stück} \cdot x$

Für eine Beschäftigungsmenge von 10 Stück entstehen Kosten in Höhe von:

$K_v(10) = 25\ €/\text{Stück} \cdot 10\ \text{Stück} = 250\ €$

Für unterschiedliche Beschäftigungsmengen ergeben sich folgende variable Kosten:

Mengen-einheiten x	Variable Kosten $K_v(x) = k_v \cdot x$
0	0 €
10	250 €
20	500 €
30	750 €
40	1.000 €
50	1.250 €
60	1.500 €
70	1.750 €
80	2.000 €
90	2.250 €
100	2.500 €
110	2.750 €

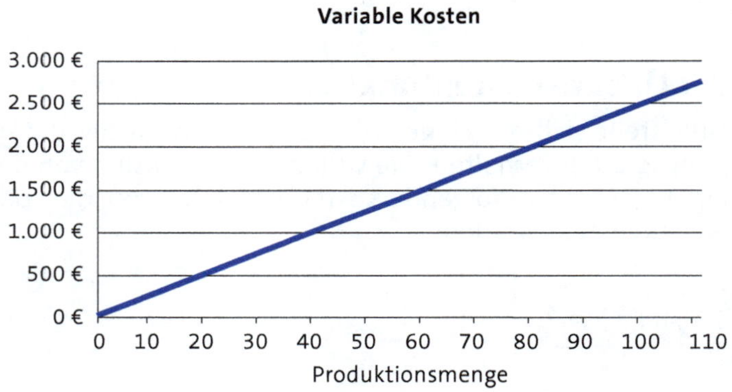

Die variable Kostenfunktion ist eine lineare Funktion, d. h. dass sie eine Linie mit einer einheitlichen Steigung ist. Da die Linie linear ist und auch durch den Nullpunkt des Koordinatensystems verläuft, wird sie auch als proportional bezeichnet.

Da die fixen Kosten von der Anzahl der Mengeneinheiten unabhängig sind, ist das Verhalten der fixen Kostenfunktion grafisch am Beispiel der Laufhosen darzustellen:

Beispiel

Bei der Produktion der Laufhosen fallen in dem Unternehmen fixe Kosten in Höhe von 4.000 € an.

Der Kostenverlauf ist parallel zu der x-Achse:

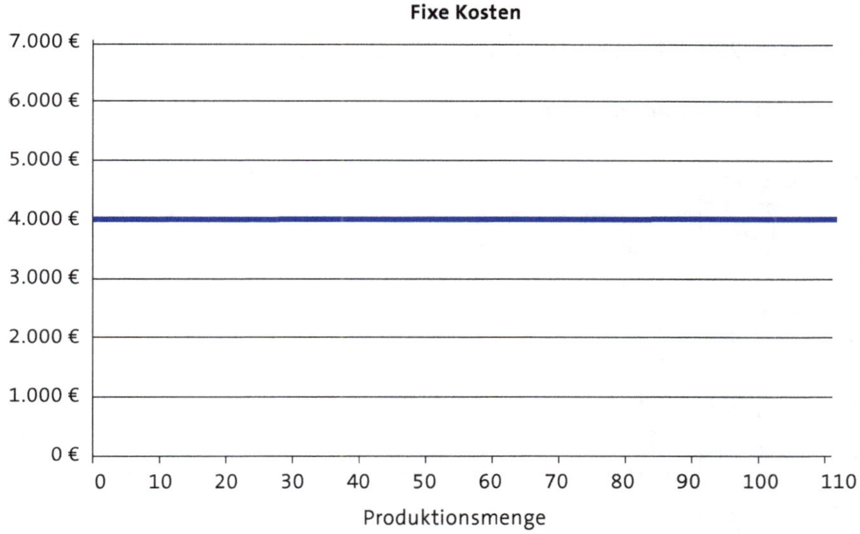

Aus dem Beispiel kann man erkennen, dass – egal wie niedrig oder hoch die Beschäftigung ist – die fixen Kosten gleich hoch bleiben.

Addiert man die variablen mit den fixen Kosten, erhält man die Gesamtkosten. Die Kostenfunktion hierfür sieht wie folgt aus:

$$K(x) = k_v \cdot x + K_f$$

Die Bedeutung der neuen Bestandteile dieser Kostenfunktion ist:

$K(x)$: Kostenfunktion der gesamten Kosten in Abhängigkeit von der Anzahl der Mengeneinheiten.

K_f: fixe Kosten unabhängig von der Anzahl der Mengeneinheiten.

Beispiel

Mit Bezug auf das obenstehende Beispiel ergibt sich folgende Kostenfunktion:

K (x) = 25 €/Stück • x + 4.000 €

Bei einer Produktionsmenge von 10 Stück ergeben sich folgende Kosten:

K (10 Stück) = 25 €/Stück • 10 Stück + 4.000 € = 4.250 €

Der Verlauf der Gesamtkostenfunktion ist dann so darzustellen:

Produktionsmenge x	Gesamtkosten K (x)
0	4.000 €
10	4.250 €
20	4.500 €
30	4.750 €
40	5.000 €
50	5.250 €
60	5.500 €
70	5.750 €
80	6.000 €
90	6.250 €
100	6.500 €
110	6.750 €

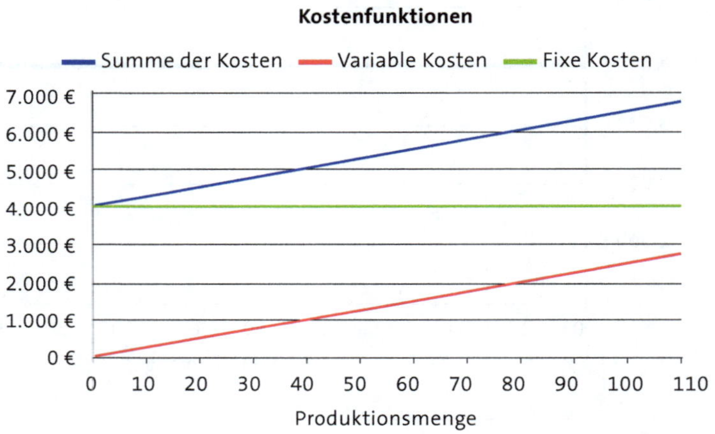

In der voranstehenden Grafik lässt sich erkennen, dass die Funktion der gesamten Kosten eine Parallelverschiebung der variablen Kosten von 4.000 € nach oben ist. Da die gesamten und die fixen Kosten nicht durch den Nullpunkt gehen, handelt es sich nicht um proportionale Kosten.

MERKE

Die beschäftigungsabhängige Kostenfunktion lautet:

$$K(x) = k_v \cdot x + K_f$$

Die Kostenfunktion setzt sich aus den beschäftigungsabhängigen variablen und den beschäftigungsunabhängigen fixen Kosten zusammen.

7.3 Gesetz der Massenproduktion

Schaut man sich die Kostenfunktionen je Stück an, wird noch deutlicher, welche Auswirkungen eine erhöhte Beschäftigung auf die Kostenarten hat.

Angeknüpft am oben ausgeführten Beispiel entwickeln sich die variablen Kosten wie folgt:

Beispiel

Da die variablen Kosten je Stück 25 € betragen, handelt es sich bei der variablen Stückkostenfunktion um eine parallele Linie zu der x-Achse:

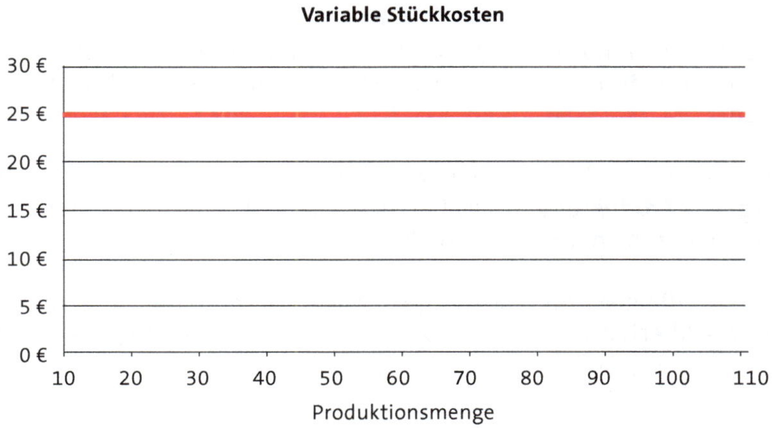

Anders verhalten sich die fixen Kosten je Stück:

Beispiel

Die fixen Kosten bei der Produktion der Laufhosen in Höhe von 4.000 € sind jeweils durch die Produktionsmenge zu teilen:

Produktionsmenge x	$\frac{K_f}{x}$
10	400 €
20	200 €
30	133 €
40	100 €
50	80 €
60	67 €
70	57 €
80	50 €
90	44 €
100	40 €
110	36 €

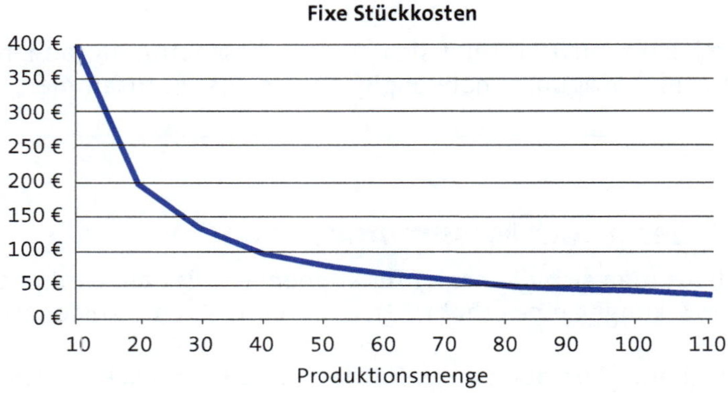

Der Verlauf der fixen Kosten je Stück sinkt mit zunehmender Produktionsmenge. Dies wird als Fixkostendegression bezeichnet. Daraus lässt sich folgende Erkenntnis ableiten:

Mit zunehmender Produktionsmenge werden die fixen Kosten auf umso mehr Kostenträger (= Produkte) verteilt. Das heißt, je mehr produziert wird, desto geringer werden die fixen Kosten je Stück.

Sieht man sich die gesamten Kosten je Stück an, werden die variablen und fixen Stückkosten addiert. Mit Bezug auf das Beispiel ergibt sich folgender Kostenverlauf:

Beispiel

Produktions-menge x	Stückkosten $\frac{K(x)}{x}$
10	425 €
20	225 €
30	158 €
40	125 €
50	105 €
60	92 €
70	82 €
80	75 €
90	69 €
100	65 €
110	61 €

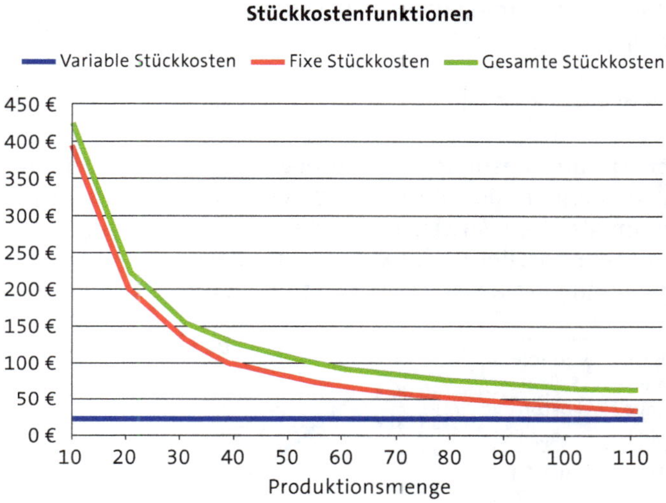

Auch hier ist in der voranstehenden Grafik zu erkennen, dass die gesamten Kosten je Stück bei zunehmender Produktionsmenge geringer werden, da die fixen Kosten auf umso mehr Produkte verteilt werden können. Dies ist mit dem degressiven Verlauf der fixen Stückkosten zu erklären.

MERKE

Aufgrund der Fixkostendegression sinken mit zunehmender Produktionsmenge die Kosten je Stück. Je mehr produziert wird, desto geringer sind die Kosten je Stück. Dies wird als **Gesetz der Massenproduktion** bezeichnet.

7.4 Nicht lineare variable Kostenfunktionen

Kosten, die abhängig von der Beschäftigung sind, müssen nicht unbedingt linear ansteigen.

Beispiel

Die Fertigung besonderer Laufhosen erfordert besonderes Geschick. Erst durch Routine können die Lohnkosten gesenkt werden. So steigen die variablen Kosten nicht im gleichen Verhältnis, sondern unterproportional an. Hierbei ist der Verlauf nicht mehr parallel zu der x-Achse, sondern sinkt mit zunehmender Produktionsmenge und wird als degressiver Stückkostenverlauf bezeichnet.

Produktionsmenge x	Variable Stückkosten k_v
10	40,00 €
20	33,00 €
30	27,00 €
40	22,00 €
50	18,00 €
60	15,00 €
70	13,00 €
80	11,50 €
90	10,50 €
100	10,00 €
110	9,75 €

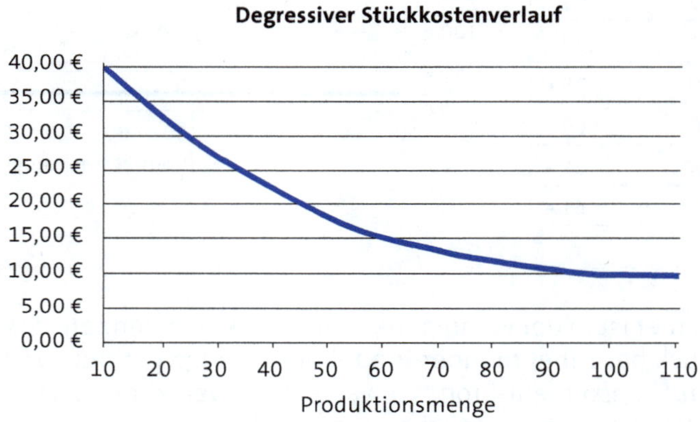

Der degressive Verlauf der variablen Stückkosten verstärkt noch mal das Gesetz der Massenproduktion. Produktionsverfahren, die durch degressiv verlaufende Stückkosten gekennzeichnet sind, sollten in möglichst hohen Stückzahlen angewendet werden.

Die Entwicklung der variablen Stückkosten kann aber auch mit zunehmender Menge ansteigen. In diesem Fall spricht man von progressiven variablen Stückkosten.

Beispiel

Die Sportina AG produziert bereits Laufhosen an der Kapazitätsgrenze. Allerdings kommt ein weiterer Auftrag an Laufhosen herein, den das Unternehmen unbedingt annehmen möchte. Durch erhöhte Maschinenlaufzeiten steigen die Energie- und Instandsetzungskosten überproportional. Dazu sind bei erhöhten Arbeitsstunden Überstundenzuschläge zu zahlen, die ebenfalls zu steigenden variablen Stückkosten bei zunehmender Produktionsmenge führen. In diesem Fall verläuft die Kostenfunktion progressiv und lässt sich wie folgt rechnerisch und grafisch darstellen:

Produktionsmenge x	Variable Stückkosten k_v
10	25,00 €
20	25,50 €
30	26,50 €
40	27,00 €
50	29,00 €
60	31,50 €
70	34,15 €
80	39,50 €
90	45,00 €
100	51,00 €
110	57,50 €

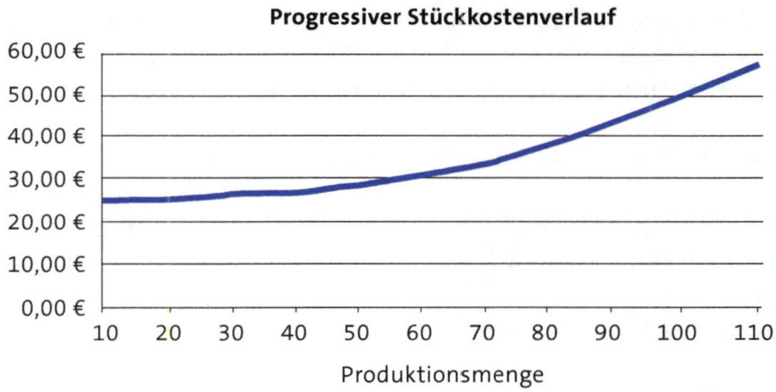

MERKE

Der variable Stückkostenverlauf muss nicht proportional zur Ausbringungsmenge sein, möglich sind auch

- progressiv (= überproportional) ansteigende variable Stückkosten.
- degressiv (= unterproportional) ansteigende variable Stückkosten.

7.5 Gewinnschwelle

Bisher wurden nur die Kostenfunktionen alleine betrachtet. Dazu ist bei der Planung der Produktionsmenge auch wichtig, die Erlöse zu berücksichtigen. Denn da bei steigender Produktionsmenge die Stückkosten sinken, sollte erst ab der Menge produziert werden, ab der ein Gewinn erwirtschaftet wird. Diese Menge wird als Gewinnschwellenmenge oder **Break-Even-Point** bezeichnet.

Der Erlös ist abhängig von der Menge x und dem Verkaufspreis p. Dies lässt sich durch folgende Erlösfunktion darstellen:

$$E(x) = p \cdot x$$

Setzt man die Kostenfunktion mit der Erlösfunktion gleich, und löst diese nach der Menge x auf, so erhält man die Gewinnschwellenmenge, bei der die Kosten genauso hoch sind wie die Erlöse. Gleichzeitig kann die Gewinnschwelle auch grafisch ermittelt werden, wie es an folgendem Beispiel deutlich wird:

Beispiel

Die Sportina AG fertigt Laufhosen. Die variablen Kosten betragen 25 € je Stück und die fixen Kosten 4.000 €. Die Kostenfunktion hierzu lautet:

$$K(x) = 25\text{ €/Stück} \cdot x + 4.000\text{ €}$$

Der Erlös pro Stück beträgt 75 € pro Stück. Demnach lautet die Erlösfunktion:

$$E(x) = 75\text{ €/Stück} \cdot x$$

Will man nun den Gewinn ermitteln, subtrahiert man die Kosten von den Erlösen. Daraus ergibt sich folgende Gewinnfunktion:

$$G(x) = E(x) - K(x)$$

Will man nun die Produktionsmenge ermitteln, ab der das Unternehmen Gewinn erzielt, muss der Gewinn 0 € ergeben. Oder anders gesagt man setzt die Erlös- und Kostenfunktion gleich. Daraus ergibt sich dann die Gewinnschwellenmenge:

25 €/Stück • x + 4.000 € = 75 €/Stück • x | - 25 €/Stück • x

4.000 € = 50 €/Stück • x | : (50 €/Stück)

x = 80 Stück

Dies bedeutet, dass bei der Produktionsmenge von 80 Stück die Erlöse den Kosten entsprechen. Dazu der rechnerische Beweis:

1. K (80) = 25 €/Stück • 80 Stück + 4.000 € = 6.000 €
2. E (80) = 75 €/Stück • 80 Stück = 6.000 €

Dazu die grafische Verdeutlichung des Schnittpunkts der Kosten- und Erlösfunktion:

Produktions-menge x	Erlöse E (x)	Kosten K (x)
0	0 €	4.000 €
10	750 €	4.250 €
20	1.500 €	4.500 €
30	2.250 €	4.750 €
40	3.000 €	5.000 €
50	3.750 €	5.250 €
60	4.500 €	5.500 €
70	5.250 €	5.750 €
80	6.000 €	6.000 €
90	6.750 €	6.250 €
100	7.500 €	6.500 €
110	8.250 €	6.750 €

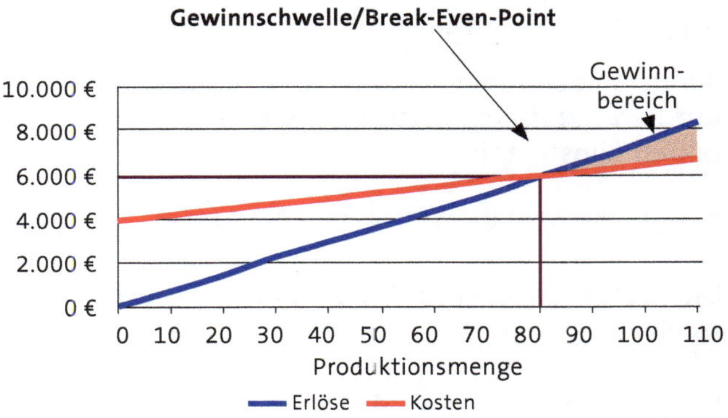

Anhand des rechnerischen Vergleichs der Erlös- mit der Kostenfunktion wird deutlich, dass bei einer Produktionsmenge unter 80 Stück die Erlöse niedriger als die Kosten sind, bei 80 Stück entsprechen die Kosten den Erlösen und bei einer Menge darüber liegen die Umsatzerlöse über den Kosten. Dies bedeutet, dass der Betrieb bei einer Menge über 80 Stück im Gewinnbereich produziert. Genau die gleiche Erkenntnis kann aus der grafischen Ermittlung des Break-Even-Points hergeleitet werden. Bei einer Produktionsmenge unter 80 Stück liegt die Kostenlinie oberhalb der Gewinnlinie, das heißt, die Kosten sind höher als die Erlöse. Bei 80 Stück ist der Schnittpunkt beider Linien. Bei einer höheren Produktionsmenge als 80 Stück liegt die Erlöslinie oberhalb der Kosten und das Unternehmen produziert im Gewinnbereich.

MERKE

Die Produktionsmenge, ab der ein Unternehmen im Gewinnbereich produziert, wird als Gewinnschwelle bzw. Break-Even-Point bezeichnet. Rechnerisch kann diese Menge durch Gleichsetzen der Kostenfunktion mit der Erlösfunktion ermittelt werden, denn bei genau dieser Produktionsmenge ist der Erlös abzüglich der Kosten 0 €. Wird eine höhere Menge als die Gewinnschwellenmenge produziert, wird der Fixkostenanteil auf eine höhere Stückzahl verteilt und somit sinkt der Stückkostenanteil bei gleichbleibenden Stückerlösen.

7.6 Kritische Menge

Bei der Produktionsplanung können auch Kostenfunktionen verglichen werden, um herauszufinden, bei welchem Beschäftigungsgrad welches Produktionsverfahren günstiger ist:

Beispiel

Die Kostenfunktion zur Produktion der Laufhosen aus dem oben genannten Beispiel lautet

$K_1 (x) = 25$ €/Stück $\cdot\, x + 4.000$ €

Alternativ dazu ist ein weiteres Produktionsverfahren möglich. Hierzu lautet die Kostenfunktion

$K_2 (x) = 20$ €/Stück $\cdot\, x + 4.500$ €

Beide Kostenfunktionen bestehen aus variablen und fixen Kosten. Allerdings sind die variablen Kosten bei der ersten Kostenfunktion niedriger und die fixen Kosten höher als bei der zweiten Kostenfunktion. Mit Bezug auf die Fixkostendegression ist demnach das Produktionsverfahren zur ersten Kostenfunktion bei niedrigeren Produktionsmengen und das der zweiten Funktion bei höheren Produktionsmengen vorteilhafter.

Nun ist die Produktionsmenge gesucht, bis zu der das Produktionsverfahren zur ersten Kostenfunktion, bzw. ab der das Produktionsverfahren zur zweiten Kostenfunktion weniger Kosten verursacht. Dies kann sowohl rechnerisch als auch grafisch veranschaulicht werden:

Beispiel

Rechnerische Lösung:

Zunächst werden beide Kostenfunktionen gleichgesetzt und anschließend nach der Produktionsmenge x aufgelöst:

$K_1 (x) = K_2 (x)$

25 €/Stück • x + 4.000 € = 20 €/Stück • x + 4.500 € | - 20 €/Stück • x, - 4.000 €

5 €/Stück • x = 500 € | : 5 €/Stück

x = 100 Stück

Grafische Lösung:

Produktionsmenge x	$K_1 (x)$	$K_2 (x)$
0	4.000 €	4.500 €
20	4.500 €	4.900 €
40	5.000 €	5.300 €
60	5.500 €	5.700 €
80	6.000 €	6.100 €
100	6.500 €	6.500 €
120	7.000 €	6.900 €
140	7.500 €	7.300 €
160	8.000 €	7.700 €
180	8.500 €	8.100 €
200	9.000 €	8.500 €
220	9.500 €	8.900 €

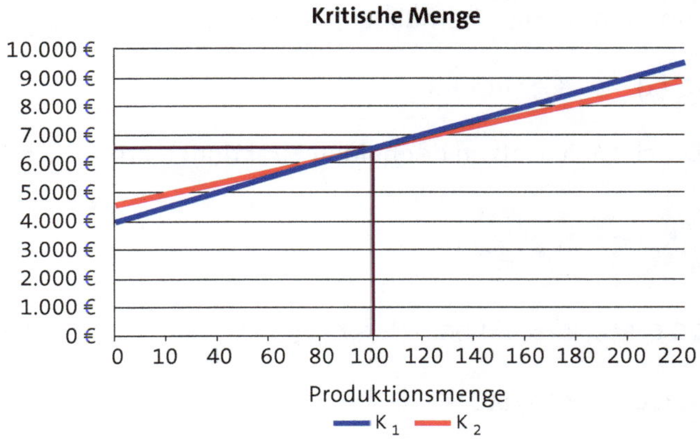

Bei der grafischen Ermittlung lässt sich erkennen, dass bis zu der Produktionsmenge von 100 Stück die Kosten des ersten Produktionsverfahrens unterhalb der Kosten des zweiten Produktionsverfahrens liegen. Bei der Produktionsmenge von 100 Stück treffen sich die beiden Halbgeraden. Bei einer höheren Produktionsmenge als 100 Stück sind die Kosten des ersten Produktionsverfahrens höher als die Kosten des zweiten Produktionsverfahrens, sodass sich in diesem Fall das zweite Produktionsverfahren lohnt.

Bei der Produktionsplanung kann auch eine Rolle spielen, ob ein Unternehmen selbst produzieren oder die Ware fremdbeziehen soll.

Beispiel

Mit Bezug auf die Herstellung der Laufhosen überlegt die Sportina AG, ob die Fremdbeschaffung kostengünstiger als die Eigenproduktion ist.

Nach wie vor lautet die Kostenfunktion für Eigenfertigung:

$K_E(x) = 25\ €/\text{Stück} \cdot x + 4.000\ €$

Die Sportina AG hat Angebote von Lieferanten eingeholt. Bei dem günstigsten Angebot betragen die Kosten 57 € pro Stück. Hieraus lässt sich folgende Kostenfunktion für den Fremdbezug ableiten:

$K_F(x) = 57\ €/\text{Stück} \cdot x$

Durch Gleichsetzen der beiden Funktionen ergibt sich folgende kritische Menge

$K_E(x) = K_F(x)$

$25\ €/\text{Stück} \cdot x + 4.000\ € = 57\ €/\text{Stück} \cdot x \quad | - 25\ €/\text{Stück} \cdot x$

$4.000\ € = 32\ €/\text{Stück} \cdot x \quad | : 32\ €/\text{Stück}$

$125 = x$

Dies lässt sich grafisch wie folgt veranschaulichen:

Produktionsmenge x	K_E (x)	K_F (x)
0	4.000 €	0 €
25	4.625 €	1.425 €
50	5.250 €	2.850 €
75	5.875 €	4.275 €
100	6.500 €	5.700 €
125	7.125 €	7.125 €
150	7.750 €	8.550 €
175	8.375 €	9.975 €
200	9.000 €	11.400 €
225	9.625 €	12.825 €
250	10.250 €	14.250 €
275	10.875 €	15.675 €

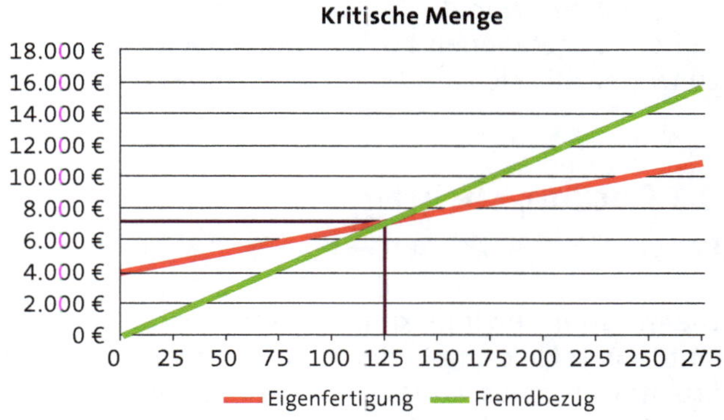

Anhand der rechnerischen Ermittlung und der grafischen Darstellung der kritischen Menge zeigt sich, dass bis zu einer Menge von 125 Laufhosen der Fremdbezug kostengünstiger ist als die Eigenfertigung. Ab der kritischen Menge können die fixen Kosten auf so viele Kostenträger verteilt werden, dass die Selbstkosten bei der Eigenfertigung niedriger sind.

MERKE

Als kritische Menge wird die Produktionsmenge bezeichnet, ab der die Kosten zweier Kostenfunktionen gleich hoch sind. Wird diese Ausbringungsmenge überstiegen, ist die Alternative mit dem höheren Fixkostenanteil günstiger, da von dieser Menge an die fixen Kosten auf eine höhere Stückzahl umgelegt werden können.

8. Teilkostenrechnung

Im Folgenden wird die Teilkostenrechnung behandelt. Hierbei wird primär nur ein Teil der angefallenen Kosten betrachtet, um unternehmerische Entscheidungen zu treffen, die sich auf Marktgegebenheiten beziehen.

8.1 Deckungsbeitrag

Beispiel

Die meisten Gewinne kann die Sportina AG in den ersten drei Quartalen mit der Outdoor-Bekleidung erzielen. In diesen Monaten sind alle Maschinen und Mitarbeiter ausgelastet. Die Produktions- und Absatzrate ist sehr hoch. Im vierten Quartal besteht kein Bedarf an Outdoor-Bekleidung. Zwei Möglichkeiten stehen zur Verfügung: Erstens, die freien Kapazitäten werden genutzt, um Wintersportbekleidung zu produzieren. Leider bestimmt der Markt einen Verkaufspreis, der die aufwendigen Produktionskosten nicht deckt. Alternativ kann eine Produktionspause eingelegt werden.

Würde die Sportina AG im Winter gar nichts produzieren, würden die Maschinen vorübergehend stillgelegt, die Produktionsräume nicht genutzt und die Arbeitskräfte müssten entlassen werden. Dazu würden in der Zeit keine Umsätze erzielt. Leider verursachen die leerstehenden Räume trotzdem Kosten, z. B. in Form von Zinsen oder Miete. Ebenso ist bei den Maschinen ein Werteverlust in Form von Abschreibungen zu verzeichnen. Das heißt, im Winter fallen auch bei Nichtproduktion Kosten an. Dies sind die Kosten der Betriebsbereitschaft und bereits als fixe Kosten bekannt. Sie fallen an, aber Umsatzerlöse können nicht verbucht werden. In dem Fall lohnt es sich, darüber nachzudenken, eine Produktion, die Verluste einbringt, der Nichtproduktion vorzuziehen, denn alle Erlöse oberhalb der variablen Kosten tragen zur Deckung der fixen Kosten bei.

Beispiel

Im November fallen in der Produktionssparte „Outdoor“ fixe Kosten in Höhe von 34.000 € an. Es werden 400 Ski-Anzüge hergestellt. Dabei fallen variable Kosten in Höhe von 50 € pro Stück an. Die Erlöse pro Stück betragen 90 €.

Daraus ergeben sich folgende Ergebnisse für den Monat November:

variable Kosten:	400 Stück • 50 €/Stück = 20.000 €
fixe Kosten:	34.000 €
Gesamtkosten:	20.000 € + 34.000 € = 54.000 €
Erlöse:	400 Stück • 90 €/Stück = 36.000 €
Verlust:	54.000 € - 36.000 € = 18.000 €
Deckungsbeitrag:	Erlöse - variable Kosten = 36.000 € - 20.000 € = 16.000 €

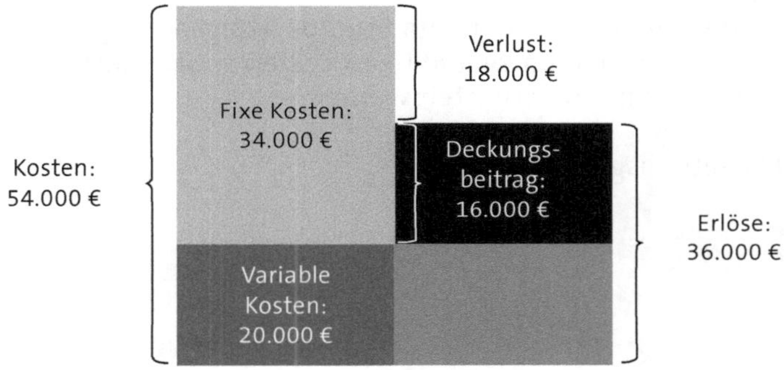

Nun muss das Unternehmen die folgende Entscheidung treffen:

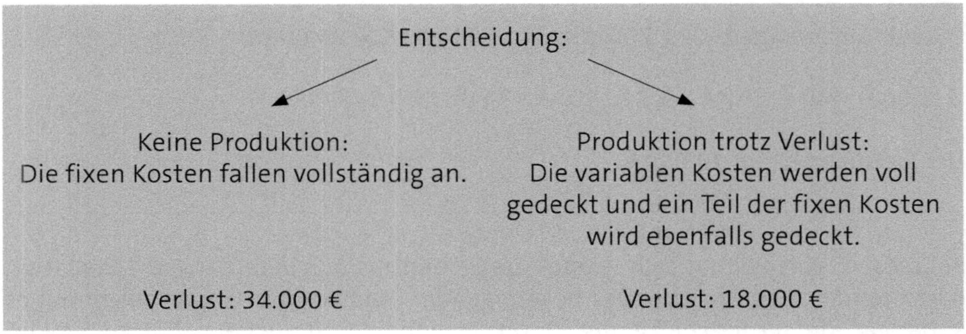

In diesem Fall wird sich das Unternehmen für die Produktion trotz Verlust entscheiden.

Der Deckungsbeitrag kann auf einen bestimmten Zeitraum bezogen sein, wie es oben der Fall ist, oder pro Stück ermittelt werden.

Beispiel

Für die Winterproduktion entstehen:

variable Kosten pro Stück (k_v): 50 €

Erlös pro Stück (p): 90 €

Deckungsbeitrag je Stück (db): 90 € - 50 € = 40 €

Nun kann man mit der Deckungsbeitragsrechnung den Betriebsgewinn/den Betriebsverlust ermitteln, indem man den Stückdeckungsbeitrag mit der Produktionsmenge multipliziert und davon die fixen Kosten subtrahiert. Diese Rechnung kann auch mit einer Funktion ermittelt werden:

Ermittlung des Betriebsgewinns:

$$G(x) = db \cdot x - K_f$$

Beispiel

Die Sportina AG wechselt bei der Produktion der Winterbekleidung im November vom Einschichtbetrieb zum Dreischichtbetrieb und erhöht damit die Produktion auf 1.200 Stück. Daraus ergibt sich folgender Gewinn:

Produktionsmenge (x) = 1.200, db = 40 €/Stück, K_f = 34.000 €

G (1.200) = 40 €/Stück • 1.200 Stück - 34.000 € = 14.000 €

Der Gewinn beträgt 14.000 €.

Bei diesem Beispiel hat sich wieder die Erkenntnis aus dem Kapitel 7 bestätigt, dass die fixen Kosten pro Stück bei steigender Produktionsmenge sinken und es abhängig von der Beschäftigung ist, ob Gewinn oder Verlust erzielt wird. Von Interesse ist nun die Produktionsmenge, ab der Gewinn erzielt wird, die auch als Break-Even-Point oder Gewinnschwellenmenge bekannt ist. Diese Gewinnschwellenmenge kann auch mit der Deckungsbeitragsrechnung ermittelt werden. Wie bereits bekannt, sind bei der Gewinnschwellenmenge die Erlöse so hoch wie die die Kosten. Für die Deckungsbeitragsrechnung bedeutet dies, dass der Stückdeckungsbeitrag multipliziert mit der Produktionsmenge so hoch sein muss wie die fixen Kosten:

Ermittlung der Gewinnschwellenmenge:

$$db \cdot x = K_f$$

Diese Gleichung nach der Produktionsmenge aufgelöst ergibt:

$$x = \frac{K_f}{db}$$

Beispiel

Sportina AG will nun wissen, ab welcher Menge sie die Wintersportbekleidung im Gewinnbereich produziert:

$db = 40$ €, $K_f = 34.000$ €

Gewinnschwellenmenge: $x = \dfrac{34.000\ €}{40\ €/\text{Stück}} = 850$ Stück

Dies kann grafisch wie folgt veranschaulicht werden:

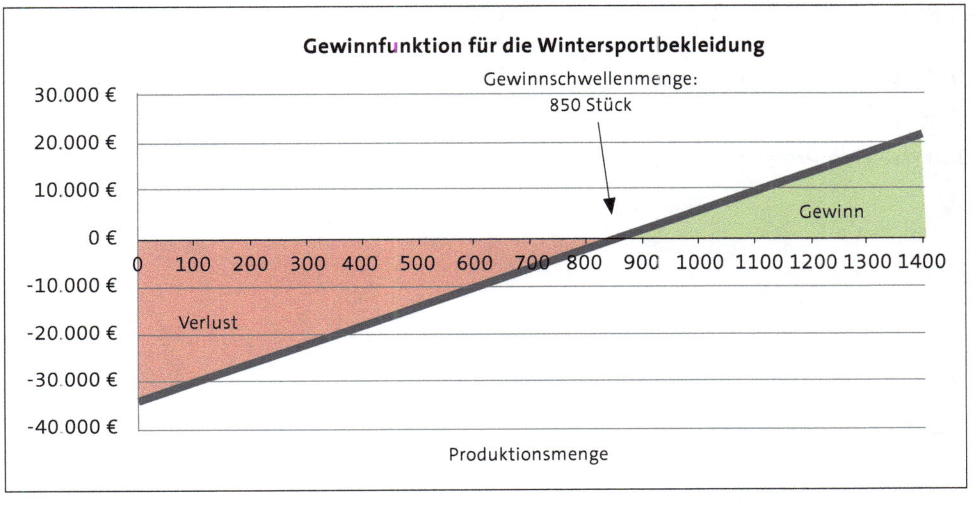

MERKE

In der Teilkostenrechnung werden die Kosten nach fixen und variablen Kosten unterschieden. Die fixen Kosten sind als Kosten der Betriebsbereitschaft unvermeidbar und fallen auch an, wenn nicht produziert wird. Die variablen Kosten steigen proportional mit dem Beschäftigungsgrad an.

In der Teilkostenrechnung ermittelt man den Deckungsbeitrag. Dies ist die Differenz zwischen Erlös und variablen Kosten und dient der Deckung der fixen Kosten. Der Deckungsbeitrag kann auch pro Stück ermittelt werden.

Mithilfe der Deckungsbeitragsrechnung kann die Gewinnschwellenmenge ermittelt werden, indem man die fixen Kosten durch den Stückdeckungsbeitrag dividiert.

8.2 Kurzfristige und langfristige Preisuntergrenze

Soll die Wintersportbekleidung kurzfristig produziert werden, auch wenn ein Verlust erzielt wird, so stellt sich die Frage, welchen Preis die Sportina AG mindestens erzielen muss, um weniger Verlust zu erwirtschaften, als wenn sie nicht produziert. Diese Frage lässt sich gut mit der Deckungsbeitragsrechnung beantworten, denn ist der Deckungsbeitrag niedriger als Null, bleibt kein Beitrag zur Deckung der Fixkosten übrig und sogar die variablen Kosten können nicht gedeckt werden. Deshalb sind die variablen Kosten die kurzfristige Preisuntergrenze.

Beispiel

Variable Stückkosten:	50 €
Fixe Kosten:	34.000 €
Kurzfristige Preisuntergrenze:	50 €

Preisuntergrenze

Keine Produktion: Die fixen Kosten fallen vollständig an.	Produktion trotz Verlust: Die variablen Kosten werden gerade gedeckt.
Verlust: 34.000 €	Verlust: 34.000 €

Ob bei Erreichen der Preisuntergrenze gerade noch produziert werden soll, hängt davon ab, welche weiteren Nachteile durch die Nichtproduktion entstehen. So könnte ein fehlendes Angebot an Winterbekleidung Kunden davon abhalten, bei der Sportina AG auch andere Produkte des Wintersortiments zu kaufen, da Kunden gerne im Nachfrageverbund kaufen. Somit wird die Preisgestaltung für den Absatzbereich flexibler und in Ausnahmefällen können auch schon mal nicht-kostendeckende Preise festgelegt werden

Auf Dauer ist bei der Preisgestaltung jedoch unbedingt die Vollkostenrechnung einzubeziehen, denn langfristig müssen die gesamten Kosten gedeckt werden. Ansonsten besteht die Gefahr, dass ein Unternehmen langfristig nicht seine gesamten Kosten decken kann und in Liquiditätsschwierigkeiten kommt. Denn fließen nicht genügend Einnahmen durch Verkaufserlöse in das Unternehmen, so können die Ausgaben für die Kosten nicht gedeckt werden.

MERKE

Die kurzfristige Preisuntergrenze sind die variablen Kosten pro Stück:

$$p = k_v$$

Die langfristige Preisuntergrenze sind die gesamten Kosten pro Stück:

$$p = \frac{K}{x}$$

Mit der Festlegung der Preisuntergrenze wird die Preisgestaltung zwar flexibler, langfristig ist es aber unbedingt notwendig, dass alle Kosten gedeckt werden.

8.3 Entscheidung über die Annahme von Zusatzaufträgen

Mit Bezug auf die kurzfristige Preisuntergrenze ist diese insbesondere wichtig bei der Überlegung, ob Zusatzaufträge angenommen werden können. Unter Zusatzaufträgen sind solche Aufträge zu verstehen, die noch zusätzlich angenommen werden, wenn Kapazitäten frei sind und das Betriebsergebnis damit verbessert werden kann. Hierbei handelt es sich insbesondere um eine Periodenbetrachtung.

Beispiel

Die Sportina AG plant folgendes Produktionsprogramm für die nächste Periode:

Aufträge	Laufhose	Laufshirt	Summe
Umsatzerlöse	11.000 €	8.500 €	19.500 €
variable Kosten	6.000 €	5.500 €	11.500 €
Deckungsbeitrag	5.000 €	3.000 €	8.000 €
fixe Kosten			6.800 €
Betriebsgewinn			1.200 €

Nun sind noch freie Kapazitäten vorhanden und es liegt ein Auftrag für eine Laufjacke vor. Die variablen Kosten hierfür betragen 4.600 € und die Umsatzerlöse 5.200 €. Nun stellt sich die Frage, ob der Zusatzauftrag angenommen werden soll:

Aufträge	Laufhose/Laufshirt	Zusatzauftrag: Laufjacke	Summe
Umsatzerlöse	19.500 €	5.200 €	24.700 €
variable Kosten	11.500 €	4.600 €	16.100 €
Deckungsbeitrag	8.000 €	600 €	8.600 €
fixe Kosten	6.800 €		6.800 €
Betriebsgewinn	1.200 €	Steigerung →	1.800 €

Hier wird durch die Annahme des Zusatzauftrags eine Steigerung des Betriebsgewinns erreicht und deshalb sollte der Auftrag angenommen werden. Da der Deckungsbeitrag positiv ist, wird der Gewinn durch den Zusatzauftrag erhöht.

MERKE

Regeln für die Annahme des Zusatzauftrags:
- Ist der Deckungsbeitrag positiv, sollte der Auftrag angenommen werden.
- Ist der Deckungsbeitrag negativ, sollte der Auftrag nicht angenommen werden.

Ein positiver Deckungsbeitrag erhöht das gesamte Betriebsergebnis.

8.4 Festlegung des optimalen Produktionsprogramms

Die Deckungsbeitragsrechnung eignet sich nicht nur bei der Überlegung, ob ein Zusatzauftrag angenommen werden soll oder nicht, sondern bei der kompletten Planung des Produktionsprogramms. Wenn davon ausgegangen wird, dass die fixen Kosten nicht nur unabhängig von der Beschäftigungsmenge, sondern auch unabhängig von der Wahl eines Auftrags sind, so sollte sich ein Unternehmen für den Auftrag entscheiden, bei dem der Deckungsbeitrag am höchsten ist, denn je höher der Deckungsbeitrag, umso höher der Betrag zur Deckung der fixen Kosten.

Beispiel

Für die Produktionssparte „Fitness" muss für die kommende Woche das Produktionsprogramm geplant werden. Folgende Produkte stehen zur Auswahl, Erlöse und die variablen Kosten fallen unterschiedlich aus:

	Funktionstanktop	Funktionsshirt	Funktionstop
Nettoumsatzerlöse/Stück	21,00 €	25,00 €	18,00 €
variable Kosten/Stück	7,00 €	9,00 €	8,50 €

Die drei Produkte Tanktop, Shirt und Top aus der Funktionsoberbekleidung können auf einer Maschine gefertigt werden. Alle drei Teile beanspruchen dieselbe Maschinenlaufzeit und insgesamt können 600 Teile gefertigt werden. Allerdings sind maximal realisierbare Absatzmengen und Mindest-Produktionsmengen vorgegeben:

	Funktionstanktop	Funktionsshirt	Funktionstop
höchstmögliche Absatzmenge	240 Stück	300 Stück	150 Stück
Mindest-Produktionsmenge	150 Stück	250 Stück	100 Stück

Daraus ergibt sich folgendes optimales Produktionsprogramm:

	Funktions-tanktop	Funktions-shirt	Funktionstop	Summe
Nettoumsatzerlöse/Stück	21,00 €	25,00 €	18,00 €	
variable Kosten	7,00 €	9,00 €	8,50 €	
Stückdeckungsbeitrag	14,00 €	16,00 €	9,50 €	
höchstmögliche Absatzmenge	240 Stück	300 Stück	150 Stück	
Mindest-Produktionsmenge	150 Stück	250 Stück	100 Stück	
optimales Produktionsprogramm	200 Stück	300 Stück	100 Stück	600 Stück
Deckungsbeitrag	2.800,00 €	4.800,00 €	950,00 €	8.550,00 €
fixe Kosten				6.000,00 €
Betriebsgewinn				2.550,00 €

Erläuterung zum Beispiel:

Bei dem Vergleich der Deckungsbeiträge ergibt sich, dass der Deckungsbeitrag beim Funktionsshirt am höchsten ist. Deshalb sollte davon die höchstmögliche Absatzmenge produziert werden. Übrig bleibt noch eine Produktionsmenge von 300 Stück. Außerdem sollten auf jeden Fall die Mindestmengen der übrigen Produkte hergestellt werden. Danach bleibt noch eine Restkapazität von 50 Stück übrig. Diese restliche Kapazität sollte zur Produktion des Funktionstanks verwendet werden, um den höchst möglichen Deckungsbeitrag zu erhalten. Daraus ergeben sich – wie vorgegeben – eine Produktionsmenge von 600 Stück und ein Deckungsbeitrag in Höhe von 8.550 €. Nach Abzug des Deckungsbeitrags bleibt ein Betriebsgewinn in Höhe von 2.550 €.

Da im obenstehenden Beispiel die Produktionszeit bei allen drei Teilen gleich ist, reicht der Vergleich des absoluten Deckungsbeitrags, wie es hier vorgenommen wurde. Ist die Bearbeitungszeit unterschiedlich muss ein relativer Deckungsbeitrag zur Rate gezogen werden. Dieser bezieht sich dann zum Beispiel auf eine Zeiteinheit, wie eine Stunde, so zeigt es das folgende Beispiel:

Beispiel

In Anlehnung an das Beispiel oben wird nach einer genauen Messung der Produktionszeiten festgestellt, dass für die drei Produkte unterschiedliche Produktionszeiten zugrunde gelegt werden müssen. Daraufhin soll noch einmal das optimale Produktionsprogramm überdacht werden. Die zur Verfügung stehende Kapazität beträgt 235 Maschinenstunden. Folgende neue Rechnung mithilfe des relativen Deckungsbeitrags ergibt sich:

	Funktions-tanktop	**Funktions-shirt**	**Funktionstop**	**Summe**
Nettoumsatzerlöse/Stück	21,00 €	25,00 €	18,00 €	
variable Kosten	7,00 €	9,00 €	8,50 €	
Stückdeckungsbeitrag	14,00 €	16,00 €	9,50 €	
Produktionszeit	20 Min	30 Min	15 Min	
relativer Deckungsbeitrag (€/Std.)	42,00 €	32,00 €	38,00 €	
höchstmögliche Absatzmenge	240 Stück	300 Stück	150 Stück	
Mindest-Produktionsmenge	150 Stück	250 Stück	100 Stück	
optimales Produktionsprogramm	240 Stück	250 Stück	120 Stück	
Zeit	80 Std.	125 Std.	30 Std.	235 Std.
Deckungsbeitrag	3.360,00 €	4.000,00 €	1.140,00 €	8.500,00 €
fixe Kosten				6.000,00 €
Betriebsgewinn				2.500,00 €

Erläuterung zum Beispiel:

In diesem Beispiel wird der relative Deckungsbeitrag für alle drei Produkte ermittelt. So können die Deckungsbeiträge für alle der Erzeugnisse vergleichbar gemacht werden. Nun stellt sich heraus, dass das Funktionstanktop den höchsten relativen Deckungsbeitrag hat. Deshalb sollte auch von diesem Artikel die höchste Menge hergestellt werden. In Stunden würde diese Produktionsmenge 80 Stunden benötigen. Dazu müssen die Mindestmengen der übrigen Produkte eingeplant werden. Für das Funktionsshirt würde dies 125 Stunden und für das Funktionstop 25 Stunden ausmachen. Übrig bleiben noch 5 Stunden. In dieser Zeit sollte das Funktionstop hergestellt werden. Da in einer Stunde 4 Tops produziert werden können, könnten in dieser Zeit 20 Tops zusätzlich hergestellt werden.

Daraus ergibt sich ein gesamter Deckungsbeitrag in Höhe von 8.500 €. Nach Abzug der fixen Kosten ergibt sich ein Betriebsgewinn in Höhe von 2.500 €.

Geschäftsprozesse darstellen und optimieren

Der berufliche Alltag ist vom Prinzip der Arbeitsteilung geprägt, d. h. die betrieblichen Leistungen werden im Rahmen von komplexen Arbeitsabläufen durch eine Gruppe von Mitarbeitern gemeinsam erbracht.

Das Lernfeld 11 beschäftigt sich mit den organisatorischen Voraussetzungen, die für diese Form der gemeinschaftlichen Leistungserbringung notwendig sind. Die Auszubildenden lernen in diesem Zusammenhang die Ziele und Aufgaben der Betriebsorganisation sowie die Formen organisatorischer Regeln kennen.

Obwohl sich die Inhalte des Lernfelds auf die Darstellung, Analyse und Optimierung von Geschäftsprozessen konzentrieren, bildet der organisatorische Aufbau eines Unternehmens die Grundlage für die erfolgreiche Durchführung von Arbeitsabläufen. Aus diesem Grund beschäftigen sich die Auszubildenden auch mit dem Thema „Aufbauorganisation" und erarbeiten sich diesbezüglich den Aufbau von Organigrammen, die Maßnahmen zur Bildung von Stellen und Abteilungen sowie die verschiedenen Formen von Leitungssystemen.

Der Schwerpunkt des Lernfelds liegt jedoch auf der Prozessorganisation und den damit verbundenen Aufgaben zur Analyse und Optimierung von Geschäftsprozessen. Für die Erhebung der dafür notwendigen Informationen erarbeiten sich die Auszubildenden die Methoden der Ist-Aufnahme. Anschließend werden die gesammelten Daten mithilfe von verschiedenen Diagrammtypen dargestellt.

Die aufbereiteten Prozessdokumentationen dienen dann als Grundlage für die Analyse und Optimierung der Abläufe. Die Auszubildenden leiten Verbesserungsvorschläge ab, deren Umsetzung sie dann mithilfe geeigneter Methoden zur Prozesseinführung planen.

Zum Abschluss des Lernfelds werden die Ziele und Maßnahmen des Prozesscontrolling und des Qualitätsmanagement erläutert und damit die Werkzeuge vorgestellt, welche die Leistungsfähigkeit und die Qualität der Geschäftsprozesse dauerhaft sicherstellen sollen.

11

1. Grundlagen der betrieblichen Organisation

Das Prinzip der Arbeitsteilung erleichtert das menschliche Zusammenleben bereits seit Beginn der Menschheitsgeschichte und stellt somit eine der wichtigsten Grundlagen für unsere Zivilisation dar. Die Anwendung dieses Prinzips ermöglicht es Personen als Teil einer Gruppe, sich innerhalb eines komplexen Arbeitsablaufs auf einzelne Aufgaben zu konzentrieren und durch die regelmäßige Ausführung dieser Aufgaben Erfahrungen sowie neue Kenntnisse zu sammeln. Auf diese Weise entstehen letztlich Berufe, die nichts anderes als eine Spezialisierung auf bestimmte Tätigkeiten darstellen.

In einem Unternehmen müssen inzwischen eine Vielzahl von unterschiedlichen, betrieblichen Aufgaben erfüllt werden, sodass das Prinzip der Arbeitsteilung wichtiger ist als je zuvor. Allerdings führt die immer stärker ausgeprägte Spezialisierung dazu, dass die im Unternehmen anfallenden Tätigkeiten ständig in kleinere Teilaufgaben zerlegt werden. Aufgrund dieser Entwicklung wird es zunehmend schwieriger, den Überblick über den Gesamtzusammenhang zu behalten und die Erreichung der gemeinsamen Unternehmensziele durch die Erfüllung der verschiedenen Einzeltätigkeiten sicherzustellen.

Infoband 1, LF 1, Kap. 10.6

An diesem Punkt setzt die betriebliche Organisation an, indem sie Regeln für die zielgerichtete Zusammenarbeit der Mitarbeiter in einem Unternehmen festlegt und deren Einhaltung kontrolliert. Diese Regeln werden in ihrer Gesamtheit auch als Betriebsorganisation bezeichnet und können neben den betroffenen Personen beispielsweise ebenfalls die benötigten, betrieblichen Sachmittel (Maschinen, Computer, Büromittel, Rohstoffe, Softwaresysteme usw.) umfassen.

1.1 Organisatorische Regeln

Für die Schaffung organisatorischer Regeln müssen drei grundsätzliche Voraussetzungen erfüllt sein:

Bei der Festlegung von organisatorischen Regeln für ein Unternehmen wird zwischen den folgenden Abstufungen unterschieden:

- **generelle Regelungen (Organisation):** Für sich regelmäßig wiederholende Aufgaben werden diese dauerhaften organisatorischen Regelungen geschaffen, die die Erledigung dieser Aufgaben eindeutig, allgemein gültig und ohne Handlungsspielraum festlegen.

  Beispiel: Bei der Erstellung eines Angebots muss ein Vertriebsmitarbeiter grundsätzlich 2 % Skonto bei einem Zahlungseingang innerhalb von 10 Tagen nach Rechnungseingang berücksichtigen.

- **fallweise Regelungen (Disposition)**: Für unregelmäßige, aber vorhersehbare Tätigkeiten legen diese organisatorischen Regeln flexiblere Vorgaben zur Bearbeitung fest. Bei der Erledigung der Tätigkeiten gelten einerseits feste Richtlinien, die einen Großteil der möglichen (Standard-)Fälle abdecken und deren Bearbeitung eindeutig vorschreiben, gleichzeitig erlauben die fallweisen Regelungen begrenzte Spielräume für individuelle Entscheidungen innerhalb von (seltenen) Sondersituationen.

Beispiel: Bei der Erstellung eines Angebots darf ein Vertriebsmitarbeiter bis 2.000 € Auftragswert 2 % Rabatt gewähren und bei einem Auftragswert bis zu 4.000 € sogar 5 % (→ feste Vorgaben für alltägliche Fälle). Für Angebote mit einem Auftragswert über 4.000 € legt der Vertriebsmitarbeiter gemeinsam mit dem Vertriebsleiter einen individuellen Rabatt fest (→ individuelle Lösung für Sonderfälle).

- **spontane Regelungen (Improvisation):** Wenn für eine Aufgabenstellung keine feste organisatorische Regelung vereinbart wurde, muss diese spontan bearbeitet werden. Die Lösung einer solchen Aufgabe wird somit individuell, ohne vorab definierte Einschränkungen, durch die Mitarbeiter gestaltet.

  Beispiel: Aufgrund einer Grippewelle ist für eine Woche kein Vertriebsmitarbeiter im Unternehmen verfügbar. Die Vertriebsleiterin entscheidet kurzfristig, dass zwei Außendienstmitarbeiter für diese Zeit die Aufgaben in der Vertriebsabteilung aushilfsweise übernehmen.

Bei der Festlegung von organisatorischen Regelungen ist auf eine angemessene Balance zwischen den drei oben beschriebenen Abstufungen „generelle Regelungen", „fallweise Regelungen" und „spontane Regelungen" zu achten.

Gelten in einem Unternehmen zu viele generelle Regelungen, kann dies eine starre und unflexible Arbeitsweise verursachen. Unerwartete Situationen führen dann häufig zur Überforderung der Mitarbeiter und die Lösung der Probleme verzögert sich. Dieser Zustand wird als **Überorganisation** bezeichnet.

Wenn in einem Unternehmen stattdessen nur sehr wenig generelle Regelungen vereinbart wurden, kommt es zu einer sogenannten **Unterorganisation**, in der die Mitarbeiter die meisten Entscheidungen und Lösungen spontan ohne Vorgaben treffen müssen. Insbesondere unter Zeitdruck kann dies wiederum zu Fehlern und zu neuen Problemen führen.

Gerade in jungen Unternehmen findet sich üblicherweise noch keine ausgeprägte Betriebsorganisation, d. h. die meisten Aufgabenstellungen werden spontan bearbeitet. Erst wenn ein Unternehmen wächst und Erfahrungen sammelt, steigt die Anzahl der generellen Regelungen, die die fallweisen bzw. spontanen Regelungen nach und nach ersetzen. Diese Entwicklung wird unter dem Begriff „Substitutionsprinzip der Organisation" zusammengefasst.

1.2 Ziele und Grundsätze der betrieblichen Organisation

Die betriebliche Organisation dient vorrangig dazu, die Erfüllung der Unternehmensziele zu unterstützen und sicherzustellen. Diese Ziele können dabei in zwei Kategorien unterteilt werden.

Infoband 1, LF 1, Kap. 11.2

Formalziele	Sachziele
Formalziele stellen die übergeordneten, wirtschaftlichen Unternehmensziele dar. Bei den meisten Unternehmen steht diesbezüglich die Erzielung von Gewinn im Vordergrund. Weitere Formalziele können sich jedoch auch auf das Unternehmenswachstum, das Unternehmensimage, den Erhalt von Arbeitsplätzen oder den Schutz der Umwelt beziehen.	Sachziele legen die Leistungen fest, die ein Unternehmen erbringt, um die Formalziele zu erfüllen. Zum Beispiel besteht das Sachziel einer Möbelschreinerei darin, Möbel herzustellen und zu vertreiben. Handelsunternehmen dagegen kaufen Waren ein und verkaufen sie dann weiter.

Um diese Unternehmensziele bestmöglich zu erfüllen, muss die betriebliche Organisation bestimmte Grundsätze erfüllen:

- **Zweckmäßigkeit:** Die organisatorischen Regelungen sollten sich auf konkrete Aufgabenstellungen im Unternehmen beziehen und sinnvoll zu deren erfolgreichen Bearbeitung beitragen.
- **Wirtschaftlichkeit:** Die organisatorischen Regelungen sollten sich grundsätzlich am **ökonomischen Prinzip** orientieren, d. h. entweder das **Maximalprinzip** (maximale Zielerreichung bei vorgegebenen Mitteln) oder das **Minimalprinzip** (Erreichung eines vorgegebenen Ziels mit möglichst geringen Mitteln) verfolgen.

Infoband 1, LF 1, Kap. 10.4

- **Klarheit:** Die organisatorischen Regelungen sollten eindeutig sein und sich nicht gegenseitig widersprechen. Die Strukturen, Aufgaben und Verantwortungsbereiche der Betriebsorganisation müssen dazu möglichst präzise dokumentiert und die betroffenen Mitarbeiter davon umfassend in Kenntnis gesetzt werden.
- **organisatorisches Gleichgewicht:** Die organisatorischen Regelungen sollten den Mitarbeitern Stabilität und Beständigkeit bieten, ihnen gleichzeitig aber auch Raum für die Umsetzung von flexiblen und kreativen Lösungen lassen. Der Zustand, in dem die generellen Regelungen, die fallweisen Regelungen sowie die spontanen Regelungen in einem optimalen Verhältnis zueinander stehen, wird als organisatorisches Gleichgewicht bezeichnet.

1.3 Bereiche der betrieblichen Organisation

Die organisatorischen Regelungen in einem Unternehmen können in die folgenden zwei Hauptbereiche der betrieblichen Organisation unterteilt werden:

Infoband 1, LF 1, Kap. 8.

- Aufbauorganisation
- Ablauforganisation.

1.3.1 Bedeutung der Aufbauorganisation

Die Aufbauorganisation definiert die Organisationseinheiten im Unternehmen, deren Aufgaben und Kompetenzen sowie ihre Beziehungen untereinander. In diesem Zusammenhang werden die folgenden Kategorien von Organisationseinheiten unterschieden:

Stelle	Eine Stelle gilt als kleinste Organisationseinheit in einem Betrieb. Sie wird von einem Mitarbeiter ausgefüllt und die damit verbundenen Aufgaben und Kompetenzen sind in einer Stellenbeschreibung festgeschrieben.
Gruppe/Team	Abhängig von den zu erfüllenden Aufgaben und der Abteilungsgröße können mehrere Stellen in einer Gruppe bzw. in einem Team zusammen an den gleichen Objekten arbeiten. Die Leitungsverantwortung übernimmt häufig ein Gruppen-/Teamleiter.
Abteilung	Stellen bzw. Gruppen werden anhand eines gemeinsamen Merkmals (z. B. Tätigkeitsgebiet, regionale Zuordnung oder bearbeitete Objekte) zu einer Abteilung zusammengefasst. Die Abteilung wird von einem Abteilungsleiter geführt.
Hauptabteilung/ Bereich	In großen Unternehmen werden die Abteilungen zu Hauptabteilungen bzw. Bereichen zusammengefasst. Deren Bereichsleiter unterstehen dann direkt der Geschäftsführung.

Die Zusammenhänge zwischen den verschiedenen Organisationseinheiten in einem Unternehmen werden durch das Leitungssystem bestimmt und können in einem Organigramm grafisch dargestellt werden.

Infoband 1, LF 1, Kap. 8.1

Um den Umfang und die Komplexität einer Aufbauorganisation einzuschätzen, können die Kennzahlen **Instanzentiefe** und **Instanzenbreite** bestimmt werden. Die Instanzentiefe gibt dabei die Anzahl der Hierarchieebenen in der Aufbauorganisation an, während die Instanzenbreite die gesamte Zahl der Organisationseinheiten auf einer Hierarchieebene wiedergibt.

1.3.2 Bedeutung der Ablauforganisation

Die Ablauforganisation beschreibt die Durchführung der Arbeits- bzw. Geschäftsprozesse im Unternehmen und legt für die einzelnen Arbeitsschritte unter anderem die zeitliche Reihenfolge, die verantwortlichen Organisationseinheiten sowie die Voraussetzungen und die Ergebnisse fest. Das Ziel besteht dabei darin, die betrieblichen Arbeitsabläufe, z. B. in Bezug auf die benötigte Zeit, die entstehenden Kosten sowie die Qualität der Ergebnisse, bestmöglich zu optimieren.

Infoband 1, LF 1, Kap. 8.2

Um die verschiedenen Aspekte der Geschäftsprozesse zu berücksichtigen, wird die Ablauforganisation in die folgenden Bereiche unterteilt:

- **funktionsorientierte Ablauforganisation**: Festlegung der durchzuführenden Tätigkeiten, deren Reihenfolge, Voraussetzungen und Ergebnisse
- **zeitorientierte Ablauforganisation**: Terminliche Planung der durchzuführenden Tätigkeiten
- **raumorientierte Ablauforganisation**: Örtliche Zuordnung der für die durchzuführenden Tätigkeiten benötigten personellen und materiellen Ressourcen.

1.4 Aufgaben der Organisationsabteilung

Bei einer Organisationsabteilung handelt es sich um eine Organisationseinheit im Unternehmen, die sich mit den verschiedenen Aspekten der betrieblichen Organisation beschäftigt. Diese Organisationseinheit übernimmt in diesem Zusammenhang die folgenden Aufgaben:

Organisationsanalyse
Dokumentation der bestehenden Betriebsorganisation (= Ist-Aufnahme) und Suche nach vorhandenen Schwachstellen (= Ist-Analyse)

Organisationsplanung
Festlegung der Ziele und des Aufbaus der zukünftigen organisatorischen Strukturen auf Grundlage der vorgegebenen Unternehmensziele

Organisationsgestaltung
Erstellung der konkreten organisatorischen Regelungen, z. B. die Definition und Einordnung von Stellen oder die Formulierung von Arbeitsanweisungen für Geschäftsprozesse

Organisationseinführung
Dokumentation und Einführung der neuen bzw. veränderten Betriebsorganisation (z. B. durch die Vorbereitung und Durchführung von Mitarbeiterschulungen) sowie die Kontrolle der tatsächlichen Umsetzung

In großen Unternehmen werden die beschriebenen Aufgaben im Allgemeinen von einer speziell zu diesem Zweck eingerichteten Organisationsabteilung übernommen. Die Mitarbeiter dieser Abteilung beschäftigen sich demnach hauptamtlich und abteilungsübergreifend mit der Analyse, Weiterentwicklung und Kontrolle der Betriebsorganisation.

Für kleine und mittlere Unternehmen ist die Schaffung einer eigenen Organisationsabteilung jedoch unter Betrachtung der entstehenden Kosten häufig nicht sinnvoll. Stattdessen übernehmen die Organisationsaufgaben andere Aufgabenträger im Unternehmen, z. B. die Geschäftsführung selbst oder die Leiter der einzelnen Abteilungen.

2. Aufbauorganisation

Im Rahmen der Festlegung einer betrieblichen Aufbauorganisation werden die einzelnen Stellen im Unternehmen gebildet und ihre Beziehungen untereinander definiert. Anschließend werden die Stellen zu Teams, Abteilungen bzw. Bereichen zusammengefasst. Das Ergebnis dieser Tätigkeiten kann durch ein sogenanntes Organigramm visualisiert werden.

2.1 Aufbau von Organigrammen

Organigramme stellen Organisationseinheiten und deren Beziehungen in Form von Weisungsbefugnissen grafisch dar. Sie dienen dazu, aufbauorganisatorische Strukturen (z. B. eines Unternehmens) sichtbar zu machen und erfüllen dadurch unter anderem die folgenden Aufgaben:

- Neue Mitarbeiter und externe Personen (z. B. Kunden, Lieferanten, Kapitalgeber) erhalten einen schnellen Überblick über die Aufbauorganisation und über die grundsätzliche organisatorische Ausrichtung des Unternehmens.
- Die grafische Dokumentation kann als Grundlage für die Weiterentwicklung der Aufbauorganisation dienen.

Der Aufbau von Organigrammen ist nicht standardisiert, allerdings haben sich in der Praxis die nachstehenden Gestaltungsregeln bewährt.

Infoband 1, LF 1, Kap. 8.1

In Organigrammen werden üblicherweise zwei verschiedene Darstellungsformen von Stellen unterschieden.

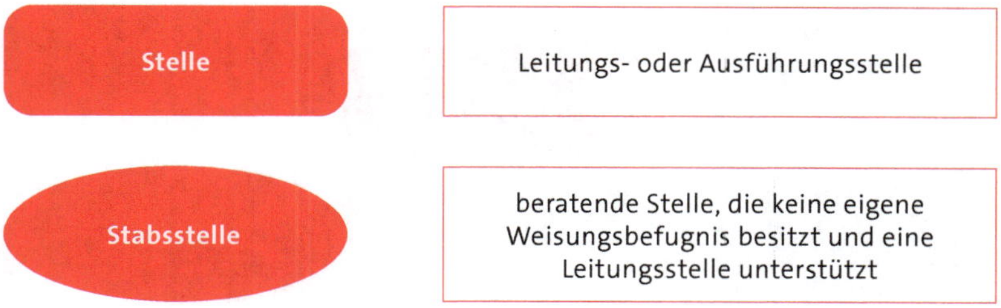

Die Beziehung zwischen zwei Stellen kann in einem Organigramm ebenfalls auf verschiedene Arten dargestellt werden. Dabei wird zwischen **voller (disziplinarischer) Weisungsbefugnis** und **fachlicher Weisungsbefugnis** unterschieden. Die fachliche Weisungsbefugnis beschränkt sich dabei nur auf die Erteilung von fachbezogenen Anweisungen (z. B. die Verteilung von Aufgaben) während die disziplinarische Weisungsbefugnis auch arbeitsrechtliche und betriebsorganisatorische Belange (z. B. Kündigungen, Gehaltsverhandlungen usw.) beinhaltet.

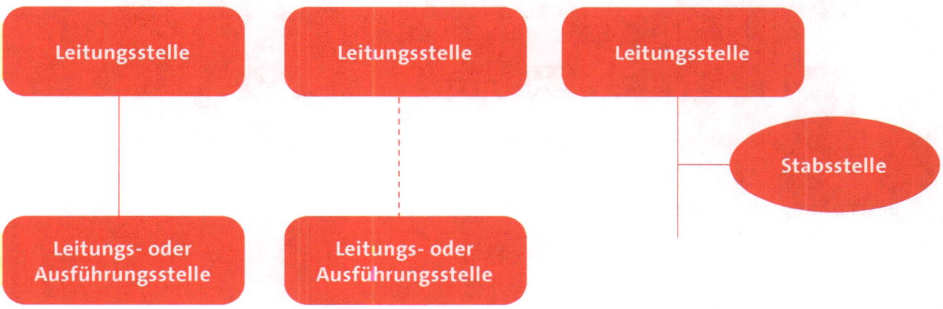

Die übergeordnete Stelle besitzt volle (disziplinarische) Weisungsbefugnis über die untergeordnete Stelle.

Die übergeordnete Stelle besitzt nur fachliche Weisungsbefugnis über die untergeordnete Stelle. Eine Stelle kann mit mehreren übergeordneten Stellen durch fachliche Weisungsbefugnisse verknüpft sein.

Die Stabsstelle besitzt keine eigene Weisungsbefugnis, sondern ist der Leitungsstelle untergeordnet und berät bzw. unterstützt diese im Rahmen des zugeordneten Aufgabenbereichs.

Die Zusammenfassung von Stellen zu Teams oder Abteilungen kann in einem Organigramm beispielsweise durch gestrichelte Rahmen um die entsprechenden Elemente dargestellt werden.

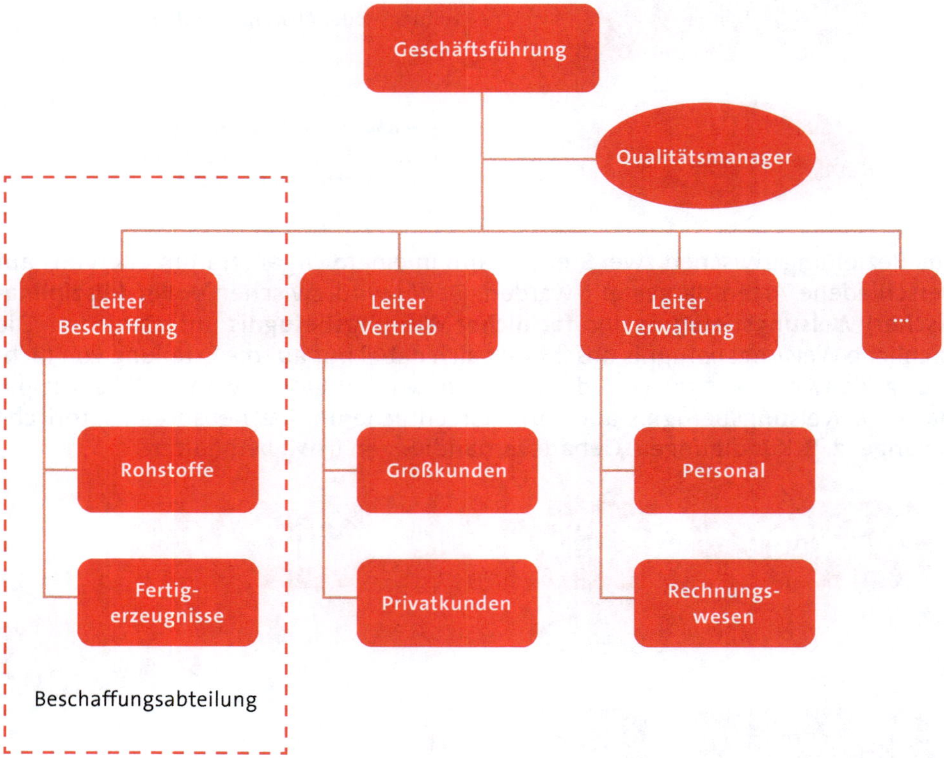

2.2 Erstellung von Organigrammen mit Microsoft Word

Mithilfe der Textverarbeitungssoftware Microsoft Word ist es bis auf wenige Einschränkungen möglich, über die SmartArt-Funktionen ein Organigramm gemäß den beschriebenen Regeln zu erstellen.

Tutorial-PDF in Band 1

Zu diesem Zweck muss zuerst im Menüband auf der Registerkarte „Einfügen“ über die Schaltfläche „SmartArt“ ❶ in der Kategorie „Hierarchie“ ❷ ein Objekt vom Typ „Organigramm“ ❸ in das Dokument eingefügt werden.

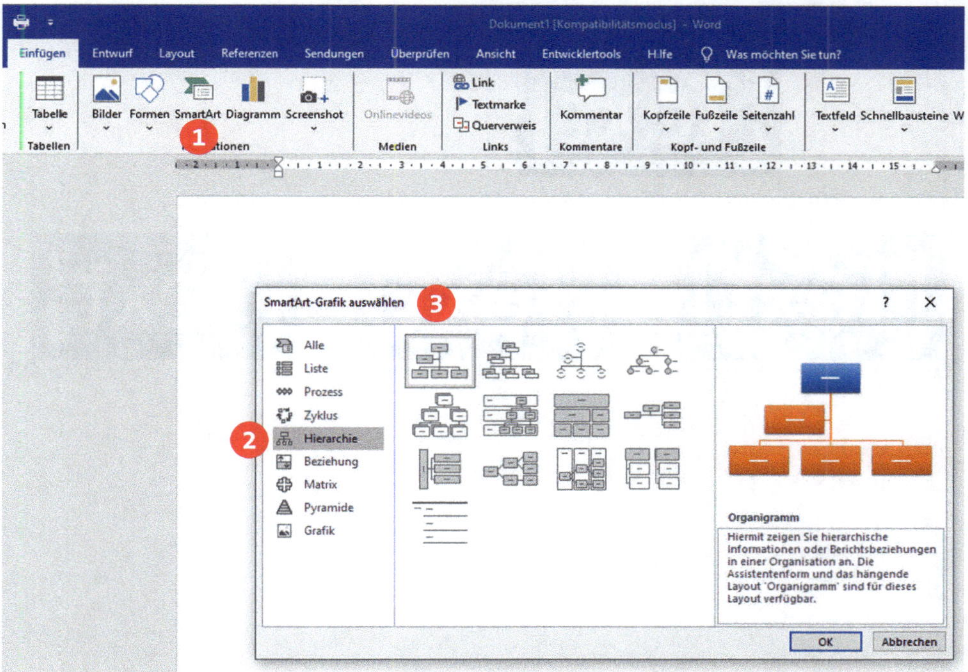

TIPP

Organigramme von größeren Unternehmen werden häufig sehr breit. Aus diesem Grund ist es im Allgemeinen sinnvoll, für die Seite mit dem Organigramm das Querformat auszuwählen.

Nach dem Einfügen der SmartArt enthält das neue Organigramm bereits einige Beispielsstellen, deren Bezeichnungen durch Anklicken bearbeitet werden können.

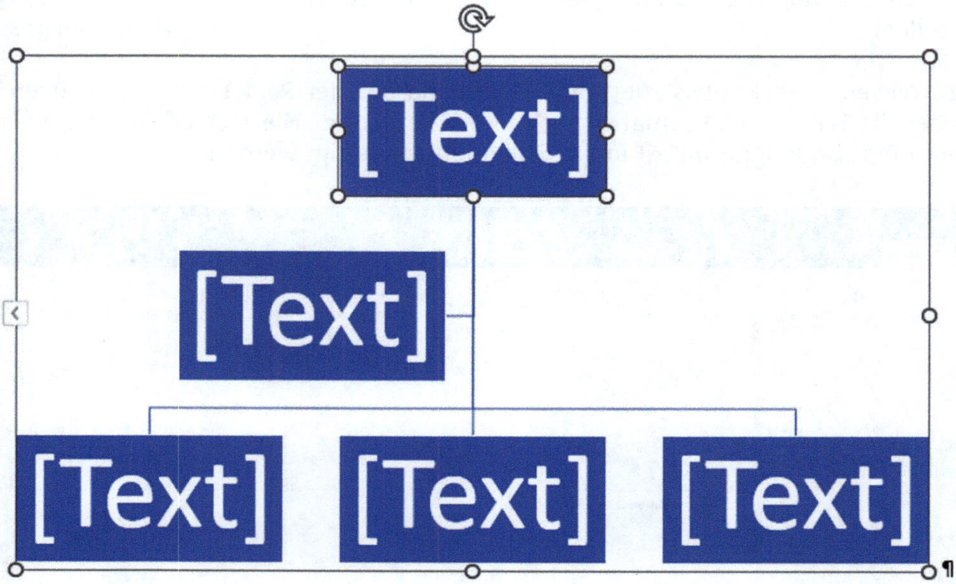

Neue Stellen können über das Spezialregisterblatt „SmartArt-Design" (unter „SmartArt-Tools") ❶ über die Schaltfläche „Form einfügen" ❷ hinzugefügt werden. Dabei ist zu beachten, dass die ausgewählte Position ❸ der neuen Stelle von der aktuell markierten Organisationseinheit ❹ abhängig ist.

ACHTUNG

Stabsstellen werden in Microsoft Word als Assistenten bezeichnet.

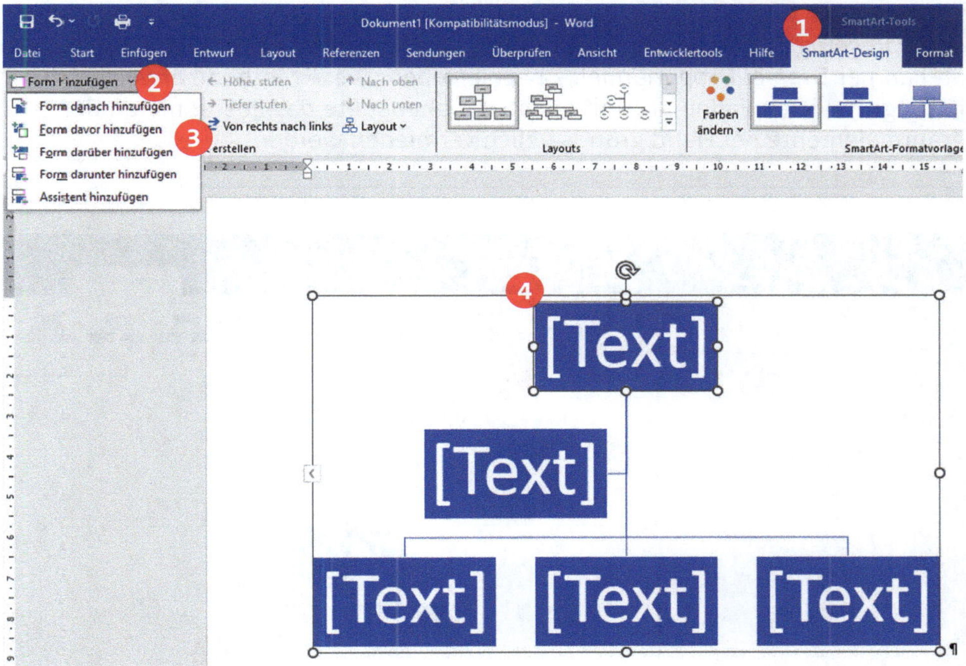

Neben der Möglichkeit, eine markierte Stelle im Organigramm zu verschieben ❶, bietet die Registerkarte „SmartArt-Design“ (unter „SmartArt-Tools“) insbesondere verschiedene Layout-Varianten ❷, die helfen können, den Platz im Dokument möglichst optimal auszunutzen. Die ausgewählte Layout-Einstellung gilt dabei für die markierte Organisationseinheit und die darunter angesiedelten Stellen ❸.

TIPP

Microsoft Word versucht automatisch das Organigramm bestmöglich lesbar darzustellen. Die verschiedenen Layout-Varianten können genutzt werden, um diese softwareseitige Optimierung zu beeinflussen. Alternativ ist es auch möglich, die Stellen per Drag & Drop manuell zu verschieben. Diese Methode erweist sich allerdings in vielen Fällen als unbrauchbar, daher sollte das Positionieren der Diagrammelemente per Hand grundsätzlich vermieden werden.

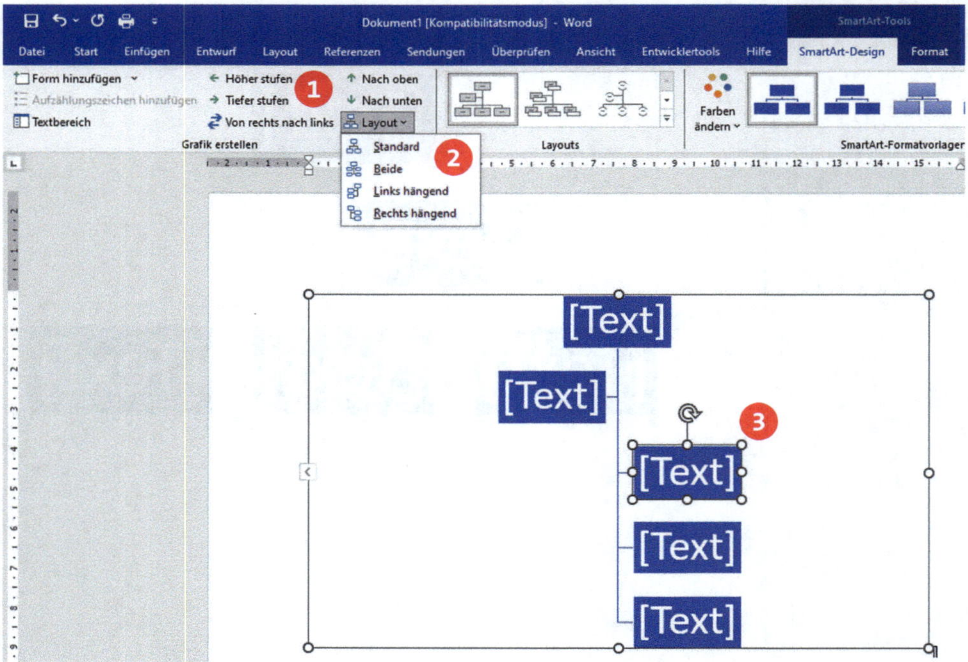

Auf der Registerkarte „Format“ (unter „SmartArt-Tools“) ❶ sind verschiedene Funktionen ❷ enthalten, mit deren Hilfe die Gestaltung des Organigramms verändert werden kann. Außerdem können die Formen der einzelnen Stellen über die Schaltfläche „Form ändern“ ❸ angepasst werden. Auf diese Weise ist es beispielsweise möglich, eine Stabsstelle als Ellipse darzustellen anstatt wie von Microsoft Word standardmäßig vorgesehen als Rechteck. Über die verschiedenen Einstellungsmöglichkeiten unter „Formkontur“ ❹ können zusätzlich auch fachliche Weisungsbefugnisse in der Form von gestrichelten Linien eingefügt werden.

INFO

In Microsoft Word ist es jedoch nicht möglich, mehrere übergeordnete Organisationseinheiten für eine einzelne Stelle abzubilden.

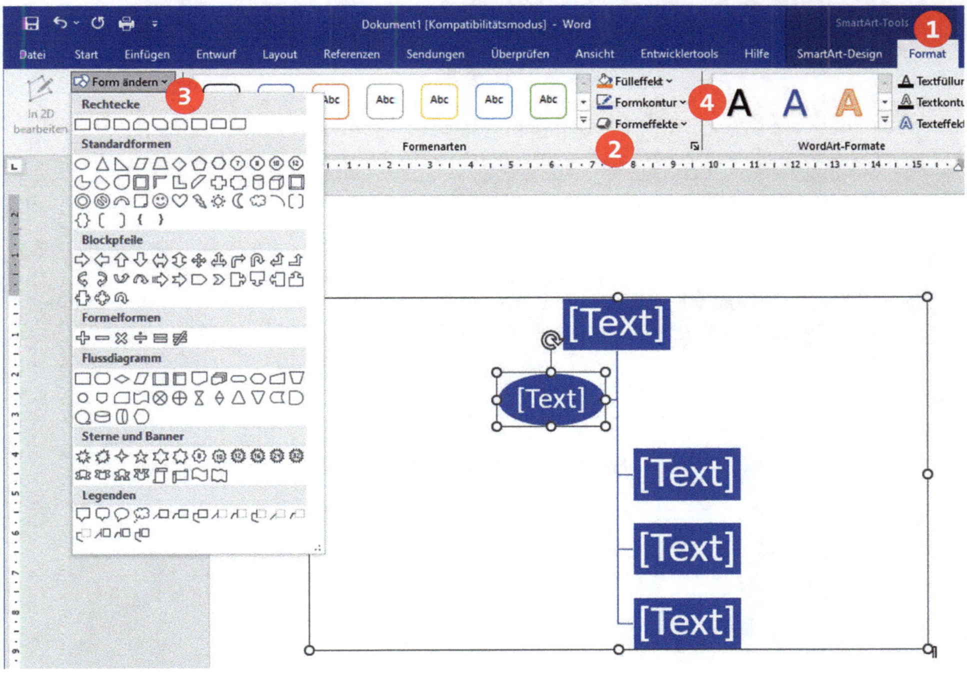

2.3 Entwicklung einer Aufbauorganisation

Eine Aufbauorganisation stellt das Fundament für die Zusammenarbeit in einem Unternehmen dar, indem sie die Aufgaben und Kompetenzen aller Stellen, die Zusammenfassung zu Teams, Abteilungen und Bereichen sowie die Beziehungen untereinander auf Basis von Weisungs- und Entscheidungsbefugnissen definiert.

Um eine solche Aufbauorganisation systematisch und zielgerichtet zu entwickeln, müssen die folgenden Prozessschritte durchgeführt werden:

Aufgabenanalyse:
Ermittlung aller im Unternehmen anfallenden Aufgaben und Tätigkeiten

↓

Aufgabensynthese (Stellenbildung):
Zusammenfassung von zusammengehörigen Aufgaben zu Stellen

↓

Abteilungsbildung:
Zusammenfassung von zusammengehörigen Stellen zu Abteilungen bzw. Teams

↓

Festlegung eines Leitungssystems:
Definition der organisatorischen Beziehungen zwischen den einzelnen Stellen untereinander sowie zur Unternehmensleitung (z. B. Weisungsbefugnisse, Vertretungsregelungen)

↓

Ergebnis: Aufbauorganisation

2.4 Aufgabenanalyse

Das Ziel der Aufgabenanalyse besteht darin, alle Einzelaufgaben, die im Unternehmen erledigt werden müssen, strukturiert zu erfassen. Als Ausgangspunkt dient dabei die betriebliche Gesamtaufgabe, die den unternehmerischen Sachzielen entspricht. Diese Gesamtaufgabe wird im ersten Schritt in Hauptaufgaben unterteilt, die wiederum in Teilaufgaben und diese schließlich in die gesuchten Einzelaufgaben weiter zerlegt werden.

Am Ende der Aufgabenanalyse liegt eine hierarchische Übersicht über die Aufgaben im Unternehmen in Form des sogenannten **Aufgabengliederungsplans** vor.

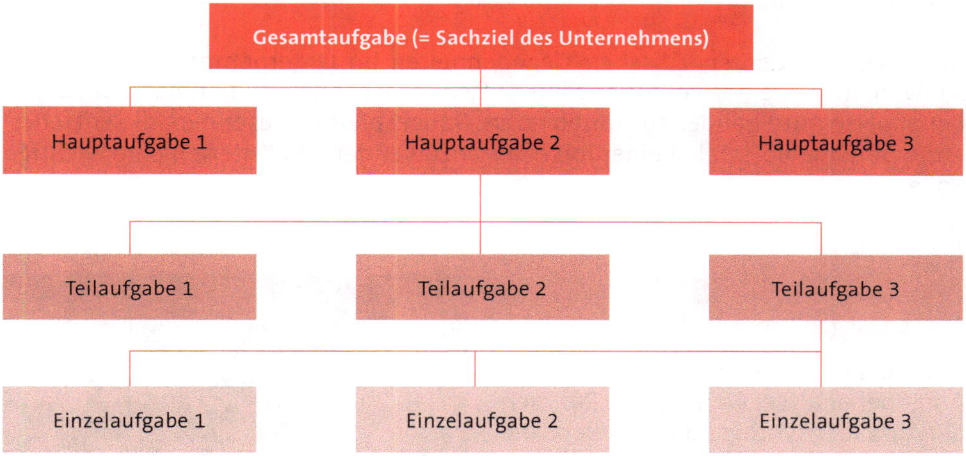

Die Aufteilung der Aufgaben in einem Unternehmen kann anhand der folgenden fünf Kriterien erfolgen:

- **Aufteilung nach Verrichtungen:** Die Aufgabe wird in einzelne Tätigkeiten bzw. Tätigkeitsbereiche (= Verrichtungen) unterteilt (z. B. „Beschaffung der Rohstoffe", „Produktion von Gütern", „Vertrieb der Güter").
- **Aufteilung nach Objekten:** Die Aufgabe wird im ersten Schritt in die betroffenen Objekte gegliedert. Als Objekte können dabei die Ausgangsobjekte (z. B. Rohstoffe, Werkstoffe), die Endobjekte (z. B. Produkte, Dienstleistungen, Informationen), die beteiligten Personen (z. B. Kundengruppen, Lieferanten, Mitarbeiter) und Regionen bzw. Orte (z. B. Vertriebsgebiete, Standorte) dienen. Den identifizierten Objekten werden im nächsten Schritt dann die passenden Tätigkeiten bzw. Verrichtungen zugeordnet.
- **Aufteilung nach Phasen:** Die Bearbeitung von komplexen betrieblichen Aufgaben erfolgt im Allgemeinen in mehreren Phasen (z. B. Planung, Vorbereitung, Durchführung, Kontrolle). Diese Phasen können auch als Kriterien für die Aufteilung in Einzelaufgaben verwendet werden.

- **Aufteilung nach Rang:** Diese Vorgehensweise geht davon aus, dass jede Aufgabe aus Entscheidungs- und in Ausführungsteilaufgaben besteht. Entscheidungsteilaufgaben gelten dabei als Voraussetzungen für die Ausführungsteilaufgaben und sind diesen zeitlich vorgelagert. So kann beispielsweise die Aufgabe „Kauf von Büromaterial" in „Auswahl eines Lieferanten" (= Entscheidung) und „Bestellung des Büromaterials" (= Ausführung) unterteilt werden.
- **Aufteilung nach Zweck:** Die Aufgabe wird in Zweckteilaufgaben und Verwaltungsteilaufgaben gegliedert. Bei den Zweckteilaufgaben handelt es sich um Tätigkeiten, die direkt zur Erfüllung der Gesamtaufgabe beitragen (z. B. die Herstellung eines Produkts) während Verwaltungsteilaufgaben den technischen und organisatorischen Rahmen schaffen (z. B. die Verwaltung der Informationstechnik).

Abhängig von den spezifischen Gegebenheiten im Unternehmen ist es häufig sinnvoll, mehrere der beschriebenen Aufteilungskriterien im Rahmen der Aufgabenanalyse miteinander zu kombinieren. Dabei spielt insbesondere die Entscheidung über die optimale Reihenfolge der anzuwendenden Kriterien eine wichtige Rolle.

2.5 Stellenbildung (Aufgabensynthese)

Aufbauend auf den Ergebnissen der Aufgabenanalyse werden im Rahmen der Aufgabensynthese anschließend die gesammelten Einzelaufgaben einzelnen Aufgabenträgern (z. B. Menschen, Maschinen, IT-Systemen) zugeordnet.

Werden zusammengehörige Einzelaufgaben einer Person bzw. einem Mitarbeiter zugewiesen, entsteht dadurch eine Stelle, die kleinste Organisationseinheit in der Aufbauorganisation. Die Verantwortlichkeiten und die Kompetenzen dieser Stelle ergeben sich durch die zugeordneten Aufgaben und gleichzeitig werden so auch die fachlichen Anforderungen an die beruflichen Kenntnisse und Fähigkeiten für mögliche Bewerber auf die Stelle bestimmt.

Infoband 2, LF 8, Kap. 1.

Bei der Zusammenfassung von Einzelaufgaben zu Stellen sollten die folgenden Prinzipien berücksichtigt werden:

- **Fachliche Zusammengehörigkeit der Aufgaben:** Durch die Zusammenfassung gleichartiger Aufgaben steigt die Spezialisierung der betreffenden Stelle und die damit verbundenen Personalkapazitäten werden wirtschaftlicher genutzt.

Darüber hinaus führt eine höhere Spezialisierung zu qualitativ besseren Arbeitsergebnissen.

- **Leistbarkeit der Aufgaben:** Die der Stelle zugeordneten Aufgaben müssen sowohl in der Anzahl als auch im Hinblick auf die zu erwartenden Qualifikationen durch einen Mitarbeiter mit einem normalen Leistungspotenzial in der vorgesehenen Arbeitszeit erfüllt werden können.
- **Überschaubarkeit der Aufgaben:** Die zugeordneten Aufgaben müssen für den Mitarbeiter, der die entsprechende Stelle ausfüllen soll, verständlich und kalkulierbar bleiben.

Abhängig von der Unterschiedlichkeit der Aufgaben, die einer Stelle zugeordnet werden, kann diese in eine der folgenden beiden Kategorien einsortiert werden:

Generalist	**Spezialist**
Stelle mit unterschiedlichen Aufgaben, für die Kompetenzen in verschiedenen Wissensgebieten benötigt werden.	Stelle mit gleichartigen Aufgaben zu einem bestimmten Thema, für deren Bearbeitung ein hohes Spezialwissen in dem entsprechenden Wissensgebiet benötigt wird.
Beispiele: *Leiter/in einer Filiale, Assistent/in der Geschäftsführung*	*Beispiel:* *Personalbuchhalter/in, Produkttester/in*

Unter Berücksichtigung der wirtschaftlichen Objekte (z. B. Rohstoffe, Produkte, Kunden und Regionen), auf die sich die zu verteilenden Einzelaufgaben beziehen, können darüber hinaus die folgenden beiden Vorgehensweisen unterschieden werden:

Zentralisation	**Dezentralisation**
Zuordnung gleichartiger Aufgaben zu einer Stelle unabhängig von den betroffenen Objekten	Aufteilung gleichartiger Aufgaben auf unterschiedliche Stellen in Abhängigkeit der betroffenen Objekte
Beispiel: Alle Vertriebsaktivitäten eines Unternehmens werden von einer zentralen Vertriebsabteilung geplant, durchgeführt und gesteuert.	**Beispiel:** Jeder Vertriebsregion ist ein spezieller Vertriebsmitarbeiter vor Ort zugeordnet, der die Vertriebsaktivitäten in dieser Region plant, durchführt und steuert.

Die im Rahmen der Aufgabensynthese gebildeten Stellen können auf Basis ihrer Aufgaben und ihrer Weisungsbefugnisse in die folgenden Kategorien eingeteilt werden:

- **Leitungsstellen (auch Instanzen):** Stellen mit Weisungs- und Entscheidungsbefugnissen, die primär Funktionen aus den Bereichen „Entscheidung, „Anordnung", „Überwachung" und „Koordination" erfüllen.
- **Ausführungsstellen:** Stellen ohne eigene Weisungs- und Entscheidungsbefugnisse, die hauptsächlich mit der Umsetzung der Anordnungen der Leitungsstellen beauftragt sind.
- **Stabsstellen:** Stellen, die keine eigenen Weisungs- und Entscheidungsbefugnisse besitzen, sondern eine zugeordnete Leitungsstelle unterstützen und entlasten. Die Aufgaben von Stabsstellen weisen häufig eine sehr hohe Spezialisierung auf und setzen besondere Fachkenntnisse voraus.

2.6 Abteilungsbildung

Die Größe eines Unternehmens bestimmt die Anzahl der unterschiedlichen Stellen, die im Rahmen der Aufgabensynthese gebildet werden. Bei kleineren Unternehmen, die nur eine Handvoll Mitarbeiter beschäftigen, sind die Geschäftsführer noch in der Lage, alle anfallenden Aufgaben und Tätigkeiten selbst zu koordinieren und zu kontrollieren. In größeren Unternehmen ist dies jedoch aufgrund der höheren Stellenanzahl nicht möglich, sodass zusätzliche Leitungsstellen eingeführt werden müssen, die die Unternehmensführung in Bezug auf die Koordination und Kontrolle der Mitarbeiter entlasten.

Zu diesem Zweck werden gleichartige Stellen zu einem Team (oder einer Gruppe) zusammengefasst und einer Leitungsstelle (= Teamleiter) zugeordnet. Im nächsten Schritt entsteht aus mehreren Teams dann eine Abteilung unter der Führung einer weiteren Leitungsstelle (= Abteilungsleiter). In größeren Unternehmen können sich auf diese Weise weitere organisatorische Ebenen (z. B. Bereiche und Hauptbereiche) entwickeln. Die oberste Ebene stellt dabei allerdings immer die Unternehmensleitung dar. Für die Gliederung von Abteilungen können wiederum die bereits in Kapitel 2.4 im Rahmen der Aufgabenanalyse erläuterten Kriterien Verrichtung, Objekt, Phase, Rang und Zweck genutzt werden.

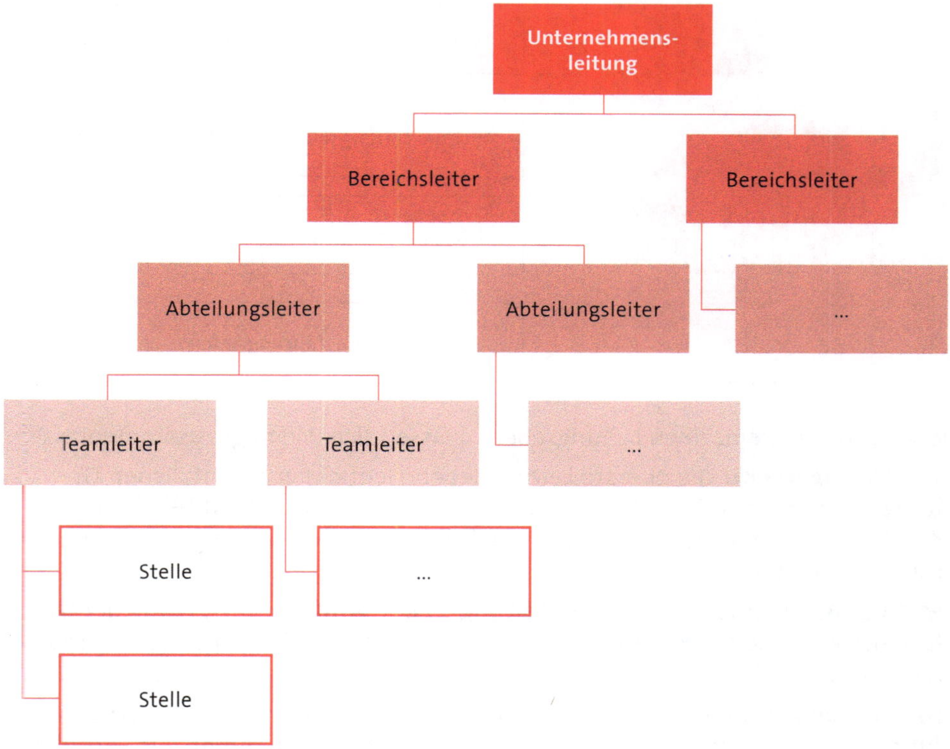

Die Stellen in einer Aufbauorganisation, die keiner anderen Stelle übergeordnet sind, werden als Ausführungsebene bezeichnet und übernehmen die Durchführung der Sachaufgaben (z. B. Angebote schreiben, Produkte herstellen, Statistiken berechnen) im Unternehmen. Die organisatorischen Ebenen über der Ausführungsebene werden Leitungsebenen genannt. Die Aufgaben der Leitungsstellen weisen abhängig von ihrer Position im Organigramm im Vergleich zum Anteil an Sachaufgaben einen steigenden Anteil an Leitungsaufgaben (z. B. Entscheidungen treffen, Aufgaben verteilen, Mitarbeiter beurteilen) auf. Die obersten Leitungsebenen befassen sich ausschließlich mit Führungsaufgaben.

Da die Anzahl der Stellen je organisatorischer Ebene von unten nach oben immer geringer wird, entsteht eine pyramidenförmige Betriebshierarchie.

Infoband 1, LF 1, Kap. 9.

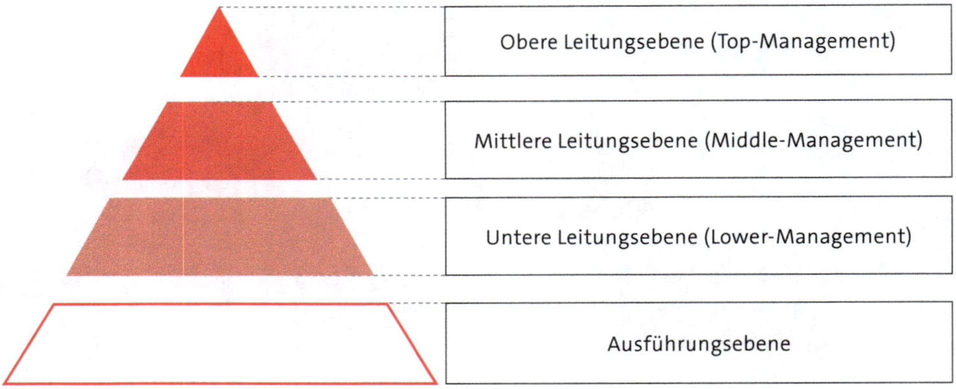

Die Aufgaben der einzelnen Leitungsebenen lassen sich wie folgt zusammenfassen:

- **Top-Management:** Die oberste Leitungsebene legt die grundsätzlichen Unternehmensziele (z. B. Eintritt in neue Märkte, Ausrichtung auf bestimmte Kundengruppen) fest, die als Richtlinie für die Arbeit der untergeordneten Leitungsebenen dienen.
- **Middle-Management:** Auf dieser Leitungsebene wird die Umsetzung der Unternehmensziele auf Basis lang- und mittelfristiger Maßnahmen (z. B. Entwicklung neuer Produkte, Aufbau von Vertriebswegen) geplant und koordiniert.
- **Lower-Management:** Die Leitungsstellen dieser Ebene sind verantwortlich für die Durchführung der lang- und mittelfristigen Maßnahmen. Sie verteilen dazu konkrete, kurzfristige Arbeitsaufträge an die Stellen auf der Ausführungsebene und überwachen deren Ausführung.

Um für ein Unternehmen die notwendige Anzahl der Ebenen (= **Instanzentiefe**) sowie die optimale Zahl der Stellen auf der gleichen Ebene (= **Instanzenbreite**) zu ermitteln, müssen verschiedene Faktoren berücksichtigt werden. Neben der Unternehmensgröße spielen dabei auch die persönlichen Fähigkeiten und Qualifikationen der Führungskräfte sowie die Eigenschaften der Mitarbeiter auf der Ausführungsebene eine große Rolle. Die **Leitungsspanne** (auch Kontrollspanne genannt) gibt in diesem Zusammenhang die Anzahl der einem Vorgesetzten direkt unterstellten Mitarbeiter an.

Da allerdings insbesondere Leitungsstellen häufig hohe Personalkosten verursachen, sollte ein Unternehmen grundsätzlich versuchen mit möglichst wenigen Leitungsebenen auszukommen, ohne dass die Leistungsfähigkeit der Mitarbeiter darunter leidet.

2.7 Leitungssysteme

Durch ein Leitungssystem werden die organisatorischen Beziehungen zwischen den über- und untergeordneten Stellen in einem Unternehmen definiert. Dies betrifft insbesondere die Weisungsbefugnisse und die Weitergabe von Informationen (Dienstweg) zwischen Vorgesetzten und den unterstellten Mitarbeitern.

Bei der Entwicklung eines konkreten Leitungssystems gilt es, die unternehmensspezifische Situation und ggf. vorhandene Besonderheiten zu berücksichtigen, d. h. jedes Unternehmen verfügt über eine individuelle Ausprägung eines Leitungssystems, die im Rahmen der weiteren Unternehmensentwicklung immer wieder angepasst werden muss.

Grundsätzlich lassen sich jedoch die real existierenden Leitungssysteme in eine der folgenden Kategorien einsortieren:

Infoband 1, LF 1, Kap. 8.1.2

- **Einliniensystem**
- **Mehrliniensystem**
- **Stabliniensystem.**

2.7.1 Einliniensystem

Bei dem Einliniensystem handelt es sich um die einfachste Kategorie von Leitungssystemen, da es auf dem Prinzip basiert, dass jede Stelle genau einer Leitungsstelle untergeordnet ist. Somit erhält ein Mitarbeiter grundsätzlich nur von einem Vorgesetzten Arbeitsaufträge und Anweisungen.

Wenn dieses Prinzip im kompletten Leitungssystem umgesetzt wird, entsteht, ausgehend von der obersten Leitungsstelle, der Unternehmensleitung, bis zu den untersten Ausführungsstellen, ein einheitlicher Dienstweg, der die Weitergabe von Weisungen und Informationen eindeutig regelt.

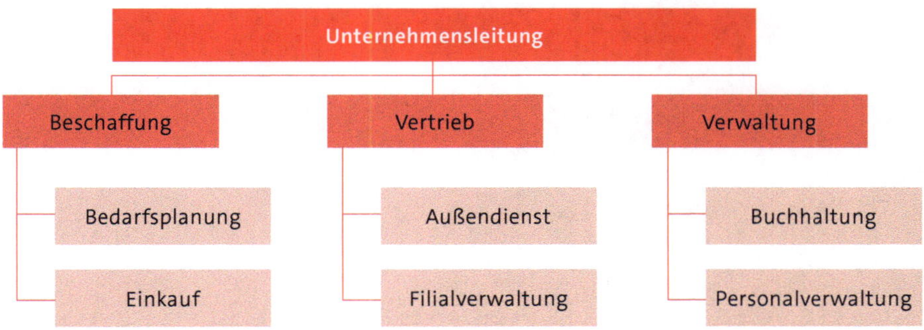

2.7.2 Mehrliniensystem

In einem Mehrliniensystem kann eine Stelle mit mehreren übergeordneten Leitungsstellen verbunden sein, sodass der entsprechende Mitarbeiter von verschiedenen Vorgesetzten Anweisungen erhalten kann. Die betreffenden Leitungsstellen verfügen dabei im Allgemeinen nur über fachliche Weisungsbefugnis.

Ein vorgeschriebener Dienstweg über mehrere Leitungsebenen hinweg existiert in diesem Leitungssystem nicht. Stattdessen informiert der untergeordnete Mitarbeiter bei einem auftretenden Problem direkt den fachlich verantwortlichen Vorgesetzten (**Prinzip des kürzesten Weges**).

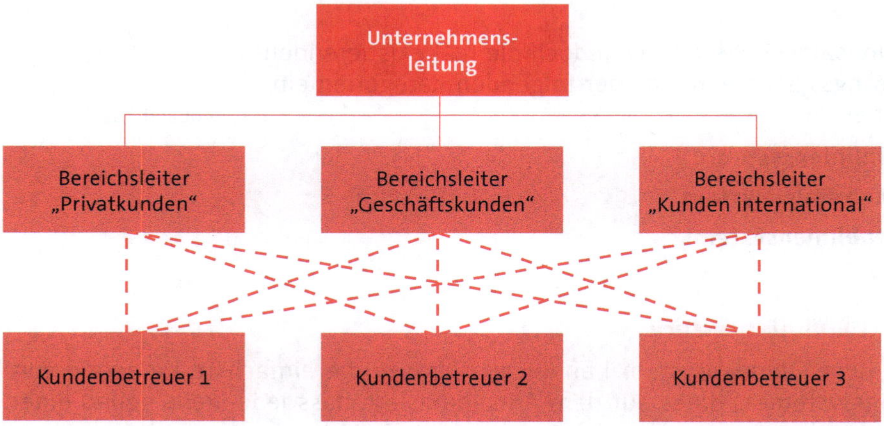

2.7.3 Stabliniensystem

Das Stabliniensystem stellt eine Erweiterung des Einliniensystems dar, in dem Leitungsstellen durch zugeordnete Stabsstellen unterstützt werden können. Diese Stabsstellen verfügen grundsätzlich über keine eigene Weisungsbefugnis und entlasten die Leitungsstellen in Bezug auf spezielle Aufgabenbereiche (z. B. Organisation, Sicherheitsmanagement, Rechtsberatung).

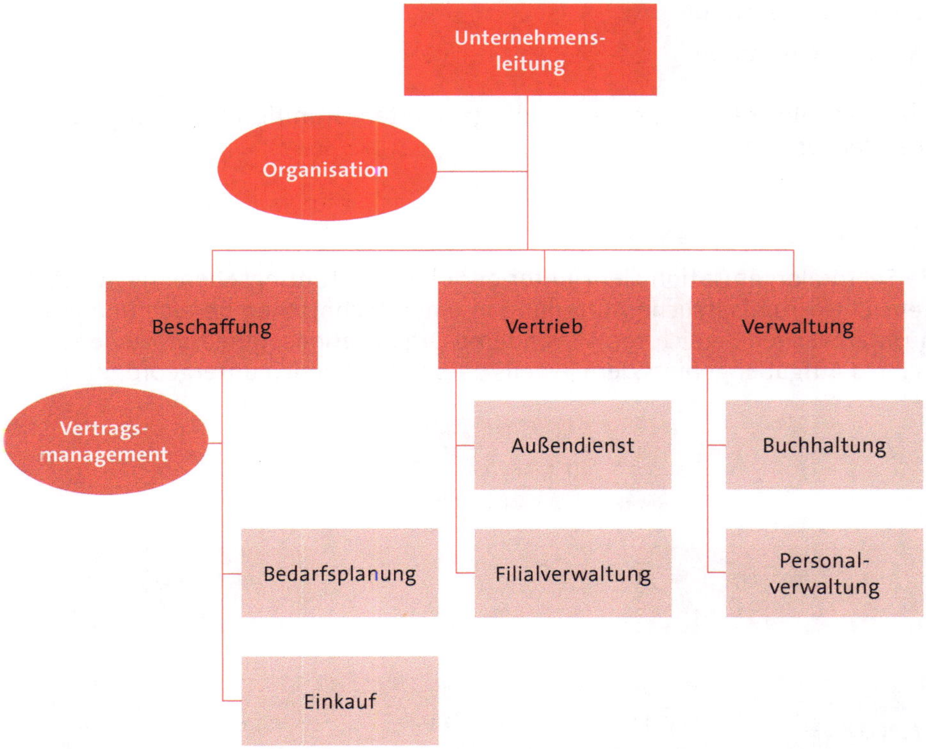

2.8 Grundformen für Leitungssysteme

Bei der Entwicklung eines individuellen Leitungssystems für ein Unternehmen können die folgenden Grundformen als Ausgangsbasis dienen:

Infoband 1, LF 1, Kap. 8.1.3

- Sektoralorganisation
- Funktionalorganisation
- Spartenorganisation
- Matrixorganisation.

In der betrieblichen Praxis werden die genannten Grundformen häufig auch miteinander kombiniert.

2.8.1 Sektoralorganisation

Die Sektoralorganisation sieht unter der obersten Leitungsebene des Unternehmens eine grundsätzliche Aufteilung in einen technischen Bereich und in einen kaufmännischen Bereich vor. Alle anderen Organisationseinheiten werden auf Basis ihres Aufgabengebiets dem jeweils passenden Bereich untergeordnet.

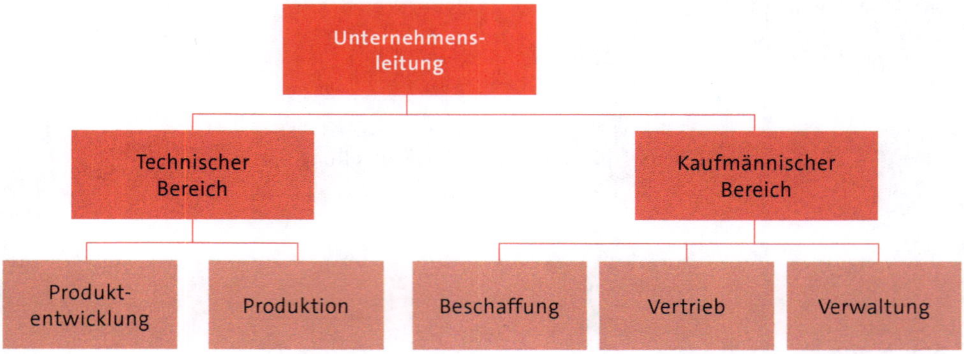

2.8.2 Funktionalorganisation

Bei der Funktionalorganisation folgt unter der Unternehmensleitung eine Leitungsebene, die nach betrieblichen Tätigkeitsbereichen bzw. Verrichtungen gegliedert ist. Als Grundlage für diese Einteilung kann der Wertschöpfungsprozess des Unternehmens genutzt werden. Die so ermittelten Funktionsbereiche werden anschließend in untergeordnete Organisationseinheiten weiter unterteilt.

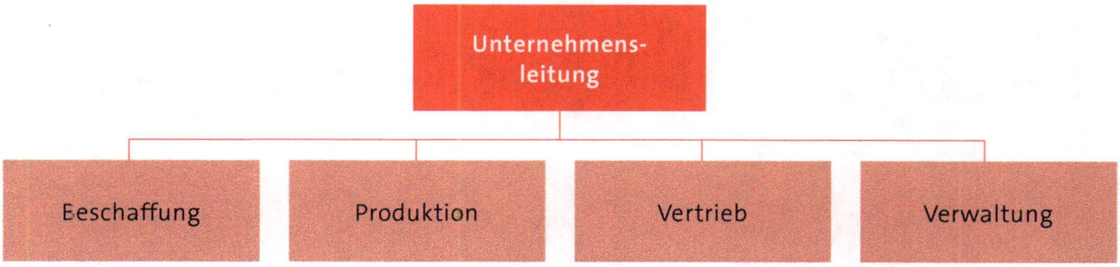

2.8.3 Spartenorganisation

Bei der Spartenorganisation (auch als Divisionalorganisation bezeichnet) handelt es sich um ein dezentrales Leitungssystem, das auf der Leitungsebene unter der Unternehmensleitung eine Aufteilung nach Objekten (z. B. Produktgruppen, Kundengruppen oder Regionen) vorsieht.

Unter den objektbezogenen Organisationseinheiten (auch Sparten genannt) erfolgt dann üblicherweise eine Gliederung nach Verrichtungen. Auf diese Weise entstehen in der Aufbauorganisation Stellen, die sich auf einen Tätigkeitsbereich in Bezug auf ein festgelegtes Objekt spezialisieren.

Die folgende Abbildung zeigt ein Beispiel für eine Spartenorganisation, die nach Vertriebsregionen gegliedert ist. Diese Form ist unter anderem bei größeren Handelsunternehmen zu finden.

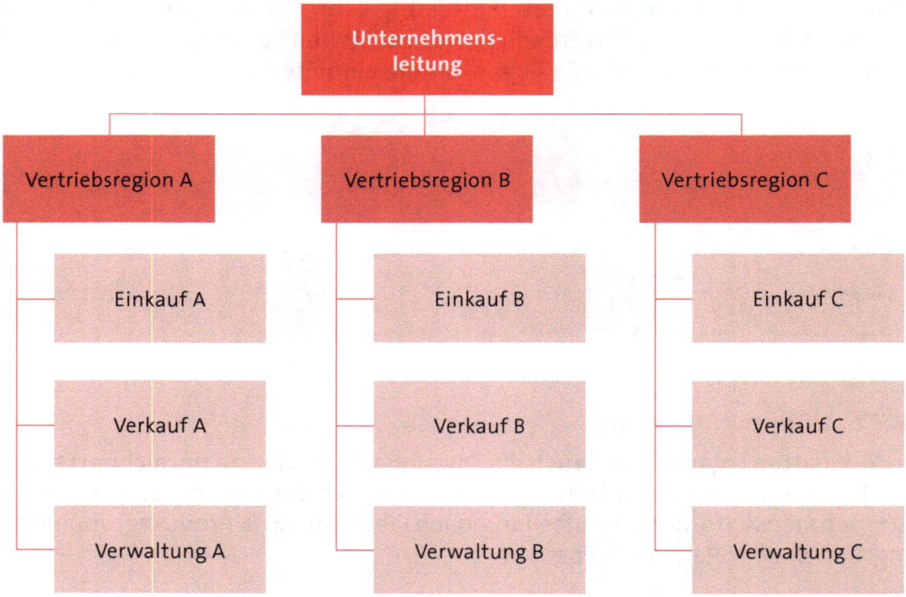

2.8.4 Matrixorganisation

Die Matrixorganisation ermöglicht die Kombination der Funktionalorganisation und der Spartenorganisation, indem das Leitungssystem unter der Unternehmensleitung eine gleichberechtigte Aufteilung nach zwei Gliederungsprinzipien (z. B. nach Verrichtungen oder Objekten) enthält. Diese beiden Gliederungsebenen werden im Allgemeinen horizontal und vertikal dargestellt, sodass die Aufbauorganisation insgesamt einer Tabelle oder einer Matrix ähnelt.

Im nachfolgenden Beispiel ist die horizontale Ebene der Matrix nach Tätigkeiten bzw. Verrichtungen gegliedert, während die vertikale Ebene nach Vertriebsregionen unterteilt ist. Die Organisationseinheiten in den Schnittpunkten der beiden Gliederungsebenen sind entsprechend sowohl auf die Funktion als auch auf die Vertriebsregion spezialisiert und gleichzeitig zwei vorgesetzten Stellen (fachlich) untergeordnet.

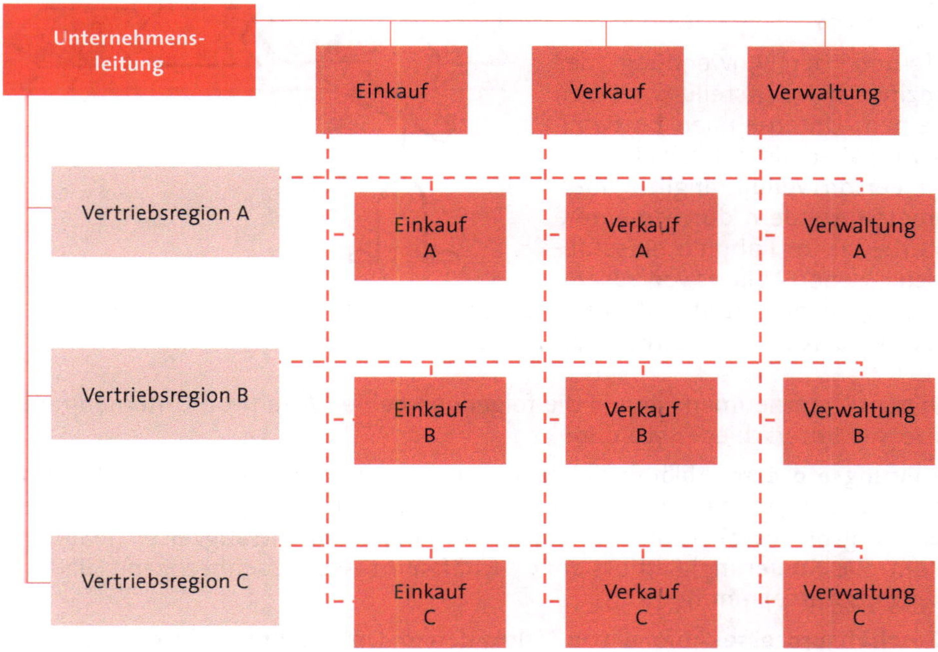

INFO

Bei der sogenannten Tensororganisation erfolgt die Unterteilung der Organisationseinheiten unter der Unternehmensleitung sogar auf Basis von drei unterschiedlichen Gliederungsebenen.

3. Prozessorganisation

Aufgrund der Anwendung des Prinzips der Arbeitsteilung werden in einem Unternehmen betriebliche Aufgaben nicht durch eine einzige Person vollumfänglich übernommen, sondern durch mehrere Mitarbeiter im Rahmen eines abgeschlossenen Ablaufs von zusammenhängenden Einzeltätigkeiten bearbeitet. Diese definierte Abfolge von Teilaufgaben wird auch als **Unternehmensprozess** bezeichnet.

In einem Unternehmen können die folgenden beiden Arten von Unternehmensprozessen unterschieden werden:

- **Führungsprozesse:** Abläufe, bei denen eine Führungskraft entweder Führungsaufgaben gegenüber den ihr unterstellten Mitarbeitern (= personenbezogene Führungsprozesse) erfüllt oder mithilfe von Managementtätigkeiten (Planung, Kontrolle, Steuerung) Einfluss auf Geschäftsprozesse (= sachbezogene Führungsprozesse) nimmt
- **Geschäftsprozesse:** Abfolge von Tätigkeiten im Unternehmen, die der Erfüllung einer betrieblichen Aufgabe dienen und am Ende ein konkretes Ergebnis erzeugen.

INFO

Da personenbezogene Führungsprozesse bereits im Lernfeld 8 behandelt wurden, konzentrieren sich die folgenden Kapitel auf die Analyse und Optimierung von Geschäftsprozessen

Infoband 2, LF 8

3.1 Eigenschaften und Arten von Geschäftsprozessen

Wie bereits beschrieben, umfasst ein Geschäftsprozess eine Reihe von miteinander verbundenen Tätigkeiten, die zusammengenommen eine konkrete betriebliche Aufgabe erfüllen.

Infoband 1, LF 2, Kap. 2.2

Obwohl in einem Unternehmen viele unterschiedliche Geschäftsprozesse ablaufen, erfüllen jedoch alle Prozesse die folgenden Eigenschaften.

Eigenschaft von Geschäftsprozessen	**Beispiel**
Ein Geschäftsprozess wird von einem bestimmten betrieblichen Ereignis ausgelöst.	Die Beschaffungsabteilung erhält den Auftrag zur Beschaffung eines Rohstoffs.
Das Ereignis löst eine Abfolge miteinander verknüpfter Tätigkeiten (auch Aufgaben oder Aktivitäten genannt) aus. Diese Tätigkeiten können als Teilprozess betrachtet werden.	Für die Beschaffung des benötigten Rohstoffs müssen verschiedene Aufgaben erfüllt werden, z. B. ► Suche nach einem geeigneten Lieferanten ► Erstellung einer Anfrage ► Bestellung ► Annahme der Lieferung ► Zahlung der Rechnung.
Die Tätigkeiten werden von Personen (Aktionsträgern) mithilfe von Sachmitteln (z. B. Informationssystemen) durchgeführt.	Ein Mitarbeiter der Beschaffungsabteilung erstellt mithilfe einer Textverarbeitungssoftware eine Anfrage an mögliche Lieferanten bezüglich der Lieferung des Rohstoffs.
Die Tätigkeiten beziehen ggf. auch das Unternehmensumfeld (z. B. Kunden und Lieferanten) mit ein.	Die Anfrage wird an mehrere Lieferanten geschickt.
Die Tätigkeiten benötigen Input und erzeugen Output, z. B. in Form von Material, Daten, Dokumenten usw.	Die Bestellung des Rohstoffs bezieht sich auf ein schriftliches Angebot des Lieferanten und erfolgt per E-Mail.
Ein Geschäftsprozess besitzt mindestens ein definiertes Ende und liefert ein bestimmtes Ergebnis (Prozessoutput).	Der Beschaffungsvorgang ist beendet, wenn der angefragte Rohstoff geliefert und die Rechnung gezahlt wurde.

Abhängig von der Position eines Prozesses in der gesamten Wertschöpfungskette eines Unternehmens können für Geschäftsprozesse die folgenden Kategorien unterschieden werden:

- **Kernprozesse** dienen direkt der Erstellung und Verwertung der Leistungen eines Unternehmens (z. B. Beschaffungs-, Produktions- oder Vertriebsprozesse). Sie erzeugen den Nutzen für die Kunden und sind somit von großer Bedeutung in Bezug auf die Wettbewerbsfähigkeit am Markt. Kernprozesse können daher als Teilprozesse der Wertschöpfung im Unternehmen betrachtet werden.
- **Unterstützungsprozesse** bestimmen die Rahmenbedingungen für die Kernprozesse im Unternehmen, indem sie die notwendigen Ressourcen (z. B. Finanzen, Personal) oder wichtige organisatorische und technische Funktionen (z. B. Rechnungswesen, Verwaltung der Informationstechnologie) zur Verfügung stellen. Somit wirken die Unterstützungsprozesse übergreifend auf den Wertschöpfungsprozess des Unternehmens.

Die folgende Abbildung verdeutlicht den Zusammenhang zwischen Kernprozessen und Unterstützungsprozessen am Beispiel eines Industrieunternehmens.

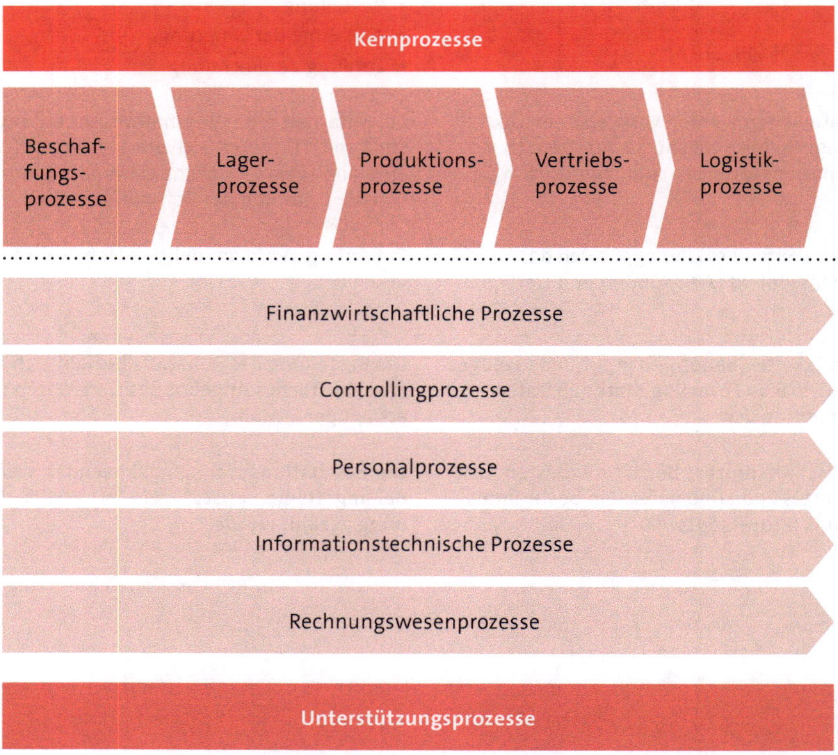

3.2 Ziele und Aufgaben der Prozessorganisation

Damit ein Unternehmen dauerhaft erfolgreich ist, muss sichergestellt werden, dass die notwendigen Geschäftsprozesse reibungslos funktionieren. Diese wichtige Aufgabe übernimmt die sogenannte **Prozessorganisation**, indem sie die betrieblichen Abläufe strukturiert und unter Berücksichtigung der Unternehmensziele, der Wettbewerbssituation sowie des ständigen wirtschaftlichen Wandels optimiert.

Die Optimierung von Geschäftsprozessen kann durch verschiedene, prozessbezogene Kennzahlen sichtbar gemacht werden:

- Einhaltung von Terminen
- Verringerung der Prozessdauer (auch Prozessdurchlaufzeit genannt)
- Verringerung der Prozesskosten
- Erhöhung der Auslastung bzw. des Durchsatzes (z. B. der Produktionsmenge) des Prozesses
- Steigerung der Qualität der Prozessergebnisse
- Erhöhung des Kundennutzens bzw. der Kundenzufriedenheit
- Verringerung der Fehlerquote.

Die Prozessorganisation beschäftigt sich dabei mit den in der folgenden Abbildung dargestellten zentralen Fragestellungen.

Um einen Unternehmensprozess zu optimieren, müssen im Rahmen der Prozessorganisation die folgenden Teilschritte durchgeführt werden:

Prozess-analyse
- Ist-Aufnahme und ggf. Dokumentation des aktuellen Unternehmensprozesses
- Aufdeckung von Fehlern und Schwachstellen im Rahmen der Ist-Analyse

Prozess-planung
- Festlegung der Ziele des Unternehmensprozesses
- Erstellung eines Konzepts mit den Anforderungen für die Prozessgestaltung

Prozess-gestaltung
- Umsetzung des Konzepts in eine konkrete Prozessdokumentation, in der alle Vorgaben bezüglich des optimierten Unternehmensprozesses definiert werden

Prozess-einführung
- Planung der Prozesseinführung
- Erstellung von Prozesshandbüchern und Verfahrensanweisungen
- Präsentation der Prozessdokumentation
- Schulung der Mitarbeiter

Prozess-controlling
- Überwachung der Umsetzung des neuen Unternehmensprozesses
- Aufdeckung und Behebung von Abweichungen

3.3 Methoden der Ist-Aufnahme

Für die Aufdeckung von Fehlern und Schwächen innerhalb eines Geschäftsprozesses werden möglichst vollständige und korrekte Informationen über die tatsächlich im Rahmen des Prozesses ausgeführten Tätigkeiten benötigt. Wenn diese Informationen nicht bereits in Form von Prozesshandbüchern und Verfahrensanweisungen vorhanden sind, müssen sie zuerst mithilfe der sogenannten **Ist-Aufnahme** ermittelt werden.

Für die Durchführung einer solchen Ist-Aufnahme, d. h. für die Erhebung von Daten über konkrete Prozessabläufe, bieten sich unterschiedliche Methoden an:

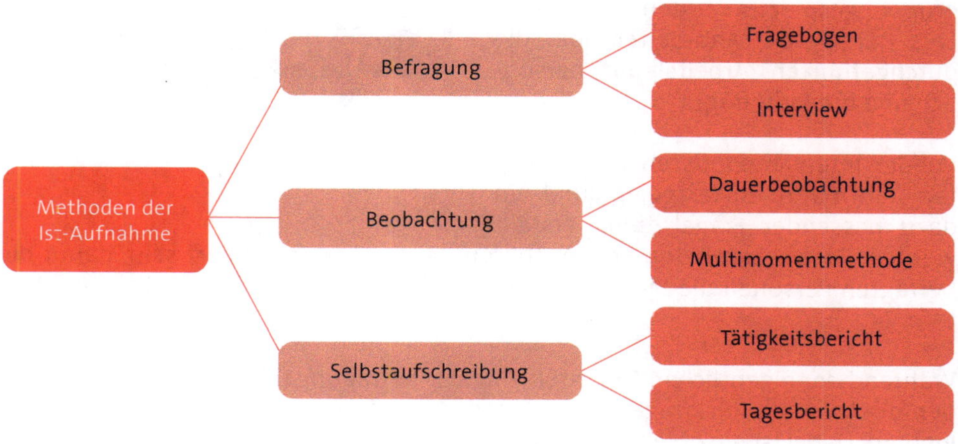

3.3.1 Fragebogenmethode

Bei der Fragebogenmethode erhalten alle am Prozess beteiligten Mitarbeiter einen vorbereiteten Fragebogen, den sie ausfüllen und zurückschicken sollen. Ähnlich wie bei der Durchführung einer Kundenbefragung können dabei die folgenden Frageformen genutzt werden:

- **geschlossene Fragen:** Die Antwortmöglichkeiten sind bereits vorgegeben und die befragte Person kennzeichnet nur jeweils die zutreffenden Punkte.
- **halbgeschlossene Fragen:** Es sind bereits einige Antwortmöglichkeiten vorgegeben, allerdings kann die befragte Person auch selbst noch frei formulierte Antworten hinzufügen.
- **offene Fragen:** Die befragte Person kann die Antworten frei formulieren.

Bei der Erstellung des Fragebogens ist darauf zu achten, dass die Fragen eindeutig und verständlich sind, da Rückfragen bei dieser Methode nicht direkt möglich sind. Abhängig von der Komplexität des zu untersuchenden Prozesses müssen die Fragebögen ggf. individuell an die befragten Personen angepasst werden.

Infoband 2, LF 5, Kap. 3.

3.3.2 Interviewmethode

Im Rahmen eines Einzel- oder Kleingruppengesprächs werden die am Prozess beteiligten Mitarbeiter über die durchgeführten Arbeitsläufe persönlich und direkt befragt.

Vor den Interviews müssen die benötigten Informationen festgelegt und ein dazu passender Fragekatalog erstellt werden. Die vorbereiteten Fragen sollten dabei offen formuliert sein, damit die befragten Personen die Möglichkeit haben, ihre Antworten ausführlich zu erläutern.

Während der eigentlichen Durchführung der Befragungen können unklare Angaben direkt durch Rückfragen geklärt und ggf. präzisiert werden. Dabei ist ein objektives und neutrales Auftreten des Interviewers von Vorteil.

Infoband 2, LF 5, Kap. 2.2.1

Wenn alle Interviews durchgeführt wurden, müssen die meistens stichwortartigen Gesprächsnotizen gesammelt und in einer übersichtlichen und auswertbaren Form zusammengefasst werden.

3.3.3 Dauerbeobachtungsmethode

Bei der Dauerbeobachtungsmethode wird die Arbeit der am Geschäftsprozess beteiligten Mitarbeiter über einen längeren Zeitraum durchgehend dokumentiert. Neben den durchgeführten Tätigkeiten und deren zeitlicher Verteilung sind insbesondere auftretende Störungen und besondere Ereignisse von großem Interesse.

Die eigentliche Datenerhebung kann dabei entweder durch Personen oder mithilfe von technischen Geräten erfolgen. Zu beachten ist jedoch, dass die betroffenen Mitarbeiter über die Beobachtung informiert werden müssen, da eine verdeckte Durchführung arbeitsrechtliche Konsequenzen haben kann.

Infoband 2, LF 5, Kap. 2.2.2

Die angefertigten Beobachtungsprotokolle dienen anschließend als Grundlage für die Ist-Analyse des Geschäftsprozesses.

3.3.4 Multimomentmethode

Die Multimomentmethode basiert ebenfalls auf der Beobachtung von Mitarbeitern über einen längeren Zeitraum. Allerdings findet diese Beobachtung nicht an einem Stück statt, sondern es werden nur mehrere stichprobenartige Kurzzeitbeobachtungen durchgeführt. Auf Basis der so gesammelten Daten können dann statistische Rückschlüsse auf den gesamten Zeitraum der Analyse gezogen werden.

Wie bei allen Beobachtungsmethoden muss auch die Multimomentmethode aus arbeitsrechtlichen Gründen mit dem Wissen und der Zustimmung der Mitarbeiter erfolgen.

3.3.5 Tätigkeitsbericht

Anstatt die benötigten Informationen über den Geschäftsprozess durch Dritte im Rahmen einer Befragung oder Beobachtung zu erheben, können die beteiligten Mitarbeiter auch selbstständig ihre Arbeitsabläufe dokumentieren.

So beschreibt ein Mitarbeiter in einem Tätigkeitsbericht (auch als Arbeitsbericht bezeichnet) alle seine betrieblichen Aufgaben sowie den dafür benötigten Zeitbedarf innerhalb des gesamten Analysezeitraums.

Die Erstellung und Auswertung solcher Berichte kann mithilfe von Vorlagen und Formularen erleichtert werden.

3.3.6 Tagesbericht

Die Anfertigung von Tagesberichten stellt eine weitere Variante der Ist-Aufnahme durch Selbstaufschreibung dar. Die am Geschäftsprozess beteiligten Mitarbeiter dokumentieren dabei jeden Tag die ausgeführten Tätigkeiten inklusive der dafür benötigten Zeit.

Die statistische Auswertung der über einen längeren Zeitraum gesammelten Tagesberichte erlaubt anschließend die Ist-Analyse des untersuchten Geschäftsprozesses.

Die Form der Tagesberichte ist dabei situationsabhängig. In einigen Fällen ist ggf. schon eine einfache Strichliste ausreichend, während bei komplizierteren Arbeitsabläufen beispielsweise die Nutzung eines vorbereiteten Formulars oder die freie Formulierung durch die Mitarbeiter sinnvoll sein kann.

4. Grafische Darstellung von Geschäftsprozessen

Die Dokumentation von Arbeitsabläufen bzw. Geschäftsprozessen erfolgt häufig durch einen ausformulierten Text. Diese Form der Darstellung ist einerseits sehr ausdrucksstark, da mithilfe der Sprache alle denkbaren Vorgänge eindeutig und verständlich beschrieben werden können. Andererseits handelt es sich bei einer solchen, textuellen Prozessbeschreibung üblicherweise um eine unstrukturierte und damit auf den ersten Blick unübersichtliche Ansammlung von Sätzen, die für die weitere Nutzung eine ausführliche Einarbeitung in den Text voraussetzt.

Um diese Nachteile auszugleichen, kann die textuelle Dokumentation von Geschäftsprozessen um eine zusätzliche grafische Abbildung (auch Prozessdiagramm genannt) erweitert werden. Der Aufbau solcher Abbildungen ist im Allgemeinen standardisiert, schnell verständlich und kann so als Kommunikationsgrundlage für die weitere Bearbeitung dienen.

Die in den folgenden Kapiteln vorgestellten Diagrammarten bilden nur eine kleine Auswahl der aktuell in der betrieblichen Praxis genutzten Darstellungsformen. Allerdings basieren die meisten der gebräuchlichen Formen auf drei Grundelementen, die bei der Dokumentation von Arbeitsabläufen eine zentrale Rolle spielen:

- **Funktionen bzw. Tätigkeiten:** Wie bereits erläutert, bestehen Prozesse aus einer Abfolge verschiedener Aufgaben, die einem gemeinsamen Zweck dienen. Daher geben diese auch als Funktionen bezeichneten Einzeltätigkeiten im Allgemeinen die Struktur einer grafischen Darstellung vor, um die die übrigen Elemente herum arrangiert werden.
- **Abläufe:** Die logische Reihenfolge, in der die einzelnen Tätigkeiten eines Prozesses durchgeführt werden, wird in einer grafischen Darstellung im Allgemeinen als Pfeil zwischen den Funktionen symbolisiert. Einige Darstellungsformen erlauben auch die Abbildung von Entscheidungen oder von der parallelen Bearbeitung von Aufgaben.

- **Rollen:** Um die Ausführung einer Tätigkeit innerhalb eines Prozesses zu gewährleisten, muss eine Zuordnung zu einer konkreten Organisationseinheit oder Stelle festgelegt werden. Diese Zuordnung erfolgt häufig durch eine festgelegte Rollenbezeichnung.

Einige Darstellungsformen erweitern diese Grundelemente um zusätzliche Strukturen, die eine präzisere Abbildung der textuellen Prozessbeschreibung ermöglichen sollen. Auf diese Weise können beispielsweise auch der Input (= Voraussetzungen) und der Output (= Ergebnis) von Funktionen im Prozessdiagramm ausgewiesen werden.

4.1 Aktivitätsdiagramm

Ein Aktivitätsdiagramm (auch Flussdiagramme genannt) stellt den logischen Ablauf von Einzeltätigkeiten innerhalb eines Prozesses dar. Dabei ist es auch möglich, Prozessverzweigungen in Form von Entscheidungen im Diagramm abzubilden.

Die folgenden Elemente können in Aktivitätsdiagrammen verwendet werden:

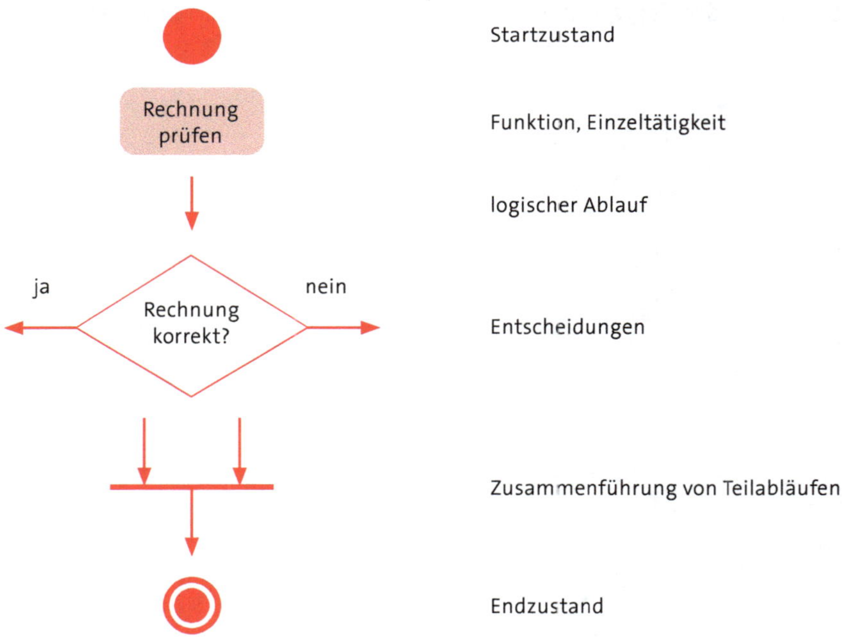

INFO

Die Darstellung der Elemente eines Aktivitätsdiagramms ist nicht standardisiert, daher kann es diesbezüglich zu kleineren Unterschieden zwischen Diagrammen aus unterschiedlichen Quellen kommen.

Bei der Erstellung von Aktivitätsdiagrammen müssen die folgenden Gestaltungsregeln eingehalten werden:

- Ein Aktivitätsdiagramm beginnt grundsätzlich mit einem Startzustand.
- Eine Funktion stellt eine konkrete Tätigkeit dar und daher sollte ihre Bezeichnung auch ein ausdrucksstarkes, beschreibendes Verb enthalten.
- Eine Funktion ist mit einem Vorgängerelement und einem Nachfolgerelement verbunden.
- Eine Entscheidung ist mit einem Vorgängerelement und mindestens zwei Nachfolgerelementen verbunden. Die einzelnen Bedingungen für Nachfolgerelemente werden jeweils an dem zugehörigen Verbindungspfeil eingetragen.
- Ein Aktivitätsdiagramm verfügt über mindestens einen Endzustand.

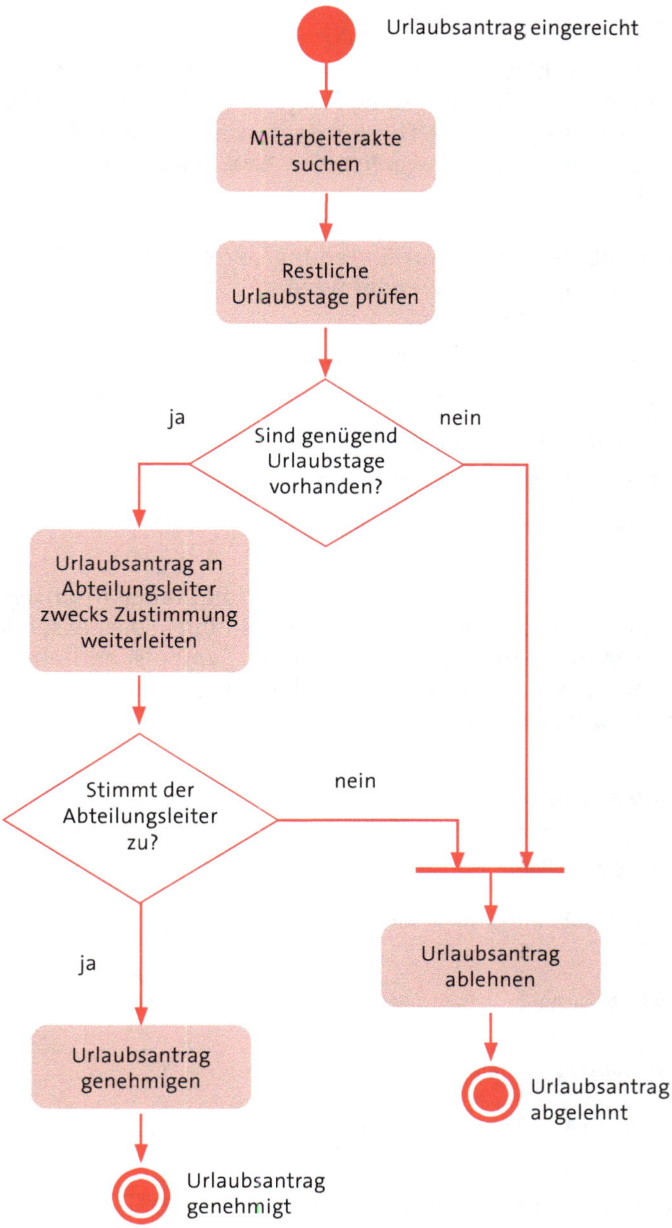

Ein Endzustand in einem Aktivitätsdiagramm kann gleichzeitig den Startzustand eines anderen Aktivitätsdiagramms darstellen. Auf diese Weise ist es möglich, komplexe Prozessketten übersichtlich in Teilprozesse aufzuteilen.

4.2 Arbeitsablaufdiagramm

Mithilfe eines Arbeitsablaufdiagramms werden die Einzeltätigkeiten eines Geschäftsprozesses in ihrer zeitlichen Reihenfolge dargestellt und gleichzeitig in vorgegebene Kategorien eingeordnet. Diese Kategorisierung dient dabei insbesondere der Suche nach möglichen Schwachstellen bzw. nach Optimierungspotenzial im Prozessablauf.

Die folgenden Symbole können zur Einteilung der einzelnen Teilvorgänge in einem Arbeitsablaufdiagramm verwendet werden:

○	Bearbeitungsvorgang (z. B. „Posteingang sortieren“)
⇨	Transportvorgang (z. B. „eingegangene Post an die Empfänger weiterleiten“)
□	Kontroll-/Überprüfungsvorgang (z. B. „Reklamation prüfen“)
D	Prozessverzögerung (z. B. „auf Lieferung warten“)
▽	Ablage-/Lagerungsvorgang (z. B. „beglichene Rechnung archivieren“)

Die Darstellung eines Arbeitsablaufdiagramms erfolgt tabellarisch, wobei in jeder Reihe ein Prozessschritt sowie die jeweilige Einordnung in die passende Vorgangskategorie (durch Markierung des entsprechenden Symbols) enthalten ist. Die zugeordneten Symbole werden anschließend durch Pfeile miteinander verbunden, um den Prozessablauf zu verdeutlichen.

Nr.	Tätigkeiten/Arbeitsschritte	Symbole				
1	Urlaubsantrag ausfüllen	**○**	⇨	□	D	▽
2	ausgefüllten Urlaubsantrag an Personalabteilung weiterleiten	○	**⇨**	□	D	▽
3	Mitarbeiterakte suchen	**○**	⇨	□	D	▽
4	restliche Urlaubstage prüfen	○	⇨	**□**	D	▽
5	Urlaubsantrag an Abteilungsleiter zwecks Zustimmung weiterleiten	○	**⇨**	□	D	▽
6	auf Zustimmung des Abteilungsleiters warten	○	⇨	□	**D**	▽
7	genehmigten Urlaub in Mitarbeiterakte eintragen	**○**	⇨	□	D	▽
8	Urlaubsantrag archivieren	○	⇨	□	D	**▽**

INFO

Das Arbeitsablaufdiagramm kann um zusätzliche Spalten erweitert werden, die beispielsweise die benötigte Zeitdauer für die einzelnen Arbeitsschritte dokumentieren.

Es ist jedoch auch möglich, Arbeitsablaufdiagramme stellenorientiert aufzubauen, indem jedem Arbeitsschritt neben dem passenden Vorgangssymbol auch noch die verantwortliche Stelle zugeordnet wird.

Nr.	Tätigkeiten/Arbeitsschritte	Mitarbeiter	Personalsachbearbeiter	Abteilungsleiter
1	Urlaubsantrag ausfüllen	○		
2	ausgefüllten Urlaubsantrag an Personalabteilung weiterleiten	⇨		
3	Mitarbeiterakte suchen		○	
4	restliche Urlaubstage prüfen		□	
5	Urlaubsantrag an Abteilungsleiter zwecks Zustimmung weiterleiten		⇨	
6	auf Zustimmung des Abteilungsleiters warten		D	
7	Urlaubsantrag prüfen			□
8	genehmigten Urlaub in Mitarbeiterakte eintragen		○	
9	Urlaubsantrag archivieren		▽	

Bei der Auswertung der Arbeitsablaufdiagramme im Rahmen der Optimierung des Geschäftsprozesses sollten insbesondere die Tätigkeiten näher untersucht werden, die als Transportvorgang oder als Verzögerung gekennzeichnet sind. So lassen sich die Durchlaufzeiten eines Prozesses verkürzen, indem unnötige Transportwege sowie Wartezeiten vermieden werden.

4.3 Erweiterte Ereignisgesteuerte Prozesskette (eEPK)

Bei den sogenannten erweiterten Ereignisgesteuerten Prozessketten (im Folgenden auch kurz Prozessketten oder eEPK genannt) handelt es sich um ein in der Praxis verbreitetes Werkzeug zur grafischen Darstellung von Geschäftsprozessen. Dabei bilden eEPK nicht nur die logische Reihenfolge der einzelnen Prozessschritte sowie die verantwortlichen Organisationseinheiten (Rollen) ab, sondern ermöglichen zusätzlich auch noch die Visualisierung des dadurch entstehenden Informationsflusses.

Infoband 1, LF 1, Kap. 8.2

Erweiterte Ereignisgesteuerte Prozessketten nutzen dazu die folgenden grundsätzlichen Elemente:

Ereignis	Ein Ereignis beschreibt den aktuellen Zustand des Geschäftsprozesses. Dieser Zustand kann als Ergebnis der vorangegangenen Funktion eintreten und wiederum als Auslöser für eine nachfolgende Funktion fungieren.
Funktion	Eine Funktion beschreibt eine auszuführende Tätigkeit innerhalb des Geschäftsprozesses. Sie wird durch ein Ereignis ausgelöst und durch ihre Ausführung geht der Prozess in einen neuen Zustand (= Ereignis) über.
Organisationseinheit	Eine Organisationseinheit kann die Verantwortung für die Durchführung von Funktionen übernehmen.
Informationsobjekt	Ein Informationsobjekt stellt eine Menge von zusammengehörigen (elektronisch gespeicherten) Daten dar, die die Voraussetzung (Input) oder das Ergebnis (Output) einer Funktion bilden.
Dokument	Ein Dokument stellt ebenfalls die Voraussetzung (Input) oder das Ergebnis (Output) einer Funktion dar. Allerdings handelt es sich im Gegensatz zu einem Informationsobjekt um ein physikalisches Objekt.

	Vertikal gerichtete Pfeile verbinden Ereignisse und Funktionen miteinander und bilden so den logischen Ablauf der Tätigkeiten und der dadurch entstehenden Prozesszustände ab.
	Horizontale Pfeile verbinden Funktionen mit Informationsobjekten bzw. Dokumenten. Die Pfeilrichtung gibt dabei an, ob es sich um eine Input-Beziehung (zur Funktion hin) oder um eine Output-Beziehung (von der Funktion weg) handelt.
	Horizontale Linien verbinden Organisationseinheiten und Funktionen miteinander und bilden so Verantwortlichkeiten ab.

Im Rahmen der Erstellung von erweiterten Ereignisgesteuerten Prozessketten müssen die folgenden Gestaltungsregeln eingehalten werden:

- Eine eEPK beginnt mit genau einem Startereignis. Dieses Ereignis stellt den Auslöser für die Durchführung des Prozesses dar.
- Eine eEPK enthält ein oder mehrere Endereignisse, die die möglichen Ergebniszustände nach der Durchführung des Prozesses beschreiben.
- Auf ein Ereignis muss immer eine Funktion folgen, die den aktuellen Zustand des Prozesses weiterführt, d. h. die direkte Verbindung von zwei Ereignissen miteinander ist nicht gültig. Außerdem darf von einem Ereignis nur ein einziger (vertikaler) Pfeil ausgehen.
- Auf eine Funktion muss immer ein Ereignis folgen, das das Ergebnis der Funktion darstellt. Dementsprechend ist die direkte Verknüpfung von zwei Funktionen nicht möglich. Darüber hinaus kann von einer Funktion nur ein einziger (vertikaler) Pfeil ausgehen.
- Organisationseinheiten, Informationsobjekte und Dokumente dürfen nur mit Funktionen verknüpft werden. Eine Verbindung mit einem Ereignis ist nicht gültig.
- Bei der Verknüpfung von Informationsobjekten oder Dokumenten mit Funktionen ist auf die korrekte Pfeilrichtung zu achten. Bei einer Voraussetzung (Input) ist der Pfeil vom Informationsobjekt bzw. Dokument zur Funktion gerichtet, während bei einem Ergebnis (Output) die Pfeilspitze zum Informationsobjekt bzw. Dokument weist.

INFO

Bezeichnungen von Ereignissen und Funktionen in einem eEPK sollten möglichst eindeutig und präzise sein. Bei der Formulierung ist auf eine entsprechende Wortwahl zu achten und allgemeingültige Beschreibungen sind zu vermeiden. Die Bezeichnung von Funktionen sollte aus diesem Grund unbedingt ein ausdrucksstarkes Verb enthalten.

Mithilfe von erweiterten Ereignisgesteuerten Prozessketten können auch komplexe logische Abläufe abgebildet werden, die Verzweigungen in unterschiedliche Prozesspfade sowie deren Zusammenführungen enthalten. Zu diesem Zweck können die folgenden Formen von logischen Verknüpfungen verwendet werden:

- **Formen der UND-Verknüpfung:**

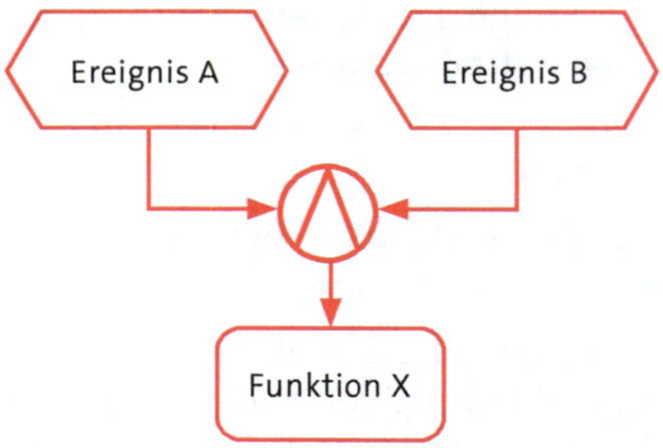

Die Funktion X wird ausgeführt, wenn das Ereignis A und das Ereignis B eingetreten sind.

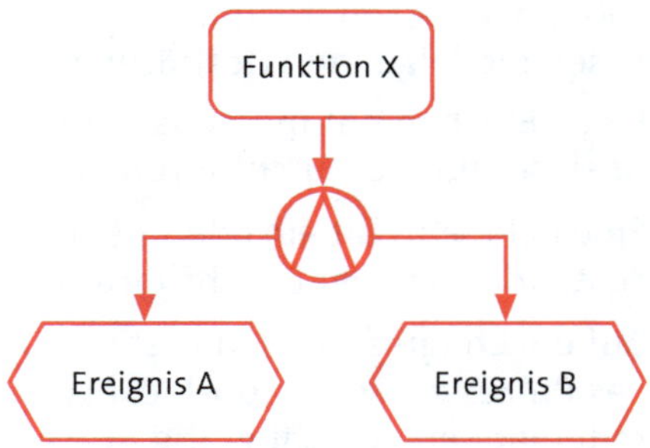

Nach der Ausführung der Funktion X treten das Ereignis A und das Ereignis B ein.

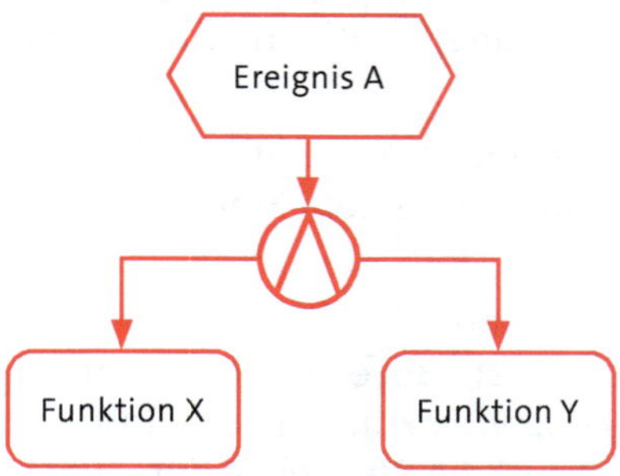

Durch das Ereignis A werden die Funktion X und die Funktion Y ausgelöst.

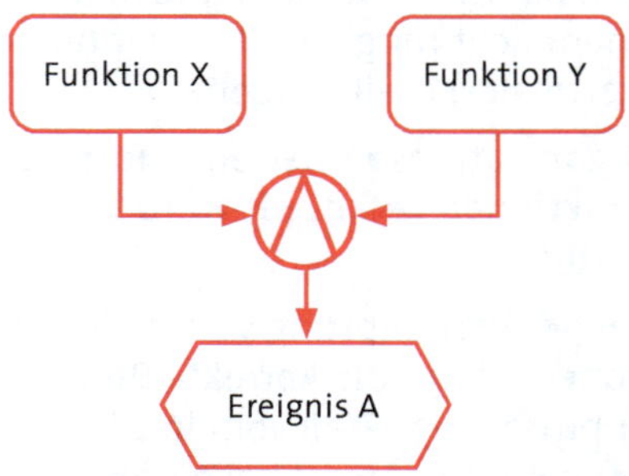

Erst wenn die Funktion X und die Funktion Y ausgeführt sind, tritt das Ereignis A ein.

► **Formen der ODER-Verknüpfung:**

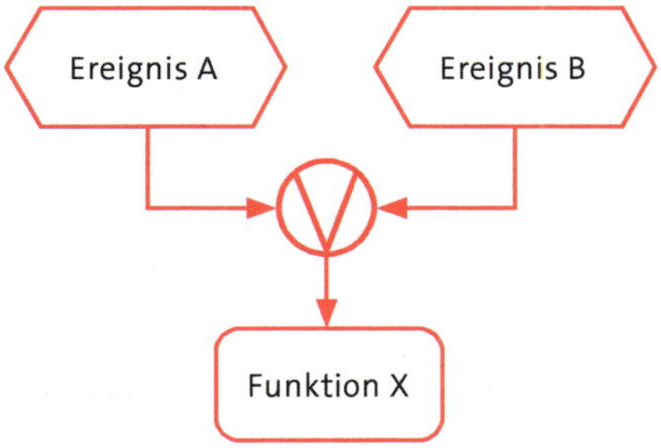

Die Funktion X wird ausgeführt, wenn entweder das Ereignis A, das Ereignis B oder beide Ereignisse eingetreten sind.

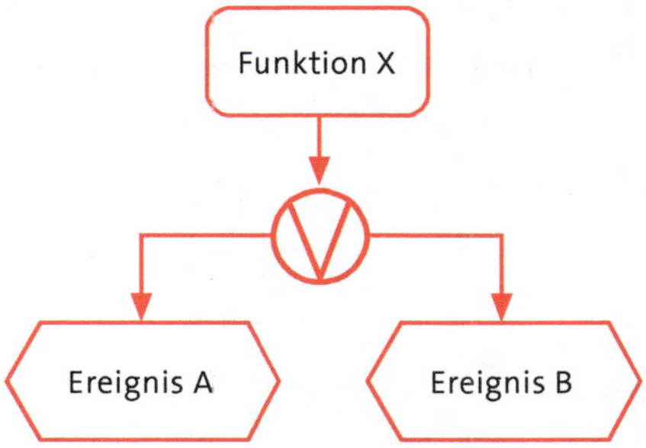

Abhängig von der Ausführung der Funktion X tritt entweder das Ereignis A, das Ereignis B oder beide Ereignisse ein.

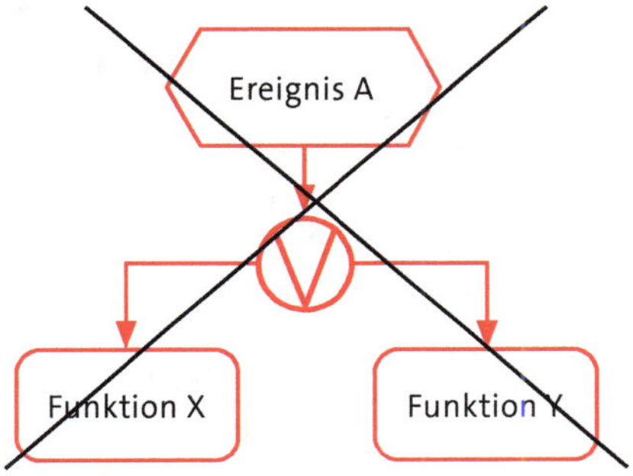

Diese Form ist nicht gültig, da ein Ereignis keine aktive Tätigkeit darstellt und somit dadurch keine Entscheidung getroffen werden kann.

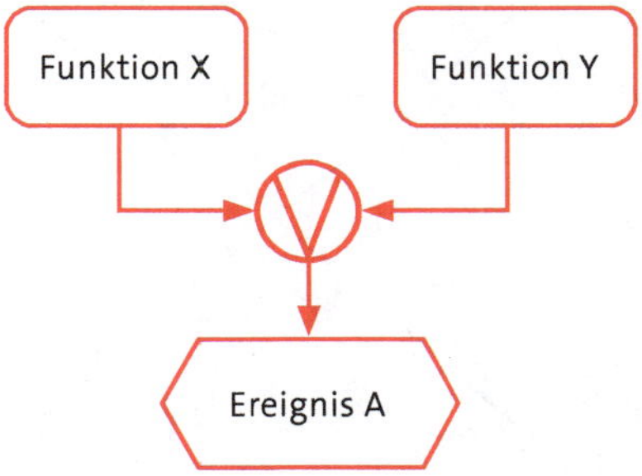

Wenn entweder die Funktion X, die Funktion Y oder beide Funktionen ausgeführt sind, tritt das Ereignis A ein.

- **Formen der XOR-Verknüpfung (exklusives Oder):**

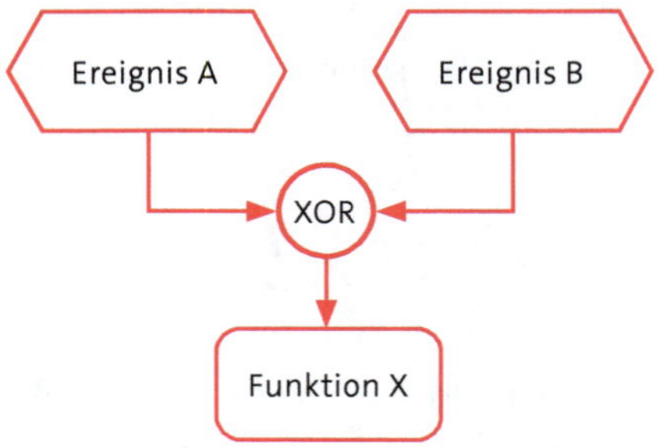

Die Funktion X wird ausgeführt, wenn entweder das Ereignis A oder das Ereignis B aber nicht beide Ereignisse eingetreten sind.

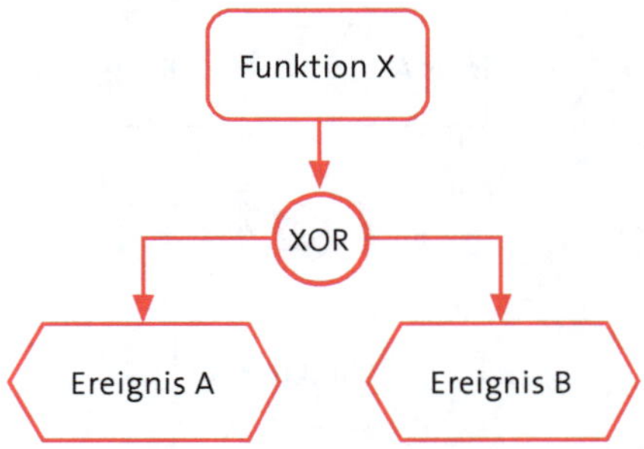

Abhängig von der Ausführung der Funktion X treten entweder das Ereignis A oder das Ereignis B, aber nicht beide Ereignisse ein.

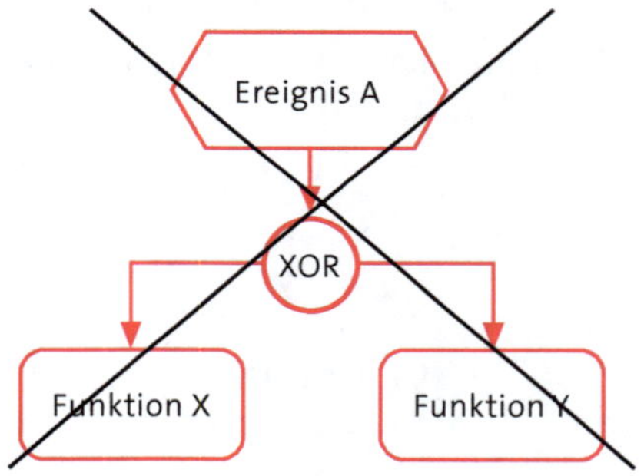

Diese Form ist nicht gültig, da ein Ereignis keine aktive Tätigkeit darstellt und somit dadurch keine Entscheidung getroffen werden kann.

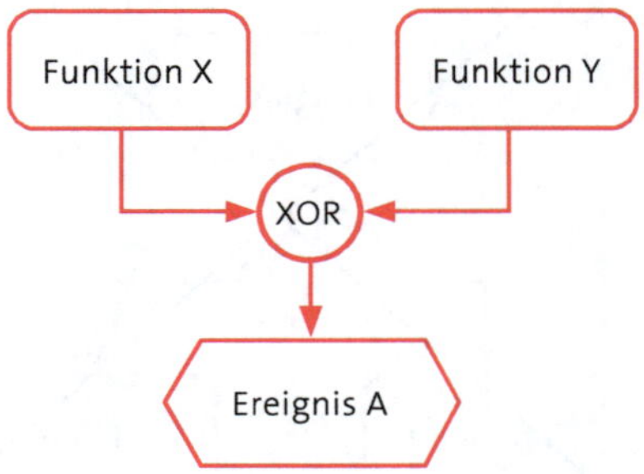

Wenn entweder die Funktion X oder die Funktion Y aber nicht beide Funktionen ausgeführt sind, tritt das Ereignis A ein.

Das folgende Beispiel für eine erweiterte Ereignisgesteuerte Prozesskette zeigt das Zusammenspiel der vorgestellten Elemente.

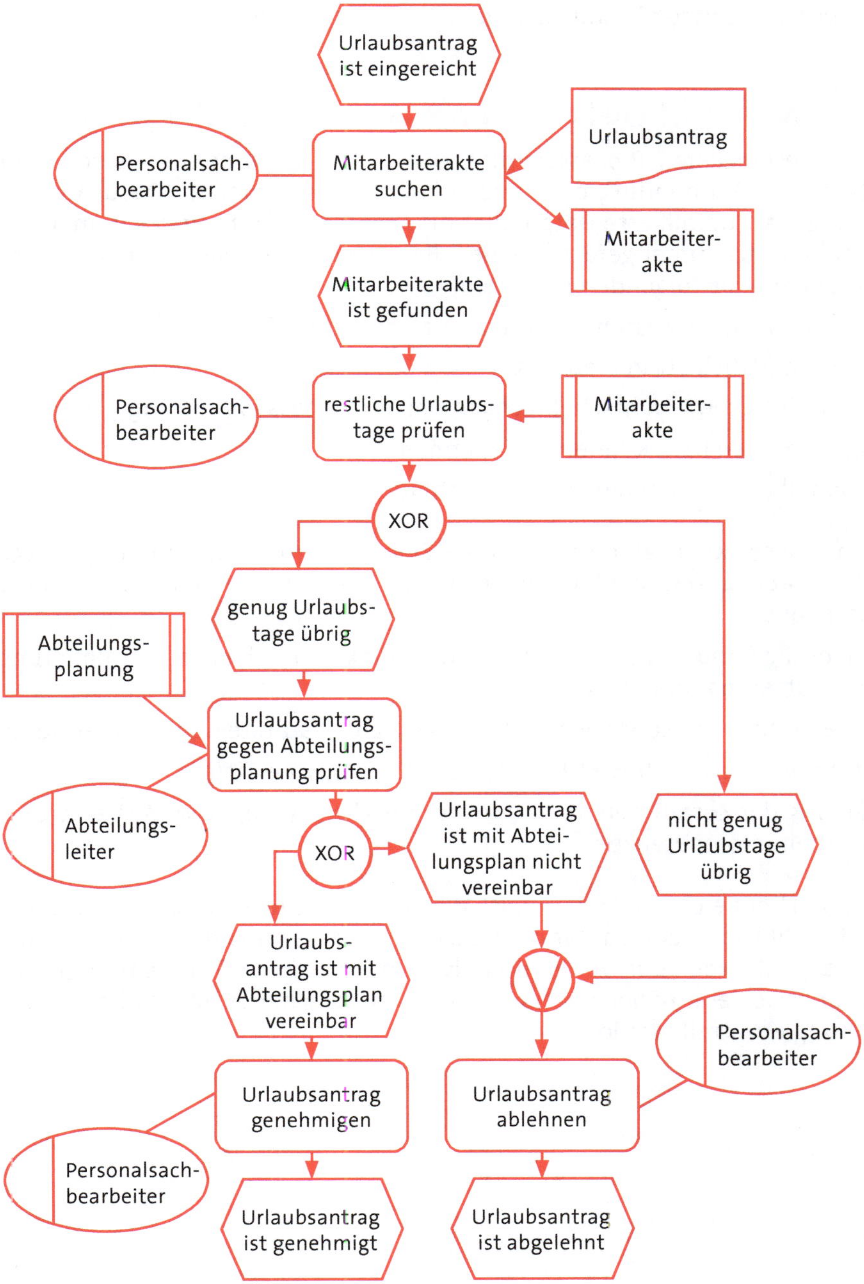

Eine Funktion in einer erweiterten Ereignisgesteuerten Prozesskette kann im Rahmen weiterer Untersuchungen als eigenes eEPK verfeinert werden. Das vorangehende Ereignis der Funktion stellt dabei das Startereignis dar, während die nachfolgenden Ereignisse die Endzustände des Prozesses bilden.

5. Analyse und Optimierung von Geschäftsprozessen

Sobald die einzelnen Prozessschritte erfasst und dokumentiert sind, kann die Analyse und Optimierung des Geschäftsprozesses beginnen. Dazu müssen zuerst möglichst detaillierte Daten über die Prozessausführung gesammelt und zu Kennzahlen zusammengefasst werden. Besonders interessant sind in diesem Zusammenhang die folgenden Angaben:

- durchschnittliche Kosten für einen Prozessdurchlauf
- durchschnittliche Durchlaufzeit
- Fehlerhäufigkeit/-wahrscheinlichkeit bei der Prozessausführung
- Kundennutzen bzw. Kundenzufriedenheit
- Personalbedarf für einen Prozessdurchlauf.

Anhand dieser Kennzahlen können die Ziele der Prozessoptimierung festgelegt werden. Dabei unterscheidet man beispielsweise zwischen folgenden, generellen Zielkategorien:

- Steigerung/Erhaltung der Wettbewerbsfähigkeit durch Kostenminimierung bzw. Nutzenmaximierung
- Verbesserung des Kundenverhältnisses durch verstärkte Kundenorientierung
- Verminderung von Umweltbelastungen (ökologische Ziele)
- Stärkung der Zusammenarbeit durch optimale Nutzung bzw. Verbesserung der Mitarbeiterkompetenzen.

Durch den Vergleich von Soll- und Ist-Werten der Prozesskennzahlen entsteht ein aktuelles Bild von der Qualität der Geschäftsprozesse und der einzelnen Prozessschritte. Im Rahmen der weiteren Analyse sollen nun die Gründe für ggf. vorhandene Unterschiede näher untersucht und entsprechende Maßnahmen zur Verbesserung ermittelt werden.

Bei der Suche nach Optimierungsmöglichkeiten für einen Geschäftsprozesses können eine Vielzahl von Analysemethoden angewendet werden. Im Folgenden werden die beiden nachstehenden Methoden beispielhaft vorgestellt:

- Schwachstellenanalyse
- Benchmarking.

Die Ergebnisse dieser Analysemethoden dienen dann schließlich als Grundlage für die Entwicklung von konkreten Maßnahmen zur Verbesserung des Geschäftsprozesses.

5.1 Schwachstellenanalyse

Als Ausgangspunkte für die Schwachstellenanalyse dienen bekannte Mängel, die bei der Durchführung von einzelnen Arbeitsschritten in einem Geschäftsprozess auftreten, z. B. in Form von langen Bearbeitungszeiten, hohen Prozesskosten usw. Das Ziel der Analyse liegt darin, die Ursachen für genau die Mängel aufzudecken und zu beseitigen, die die stärksten (negativen) Auswirkungen auf das Prozessergebnis besitzen.

Zu diesem Zweck werden im Rahmen der Schwachstellenanalyse drei Schritte ausgeführt:

1. Mängelermittlung:
Die Mängel in den Arbeitsschritten des Geschäftsprozesses werden mithilfe von Kennzahlen dokumentiert.

2. Mängelquantifizierung/-bewertung:
Die Häufigkeit der Mängel sowie deren Auswirkungen werden ermittelt. Auf Basis dieser Daten werden die Mängel bewertet bzw. klassifiziert.

3. Ursachenermittlung:
Die Ursachen für die schwerwiegendsten Mängel werden aufgedeckt und die betroffenen Arbeitsschritte durch entsprechende Gegenmaßnahmen optimiert.

5.2 Benchmarking

Bei der Benchmarking-Methode wird ein Geschäftsprozess im Vergleich mit den entsprechenden Arbeitsabläufen in einem erfolgreichen Konkurrenzunternehmen analysiert. Auf diese Weise ist es möglich, eigene Schwachstellen aufzudecken und gleichzeitig Optimierungsvorschläge auf Grundlage des Vergleichsprozesses zu entwickeln.

Das Vorgehen bei der Benchmarking-Methode gliedert sich in drei Phasen:

1. Phase: Kennzahlen-/Soll-Wertermittlung

Es werden Kennzahlen ausgewählt, die für den zu untersuchenden Geschäftsprozess relevant sind und entsprechende Werte für ein vergleichbares und erfolgreiches Konkurrenzunternehmen ermittelt (= Benchmark). So kann man beispielsweise durch Testkäufe die durchschnittliche Dauer der Auftragsbearbeitung eines Konkurrenzunternehmens ermitteln. Ersatzweise können auch die Durchschnittswerte für die Branche als Benchmark verwendet werden.

2. Phase: Ist-Wertermittlung

Die Arbeitsabläufe im eigenen Unternehmen werden untersucht und die entsprechenden Werte für die Kennzahlen bestimmt. Als Grundlage können vorhandene Daten aus der Buchhaltung, Kostenrechnung usw. dienen, oder es werden neue Daten durch geeignete Aufnahmemethoden (z. B. Interviews, Beobachtungen) erhoben.

3. Phase: Kennzahlenvergleich

Die Soll- und Ist-Werte für die Kennzahlen werden miteinander verglichen und die Abweichungen ermittelt. Anschließend werden die Ursachen für die Abweichungen gesucht und entsprechende Gegenmaßnahmen erarbeitet.

5.3 Maßnahmen zur Optimierung von Geschäftsprozessen

Auf Basis der Analyseergebnisse können unter anderem die folgenden Maßnahmen zur Optimierung der Geschäftsprozesse durchgeführt werden:

- **Eliminierung von überflüssigen Arbeitsschritten:** Arbeitsschritte, die keine Ergebnisse (Output) erzeugen, die für den weiteren Prozessverlauf notwendig sind, sollten entfernt werden.
- **Zusammenfassung ähnlicher Arbeitsschritte:** Verwandte Tätigkeiten, die sich auf die gleichen Prozessobjekte beziehen, sollten zusammengefasst werden, um auf diese Weise Zeit einzusparen.

- **Auslagerung von Arbeitsschritten:** Tätigkeiten, die im Unternehmen nur mit großem Aufwand erfüllt werden, können ggf. an ein spezialisiertes externes Dienstleistungsunternehmen abgegeben werden, um Kosten zu sparen.
- **Vorziehen von Prüfschritten:** Arbeitsschritte, die notwendige Prozesszustände überprüfen, sollten möglichst früh durchgeführt werden, um Probleme und Fehler rechtzeitig aufzudecken und damit ggf. schneller und somit kostengünstiger beheben zu können.
- **Unterstützung von Arbeitsschritten durch IT-Systeme:** IT-Systeme können durch Optimierung der Arbeitsbedingungen (z. B. schnellerer Datenzugriff, angepasste Benutzeroberflächen) oder durch Automatisierung von Vorgängen die Bearbeitung von Prozessschritten beschleunigen. Darüber hinaus können eine einheitliche Benutzerführung und durchgängige Informationsflüsse zur Verringerung der Fehlerquote beitragen.
- **Parallelisierung von unabhängigen Arbeitsschritten:** Arbeitsschritte, die keinerlei Zusammenhänge oder Abhängigkeiten aufweisen, sollten – wenn möglich – parallel durchgeführt werden, um so die gesamte Durchlaufzeit des Geschäftsprozesses zu verkürzen.
- **Stärkere Einbindung von unternehmensexternen Prozessteilnehmern:** durch verbesserte Kommunikationswege mit Kunden, Lieferanten, Dienstleistern usw. können Prozesse sowohl vereinfacht als auch zusätzliche Nutzen für alle Beteiligten geschaffen werden. Gerade bei Vertriebsprozessen entsteht so eine höhere Kundenbindung.

6. Einführung von Geschäftsprozessen

Nach der Gestaltung bzw. Optimierung von Geschäftsprozessen müssen die neu entwickelten bzw. veränderten Arbeitsabläufe auch im Unternehmen eingeführt werden. Zu diesem Zweck ist es notwendig, dass die betroffenen Mitarbeiter in die Lage versetzt werden, die vorgesehenen Tätigkeiten wie geplant auszuführen.

Bei einer Prozesseinführung spielt insbesondere die persönliche Motivation der Prozessbeteiligten eine bedeutende Rolle. Wenn es nicht gelingt, die betroffenen Mitarbeiter von den Veränderungen zu überzeugen und ihnen eine positive Einstellung zu den neuen Aufgaben zu vermitteln, kann die Einführung komplett scheitern und die durch die Prozessoptimierung angestrebten Ziele werden nicht erfüllt.

6.1 Methoden der Prozesseinführung

Die Mitarbeitermotivation als zentrale Grundvoraussetzung für eine erfolgreiche Prozesseinführung ist insbesondere bei der Wahl der Einführungsmethode zu berücksichtigen. Als Alternativen stehen dabei die folgenden Vorgehensweisen zur Verfügung:

- **Direkteinführung:** Die neue Definition des Geschäftsprozesses gilt bei der Direkteinführung ab einem festgelegten Zeitpunkt uneingeschränkt und ersetzt ggf. die Vorgaben zum bisherigen Arbeitsablauf. Alle am Prozess beteiligten Mitarbeiter sind ab diesem Stichtag angewiesen, den neuen ablauforganisatorischen Regelungen zu folgen. Eine Übergangsphase ist nicht vorgesehen.
- **Paralleleinführung:** Der neu gestaltete Geschäftsprozess wird ebenfalls unternehmensweit ab einem bestimmten Zeitpunkt eingeführt. Allerdings werden die Regelungen zum bisherigen Prozess zu diesem Termin nicht sofort ungültig, sondern bleiben noch für eine festgelegte Übergangszeit bestehen. Innerhalb dieses Zeitraums dürfen die betroffenen Mitarbeiter beide Prozessvorschriften befolgen.
- **Probeeinführung:** Die neuen Vorgaben für den Geschäftsprozess werden im Rahmen eines Experiments nur in einem abgeschiedenen Bereich des Unternehmens eingeführt und die Ergebnisse am Ende des Tests ausgewertet. Auf Basis der Analyse dieser Ergebnisse kann dann die weitere Einführungsplanung des Prozesses für das gesamte Unternehmen vorgenommen werden.
- **Stufeneinführung:** Statt alle neuen ablauforganisatorischen Regelungen des Geschäftsprozesses auf einmal einzuführen, sieht die Stufeneinführung ein schrittweises Vorgehen vor. Einzelne (modulare) Teile des Prozesssystems werden nacheinander umgesetzt und vor der nächsten Stufe wird jeweils der Erfolg bzw. der Misserfolg der bisher realisierten Veränderungen überprüft.

6.2 Phasen der Prozesseinführung

Die eigentliche Einführung eines neuen Geschäftsprozesses erfolgt üblicherweise im Rahmen eines Projekts und kann in die folgenden Phasen unterteilt werden.

Einführungsplanung
Die im Rahmen der Einführung durchzuführenden Arbeitsschritte, die einzuhaltenden Termine, die benötigten personellen Ressourcen sowie die anfallenden Kosten werden in einem Planungsdokument festgelegt.

Prozesspräsentation
Die Regelungen für den neuen Geschäftsprozess sowie die Ergebnisse der Einführungsplanung werden den Auftraggebern und den verantwortlichen Führungspersonen präsentiert. Dabei sollten sowohl die Probleme des bisherigen Arbeitsablaufs, als auch die Vorteile der neuen Prozessvorgaben aufgezeigt werden.

Mittelbereitstellung
Die für den Geschäftsprozess benötigten Mittel (z. B. Maschinen, Geräte, neue Software bzw. Softwareerweiterungen) werden festgelegt, beschafft und installiert. Bei komplexeren Sachmitteln muss ggf. eine längere Lieferzeit eingeplant werden.

Schulung und Information
Die am Geschäftsprozess beteiligten Personen erhalten Schulungen und passendes Informationsmaterial, um sich die für die neuen Arbeitsabläufe notwendigen Fähigkeiten und Kenntnisse anzueignen. Im Rahmen der Schulungsveranstaltungen spielt auch der Aufbau von Motivation bei den Mitarbeitern bezüglich der Umsetzung der eingeführten Prozessvorgaben eine große Rolle.

Prozessanlauf
Die Regelungen zum neuen Geschäftsprozess werden gültig und von den beteiligten Mitarbeitern befolgt.

Prozesskontrolle
Die Einhaltung der neuen ablauforganisatorischen Regelungen wird überwacht und dadurch werden ggf. vorhandene Mängel erkannt bzw. zurückgemeldet, die nach Abschluss des Prozessanlaufs nachgebessert werden müssen.

Prozessdokumentation
Die Vorgaben zu dem neuen Geschäftsprozess werden inklusive Nachbesserungen eindeutig und verständlich schriftlich fixiert. Die so entstandene Prozessdokumentation wird den beteiligten Mitarbeitern zugänglich gemacht und zukünftige Änderungen werden eingepflegt.

7. Prozesscontrolling

Unter dem Begriff „Prozesscontrolling“ werden die betrieblichen Aktivitäten zusammengefasst, welche die Leistungsfähigkeit und Wirtschaftlichkeit der Geschäftsprozesse in einem Unternehmen dauerhaft sicherstellen sollen. Diese Unternehmensfunktion unterstützt und koordiniert dazu die Planung, Kontrolle und Steuerung der betrieblichen Arbeitsabläufe und stellt die dafür notwendigen Informationen bereit.

Infoband 3, LF 13, Kap. 5.

Das Prozesscontrolling umfasst die folgenden Aufgabengebiete:

Prozessplanung

Festlegung von organisatorischen Zielen in Form von Soll-Werten, die die Wettbewerbsfähigkeit der Geschäftsprozesse sicherstellen sollen (z. B. „die durchschnittliche Durchlaufzeit für den Prozess soll um 20 % gesenkt werden“)

Prozesskontrolle

Ermittlung der Ist-Werte für die aktuellen Geschäftsprozesse und Analyse auf Abweichungen zu den geplanten Soll-Vorgaben, um organisatorische Fehler und deren Ursachen frühzeitig zu erkennen

Prozesssteuerung

Unterstützung bei der Beseitigung der organisatorischen Ursachen für die Abweichungen zwischen den Ist-Werten der gegenwärtigen Geschäftsprozesse und den Soll-Vorgaben, z. B. durch Vorschläge für geeignete Gegenmaßnahmen

Prozessinformation

Sammlung und Weitergabe von relevanten Daten über die Prozessorganisation, z. B. in Form von Berichten an die Unternehmensleitung oder als Grundlage für die Weiterentwicklung der betrieblichen Arbeitsabläufe

Abhängig von dem Unternehmen kann das Prozesscontrolling entweder von der Geschäftsleitung, durch eine eigene, unabhängige Controlling-Abteilung oder durch eine Expertengruppe innerhalb der Organisationsabteilung übernommen werden.

8. Qualitätsmanagement

Der Begriff **„Qualität"** wird im Alltag häufig in Verbindung mit einem konkreten Produkt verwendet und beschreibt dabei, inwieweit die Anforderungen erfüllt werden, die von den Kunden, vom Hersteller bzw. vom Gesetzgeber an das Produkt gestellt werden. Diese Anforderungen betreffen beispielsweise die technischen Eigenschaften, die Leistung oder auch die Nutzungsdauer des Gutes.

Diese Definition von Qualität kann auch auf Dienstleistungen oder auf Prozessabläufe angewendet werden, wobei die Kennzahlen zur Qualitätsmessung entsprechend angepasst werden müssen. So beziehen sich die Anforderungen an die Geschäftsprozesse in einem Unternehmen unter anderem auf die Prozesskosten, die Kundenzufriedenheit, die Anzahl der Kundenbeschwerden oder die Fehlerquote.

Da die Qualität der vom Unternehmen angebotenen Produkte bzw. der Dienstleistungen maßgeblich durch die an der Wertschöpfung beteiligten Prozesse beeinflusst wird, müssen bereichs- bzw. abteilungsübergreifend organisatorische Regeln und Vorgaben festgelegt und eingehalten werden, um die gewünschten Qualitätsanforderungen dauerhaft zu erfüllen. Diese Maßnahmen werden unter dem Begriff **„Qualitätsmanagement"** zusammengefasst und deren Planung und Steuerung ist üblicherweise der Geschäftsleitung bzw. einer entsprechenden Stabsstelle zugeordnet.

Im Rahmen des Qualitätsmanagement werden die folgenden Aufgabenbereiche unterschieden:

Die zur Umsetzung des Qualitätsmanagement erforderlichen organisatorischen Strukturen, Prozesse und Mittel werden als **Qualitätsmanagementsystem** bezeichnet und im sogenannten **Qualitätsmanagement-Handbuch** dokumentiert. Auf diese Weise soll die Qualität der angebotenen Produkte bzw. Dienstleistungen im Unternehmen dauerhaft gewährleistet bzw. langfristig verbessert werden, was letztlich zu einer Zunahme der Kundenzufriedenheit und der Wettbewerbsfähigkeit des Unternehmens führt.

Als Leitfaden und theoretische Grundlage für den Aufbau eines Qualitätsmanagementsystems dienen die Normen DIN EN ISO 9000 ff.:

DIN EN ISO 9000	Definition der Grundlagen und der Begriffe von Qualitätsmanagementsystemen
DIN EN ISO 9001	Definition der Anforderungen an ein Qualitätsmanagementsystem
DIN EN ISO 9004	Leitfaden für die Entwicklung und die Verwaltung eines Qualitätsmanagementsystems
DIN EN ISO 19011	Leitfaden für die Durchführung von Audits von (Qualitäts-) Managementsystemen

Diese international gültigen Normen definieren die standardisierten Mindestanforderungen für Qualitätsmanagementsysteme, die ein Unternehmen bei der Einrichtung beachten sollte. Die Erfüllung der Anforderungen durch ein Unternehmen kann von einem dritten, unabhängigen Prüfinstitut (z. B. von der TÜV Nord Gruppe) im Rahmen eines sogenannten (Qualitäts-) Audits überprüft und anschließend zertifiziert werden. Dabei werden die Dokumentation, die Einführung sowie die Durchführung und die Einhaltung der organisatorischen Regelungen und Vorgaben des Qualitätsmanagementsystems durch die Mitarbeiter des Unternehmens von externen Auditoren überprüft. Da die Zertifizierung nur befristet gültig ist, muss das Audit regelmäßig wiederholt werden.

Bei der Einrichtung eines Qualitätsmanagementsystems können unterschiedliche Ansätze verfolgt werden. Das verbreitete Modell des sogenannten **Total Quality Management (TQM)** stellt dabei ein ganzheitliches Konzept dar, das den Qualitätsgedanken auf alle Unternehmensbereiche überträgt. Jeder Mitarbeiter soll sich an der Erfüllung der Qualitätsanforderungen eigenverantwortlich beteiligen und zur ständigen Qualitätsverbesserung beitragen. Die Einhaltung und der Ausbau des Qualitätsmanagementsystems rücken dadurch in den Mittelpunkt des Unternehmens.

Veranstaltungen und Geschäftsreisen organisieren

Kaufleute für Büromanagement organisieren und koordinieren neben Büro- und Geschäftsprozessen auch die Öffentlichkeitsarbeit und das Veranstaltungsmanagement. Dazu lernen die Schüler mithilfe berufstypischer Aufgabenstellungen, Veranstaltungen und Geschäftsreisen eigenverantwortlich und effizient zu planen, zu gestalten und zu dokumentieren.

Sie lernen, die Rahmenbedingungen von verschiedenen Veranstaltungsarten zu überblicken und diese gemäß dem Veranstaltungsziel zu organisieren. Abhängig von der Zielsetzung bereiten die Schüler handlungsorientiert unterschiedliche Veranstaltungen vor und gestalten die notwendigen Veranstaltungsunterlagen. Organisatorische Hilfsmittel wie Zeit-, Arbeitspläne und Checklisten erstellen die Schüler mit der entsprechenden Anwendersoftware.

Die Schüler planen eigenständig organisatorische Gegebenheiten der Veranstaltung und achten auf gute Umgangsformen und ihr äußeres Erscheinungsbild. Sie kommunizieren sachlich und empathisch mit den Veranstaltungsteilnehmern und begegnen Kritik offen und konstruktiv. Sie bereiten Veranstaltungen eigenständig nach und dokumentieren diese.

Die Schüler erfassen die Rahmenbedingungen von Geschäftsreisen und beachten die Wünsche der Reisenden. Sie recherchieren geeignete Verkehrsmittel und Unterkünfte für die Reise und prüfen verschiedene Buchungsmöglichkeiten. Für den Reiseablauf fertigen sie Dokumente als Organisationsinstrument für den Reisenden an.

Sie führen eigenständig Reisekostenabrechnungen mit der passenden Anwendersoftware durch und berücksichtigen die gesetzlichen und betriebsinternen Vorgaben.

Die Schüler lernen, im Team zu arbeiten und begegnen sich kooperativ und wertschätzend. Sie reflektieren den Verlauf von Veranstaltungen und Geschäftsreisen und analysieren deren Zielerreichung. Sie setzen den Organisationsaufwand in Relation zum Erfolg.

Die Schüler evaluieren Veranstaltungen und Geschäftsreisen und leiten daraus neue Handlungsmuster für zukünftige Aufgaben und Problemlösungen ab.

12

1. Veranstaltungsmanagement

Veranstaltungen bringen Menschen zusammen. Daher wird es immer Veranstaltungen mit unterschiedlichen Anlässen und Zielsetzungen geben. Perspektivisch kann davon ausgegangen werden, dass Veranstaltungen, bei denen sich Menschen persönlich treffen, gleichermaßen zunehmen werden, wie die technischen Kommunikationsmittel, mit deren Hilfe sich Distanzen überwinden lassen.

MERKE

Veranstaltungen sind zeitlich begrenzte Ereignisse mit einem bestimmten Programm und Ziel, an denen eine begrenzte oder unbegrenzte Gruppe von Personen teilnimmt. Für Unternehmen stellen sie heutzutage ein eigenständiges Kommunikationsinstrument dar.

1.1 Grundlagen des Veranstaltungsmanagement

Grundsätzlich ist eine Veranstaltung eine produkt-, firmen- oder themenspezifische Inszenierung von Ereignissen und Erlebnissen. Hier steht weniger das emotionale Erleben des Teilnehmers im Vordergrund, sondern die objektive Wahrnehmung der Planung, Konzeptionierung, Durchführung und Kontrolle.

Die Bandbreite der Veranstaltungen reicht von öffentlichen Feierlichkeiten, wie z. B. Großveranstaltungen, Händlertreffen, Seminaren und Tagungen bis hin zu Aufsichtsratssitzungen, Jahreshauptversammlungen und Pressekonferenzen. Die Hauptkriterien von Veranstaltungen lassen sich nach ihrem Zweck und dem inhaltlichen Programm in folgende Grundkategorien einordnen:

Zusammenfassend kann gesagt werden, dass das Veranstaltungsmanagement eine zielgerichtete und systematische Planung von Informationen, Emotionen, Aktionen und Motivationsfaktoren beinhaltet und diese konzeptioniert und realisiert. Grundsätzlich durchläuft eine Veranstaltung vier Phasen:

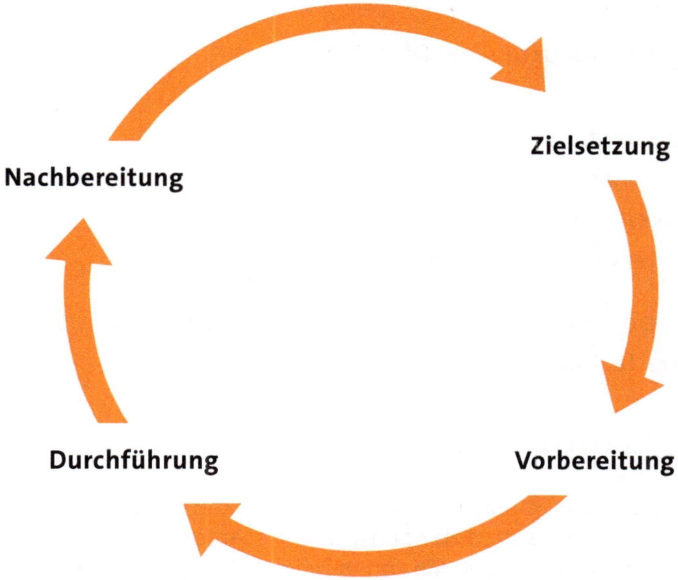

1.2 Nachhaltiges Veranstaltungsmanagement

Da Veranstaltungen finanzwirksame Maßnahmen sind, ist bei ihrer Organisation neben der Wirtschaftlichkeit auch die Nachhaltigkeit zu berücksichtigen. Das Umweltbundesamt (UBA) fordert, dass ökologische, ökonomische und soziale Aspekte bei der Planung, Organisation und Durchführung von Veranstaltungen in Betracht gezogen werden müssen.

Oft stehen Organisatoren unter Termin- und Zeitdruck. In der Regel fallen plötzlich viele Tätigkeiten auf einmal an, die prompt erledigt werden müssen: Papiere organisieren, Checklisten zusammenstellen, Verhandlungen mit Lieferanten, Referenten usw. Dabei werden wichtige Aspekte ökologischer Nachhaltigkeit meistens weniger beachtet. Der Ratgeber „Leitfaden für die nachhaltige Organisation von Veranstaltungen" vom Umweltbundesamt, dient als Orientierungshilfe, um den zusätzlichen Anforderungen der Nachhaltigkeit gerecht zu werden.

www.umweltbundesamt.de

Folgende Handlungsfelder dienen als Raster, an dem man sich bei der praktischen Umsetzung von nachhaltigem Veranstaltungsmanagement orientieren kann:

- Mobilität
- Veranstaltungsort und Unterbringung
- Energie und Klima
- Beschaffung von Produkten und Dienstleistungen
- Catering
- Abfallmanagement
- Umgang mit Wasser
- Gastgeschenke/Giveaways
- Kommunikation und soziale Aspekte.

Weitere praxisnahe Handlungsfelder sollten ebenfalls berücksichtigt werden:

- Veranstaltungstechnik
- Mobiliar
- Druckerzeugnisse und Dekoration.

In welchem Umfang die Handlungsfelder im Veranstaltungsmanagement berücksichtigt werden können, ist von der Schwerpunktsetzung und den Voraussetzungen der Veranstaltung abhängig. Sie sollen bei den Organisatoren die Bereitschaft wecken, Umwelt- und Gesundheitsaspekte in die anstehenden Planungs- und Umsetzungsentscheidungen einzubeziehen.

Im Zusammenhang mit nachhaltigem Veranstaltungsmanagement wird auch der Begriff „Green Meetings“ eingesetzt.

2. Zielsetzung von Veranstaltungen

Jede Veranstaltung findet in einer bestimmten Form und zu einem bestimmten Anlass statt. Auch die Zielsetzung jeder Veranstaltung ist individuell.

Veranstaltungsziele sind in der Regel ausschlaggebend für die Wahl der Veranstaltungsart und den ausgewählten Teilnehmerkreis. Die Zielsetzung bei der Veranstaltungsplanung hat eine große Bedeutung, weil daraus weitere wichtige Plandaten abgeleitet werden.

Eine Veranstaltung ist erst dann erfolgreich, wenn sie ihr Ziel erreicht hat. Ein Erfolg ist jedoch nur dann messbar, wenn ein Ziel festgelegt wurde. Letztendlich scheitern viele Veranstaltungen daran, dass das Ziel nicht konkret definiert wurde. Daher sollte gezielt gefragt werden:

- Für welche Zielgruppe soll diese Veranstaltung stattfinden?
- Welche Interessen verfolgt diese Zielgruppe?
- Welche Botschaft soll durch die Veranstaltung vermittelt werden?
- Was ist einzigartig an dieser Veranstaltung und unterscheidet sie von konkurrierenden Veranstaltungen?

2.1 Zieldifferenzierung bei Veranstaltungen

In der Praxis erweist es sich oft als schwierig, Ziele festzulegen und in der Folge auch messbar zu machen. Daher sollten Ziele nach **quantitativen und qualitativen** Merkmalen kategorisiert werden:

Quantitative Ziele	Qualitative Ziele
▸ Anzahl der Teilnehmer ▸ Umsatzsteigerung ▸ Gewinnsteigerung ▸ Wachstum von Marktanteilen ▸ neue Kundenkontakte	▸ Teilnehmerzufriedenheit ▸ Ambiente des Veranstaltungsorts ▸ Atmosphäre des Veranstaltungsraums ▸ PR-Wirkung (Erhöhung des Image- und Bekanntheitsgrads) ▸ Commitment (Engagement und Verbindlichkeit)

- **Quantitative Ziele**, wie z. B. eine Umsatz- oder Gewinnsteigerung, sind anhand von eindeutigen Zahlen leicht messbar.
- **Qualitative Ziele**, wie z. B. Teilnehmerzufriedenheit oder die Bewertung der Organisation und der Atmosphäre, können aus Befragungen der Teilnehmer abgeleitet werden. Hier sind Feedback- und Bewertungsbögen zur Zufriedenheitsanalyse zweckmäßig. Diese Auswertungen sind für den Optimierungsbedarf bei Folgeveranstaltungen sinnvoll.

Der Erfolg einer Veranstaltung kann durch die Planung stark beeinflusst werden. Dazu sollten Ziele exakt formuliert und schriftlich fixiert werden. Dies hat den Vorteil, dass am Ende eine nachträgliche Kontrolle des Veranstaltungserfolgs möglich ist.

Zielformulierungen können folgendermaßen aussehen:

Veranstaltungstyp „Outdoor-Event Hochseilgarten“	
Quantitatives Ziel	► Durch höhere Zufriedenheit der Teammitglieder und verstärktes Kooperations- und Kommunikationsverhalten werden Arbeitsprozesse beschleunigt. ► Es entstehen optimierte und produktivere Arbeitsergebnisse.
Qualitatives Ziel	► Der Zusammenhalt im Team wird gestärkt. ► Die Kooperations- und die Kommunikationsfähigkeit werden gestärkt. ► Die Empathiefähigkeit der Teammitglieder wird verbessert. ► Die Zufriedenheit der Mitarbeiter wird gestärkt.

MERKE

Mithilfe der SMART-Kriterien werden Ziele realistisch, akzeptanzfähig und prüfbar – operationalisierte Ziele – formuliert. Operationalisierte Ziele beschreiben einen konkreten Nutzen, der sich aus der Zielerreichung ergibt.

S	Spezifisch	qualitative Beschreibung	→	Was genau/konkret ...?
M	Messbar	quantitative Beschreibung	→	Wie operationalisiert?
A	Akzeptiert	persönlich oder objektiv	→	Ist das Ziel akzeptabel?
R	Realistisch	Umsetzung/Chancen	→	Ist das Ziel erreichbar?
T	Terminiert	zeitlicher Bezug	→	Bis wann soll das Ziel erreicht sein?

2.2 Veranstaltungsarten

Die verschiedenen Veranstaltungsarten sind sich in der Planung, Vorbereitung und Durchführung ähnlich. Jedoch muss jede Veranstaltung individuell geplant werden und stellt spezifische Anforderungen an das Umfeld und den Ablauf.

Firmeninterne Besprechungen, Sitzungen oder Meetings sind die häufigste Form von geschäftlichen Veranstaltungen. Sie finden meistens in einem kleineren Personenkreis statt. Der Aufwand für die Organisation und Durchführung ist weniger arbeits- und kostenintensiv als vergleichsweise Veranstaltungen mit einem größeren Personenkreis.

MERKE

Veranstaltungen und Events sind eine Visitenkarte des Unternehmens. Deshalb sollten Veranstaltungen sorgfältig und systematisch geplant und durchgeführt werden.

Daher sollten vor der Planung folgende Fragen geklärt sein:

- Um welche Art Veranstaltung handelt es sich?
- Welchen Nutzen soll die Veranstaltung dem Unternehmen bringen?
- Welches Ziel soll erreicht werden?
- Welcher Ablauf eignet sich dazu optimal?
- Welche Mittel können aufgewendet werden?

Veranstaltungsart	Anforderung und Zielsetzung
Besprechung	Eine Besprechung findet in einem kleineren Teilnehmerkreis von ca. zwei bis zehn Teilnehmern statt und hat eine Dauer von einer bis mehreren Stunden. Ihre Zielsetzung ist der Austausch von Informationen zu betrieblichen Themen. Sie wird in der Regel kurzfristig einberufen und erfolgt ohne formelle Einladung. Der zeitliche Vorlauf und der Aufwand für die Vorbereitungen sind verhältnismäßig gering.
Sitzung	Eine Sitzung ist eine Zusammenkunft eines kleineren Personenkreises über mehrere Stunden. Sie hat die Zielsetzung der Besprechung und des Informationsaustauschs betrieblicher Themenschwerpunkte mit Ergebnisfindung. Die Einladung erfolgt schriftlich mit Tagesordnung. Es wird ein Sitzungsleiter benannt und ein Protokoll angefertigt.
Konferenz	Eine Konferenz hat einen Teilnehmerkreis von 30 bis 60 Personen und dauert meistens mehrere Stunden bis zu einem Tag. Sie zielt darauf ab, über bestimmte betriebliche Themen zu informieren, zu diskutieren und Beschlüsse zu fassen. Die Vorbereitungszeit liegt hier bei bis zu drei Monaten. Eine Konferenz hat in der Regel ein Leitthema. Eine formelle Einladung in schriftlicher Form mit Tagesordnung ist notwendig. Es muss ein Protokoll angefertigt werden.
Videokonferenz	Die Videokonferenz stellt eine Alternative zu realen Konferenzen dar. Mithilfe von Videokonferenzsystemen (vernetzte Computer, Videoräume, mobile Videosysteme) findet ein Kommunikationsaustausch zwischen räumlich voneinander entfernten Teilnehmern statt. Die Videokonferenz hat den Vorteil, dass Kosten und Zeit für die Reise zu einem Konferenztermin entfallen, und dass sie jederzeit stattfinden kann. Sie kann mehrere Stunden dauern. Voraussetzung sind exakt abgestimmte Termine. Eine Videokonferenz hat ebenfalls das Ziel des Informationsaustauschs und der Diskussion betrieblicher Probleme mit Beschlussfassung.

Veranstaltungsart	Anforderung und Zielsetzung
Kongress	Bei einem Kongress treffen sich ca. 100 bis 1.000 Personen zeitgleich an mehreren Tagen. Er beinhaltet mehrere Veranstaltungsteile, die meistens thematisch, methodisch und räumlich gegliedert sind. Es werden spezifische Fachvorträge angeboten und Themen sowie Lösungen werden meistens in Workshops erarbeitet, mit dem Ziel über Entwicklungen, Innovationen und neue Erkenntnisse zu informieren. Ein Kongress dauert oft mehrere Tage und hat eine lange und präzise Planungs- und Vorbereitungszeit, die ca. 12 bis 15 Monate dauern kann. Einladung und Programm erfolgen in schriftlicher Form.
Tagung	Eine Tagung wird meistens für 25 bis 300 Personen ausgerichtet und hat eine Dauer von ein bis zwei Tagen. Sie dient dazu, Teilnehmern spezifische Fachvorträge anzubieten. Die Teilnehmer haben darüber hinaus die Möglichkeit, diese Fachbeiträge zu reflektieren und sich mit anderen Teilnehmern auszutauschen. Die Vorbereitungen für eine Tagung sind mit einem hohen Organisationsaufwand verbunden (geeigneter Tagungsort, Tagungshotel, Reservierung von Zimmerkapazitäten, Gästebetreuung und -bewirtung, Rahmenprogramm usw.). Die Einladung erfolgt schriftlich mit Teilnahmebestätigung. Die lange und präzise Vorbereitungszeit dauert ca. acht bis zwölf Monate.
Messe	Eine Messe ist eine meistens öffentliche Ausstellung mehrerer Unternehmen einer Branche oder zu einem Produkt, die national, international oder regional stattfindet. Sie hat das Ziel, über neue Produkte oder zu bestimmten Themen zu informieren, Produkte auszustellen und diese zu verkaufen. Eine Messe ist ein Instrument, um den Bekanntheitsgrad zu erhöhen und das Image zu verbessern. Sie dauert oft mehrere Tage und beansprucht eine umfangreiche Vorbereitung. Bei der Planung fließen Aspekte wie die Infrastruktur, der Ort, der Verkehr und die Sicherheit ein. Messetermine werden abhängig von ihrem Standort über Jahre festgelegt. Diese Termine gehen aus dem jährlich erscheinenden Messekalender hervor. Eine Terminbekanntgabe erfolgt auch im Internet und in der Fachpresse. Regionale Messen werden meistens in der lokalen Presse beworben. Wichtige Personen, wie z. B. Kunden, werden schriftlich eingeladen.

Veranstaltungsart	Anforderung und Zielsetzung
Seminar	An einem Seminar sollten 8 bis maximal 16 Personen teilnehmen, damit es effektiv ist. Es dient der Vermittlung von theoretischem Wissen mit Praxisbezügen in Form von fachlichen Kurzvorträgen. Zielgruppe sind Mitarbeiter, die produkt- oder themenspezifisch geschult werden sollen. In Einzel- oder Gruppenarbeit wird erlerntes Wissen angewendet und vertieft. Die Lehrvorträge werden mithilfe unterschiedlicher Präsentationsmedien wie Notebook und Beamer, Flipcharts, Pinnwänden oder Whiteboards präsentiert. Ein Seminar hat eine Dauer von ein bis drei Tagen. Die Vorbereitungszeit dauert ca. zwei bis vier Monate. Sie beinhaltet eine umfangreiche inhaltliche Vorbereitung von Schulungsunterlagen mit einem meistens hohen technischen Aufwand. Die Einladung erfolgt schriftlich mit Anmeldevordruck.
Webinar	Ein Webinar (auch Web-Seminar) wird über das World Wide Web (www) gehalten. Solch ein webbasiertes Seminar ist interaktiv ausgelegt und ermöglicht eine beidseitige Kommunikation zwischen Lehrendem und Teilnehmer. Es findet „live“ statt. Informationen werden innerhalb eines Programms mit einer festgelegten Start- und Endzeit übermittelt. Dies bedeutet, dass ein Webinar termingebunden stattfindet. Das Ziel eines Webinars ist die Vermittlung von Wissen und es dient ebenfalls der Schulung von Mitarbeitern. Voraussetzung ist ein netzwerkfähiger Computer mit entsprechender Software. Darüber hinaus sind ein Headset sowie eine Webcam erforderlich. Die Bekanntgabe erfolgt schriftlich per Einladung mit exakt definierter Uhrzeit und Dauer.
Event	Ein Event ist ein inszeniertes Ereignis bzw. Erlebnis, das bezüglich der Gestaltung bei den Teilnehmern zu deren emotionalem Erleben führt. Die Ziele eines Events sind meistens auf eine Produkteinführung oder Bekanntmachung mit einem neuen Produkt ausgerichtet. Ein exaktes Timing und eine sorgfältige sowie genaue Planung über mehrere Monate sind die Voraussetzungen für einen reibungslosen Ablauf und stellen für die Organisation eine große Herausforderung dar. Die Einladung erfolgt schriftlich mit Rückmeldung bzw. Teilnahmebestätigung.

MERKE

Worin unterscheidet sich eine Veranstaltung von einem Event? Alle Veranstaltungsarten werden normalerweise auch als „Veranstaltung" bezeichnet.

> *„Unter Events werden inszenierte Ereignisse sowie deren Planung und Organisation im Rahmen der Unternehmenskommunikation verstanden, die durch erlebnisorientierte firmen- oder produktbezogene Veranstaltungen emotionale und physische Reize darbieten und einen starken Aktivierungsprozess auslösen."*
>
> *(Definition des Deutschen Kommunikationsverbands BDW, 1993)*

2.3 Datenschutzgrundverordnung (DSGVO) bei Veranstaltungen

Beim Veranstaltungsmanagement ist es unerlässlich, zahlreiche personenbezogene Daten zu sammeln, wie z. B. bei der Anmeldung und Registrierung von Teilnehmern, bei Hotelbuchungen, bei Umfragen bzw. Feedback und allen Vorgängen, bei denen personenbezogene Daten erhoben werden.

Zu den erhobenen Daten gehören neben den persönlichen und Kontaktdaten auch Informationen zur beruflichen Tätigkeit, Ernährung bis hin zu hoch sensiblen Daten, wie Beeinträchtigungen, Krankheiten oder Kreditkarteninformationen.

Mit der Europäische Datenschutzgrundverordnung (DSGVO), die am 25. Mai 2018 in Kraft getreten ist, müssen Veranstalter erhebliche zusätzliche Anforderungen beim Datenschutz beachten.

Dies gilt vor allem im Hinblick auf die Dokumentation und die Transparenz von personenbezogenen Daten.

Pflicht zur Offenlegung und Löschung für Veranstalter

Die **DSGVO** autorisiert die Betroffenen (von der Datenerhebung betroffene Personen) wieder zur Selbstbestimmung über ihre Daten.

Das heißt, dass Veranstalter die Einwilligung **(Art. 6 Abs. 1 lit. a DSGVO)** der Teilnehmer zur Speicherung personenbezogener Daten einholen müssen. Über diese gespeicherten Daten müssen sie auf Anfrage innerhalb einer geringen Frist Auskunft **(Art. 15 DSGVO)** in elektronischem Format geben.

Die Veranstalter sind verpflichtet darüber Auskunft zu erteilen, wo Daten gespeichert sind und zu welchem Zweck sie verwendet werden.

Das mit der DSGVO eingeräumte **„Recht auf Löschung bzw. Vergessen" (Art. 17 DSGVO)** garantiert den Teilnehmern einer Veranstaltung jederzeit die Löschung ihrer personenbezogenen Daten.

Ebenso muss der Veranstalter gewährleisten, dass die bereits erfolgte Freigabe von personenbezogenen Daten an Dritte, wie z. B. Dienstleister, Reiseveranstalter und Hotels beendet wird. Der Veranstalter muss daneben sicherstellen, dass diese Drittanbieter die Daten ebenfalls DSGVO-konform verarbeiten.

Die Betroffenen haben darüber hinaus jederzeit das Recht, der Verarbeitung ihrer personenbezogenen Daten zu widersprechen **(Art. 21 DSGVO)**.

2.4 Infektionsschutz bei Großveranstaltungen

Seit dem 07.04.2023 gibt es in Deutschland keine rechtlichen Einschränkungen für Veranstaltungen mehr. Die Veranstalter sind zu einem regulären Veranstaltungsbetrieb in ihren Gebäuden und Räumlichkeiten zurückgekehrt. Im Vordergrund steht das eigenverantwortliche Handeln jeder Person, sich oder andere keiner unangemessenen Infektionsgefahr auszusetzen.

Daher empfiehlt es sich, Veranstaltungen der aktuellen Situation anzupassen, um Teilnehmer, Veranstalter, Servicepartner und das Veranstaltungspersonal zu schützen.

Folgende Maßnahmen können jedoch getroffen werden, um das Risiko einer Virusübertragung und großer bzw. schwerer Folgeausbrüche zu verringern:

- Eine dem Infektionsrisiko angemessene Belüftung des Veranstaltungsortes
- Aktive Information der Teilnehmer über allgemeine Maßnahmen des Infektionsschutzes wie Händehygiene, Abstand halten oder Husten- und Schnupfenhygiene
- Teilnehmerzahl begrenzen bzw. reduzieren
- Ausschluss von Personen mit akuten Symptomen
- Auf enge Interaktion der Teilnehmenden verzichten.

3. Veranstaltungen vorbereiten

Die Organisation von Veranstaltungen erfordert gründliche Überlegungen und eine detaillierte Planung. Die Organisatoren tragen für viele Dinge, die sich mit der Planung, Vorbereitung und Durchführung der Veranstaltung befassen, die Verantwortung.

Damit die Veranstaltung erfolgreich wird, sollte mit den W-Fragen das sogenannte Veranstaltungsprofil geklärt werden:

3.1 Make or Buy bei Veranstaltungen

Der Schlüssel zum Erfolg bei der Veranstaltungsplanung liegt unter anderem darin zu erkennen, ob eine Leistung unternehmensintern **(Make)** erbracht werden kann, oder an einen externen Dienstleister **(Buy)** vergeben wird. Dies ist abhängig von den personellen Ressourcen, den Kompetenzen der Mitarbeiter und dem Budget für die Veranstaltung.

Die unternehmensinterne Organisation – **Make-Entscheidung** – wird abhängig von der Unternehmensstruktur und -größe durchgeführt von:

- Mitarbeitern (Event-Manager), in deren Aufgaben- und Kompetenzbereich die Organisation von Veranstaltungen fällt
- Mitarbeitern, die projektbezogen an der Vorbereitung und dem Erfolg der Veranstaltung beteiligt sind
- internen Event-Abteilungen, die die Planung, Durchführung und Nachbereitung von Veranstaltungen und Events durchführen.

Bei der internen Veranstaltungsplanung sollten die Aufgaben präzise definiert und den beteiligten Mitarbeitern konkret zugeordnet werden. Nur so können das Ziel und die erfolgreiche Ausrichtung der Veranstaltung transparent werden. Die Mitarbeiter werden dadurch befähigt, selbstständig und eigenverantwortlich zu handeln und sich flexibel auf neue Situationen einzustellen. Dadurch erfolgt ein Zuwachs der Selbstkompetenz und der Identifikation mit dem Unternehmen.

Um die komplexen Aufgabenbereiche einer Veranstaltungsorganisation besser zu überblicken, sollte vorab geprüft werden, ob unternehmensinterne Prozessabläufe, wie Checklisten, Teilnehmerlisten, Einladungsschreiben und Protokolle aus vorangegangenen Veranstaltungen vorhanden sind. Diese Instrumente helfen bei der Strukturierung und Kontrolle von Veranstaltungsorganisationen.

Für die **Buy-Entscheidung** können folgende Gründe sprechen:

- Die nötige Kompetenz ist unternehmensintern nicht vorhanden.
- Es fehlen die Personalressourcen.
- Es fehlen die Ressourcen zur Entwicklung eigener Kompetenzen.
- Das Unternehmen möchte sich auf seine Kernkompetenzen und -aufgaben konzentrieren.

Wird die Veranstaltung von einem externen Dienstleister durchgeführt, sollten vorhandene Rahmenvereinbarungen des Unternehmens, wie z. B. Hotelkonditionen, Großkundenabonnements mit Fluggesellschaften und der Deutschen Bahn, genutzt und umgesetzt werden. Der Einkauf externer Dienstleister und die damit verbundenen Prozesse sind nachstehend dargestellt:

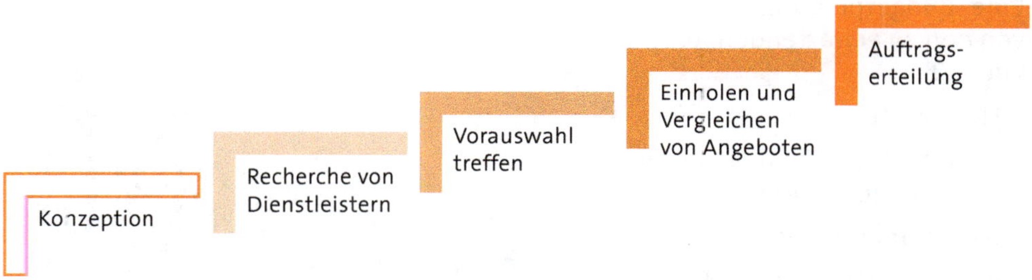

Konzeption	► exakte Beschreibung der Veranstaltung und der Zielsetzung ► transparente Darstellung des Budgets und der Anforderungen ► Sonderwünsche und Erfahrungen aus früheren Veranstaltungen klären
Recherche von Dienstleistern	► Das Internet ist das perfekte Recherchetool für externe Dienstleister. ► Darüber hinaus kann das Wissen von Kollegen genutzt werden, die an früheren Veranstaltungen mitgearbeitet haben oder Veranstaltungserfahrungen aus dem privaten Bereich (Vereine, Verbände, Politik) besitzen. ► Die Lieferantendatei des Unternehmens kann ebenfalls wertvolle Hinweise liefern.
Vorauswahl treffen	► Leistungen der ausgewählten Dienstleister mit dem Veranstaltungskonzept abgleichen. ► Vorteilhaft könnte z. B. sein, dass der Dienstleister seinen Firmensitz in der Nähe des geplanten Veranstaltungsorts hat, das Unternehmen gut kennt oder über gute Referenzen verfügt.
Einholen und Vergleichen von Angeboten	Von den adäquat erscheinenden Dienstleistern werden Angebote eingeholt und diese werden entsprechend verglichen. Hierbei sollte nicht nur auf die Preise der Dienstleister, sondern auch auf die dazugehörigen Leistungen geachtet werden.
Auftragserteilung	Nach eventuellen Nachverhandlungen erhält der Dienstleister mit dem besten qualitativen und quantitativen Angebot den Auftrag. Abweichende Vereinbarungen sollten schriftlich fixiert werden.

3.2 Finanzielle Rahmenbedingungen (Budget)

Die Organisation einer Veranstaltung bewegt sich in einem festgelegten Kostenrahmen – dem Budget. Dieses Budget sollte sorgfältig geplant und ebenso sorgfältig kontrolliert werden.

Eine Budgetplanung ist abhängig von den zu erwartenden Ausgaben, wie z. B.:

- Hotelkosten
- Kosten für die Tagungsräume und technische Ausstattung
- Bewirtungskosten
- Kosten für Referenten, Promotoren und evtl. Entertainment
- Logistikkosten
- Reise- und Verpflegungskosten
- Kosten für Arbeits- und Umsatzausfall.

Dazu müssen Angebote eingeholt und eingehend geprüft werden. Die Summe aller Beträge ergibt die Gesamtsumme der voraussichtlich benötigten finanziellen Mittel. Ein finanzieller Puffer für Unvorhergesehenes gestaltet ein Budget flexibler. In einigen Unternehmen werden vom Controlling Richtwerte für das Budget vorgegeben, damit dieses nicht überschritten wird.

Die finanziellen Rahmenbedingungen einer Veranstaltung sollten vor der Planung unbedingt abgeklärt sein, damit ausreichend Spielraum bei Verhandlungen mit Anbietern vorhanden ist. Eine kurze Vorbereitungszeit verursacht erhebliche Mehrkosten, da man letztendlich nehmen muss, was es noch gibt.

Die veranschlagten Kosten (Soll-Kosten) und die tatsächlichen Kosten (Ist-Kosten) sollten immer gegenübergestellt werden. Zur Kostenkontrolle empfiehlt sich ein Budgetplan, in dem die Werte nach Kategorien eingetragen und überwacht werden.

Budgetplan Veranstaltung ...		
Kostenart	**Geplante Ausgabe**	**Tatsächliche Ausgabe**
Tagungsraum/Location	2.500 €	
Veranstaltungstechnik	1.250 €	
Catering	1.500 €	
Honorar für Referenten	850 €	
...		
...		
...		
...		
Gesamtkosten	**6.100 €**	

Zur besseren Kontrolle können alle Belege für die Ausgaben einer Veranstaltung zu der Budgetplanung geheftet werden. Erfahrungswerte zur Kostenverteilung aus der Budgetplanung sind wie folgt:

- **75 % - 85 %** für externe Dienstleister
- **5 % - 15 %** für Agenturleistungen
- **ca. 10 %** entfallen auf Steuern, Abgaben und Versicherungen.

Bei manchen Veranstaltungen können die Ausgaben durch eine Einnahmenseite ausgeglichen oder verringert werden. Einnahmen fallen z. B. durch Eintrittsgelder, Katalog- oder Produktverkäufe an.

3.3 Teilnehmer

In direktem Zusammenhang mit der Veranstaltungsart und dem Veranstaltungsziel stehen die Teilnehmer, die an der Veranstaltung teilnehmen werden.

Dieser Teilnehmerkreis – Gesamtheit aller an der Veranstaltung teilnehmenden Personen – muss bei der Veranstaltungsplanung exakt festgelegt werden. Wird eine Veranstaltung teilnehmerorientiert geplant, werden die Bedürfnisse und Wünsche der jeweiligen Teilnehmer in den Mittelpunkt gestellt.

Die festgelegte Zielgruppe beeinflusst dann die komplette Veranstaltungsplanung von der Tagesordnung bis zum Veranstaltungsraum und der Bewirtung. Daher müssen vor der Veranstaltung präzise Informationen über den Teilnehmerkreis eingeholt werden.

Wird eine Veranstaltung für einen **internen Teilnehmerkreis** ausgerichtet, dann sind die Teilnehmer in der Regel bekannt und gut einschätzbar. Findet eine Veranstaltung hingegen für einen **externen Teilnehmerkreis** statt, liegen keine Informationen über die Zielgruppe vor. Hier gilt es, unternehmensintern nachzuforschen, wer zu der jeweiligen Zielgruppe bzw. Zielperson Kontakt hat.

Grundsätzlich werden folgende relevanten Informationen über den Teilnehmerkreis benötigt:

- **Alter:** In welcher Altersgruppe befindet sich die Zielgruppe? Bei jugendlichen Teilnehmern können als entsprechender Motivationsfaktor z. B. Outdoor- oder Erlebnisveranstaltungen stattfinden. Die Tagesordnung sollte auch auf die Konzentrationsfähigkeit von jüngeren Teilnehmern abgestimmt sein.
- **Geschlecht:** Wie hoch der Frauen- bzw. Männeranteil bei einer Veranstaltung ist, beeinflusst die Planung des Veranstaltungsraums hinsichtlich der Dekoration und die Wahl der Referenten. Auch bei der Bewirtung existieren unterschiedliche Vorlieben. Das weibliche Geschlecht bevorzugt eher leichte Speisen und Getränke. Das männliche Geschlecht zieht oft deftige Gerichte der feinen Küche vor.
- **Funktion im Unternehmen:** Abhängig von der Berufsgruppe, dem Arbeitsbereich und der Hierarchiestufe des Teilnehmerkreises sollten die Redner zielgruppenorientiert ausgesucht werden. Besonders zu beachten sind die Hierarchiestufen bei der Planung der Sitzordnung. Wird eine Veranstaltung z. B. für Führungskräfte organisiert, sollten bei der Veranstaltung Aspekte wie Ruhe und Entspannung im Mittelpunkt stehen, da dieser Teilnehmerkreis häufig unter Stress und Termindruck steht.
- **Wertmaßstäbe:** Sind die Teilnehmer eher konservativ oder weltoffen geprägt? Diese Informationen haben Auswirkung auf die Wahl der Redner und der Sitzordnung sowie auf das gesamte Kommunikationsverhalten während einer Veranstaltung. Auch Essensgewohnheiten, wie z. B. vegetarische oder vegane Gerichte, sollten bei der Planung einbezogen werden.
- **Sitten und Gebräuche:** Wenn Personen aus kulturellen Lebenskreisen mit speziellen Gewohnheiten an der Veranstaltung teilnehmen, sollten deren Gewohnheiten bei der Bewirtung und dem Ablauf der Veranstaltung berücksichtigt werden.

3.4 Veranstaltungstermin

Neben den bereits genannten Aspekten zur Planung von Veranstaltungen ist der Termin ein wesentlicher Gesichtspunkt, der beachtet werden muss. Wenn eine Veranstaltung schlecht besucht oder sogar zum Misserfolg wird, kann dies durchaus mit dem Datum zusammenhängen.

Beispiel

Sie planen einen Tag der offenen Tür. Ziel dieser Veranstaltung ist, dass viele Besucher aus dem regionalen Umfeld bei Ihnen erscheinen. Dieses Ziel kann jedoch nur erreicht werden, wenn es keine andere – eventuell sogar interessantere Veranstaltung – für Ihre Zielgruppe gibt.

Daher müssen bei der Festlegung des Termins folgende Punkte in die Planung einbezogen werden:

- **Verpflichtung der internen Teilnehmer:** Die Mitarbeiter, die an der Veranstaltung maßgeblich beteiligt sind, müssen Unterlagen, wie z. B. statistische Auswertungen, Produktbeschreibungen, Werbemittel, zu dem genannten Termin fertiggestellt haben und vorlegen. Darüber hinaus müssen die internen Teilnehmer, z. B. auf Messen oder an einem Tag der offenen Tür, ihre Präsenz zeigen.
- **Innerbetriebliche Termine:** Grundsätzlich gilt bei der Terminfindung die Regel, dass externe Termine internen Terminen vorgezogen werden. Jedoch sind innerbetriebliche wichtige Termine bei der Veranstaltungsplanung zu berücksichtigen. Hier wäre ein Termin mit einem Großkunden oder die jährlich stattfindende Jubilarehrung ein wichtiger Termin.
- **Veranstaltungen am Veranstaltungsort:** Findet an dem geplanten Veranstaltungsort eine weitere Veranstaltung statt, die in Konkurrenz hinsichtlich des Ziels oder des Ablaufs steht? In diesem Fall sollte ein anderer Termin gewählt werden.

  Beispiele:

  - Am geplanten Tag der offenen Tür findet in der gleichen Region ein Stadtfest statt.
  - innerbetrieblich: Der gewünschte Konferenzraum ist bereits belegt.

- **Feiertage:** Bei der Terminplanung sollten ebenfalls regionale und nationale Feiertage berücksichtigt werden. Nicht alle Bundesländer haben die gleichen Feiertage. Der Rosenmontag ist ein regionaler Feiertag. Fronleichnam und der Buß- und Bettag sind nicht flächendeckend ein Feiertag. In vielen Bundesländern werden zwischen Feiertagen und dem Wochenende sogenannte Brückentage eingebaut. Eine Terminplanung an diesen Tagen wäre ungeschickt, wenn Teilnehmer eingeladen werden sollen, die aus diesen Regionen stammen.
- **Ferienordnung der Bundesländer:** Terminplanungen in diesem Zeitraum sollten vermieden werden, da in dieser Zeit bundesweit die meisten Mitarbeiter in Urlaub gehen. Da die Ferientermine über Jahre im Voraus geplant sind, können diese jederzeit in die Planung einbezogen werden.
- **Messetermine:** Ähnlich wie die Schulferien sind die meisten Messen auch über Jahre im Voraus geplant. Hier sollte ebenfalls im Vorfeld geprüft werden, ob an dem geplanten Termin eine Messe stattfindet, die für die Teilnehmer der eigenen Veranstaltung wichtig ist.
- **Großveranstaltungen:** Findet eine Großveranstaltung, wie z. B. Fußballweltmeisterschaft oder Konzert, parallel zur eigenen Veranstaltung statt, tritt diese in Konkurrenz zur Planung. Dies betrifft insbesondere Hotelzimmer und Veranstaltungsräume.

MERKE

Bei der Festlegung des Termins müssen alle parallel stattfindenden Veranstaltungen am gewünschten Veranstaltungsort beachtet werden. Je größer eine Veranstaltung und je vielseitiger der Teilnehmerkreis ist, desto mehr Termine und Daten müssen im Vorfeld geprüft und abgeglichen werden.

Sobald der geeignete Termin gefunden ist, muss dieser sofort im Kalender oder im internen digitalen Terminplaner eingetragen werden.

3.5 Rechtliche Aspekte von Veranstaltungen

3.5.1 Gesetzliche Regelungen und Behördenerlaubnisse

Viele Veranstaltungen müssen behördlich genehmigt werden. Abhängig von der Veranstaltungsart, dem Veranstaltungsort und dem Teilnehmerkreis liegt es im Verantwortungsbereich des Veranstalters, die entsprechenden Genehmigungen einzuholen.

- **Anmeldepflicht:** Das Ordnungsamt am Veranstaltungsort berät, ob eine Veranstaltung genehmigungspflichtig ist oder nicht. Zu beachten sind der Brand- und Lärmschutz, die Sanitätsdienste usw. Genehmigungspflichtig sind:
  - Veranstaltungen auf öffentlichen Plätzen
  - Veranstaltungen, die auf öffentlichen Straßen durchgeführt werden (Radrennen, Autorennen usw.)
  - Veranstaltungen in Gebäuden, bei denen vom genehmigten Bauplan abgewichen wird (Fluchtwege usw.)
  - entgeltliches Anbieten von Speisen und Getränken
  - musikalische Veranstaltungen im Freien
  - Veranstaltungen mit Pyrotechnik (Sanitätsdienste, Brandschutz)
  - Feuerwerke (Mai, Juni und Juli bis 23:30 Uhr, übrige Zeit nicht nach 23:00 Uhr)
  - Messen, Ausstellungen, Tombolas, Wochenmärkte, Volksfeste und Großmärkte
  - Veranstaltungen mit Bühnen, Tribünen, Zelten usw.
- **Lärmschutzverordnung:** Die geltenden Vorschriften bezüglich der Richtwerte für Gewerbelärm, dürfen auch bei Veranstaltungen nicht überschritten werden. Diese Richtwerte sind in den Lärmschutzverordnungen der Kommunen bzw. der Länder geregelt.
- **Versammlungsstättenverordnung (VStättVO):** Viele deutsche Bundesländer konkretisieren und modifizieren die Richtlinien für den Bau von Versammlungsstätten in ihrer spezifischen Landesbauordnung. Daher ist die **VStättVO** keine in sich abgeschlossene Regelung, d. h. das Recht des jeweiligen Bundeslandes hat Vorrang. In dieser Verordnung ist Folgendes geregelt:
  - Führung und Bemessung der Rettungswege
  - Bestuhlungsvorgaben barrierefreier Stellplätze
  - Anzahl der Toilettenräume
  - Rauchableitung und Wandhydranten
  - Alarm- und Lautsprecheranlagen für Foyers und Hallen
  - Brandschutzordnung und Räumungskonzept.

Anwendung findet diese Verordnung bei einer Veranstaltung mit mehr als 200 Besuchern oder Teilnehmern in geschlossenen Räumen. Veranstaltungen im Freien fallen nur dann unter die **VStättVO,** wenn sie mehr als 1.000 Besucherplätze aufweisen, über eine Szenenfläche (z. B. Bühne) verfügen und ganz oder teilweise aus baulichen Anlagen bestehen.

3.5.2 Versicherungen

Versicherungen rund um die Organisation von Veranstaltungen decken eine Vielzahl von Schäden ab, die bei Veranstaltungen auftreten können. An geeigneter Stelle sollte geprüft werden, ob folgende Versicherungen für eine Veranstaltung notwendig sind:

- **Veranstaltungshaftpflicht:** Diese Versicherung ist eine kurzfristige Haftpflichtversicherung, die den Veranstalter vor finanziellen Folgen im Schadenfall bei einer Veranstaltung bewahrt. Versichert sind alle Planungs-, Vorbereitungs-, Durchführungs- und Abschlussarbeiten des Veranstalters sowie die mit der Durchführung beauftragten Personen.
- **Veranstaltungsausfallversicherung:** Diese Versicherung deckt den Schaden, der durch den Ausfall, den Abbruch oder die Verschiebung einer Veranstaltung entsteht. Versichert sind z. B. das Nichterscheinen von gebuchten Künstlern, ein behördliches Veranstaltungsverbot, höhere Gewalt (Naturereignisse), die Unbenutzbarkeit des Veranstaltungsorts, Ausfall der Strom- und Wasserversorgung. Die Versicherung greift nicht, wenn der Schaden ursächlich durch den Veranstalter oder eine vom ihm beauftragte Organisation herbeigeführt wird.
- **Brand- und Diebstahlversicherung:** Diese Versicherungen decken Schäden durch Feuer bzw. durch Diebstahl von Gegenständen (i. d. R. Veranstaltungstechnik) während der Veranstaltung ab.

MERKE

Grundsätzlich sollte geprüft werden, welche Risiken durch die vorhandene Firmenhaftpflicht abgedeckt sind. Allround-Versicherungen bei Veranstaltungen decken eine große Zahl typischer Schäden ab. Wichtig ist jedoch, dass eine solche Standardversicherung auf die spezielle Veranstaltung und die individuellen Risiken angepasst wird.

3.5.3 Gebühren und Beiträge

- **GEMA:** Die „Gesellschaft für musikalische Aufführungs- und mechanische Vervielfältigungsrechte" verwaltet die Nutzungsrechte von Komponisten, Textdichtern und Musikverlegern und schützt deren Urheberrecht. Für die öffentliche Wiedergabe eines Werkes müssen Gebühren an die **GEMA** entrichtet werden. Die Höhe der Gebühren ist abhängig von den Eintrittspreisen, den Teilnehmerzahlen und der Quadratmeterfläche des Veranstaltungsorts. Wird urheberrechtlich geschützte Musik auf einer öffentlichen Veranstaltung ohne die Einwilligung der GEMA gespielt, kann dies zu Schadenersatzansprüchen führen. GEMA-Gebühren sind Betriebsausgaben und somit steuerlich absetzbar.

www.gema.de

- Alternativ kann **GEMA-freie** Musik öffentlich genutzt werden. Hier muss man die Einwilligung des Komponisten in Form einer Lizenz oder eines Zertifikats einholen. Es entstehen jedoch Lizenzgebühren. Im Internet sind viele verschiedene Anbieter von GEMA-freier Musik vorhanden.

www.gema-frei.de

- **Lizenzen und Verwertungsrechte:** Urheber können eine Lizenz (Erlaubnis) zur Nutzung und Verwertung ihres Werkes erteilen. Sie werden dann Lizenzgeber genannt. Der Veranstalter, der die Lizenz erwirbt, ist der Lizenznehmer. Die Lizenz ist somit ein Nutzungs- bzw. Verwertungsrecht an einem urheberrechtlich geschützten Werk. Der Urheber erhält im Gegenzug einen Geldbetrag als Gebühr.
- **Künstlersozialkasse:** Treten auf einer Veranstaltung Live-Bands, Künstler und Publizisten auf, müssen Beiträge für die Künstlersozialkasse **(KSK)** entrichtet werden. Mit dieser Abgabe sind selbstständige Künstler in die gesetzliche Sozialversicherung eingebunden. Die Künstler genießen somit einen ähnlichen Schutz der gesetzlichen Sozialversicherung wie Arbeitnehmer.

www.kuenstlersozialkasse.de

3.6 Veranstaltungsort

Nachdem die Zielsetzung und die Teilnehmerzahl für die Veranstaltung geklärt sind, muss sich mit der Wahl eines geeigneten Veranstaltungsorts auseinandergesetzt werden. **Der Veranstaltungsort** sollte eine angenehme Arbeitsatmosphäre haben, um die Aufnahme- und Konzentrationsfähigkeit zu steigern. Bei der Recherche des Veranstaltungsorts ist zu klären, ob die Veranstaltung intern durchgeführt wird oder ob ein externer Veranstaltungsort geeigneter ist.

Eine interne Veranstaltung ist erfahrungsgemäß mit weniger Kosten, jedoch mit einem erheblich größeren Organisations- und Koordinationsaufwand verbunden. Bei einer internen Durchführung sollten folgende Kriterien beachtet werden:

Verfügbarkeit	Sind die benötigten Räume am gewünschten Termin verfügbar?
Raumkapazität	Verfügen die internen Räume über eine ausreichende Größe?
Störungsfreiheit	Ist ein störungsfreier Veranstaltungsablauf gewährleistet?
Ausstattung	Ist die benötigte Infrastruktur, wie z. B. Mobiliar, technische Ausstattung, Klimatisierung, Servicepersonal, Bewirtung usw. vorhanden?

Soll die Veranstaltung extern, eventuell als eine **mehrtägige Veranstaltung** mit Übernachtung stattfinden, sind entsprechende Tagungshotels zu empfehlen. Bei der Auswahl eines externen Veranstaltungsorts sollte Folgendes beachtet werden:

- Passt der Ort zum Veranstaltungsziel (Imagetransfer)?
- Verfügt der Ort über eine gute Verkehrsanbindung und Zubringerdienste im Hinblick auf Reisemittel wie Flugzeug, Bahn und Auto?
- Bietet das Veranstaltungs- bzw. Tagungshotel eine ausreichende Zimmerkapazität und -qualität?
- Verfügen die Tagungsräume über eine angemessene Größe und ein ausreichendes technisches Equipment?
- Sind Serviceleistungen wie Restaurant und Catering vorhanden?
- Können am Veranstaltungsort Events und Incentives durchgeführt werden?
- Welche Freizeitmöglichkeiten können genutzt werden?
- Wie ist das Preis-Leistungs-Verhältnis?

Infoband 1, LF 2, Kap. 7.3

Eine Checkliste hilft bei der Suche nach einem geeigneten Veranstaltungsort.

3.7 Veranstaltungsraum

Unabhängig davon, ob die Veranstaltung intern oder extern stattfindet, muss der entsprechende Veranstaltungsraum rechtzeitig gebucht oder reserviert werden.

3.7.1 Gestaltungskriterien von Veranstaltungsräumen

Für ein konzentriertes Arbeiten und eine entspannte Atmosphäre sind das Ambiente, das Mobiliar und das technische Equipment wesentliche Merkmale. Daher muss vor jeder Veranstaltung der Veranstaltungsraum entsprechend den Anforderungen überprüft und vorbereitet werden.

Bestuhlung
Die Bestuhlung des Raums sollte den Veranstaltungsinhalten und -zielen entsprechend festgelegt werden. Die Wahl der Bestuhlung ist abhängig von folgenden Fragen:

- Wie viele Personen werden erwartet?
- Welches Ziel hat die Veranstaltung?
- Muss von jedem Platz Sichtkontakt zum Referenten bzw. zur Bühne möglich sein?
- Finden bei der Veranstaltung Diskussionen statt und müssen sich die Teilnehmer alle sehen können?
- Muss die Bestuhlung variabel sein? Wird während der Veranstaltung die Bestuhlung umgebaut?
- Wird auf der Veranstaltung am Platz bewirtet und bedient?
- Wie lange dauert die Veranstaltung? (Je länger die Veranstaltung dauert, desto mehr Platz und Beinfreiheit sollte pro Person gerechnet werden.)

Als Organisationsinstrument dient ein **Bestuhlungsplan** in dem die Zahl und Anordnung der Sitzplätze eingetragen ist. Er sollte ebenfalls die vorhandenen Fluchtwege enthalten. Damit die Teilnehmer komfortabel sitzen können, sollten die Richtwerte für den Flächenbedarf berücksichtigt werden:

- **U-Form:** ca. 3 m^2 pro Teilnehmer
- **parlamentarische Bestuhlung:** ca. 2 m^2 pro Teilnehmer
- **Stuhlreihen:** ca. 1,2 m^2 pro Teilnehmer
- **Stehempfang:** ca. 0,25 m^2 pro Teilnehmer.

Bei großen Veranstaltungen mit Sitzreihen ist auf einen ausreichenden **Sitzreihenabstand** zwischen den Stuhlreihen zu achten. Damit die Teilnehmer problemlos zu ihrem Sitzplatz gelangen, sind mindestens **60 bis 70 cm** zwischen Rückenlehne und Stuhlvorderseite ideal.

Tisch- und Sitzordnung

Die Tisch- und Sitzordnung richtet sich nach der Art der Veranstaltung, dem Veranstaltungsablauf und grundsätzlich nach der Größe des Veranstaltungsraums.

Bestuhlungsart	Einsatzzweck	Veranstalter		Teilnehmer	
		Vorteile	Nachteile	Vorteile	Nachteile
Block 	Konferenzen, Sitzungen	variable Anordnung mit einem großen Tisch oder mehreren kleinen; gute Bewirtungsmöglichkeit	großer Platzbedarf, Sitzordnung evtl. nötig, nicht jeder Teilnehmer von der Bühne aus sichtbar	kommunikativ und komfortabel, teamfördernd, Sicht auf alle Beteiligten, Arbeitsplatznutzung	schlechter Blick auf Bühne, Service während der Arbeit
Carré 	Konferenz, Feierlichkeiten	gute Bewirtungsmöglichkeit, mittig Dekorationsmöglichkeit	sehr platzaufwendig, größerer Aufwand	gute Sicht auf alle Personen, komfortabler als Blockbestuhlung, keine Hierarchie	größerer Abstand zum Gegenüber, Frontenbildung möglich
Parlamentarisch 	Tagungen, Konferenzen	Plätze können im Voraus mit Getränken und Unterlagen eingedeckt werden; übersichtliche, klare Sitzordnung	aufwendig für Technik und Service, keine optimale Platzausnutzung	Tische bieten Platz für Arbeitsmaterial, komfortabel, freie Sicht auf den Referenten	nicht teambildend, wenig Kommunikation, kaum flexibel
Bankett 	für Feierlichkeiten z. B. Gala-Diner, Hochzeiten u. Ä.	sehr gute Servicemöglichkeit, große Flexibilität	sehr personalintensiv bei Bewirtung, großer Platzbedarf	kommunikativ, elegant und festlich, keine Hierarchie, Wohlfühleffekt	ungeeignet als Arbeitsfläche, Sicht auf manche Personen teilweise eingeschränkt

Bestuhlungsart	Einsatzzweck	Veranstalter		Teilnehmer	
		Vorteile	Nachteile	Vorteile	Nachteile
U-Form 	Meetings, Diskussionsrunden mit mehreren Personen	direkter Zugang zum Publikum, gute Moderationsmöglichkeit	großer Platzbedarf, aufwendig in der Gestaltung	sehr guter Sichtkontakt untereinander, Platz für Gedecke und Arbeitsmaterial	große Distanz zu manchen Teilnehmern, Beobachtung durch andere
Theater 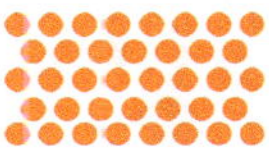	Vorführungen, Vorträge, Informationsveranstaltungen	maximale räumliche Ausnutzung des Veranstaltungssaals, klare Sitzanordnung, sehr ökonomisch	schlechte Bewirtungsmöglichkeit	gute Sicht, komfortabel, volle Aufmerksamkeit, konsumorientiert	kaum Arbeitsmöglichkeit, nicht kommunikativ, ggf. schlechter Durchgang
Reihe 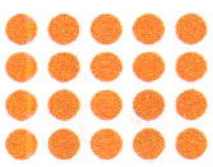	Vorträge, Präsentationen, Vorführungen	Die Reihenbestuhlung unterscheidet sich von der Theaterbestuhlung nur durch die versetzte Stuhlanordnung bei der Theaterbestuhlung		bietet gute Sicht nach vorne, viel Beinfreiraum	teilweise unkomfortabel, keine Arbeitsmöglichkeit, schlechter Durchgang
Fischgrät 	Vorträge, Präsentationen	gut für Bewirtung, präsentationsfreundlich	großer Platzbedarf, aufwendig, ggf. akustische Probleme	Platz für Arbeitsmaterial und Gedecke, gute Sicht auf Referenten	unkommunikativ, Störung durch Servicepersonal

Namensschilder

Namensschilder bringen Teilnehmer bei Veranstaltungen untereinander schnell in Kontakt, denn ein Hinweis auf den Namen oder das Unternehmen schaffen gute Anknüpfungspunkte. Auf einem Namensschild sollte der Vor- und Zunamen stehen. Wird auf den Vornamen verzichtet, muss dieser durch Frau oder Herr ersetzt werden. Keinesfalls darf ein akademischer Titel fehlen. Das Unternehmen **kann** auf dem Namensschild vermerkt werden, dies ist aber kein Muss. Für das „Netzwerken" ist die Firmennennung ein absoluter Vorteil.

Für Teilnehmer, die nicht rechtzeitig gemeldet waren, sollten immer Blanko-Namensschilder bereit liegen.

Konferenzmappe – Tagungsunterlagen

Die Konferenzmappe enthält alle wichtigen Unterlagen und Informationen, die für die Teilnehmer im Rahmen einer Veranstaltung wichtig sind. Dies können z. B. die Tagesordnung, Produktbeschreibungen, Informationen zum Tagungsort oder -hotel, Übersicht und Kurzbeschreibung der Beiträge und Referenten sein. Darüber hinaus werden zusammen mit den Tagungsunterlagen auch Schreibutensilien (Kugelschreiber, Bleistifte, Notizblöcke usw.) bereitgestellt.

Raumausstattung

Die Raumausstattung ist abhängig von der Veranstaltungsart. Grundsätzlich sollten Veranstaltungsräume klimatisierbar sein und über eine entsprechende technische Ausstattung verfügen.

Dekoration

Pflanzen und eine angemessene Blumendekoration verbessern die Atmosphäre und den Wohlfühleffekt in Veranstaltungsräumen. Bei Produktveranstaltungen werden meistens auch Werbeaufsteller zu Dekorationszwecken genutzt.

3.7.2 Technische Geräte und Hilfsmittel

Bei der Ausstattung von Veranstaltungsräumen ist ein zentraler Aspekt, ob die technischen Geräte für visuelle und auditive Präsentationen, Vorträge, Seminare und Hilfsmittel zur Moderation vorhanden sind. In der Regel werden Präsentations- und Visualisierungstechniken eingesetzt, um

- die Teilnehmer stärker zur Mitarbeit anzuregen
- Ergebnisse zu erarbeiten und festzuhalten
- Entscheidungen zu beschleunigen.

Zur wesentlichen Ausstattung gehören:

Gerät/Hilfsmittel	Beschreibung
Beamer	Bei einem Beamer handelt es sich um ein Bildausgabegerät, der an einen Computer oder ein Notebook angeschlossen ist. Er wird für Präsentationen und Videos benutzt. Der Beamer projiziert das Computerbild im Großformat wie ein Projektor auf eine Fläche oder Leinwand.

Plasmadisplay	Ein Plasmadisplay ist ein Farb-Flachbildschirm, der in Veranstaltungsräumen als Wiedergabegerät für Präsentationen und Videos eingesetzt wird.
Digitale Whiteboards	Dies sind interaktive Whiteboards, die sich für den Einsatz im Lehr- und Schulungsbereich sowie auch für interaktive Meetings eignen. Per Fingertouch und elektronischem Stift werden Schulungsinhalte interaktiv gestaltet. Die Ergebnisse können abgespeichert und gedruckt werden. Digitale Inhalte werden über einen Beamer mit angeschlossenem Computer auf diesen Whiteboards dargestellt.
Overhead-Projektor	Mit dem Overhead-Projektor – auch Tageslichtprojektor genannt – werden durchsichtige Folien mit Schrift, Text, Grafiken, Skizzen usw. über eine Lichtquelle, an eine helle Fläche projiziert. Der Blickkontakt des Referenten mit den Teilnehmern wird nicht beeinträchtigt. Die Folien können während des Vortrags beschriftet werden. Somit eignet sich der Overhead-Projektor zur entwickelnden Darstellung von Lehrgangsinhalten.
Presenter mit Laserpointer	Ein optischer Zeigestab, der von Referenten häufig bei jeder Art von Präsentationen verwendet wird, um unabhängig von der Tastatur zwischen Folien zu schalten, auf Inhalte hinzuweisen oder diese hervorzuheben. Der integrierte Laserpointer erzeugt einen intensiven Lichtstrahl, der auf der Präsentationsfläche als visueller farbiger Markierungspunkt erscheint.
Projektionswände	Leinwände, die projizierte Bilder von Projektoren reflektieren. Sie zeichnen sich durch eine hohe Bildqualität, einfaches Handling und geringe Anschaffungskosten aus.
Beschallungs-systeme	Beschallungssysteme wie Mikrofone und Lautsprecher gehören zur standardmäßigen Ausstattung von Veranstaltungsräumen. Empfehlenswert sind drahtlose Funk-Mikrofone und evtl. Head-Sets für Moderatoren, die kein Mikrofon in der Hand halten möchten.
Flipchart	Das Flipchart ist ein DIN A1 Block, der auf einem entsprechenden Gestell montiert ist. Die Blätter können vorab gestaltet oder im Laufe des Vortrags beschriftet werden. Flipcharts eignen sich besonders gut als Wiedergabefläche für Inhaltspunkte einer Präsentation oder zum Sammeln von Fragen oder Meinungen.
Moderationswände	Diese Wände gibt es mit Karton- oder Kunststoffoberfläche sowie mit Filzbespannung. Sie sind im Hoch- und Querformat verwendbar. Sie dienen zum Anpinnen von Moderationskarten und Beschriften mit entsprechenden Stiften.
Moderations-zubehör	Dies sind verschiedene Materialien, wie Moderationskarten in unterschiedlichen Formen und Größen (Rechtecke, Kreise und Ovale, Clusterkarten, Sonderformen), Moderationsstifte, Klebepunkte, Pinnadeln und alles weitere, was zum Equipment für Moderation und Training benötigt wird.
Technische Hilfsmittel	Es sollten grundsätzlich vor Ort technische Hilfsmittel wie PC oder Notebook mit DVD-Anschluss, Padlet, Audio-/Videosysteme, Verbindungskabel, Filmprojektoren, Internet-und/oder WLAN-Anschlüsse vorhanden sein.

TIPP

Vor Veranstaltungsbeginn ist es wichtig, dass das technische Equipment eines Veranstaltungsraums auf visuelle und auditive Funktionsfähigkeit geprüft wird.

Welche Präsentationsmedien und -materialien im Einzelnen benötigt werden, ist von der Veranstaltungsart abhängig und mit den Referenten individuell im Voraus zu klären. Technische Hilfsmittel wie Overhead-Projektor, Kopierer oder Drucker sollten grundsätzlich verfügbar sein. In der Regel stehen diese in Nebenräumen oder Verwaltungsräumen zur Nutzung bereit.

Wichtig ist, dass für die technischen Geräte und sonstigen Hilfsmittel ausreichend Ersatzteile und Verbrauchsmaterialien vorhanden sind, wie z. B. Ersatzlampen und -sicherungen, Verbindungskabel, Schreib- und Folienstifte usw.

3.8 Gästebewirtung

Bei der Gästebewirtung sind die Veranstaltungsart und die Teilnehmer maßgeblich.

Bei internen Besprechungen und Meetings werden Erfrischungsgetränke wie Wasser, Säfte, Kaffee und Tee gereicht. Als Beilage dienen Gebäck oder kleine Snacks (belegte Brote oder Brötchen, Kanapees). Dieser Service kann intern erfolgen; Snacks werden meistens über externe Dienstleister bezogen.

Ebenfalls sollte geprüft werden, wo Pausen in der Nähe zum Veranstaltungsraum stattfinden können.

Bei größeren Veranstaltungen mit Mittag- oder Abendverpflegung muss zuvor geprüft werden, ob am Veranstaltungsort ausreichende Kapazitäten für Catering und Service vorhanden sind. Ist dies nicht der Fall, müssen Angebote von externen Dienstleistern eingeholt werden. Die Menüauswahl ist auch davon abhängig, ob das Essen in Buffetform oder an den Plätzen serviert wird.

Inhalte eines Cateringangebots sind Menübeispiele, die auch immer vegetarische Gerichte enthalten sollten, Servicepersonal, Mobiliar und evtl. Dekoration, Auf- und Abbau sowie wenn nötig Anlieferung und Abholung von zusätzlichem Equipment.

Auf Basis dieser Punkte wird ein erster Kostenvoranschlag eingeholt. Mögliche Änderungen, die sich auch nach Angebotserteilung ergeben könnten, müssen schriftlich festgehalten werden.

Prinzipiell sollte bei dem Verpflegungsangebot immer eine bestimmte Auswahl für Vegetarier und vegan lebende Menschen dabei sein. Bei der Fleischauswahl muss auf kulturelle Besonderheiten geachtet werden. Nicht alle Teilnehmer essen Schweine- und Rindfleisch.

Die Angebote von unterschiedlichen Caterern müssen genau geprüft werden. Neben der quantitativen Auswahl, sind auch qualitative bzw. nachhaltige Aspekte wie saisonale, ökologisch angebaute und fair gehandelte Produkte in den Vergleich einzubeziehen:

- Verwendung von saisonalen und umweltschonend transportierten Lebensmitteln
- Bereitstellung von leitungsgebundenem Trinkwasser in Karaffen
- Verwendung von saisonalen und regionalen Lebensmitteln
- hoher Anteil von Produkten aus ökologischem und regionalem Anbau
- Produkte aus dem fairen Handel.

Viele Caterer bieten für Veranstaltungen die Konzeption, Planung, Logistik und Management aus „einer Hand“ an. Hierzu gehören auch die Location, das Catering, der Cateringservice und die Dekoration.

Bei der Vertragsvergabe, ist darauf zu achten, dass ein Fixkauf abgeschlossen wird, da das Catering eine Leistung ist, die zu einem bestimmten Zeitpunkt erbracht werden soll.

3.9 Tagesordnung und Programm

Eine Tagesordnung stellt den inhaltlichen, methodischen und zeitlichen Ablauf einer Veranstaltung dar. Sie muss übersichtlich gestaltet sein. Die einzelnen Tagesordnungspunkte müssen aussagekräftig und konkret formuliert werden. Bei Konferenzen und Mitgliederversammlungen ist es wichtig, vor der Veranstaltung die Zustimmung aller Teilnehmer einzuholen und auf eventuelle Ergänzungen hinzuweisen. Eine gute Tagesordnung ermöglicht es, sich über die aktuellen Themen, das Ziel und die konkreten Aufgaben klar zu sein. Sie dient als roter Faden für den Besprechungsverlauf.

- Eine gute Tagesordnung prägt den Ablauf der Veranstaltung.
- Tagesordnungen sollten sprachlich einfach gefasst und präzise formuliert sein.
- Für jeden Tagesordnungspunkt muss ein zeitlicher Rahmen gesetzt werden.

Die Tagesordnung sollte zusammen mit der Einladung mindestens eine Woche vor Veranstaltungsbeginn an die Teilnehmer verschickt werden. Eine Tagesordnung könnte wie folgt aufgebaut sein:

1. Begrüßung
2. Eröffnung der Sitzung, Versammlung oder Konferenz
3. Feststellung der ordnungsgemäßen Einladung
4. Feststellung der Anwesenheit und Beschlussfähigkeit
5. Bestellung eines Protokollführers
6. Berichte
7. Aussprache bzw. Diskussion über die Berichte
8. Anträge
9. Verschiedenes

Während Tagesordnungen in der Regel bei geschäftlichen Zusammenkünften wie Sitzungen, Konferenzen und Besprechungen eingesetzt werden, sind Programme ein geplanter Ablauf, die Darbietungen von Referenten oder Künstlern enthalten. Die Teilnehmer haben hier eine eher passive Funktion. Ziel von Programmen ist in der Regel, bei Teilnehmern gezielt Emotionen auszulösen und diese positiv zu beeinflussen, z. B. bei Produktpräsentationen.

Die Veranstaltungspunkte in der Programmplanung sollten so aufeinander aufbauen, dass die Veranstaltung für die Teilnehmer attraktiv und interessant ist. Daher ist es wichtig, darauf zu achten, dass Referenten und Vorträge so geplant werden, dass ein Wechsel von informativen Vorträgen und unterhaltsamen Vorträgen stattfindet. Im sogenannten **Leistungstief**, z. B. nach der Mittagspause, ist es für die Teilnehmer motivierender einem unterhaltsamen Referenten zuzuhören, als einem fachlichen Vortrag. Workshops und Gruppenarbeiten können auch als Methoden eingesetzt werden, um Teilnehmer zu aktivieren. Der Abschluss einer Veranstaltung wird meistens als Höhepunkt von einem rednerischen Highlight gekrönt.

Der Zeitrahmen für die Programmplanung sollte so gestaltet sein, dass zwischen den Vorträgen Pausen eingeplant werden. Die Teilnehmer haben dann die Möglichkeit, sich zu erfrischen, sich mit den Referenten auszutauschen und über fachliche Inhalte zu diskutieren.

Wie lange die jeweiligen Vorträge dauern, ist mit den Referenten im Voraus abzuklären, damit die Zeitplanung während der Veranstaltung eingehalten werden kann.

Neben dem eigentlichen fachlichen und themenspezifischen Meeting-Programm, werden bei einigen Veranstaltungen auch umfangreiche Rahmen- und Abendprogramme für die Teilnehmer geplant. Die Teilnehmer haben dann die Möglichkeit, sich auf anderer Ebene kennenzulernen. Dies gilt für mehrtägige Veranstaltungen und dient oft dem Zweck, Kunden oder Außendienstmitarbeiter für ein Produkt zu emotionalisieren.

Bei der Programmplanung sind ebenfalls die Bedürfnisse und interkulturellen Besonderheiten der Teilnehmer zu berücksichtigen.

Sind die Planungsarbeiten abgeschlossen, werden die endgültige Fassung der Tagesordnung und/oder des Programms in ansprechender Form auf hochwertigem Papier gestaltet. Firmenintern wird dies in einem Textverarbeitungsprogramm durchgeführt. Für besondere Anlässe können diese Dokumente auch von einer Grafik- oder Werbeagentur erstellt werden.

3.10 Einladung und Anmeldevordrucke

Stehen der Veranstaltungstermin, der Veranstaltungsort, der Programmablauf und die Zielgruppe fest, müssen Einladungen an die Teilnehmer und Referenten verschickt werden.

Eine Einladung zu einer Veranstaltung ist für ein Unternehmen immer Werbung in eigener Sache. Sie sollte **frühzeitig** zu einem angemessenen Zeitpunkt verschickt werden. Bei der Formulierung sollte auf angestaubte Redewendungen verzichtet werden. Eine ansprechend formulierte Betreffzeile und der Einstieg entscheiden über das Weiterlesen und müssen deshalb Interesse erzeugen. Der Empfänger darf keinesfalls gelangweilt werden. Wichtig ist, dass eine Einladung folgende Informationen enthält:

- Anlass und Thema
- Datum, Beginn und voraussichtliche Dauer
- Adresse, Kommunikationsverbindungen
- Bezeichnung des Gebäudes und Veranstaltungsraums am Tagungsort
- Tagesordnung
- Programm und Rahmenprogramm

- Referenten- und Teilnehmerliste
- Unterkunftsregelungen
- Klärung der Kostenübernahme
- Teilnahmegebühren (Zahlungsart, Bankverbindung)
- Anmeldeformular und Anmeldeschluss.

Die Einladung soll den Empfänger kurz über den Ablauf informieren. Punkte, die eventuell besonders interessant sind, sollten hervorgehoben werden. Im Einladungsschreiben sollte ein konkreter Ansprechpartner mit Kontaktdaten (Telefon, E-Mail, Telefax) genannt werden.

Eine beigefügte Antwortkarte oder ein Anmeldevordruck vereinfachen das Anmeldeverfahren. Obligatorisch sollten neben dem Anlass und Datum der Veranstaltung das Rückmeldedatum, der Teilnehmername, die Personenzahl und Optionen zum Ankreuzen (Ja/Nein), ob er teilnimmt oder nicht, auf der Antwortkarte enthalten sein.

Auch weitere Optionen, wie Übernachtung, Teilnahme am Abendprogramm, vegetarische Verpflegung usw. können mithilfe eines Anmeldevordrucks abgefragt werden.

Alternativ können die Teilnehmer in der Einladung dazu aufgefordert werden, die Anmeldung per E-Mail zu bestätigen.

TIPP

Der Rücklauf der Anmeldungen muss permanent überwacht werden. Ist eine Veranstaltung von der Teilnehmerzahl abhängig, muss bei Absagen der Teilnehmerkreis evtl. erweitert werden. Die exakte Teilnehmerzahl ist wichtig für die weiteren Planungsarbeiten bei Veranstaltungen.

Werden Teilnehmer aus dem Ausland eingeladen, muss die Einladung in der entsprechenden Landessprache oder in Englisch verfasst werden.

3.11 Organisationsunterlagen für Veranstaltungen

Steht der endgültige Teilnehmerkreis fest, wird eine Teilnehmerliste erstellt. Diese Liste ist Basis für die Namensschilder und kann am Veranstaltungstermin auch als Anwesenheitsliste eingesetzt werden. Sie enthält den Vor- und Zunamen der Teilnehmer, den akademischen Grad, den Firmennamen, die Adresse, die Position, die Kontaktdaten und eine Spalte für Bemerkungen und besondere Wünsche des

Teilnehmers. Bei internen Veranstaltungen sind der Vor- und Zuname der Teilnehmer ausreichend.

TIPP

Teilnehmerlisten sollten in tabellarischer Form im Textverarbeitungs- oder Tabellenkalkulationsprogramm als Datenbank erstellt werden. Im Seriendruckverfahren können dann Etiketten für Namensschilder, Sitzungsmappen, Tischkarten usw. rationell erstellt werden.

Der Weg zu den Veranstaltungsräumen sollte durch Hinweisschilder gekennzeichnet sein. In Tagungshotels geschieht dies durch das Hotelmanagement oder der Veranstaltungsraum wird auf Informationstafeln angezeigt. Bei sehr großen Veranstaltungen werden Teilnehmer vom Servicepersonal (z. B. Hostessen) zum Veranstaltungsraum/-ort geleitet.

Checklisten

Zur Kontrolle aller Arbeitsabläufe bei Veranstaltungen sind Checklisten ideale Hilfsmittel für:

- die Veranstaltungsplanung bzw. -vorbereitung
- den Veranstaltungsraum
- die Veranstaltungsdurchführung
- die Veranstaltungsnachbereitung.

3.12 Dokumentation von Veranstaltungen

Eine Veranstaltung hat immer das Bestreben um Aufmerksamkeit, Verständnis und Veröffentlichung bzw. Bekanntgabe wichtiger Themen. Daher fließt auch die Dokumentation von Veranstaltungen frühzeitig in die Planung ein, da diese evtl. im Ablaufplan berücksichtigt werden muss, entsprechendes Personal für die Dokumentation benötigt wird und Dokumentationsformen wie Film- und Fotoaufnahmen einen Kostenfaktor darstellen.

Ob die Dokumentation intern oder extern umgesetzt wird, ist von ihrer Zielsetzung abhängig. Dies kann in Form eines Dossiers, einer Fotoreihe, Videoaufnahmen oder einer externen Berichterstattung in der Presse oder in Fachzeitschriften erfolgen.

Dokumentationsformen zur internen Zielerreichung	
Protokoll	Der Verlauf und die Ergebnisse bzw. Beschlussfassungen einer Besprechung, eines Meetings oder einer Konferenz werden schriftlich in einem Protokoll festgehalten. Das Protokoll ist hilfreich, um Teilnehmer und Außenstehende über den Gesprächsverlauf zu informieren und bündelt wesentliche Details.
Video	Der Ablauf von Lehrgängen wird per Videokamera festgehalten, sodass Teilnehmer, die nicht anwesend sein konnten, die Inhalte nachvollziehen können. Für anwesende Teilnehmer sind Videoaufnahmen wertvolle Dokumentationen ihrer Arbeitsergebnisse. Kommunikations- oder Verhaltensübungen werden als Video aufgezeichnet und bei Reflexionsgesprächen eingesetzt.
Foto	Materialien von Arbeitsergebnissen auf Pinnwänden, Flipcharts, Plakaten usw. können als Foto dauerhaft gespeichert und ausgedruckt werden. So bleiben Arbeitsergebnisse auf Präsentationsmedien dauerhaft erhalten. Fotos von einer Betriebsfeier oder dem Tag der offenen Tür werden für die Betriebsangehörigen ausgehängt oder auf der Homepage veröffentlicht.
Dossier	Die Teilnehmer erhalten alle Unterlagen zu einer Veranstaltung in einer Mappe („Sammelmappe") zusammengefasst.

Dokumentationsformen zur externen Zielerreichung	
Pressenotiz	Zur Veröffentlichung erhält die Fachpresse oder die regionale Presse einen Presseartikel über die Inhalte, Referenten und Ergebnisse einer Veranstaltung. Alternativ sind auf vielen Veranstaltungen auch Vertreter der Presse eingeladen, um Informationen zur Veröffentlichung zu sammeln. Dies dient der Außendarstellung von Unternehmen.
Video	Videoaufnahmen von einer Veranstaltung werden in der Presse veröffentlicht. Kunden und Teilnehmer erhalten ein Video auf einem Datenträger als Erinnerung an eine Veranstaltung. Damit werden die Außendarstellung und die Kundenbindung gefördert.
Foto	Von der Betriebsfeier oder dem Tag der offenen Tür werden Bilder in der Presse veröffentlicht, um die Wertorientierung und das Image des Unternehmens darzustellen.

MERKE

Das Recht am eigenen Bild: Grundsätzlich darf jeder Mensch selbst bestimmen, ob er fotografiert wird und ob diese Bilder veröffentlicht werden dürfen. Dieses Recht wird als „Recht am eigenen Bild" bezeichnet und ist ein Teil des sogenannten Persönlichkeitsrechts eines jeden Menschen. Geregelt ist es im Vorgänger des heutigen Urheberrechtsgesetzes, dem Kunsturheberrechtsgesetz (KUG) von 1907. Für das „Recht am eigenen Bild" gelten unter anderem die §§ 22 und 23 KUG.

Fotografen sollten daher eine schriftliche Einwilligung über Art und Umfang der Bildverwertung einholen. Eine Bildrechtsverletzung kann zu teuren Abmahnungen führen.

Da aufgrund der digitalen Medien in der heutigen Zeit ein solches Einwilligungserfordernis die Presse- und Kunstfreiheit nahezu unmöglich machen würde, sieht der § 23 KUG folgende Ausnahmen bei Personenfotos vor. In folgenden Fällen dürfen Personenfotos auch ohne Einwilligung des Abgebildeten veröffentlicht werden:

- Fotos aus dem Bereich der Zeitgeschichte (politisches, soziales, wirtschaftliches und kulturelles Leben, große Sport-, Musik- oder Gala-Veranstaltungen)
- Fotos, auf denen die Person als Beiwerk erscheint (Bild dient der Darstellung der Umgebung z. B. Landschaft, Strand, allgemeine Umgebung und nicht der Darstellung der Person)
- Fotos von Menschenansammlungen (öffentliche Veranstaltungen, Demonstrationen, Sportveranstaltungen, Konzerte und Kongresse).

TIPP

Bei der Fotografie auf Veranstaltungen sind aus rechtlicher Sicht mehrere Aspekte zu berücksichtigen, um nach der Veröffentlichung keine böse Überraschung zu erleben. Daher sollte man bereits bei der Vorbereitung einer Veranstaltung die Rechtslage kurz überblicken und einschätzen.

3.13 Pleiten, Pech und Pannen

Eine professionelle Vorbereitung von Veranstaltungen berücksichtigt auch mögliche unerwartete Faktoren, die den Ablauf stören könnten. Neben einem hohen Maß an Flexibilität sind hier Empathie, Kreativität und Improvisationsfähigkeit gefragt.

In der Planungsphase muss abgewogen werden, wie im Fall der Fälle vorgegangen werden muss und welche Maßnahmen präventiv zu ergreifen sind. Dazu sollte ein „Plan B" erstellt werden, der hilft auf unerwartete Faktoren schnell zu reagieren:

- Es fallen zu viele Aufgaben an, die mit dem Veranstaltungspersonal nicht bewältigt werden können.
- Auf die internen Mitarbeiter ist kein Verlass.
- Das Budget wird überschritten; es kommen immer neue Kosten hinzu.
- Die Technik versagt im Veranstaltungsraum (Generalprobe).
- Der Caterer liefert nur das Essen (ohne das Geschirr).
- Der Referent erkrankt und sagt kurzfristig ab.
- Auf der Teilnehmerliste sind nicht alle Namen erfasst.

In der Vorbereitung sollten alle Abläufe, Programmpunkte und Stationen gedanklich durchgespielt werden. Dadurch ist man im Ernstfall schneller in der Lage, zu reagieren und eine Problemlösung herbeizuführen.

Ablaufpläne sind ideale Hilfsmittel für die Veranstaltungsplanung. Sie gewährleisten eine sichere Durchführung und geben klar zu erkennen, wer wann wo etwas zu tun hat bzw. wofür jemand zuständig ist.

3.14 Zeit- und Arbeitspläne

Einen einheitlichen Zeit- und Arbeitsplan für die Veranstaltungsplanung gibt es leider nicht. Ein Zeitplan definiert sich an den wichtigsten Meilensteinen während der Vorbereitungsphase.

Zeit- und Arbeitsplan
für die interne Sitzung zur Verabschiedung der Konzeption Veranstaltungsmanagement

Veranstaltungsdatum:

Nr.	Fällig am:	Erledigt am:	Aufgaben/Tätigkeiten	Priorität	Zuständigkeit	Bemerkung	Erledigt am:
							☑
							☐
							☐
							☐
							☐

Der Zeit- und Arbeitsplan hat eine tabellarische Form und stellt meistens die Vorgehensweise und die Aufgabenverteilung mit zeitlichem Bezug dar. Wesentlich ist eine klare und übersichtliche Darstellung, damit sichergestellt ist, ab welchem Zeitpunkt eine Tätigkeit begonnen wird und wann diese beendet sein soll. Im Einzelnen sollte die Gliederung folgende Angaben enthalten:

- Aufgaben/Tätigkeiten
- Zuständigkeiten
- Verantwortlichkeiten
- Start- und Endzeit
- Status der Aufgabe bzw. Tätigkeit
- Raum für Notizen.

Solche Zeit- und Arbeitspläne sind schnell in einem Textverarbeitungs- oder Kalkulationsprogramm erstellt. Im firmeneigenen Intranet können sie den Beteiligten digital zur Verfügung gestellt werden, damit diese jederzeit den aktuellen Status überblicken und eigene Eintragungen ergänzen können.

Damit die „richtigen" Aufgaben zur „richtigen" Zeit erledigt werden, ist es wichtig, die Zeit- und Arbeitspläne systematisch nach Prioritäten zu erstellen. Bei der Priorisierung von Aufgaben werden Stress-und Zeitdruck vermieden und es entstehen Freiräume für Unvorhergesehenes. Bewährte Zeitmanagementmethoden wie

- das Pareto-Prinzip (80:20-Regel)
- die ABC-Analyse
- die ALPEN-Methode
- das Eisenhower-Prinzip

helfen bei der Umsetzung. Eine organisierte Zeitplanung hilft **Zeitdiebe** und **Zeitfallen,** die durch schlechte Kooperation, falsches Kommunikationsverhalten oder zu wenig Delegation entstehen, auszuschalten. Erfahrungswerte aus vorangegangenen Veranstaltungen helfen, Zeitpläne effektiver zu strukturieren und möglichen Problemen und Engpässen vorzubeugen.

Zur Kontrolle helfen Checkboxen zum Ankreuzen (☑) auf den Zeit- und Arbeitsplänen dabei, die Aufgabenerledigung und die Termintreue zu überwachen.

MERKE

Ein schriftlicher Zeit- und Arbeitsplan muss allen an der Veranstaltung beteiligten Personen – auch externen Dienstleistern – in Schriftform ausgehändigt werden. Ein solcher Plan hat den Charakter einer Arbeitsanweisung und ist zwingend einzuhalten. Er dokumentiert schriftlich, dass alle beteiligten Personen vor der Veranstaltung über ihr Aufgabengebiet informiert wurden.

An interne Beteiligte kann der Zeit- und Arbeitsplan über innerbetriebliche Kommunikationssysteme, wie die Telefonanlage, das Telefax oder das firmenspezifische Intranet weitergeleitet werden. Externe Beteiligte erhalten den Zeit- und Arbeitsplan als E-Mail, Telefax oder herkömmlichen Brief.

4. Veranstaltungen durchführen

Die Durchführung einer Veranstaltung umfasst alle Aufgaben, die am Veranstaltungstermin übernommen und erledigt werden müssen. Für einen reibungslosen Ablauf, ist es sehr wichtig, dass eine Person die Verantwortung und Leitung der Veranstaltung übernimmt. Diese Person ist für die Überprüfung und Koordination aller Einzelheiten der Veranstaltung verantwortlich. Keine Veranstaltung verläuft wie geplant, sei sie auch noch so gut organisiert. Daher sind klare Zuständigkeiten notwendig, damit eine problemlose Umsetzung von kurzfristigen Änderungen gewährleistet ist.

Alle Beteiligten des Projektteams müssen über

- den Veranstaltungsablauf
- den eigenen Einsatzbereich
- die Verantwortlichkeiten
- die teilnehmenden Personen
- die örtlichen Gegebenheiten
- die Maßnahmen in unerwarteten Situationen

informiert sein. Hier ist das wichtigste Instrument der Ablaufplan. Eine gemeinsame Teambesprechung kurz vor Beginn der Veranstaltung sorgt dafür, dass alle Zuständigkeiten und Fragen geklärt sind.

Alle notwendigen Unterlagen und Schriftstücke, wie Programmablauf, Sitzungsunterlagen, Teilnehmerliste, Namensschilder sollten mindestens einen Tag vor der Veranstaltung fertiggestellt sein.

Referenten und externe Dienstleister, z. B. der Cateringservice, sollten ungefähr drei Tage vor Veranstaltungsbeginn nochmals kontaktiert werden, um eventuell letzte Absprachen zu treffen.

4.1 Veranstaltungsraum vorbereiten

Vor Veranstaltungsbeginn ist es wichtig, die Räumlichkeiten zu überprüfen:

- Der Raum sollte nochmals gut belüftet und auf Sauberkeit geprüft werden.
- Temperaturabhängig sollte evtl. die Klimaanlage angestellt werden.
- Bei der technischen Ausstattung sollte ein Check durchgeführt werden.
- Die Veranstaltungssicherheit wie Fluchtwege und Feuerlöscher sollten geprüft werden.
- Die Blumendekoration sollte angebracht oder aufgestellt werden.
- Die Anzahl und Anordnung der Stühle sollte geprüft werden.
- Veranstaltungsunterlagen wie Arbeitsmaterialien, das Tagungsprogramm, die Teilnehmerliste, Prospekte, Papier- und Schreibgeräte sollten ausgeteilt werden.
- Getränke und Imbiss sollte bereitgestellt werden.

Diese Tätigkeiten sind mit einer Checkliste gut kontrollierbar.

4.2 Beginn der Veranstaltung

Die Begrüßung der Gäste muss auf einer sympathischen und vertrauensvollen Ebene stattfinden. Dies wird durch engagierte, sympathische und gut geschulte Mitarbeiter erreicht.

Diese Mitarbeiter begrüßen die Gäste, stellen die Anwesenheit anhand der Teilnehmerliste fest und händigen die Namensschilder aus. Sie erteilen Auskünfte über den Veranstaltungsverlauf und weisen die Plätze an. Darüber hinaus machen sie Teilnehmer miteinander bekannt und bieten eventuell eine Erfrischung an.

Damit Teilnehmer das Veranstaltungspersonal als kompetente Ansprechpartner erkennen können, eignen sich je nach Veranstaltungsart hierfür einheitliche Kleidung und Accessoires, wie z. B. Halstücher, Krawatten oder Kopfbedeckungen. So gekleidet ist das Veranstaltungspersonal leicht erkennbar und kann bei Problemen und Beschwerden direkt von den Teilnehmern angesprochen werden.

Während der Veranstaltung werden – abhängig von der Veranstaltungsart – Protokolle geführt, die ausschließlich Ergebnisse und wesentliche Aspekte der Veranstaltung beinhalten.

Darüber hinaus kümmern sich die Mitarbeiter darum, dass technische Probleme behoben werden. Während der Pausen räumen sie den Veranstaltungsraum auf und lüften diesen gut.

Sie bewirten die Teilnehmer mit Erfrischungsgetränken und einem Imbiss. Auf diese Weise kann ein Small-Talk beginnen und vertiefende Gespräche können angestoßen werden. Sind Teilnehmer aus dem fremdsprachigen Raum anwesend, sollten die Mitarbeiter in der Lage sein, in der entsprechenden Sprache oder in Englisch zu kommunizieren.

Die Mitarbeiter sorgen dafür, dass die Veranstaltung plangemäß verläuft. Sie kontrollieren die Planungsstufen mit einer Checkliste und reagieren auf Probleme und Engpässe kommunikativ und flexibel. Zur Problemlösung werden alternative Strategien herangezogen, die mithilfe von Kreativitätstechniken als Alternativen bereits vorgesehen wurden.

Die Planungsabweichungen werden dokumentiert und in der entsprechenden Checkliste aktualisiert, sodass bei zukünftigen Veranstaltungen diese Engpässe oder Problemstellungen nicht mehr auftreten.

4.3 Kommunikation und Körpersprache während der Veranstaltung

Die Mitarbeiter teilen mit ihrem Auftreten und äußeren Erscheinungsbild mit, wie sie sich den Teilnehmern und Geschäftspartnern gegenüber definieren. Sie machen damit ihre Wertschätzung und Werthaltung anderen bewusst. Eine offene Körperhaltung und ein Lächeln signalisieren Sympathie, Vertrauenswürdigkeit und Hilfsbereitschaft.

Das Veranstaltungspersonal sollte daher ein der Veranstaltung entsprechendes Outfit im Businessstil tragen und auf ein gepflegtes äußeres Erscheinungsbild achten.

Bei Gesprächen müssen der Tonfall, die Gestik und die Mimik dem Gegenüber angepasst werden, denn dies fördert das Gefühl der Gemeinsamkeit.

Bei Teilnehmern aus anderen Kulturkreisen sollte darauf geachtet werden, ob bekannte Gesten auch in diesem kulturellen Umfeld Gültigkeit haben.

Da den Mitarbeitern bewusst ist, dass Kommunikationsverhalten und Persönlichkeitstyp eng verknüpft sind, entwickeln sie ein ausgeprägtes Kommunikationsverhalten.

Beschwerden und Kritik von Teilnehmern nehmen sie souverän entgegen und verhalten sich aufgeschlossen und entgegenkommend. Sie hören den Gesprächspartnern aktiv zu und widmen ihnen uneingeschränkte Aufmerksamkeit. Dadurch können sie sich in die Situation des Gesprächspartners hinein versetzen und eine entspannte Kommunikationsebene aufbauen. Dabei argumentieren sie sachlich und konkret. Mit ruhigen Gesten und einer offenen Körperhaltung signalisieren sie Empathie und Kooperationsbereitschaft.

Teilnehmern und Geschäftspartnern aus anderen Kulturkreisen kommen die Mitarbeiter besonders aufgeschlossen und vorurteilsfrei entgegen. Länderspezifische Gepflogenheiten, kulturelle Gewohnheiten sowie Sitten und Gebräuche bei der Begrüßung und dem Empfang finden besondere Beachtung.

Neben dem Kommunikationsverhalten achten Sie auf gute Umgangsformen und gutes Benehmen bei der Begrüßung und der Bekanntmachung. Das Begrüßen ist eine wichtige Geste des gegenseitigen Respekts.

Als Grundregel lautet nach wie vor: Der Ranghöhere entscheidet, ob er seinem Gegenüber die Hand reicht. Ein Abteilungsleiter sollte beispielsweise also darauf warten, dass ihm nach seiner verbalen Begrüßung, die Hand vom Geschäftsführer entgegengestreckt wird. Bei der verbalen Begrüßung „Guten Tag ..." gilt: Der Mann grüßt die Frau, der Jüngere den Älteren, der Mitarbeiter den Chef. Wenn man selbst jemanden begrüßt, dann zuerst den Ranghöheren, dann den Rangniedrigeren. Im privaten gesellschaftlichen Leben zählt nach wie vor „Ladys first", im geschäftlichen Bereich gilt jedoch die Regel der beruflichen Rangfolge. Ausländische Gäste, die den gleichen beruflichen Rang haben wie interne Teilnehmer, werden zuerst begrüßt. Hier gilt das Motto: „Nicht nur der Kunde, sondern auch der Gast ist König". Diese Reihenfolge gilt bei der Verabschiedung gleichermaßen.

TIPP

Tipps für ein gutes Umgangsverhalten

- Teilnehmer mit einem kurzen, festen Händedruck begrüßen
- Blickkontakt – dem Gegenüber in die Augen sehen und lächeln
- beim Weg weisen – dem Teilnehmer vorangehen und evtl. die Tür öffnen
- keine Störquellen, wie Telefone, während der Veranstaltung
- die Veranstaltung pünktlich beginnen und möglichst pünktlich beenden.

Neben einem höflichen und angepassten Umgangsverhalten ist es wichtig, das **Distanzbedürfnis** anderer Menschen zu respektieren. Dadurch ist gewährleistet, dass sich der Gesprächspartner wohlfühlt. Im Bereich der **persönlichen Distanzzone** finden die Begrüßung und geschäftliche Gespräche statt. Die persönliche Distanzzone hat einen Abstand von 1 m bis 1,50 m zwischen den Gesprächspartnern.

Das Distanzverhalten zwischen Gesprächspartnern ist in anderen kulturellen Kreisen teilweise deutlich geringer ausgeprägt. In Japan ist die persönliche Distanzzone wesentlich größer. Dies sollte bei der Konversation mit ausländischen Gesprächspartnern beachtet werden.

4.4 Abschluss der Veranstaltung

Am Ende einer Veranstaltung sollte allen Beteiligten, wie Mitarbeitern, externen Dienstleistern und Referenten noch vor Ort gedankt werden. Später folgt dann eine ausführlichere Anerkennung der Leistungen.

Um zukünftige Veranstaltungen zu optimieren, sollte am Ende von den Teilnehmern ein angemessenes Feedback eingeholt werden. Das Feedback ist eine Rückmeldung, mit der man konstruktiv Kritik üben kann, ob andere etwas positiv oder negativ empfunden oder erfahren haben.

4.4.1 Feedback

Ein Feedback kann durch mündliche Befragung oder in systematischer Form mit einem sogenannten Feedbackbogen erfolgen. Ein Feedbackbogen ist ein Formular, mit dem die Erfolgsmessung der Teilnehmerzufriedenheit (Vorbereitung, Durchführung, Referenten, Verpflegung, Raumausstattung usw.) systematisiert wird. Diese Bewertung erfolgt in der Regel anonym und muss im Gegensatz zur mündlichen Befragung ausgewertet werden. Mit dieser Feedback-Methode kann analysiert werden, ob die vorher gesetzten Ziele der Veranstaltung erreicht wurden, wie z. B.:

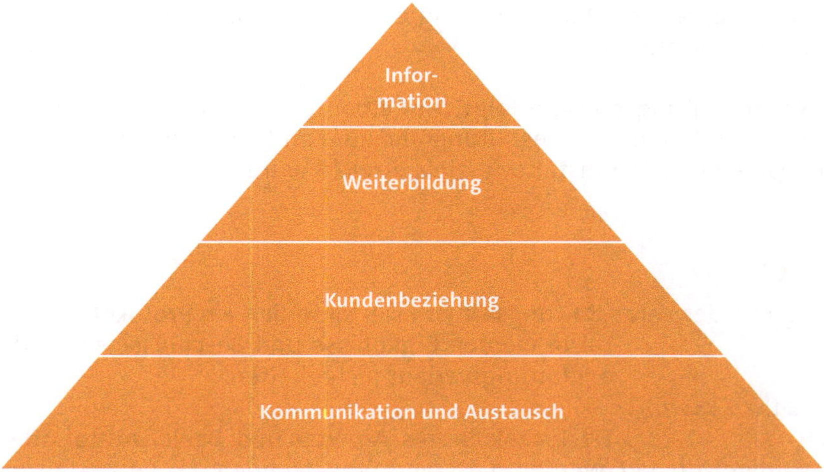

4.4.2 Hinterlassen des Veranstaltungsraums

Im Anschluss an die Veranstaltung muss der Veranstaltungsraum wieder in seinen ursprünglichen Zustand rückversetzt werden. Folgende Aufgaben sind in diesem Zusammenhang zu organisieren:

- Abbau und Rückbau von technischen Installationen, wie z. B. Computer, Notebook, Beamer, Lautsprecher, Präsentationsmedien
- Rücktransport von überzähligem Prospektmaterial und Informationsunterlagen, Hilfsmitteln und Schreibutensilien
- Überprüfung und Erfassen von Schäden und Bruch an Materialien mit Meldung an die entsprechende Stelle
- Endreinigung des Veranstaltungsraums und die Müllentsorgung nach ökologischen Gesichtspunkten.

Nach diesen Tätigkeiten wird der Veranstaltungsraum nochmals auf ordentliche Räumung und Sauberkeit überprüft. Wurde die Veranstaltung von einem externen Dienstleister durchgeführt, erfolgt eine gemeinsame Abnahme zwischen Agentur und Vermieter.

5. Veranstaltungen nachbereiten

Eine gut organisierte Veranstaltung, kreative Ideen und ein hohes Maß an Engagement bringen Veranstaltungen zum Erfolg. Aber getreu dem Motto „Nach der Veranstaltung ist vor der Veranstaltung" endet die Arbeit nicht mit dem Abschluss, denn gerade die Nachbereitung ist ein wesentlicher Bestandteil des Veranstaltungsmanagement.

In der Nachbereitungsphase erfolgt zum einen eine umfangreiche Auswertung und Dokumentation der Veranstaltung und zum anderen eine Analyse, ob die im Vorfeld festgelegten Veranstaltungsziele erreicht wurden.

5.1 Protokoll

Abhängig von der Veranstaltungsart ist es erforderlich ein Protokoll zu erstellen. Darin werden Ergebnisse und Beschlüsse sowie der Veranstaltungsverlauf festgehalten.

Infoband 1, LF 2, Kap. 7.7

Da Protokolle als Arbeits- und Beweismittel oder Kontrollinstrument dienen, werden diese vom Vorsitzenden der Veranstaltung und vom Protokollführer unterschrieben. Das Protokoll wird nach Unterschrift an alle Teilnehmer versandt und entsprechend den firmeninternen Richtlinien archiviert.

5.2 Dankschreiben

Die Teilnehmer und Referenten erhalten ein Schreiben, in dem sich für ihr Kommen bzw. die wertvollen Redebeiträge bedankt wird. Diesem Schreiben können Fotos der Veranstaltung, Präsentationen oder anderes Informationsmaterial beigefügt werden.

Auch eingeladene Teilnehmer, die der Veranstaltung nicht beiwohnen konnten, sollten nicht vergessen werden. Mit einem Schreiben, in dem das Bedauern über die Nichtteilnahme ausgedrückt wird, können die wichtigsten Informationen und Impressionen der Veranstaltung zusammengefasst werden.

Auch externe Dienstleister und Partner oder Sponsoren freuen sich über ein Dankschreiben, das sie eventuell als Referenz oder zu Werbezwecken einsetzen können

5.3 Abrechnung

Es ist empfehlenswert bereits in der Planungsphase der Veranstaltung eine Budgetliste aufzustellen, in der alle anfallenden Kosten erfasst werden. Diese Liste muss ständig aktualisiert werden.

Nach der Veranstaltung können dann die Einnahmen den Ausgaben ordnungsgemäß gegenüber gestellt und der Gewinn bzw. Verlust ermittelt werden. In dieser Abrechnung werden die

- Fahrtkosten
- Übernachtungskosten
- Honorare von Referenten und Unterhaltungskünstlern
- Bewirtungskosten
- Miete für Veranstaltungsräume und Equipment
- Warenlieferungen und Dienstleistungen

aufgeführt.

Darüber hinaus wird überprüft, ob die Veranstaltungskosten in einem akzeptablen Verhältnis zum Ergebnis der Veranstaltung stehen und der Organisationsaufwand in einem angemessenen Verhältnis zum Erfolg der Veranstaltung steht.

Als Fazit muss geprüft werden, ob die Budgetplanung eingehalten wurde.

Budgetplan Veranstaltung ...

Kostenart	**Geplante Ausgabe**	**Tatsächliche Ausgabe**
Tagungsraum/Location	2.500 €	2.480 €
Veranstaltungstechnik	1.250 €	1.250 €
Catering	1.500 €	1.540 €
Honorar für Referenten	850 €	1.000 €
...		
...		
...		
...		
Gesamtkosten	**6.100 €**	**6.270 €**
Gewinn/Verlust		**- 170 €**

5.4 Abschlussbericht

Wenn die Abrechnung der Veranstaltung und die Erfolgsmessung ausgewertet wurden, wird der Abschlussbericht erstellt. In einen qualifizierten Abschlussbericht gehören alle relevanten Daten der Veranstaltung, die Daten zur Zielerreichung, zum Feedback und eine genaue Aufschlüsselung zur Einhaltung der Budgetvorgaben. Diese aufwendige Aufgabe ist der letzte Schritt in der Nachbereitungsphase:

Bericht

an Vorgesetzte oder Auftraggeber

Dokumentation

der erbrachten Leistung und des Veranstaltungsverlaufs

Vorbereitungsgrundlage

für zukünftige Veranstaltungen

5.5 Evaluation der Veranstaltung

Ein entscheidender Aspekt der Veranstaltungsnachbereitung besteht darin zu überprüfen, ob und in welchem Maße die gesetzten Ziele erreicht wurden.

Alle Ziele der Veranstaltungsphasen im Hinblick auf Planung, Durchführung und Dokumentation müssen dahingehend geprüft werden, ob diese im geplanten Umfang und in dem gesetzten Zeitrahmen erreicht wurden.

Anhand des Teilnehmerfeedbacks kann die Teilnehmerzufriedenheit gemessen werden. In einem Soll-Ist-Vergleich wird die Zielsetzung mit den Analyseergebnissen des Feedbacks gegenüber gestellt.

Sind die Ziele nicht den Vorgaben entsprechend erreicht worden, muss wie folgt analysiert werden:

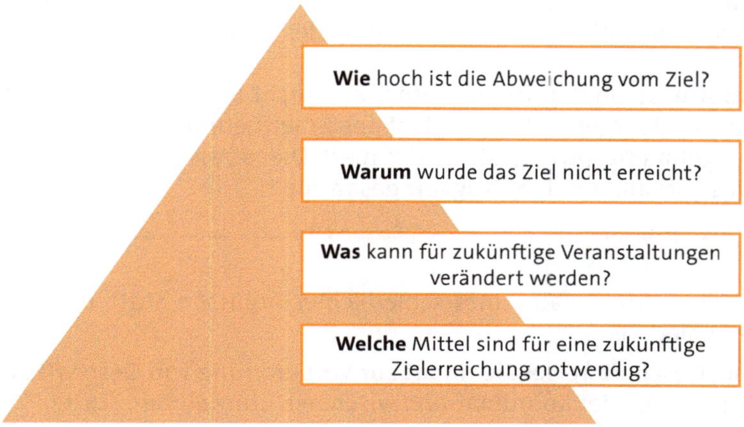

Die sich daraus ergebenden Erkenntnisse tragen zu einer verbesserten Zielerreichung künftiger Veranstaltungen bei. Das Organisationsteam sollte eine Manöverkritik durchführen und sowohl positive Aspekte der Veranstaltung als auch Verbesserungsvorschläge und Kritikpunkte sammeln und daraus eine Strategie für Folgeplanungen ausarbeiten. Gegebenenfalls muss diese Vorgehensweise unter Einhaltung des Dienstweges an entsprechender Stelle genehmigt werden.

6. Geschäftsreisen vorbereiten

Der wirtschaftliche Gedanke, mit vorgegebenem Einsatz ein maximales Ergebnis zu erzielen, trifft auch bei der Planung und Durchführung von Geschäftsreisen zu. Dabei gilt: Je weiter die Entfernung, je mehr Zeit muss für die Planung aufgewendet werden und mehr Aspekte sind zu beachten.

Eine Geschäftsreise findet statt, wenn ein Unternehmer oder Mitarbeiter eines Unternehmens aus geschäftlichen Zwecken an Orte außerhalb seiner Arbeitsstätte reist. Häufig wird dann auch von einer Dienstreise gesprochen.

MERKE

Die **Geschäftsreise** ist eine beruflich bedingte Auswärtstätigkeit außerhalb der regelmäßigen Arbeitsstätte und der Wohnung des Reisenden.

Die **Dienstreise** ist ein Begriff aus dem Steuerrecht und wird als Ortswechsel aus Anlass einer vorübergehenden Tätigkeit des Arbeitnehmers an einem anderen Ort als seiner regelmäßige Arbeitsstätte definiert. Dienstreisen werden generell unter dem Oberbegriff **auswärtige Tätigkeit** gesammelt.

Geschäftsreisen finden aus unterschiedlichen Anlässen statt und werden wie folgt unterschieden:

- **klassische Geschäftsreise:** Sie findet zur Vorbereitung von Geschäftsabschlüssen, Fortbildung oder Koordination zwischen Unternehmen statt.
- **Messe- und Ausstellungsreisen**
- **Kongress-, Tagungs- und Seminarreisen**
- **Incentive-Reisen:** Motivationsreisen für Mitarbeiter, Betriebsausflüge.

6.1 Konzeption und Organisation von Geschäftsreisen

Die Organisation von Geschäftsreisen ist von erheblicher Bedeutung und sollte effektiv und effizient durchgeführt werden:

MERKE

„Geschäftsreisende verlieren im Schnitt 48 Minuten pro Dienstreise durch unzureichende Reiseplanung. Jährlich bleiben über 130 Millionen Stunden Arbeitszeit im wahrsten Sinn des Wortes, auf der Strecke."

Zitat der Initiative „Chefsache Business Travel"
der Management Companies im Deutschen ReiseVerband (DRV)

Bei einer effektiven Vorbereitung muss auf den **Zeitfaktor** geachtet werden, denn bekannterweise kostet Zeit auch Geld. Die Kosten für Geschäftsreisen stehen bei den Personalkosten an dritter Stelle – Tendenz steigend.

Hochqualifizierte Mitarbeiter stellen für die Unternehmen heutzutage eine der wichtigsten Ressourcen dar. Von deren Verhandlungsgeschick und ihrer Außendarstellung des Unternehmens kann ein erfolgreicher Geschäftsabschluss abhängig sein. Demzufolge sollte bei der Reiseplanung auch auf die Nachhaltigkeit der Reisebedingungen und die Sicherheit der Mitarbeiter geachtet werden.

Darüber hinaus ist die Effizienz einer Geschäftsreise von folgenden Faktoren abhängig:

- **Konzeption:** Sie beschäftigt sich mit den Rahmenbedingungen der Reise, den unternehmensinternen Richtlinien und den Bedürfnissen des Reisenden.
- **Recherche von Dienstleistern und Angeboten:** Dienstleister sind Hotels, Flug- und Bahngesellschaften, Verkehrsunternehmer.
- **Einholen von Angeboten und Angebotsvergleich:** Unter Berücksichtigung der Bedürfnisse und Wünsche des Reisenden werden von Dienstleistern Angebote in qualitativer und quantitativer Hinsicht verglichen.

Bei der **Konzeption** von Geschäftsreisen gilt es zunächst einige grundlegende Fragen zu klären, bevor weitere Schritte geplant werden können:

TIPP

Sämtliche Schritte der Geschäftsreisenorganisation sollten in einer Checkliste gesammelt werden. Beim Planen kann diese Checkliste dann zur Orientierung herangezogen und die einzelnen Arbeitsschritte können überwacht werden.

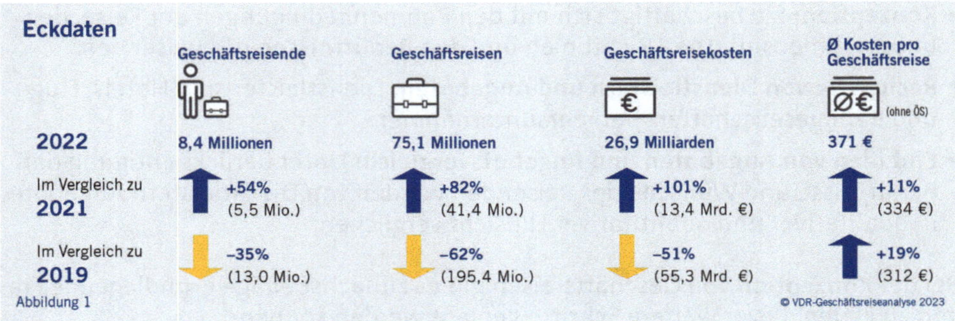

VDR-Geschäftsreiseanalyse 2023: Der Aufwärtstrend nach der Pandemie konnte auch 2022 fortgesetzt werden. Diese Entwicklung macht deutlich, dass Geschäftsreisen weiterhin notwendig für die deutsche Wirtschaft sind.

6.2 Formalitäten und Rahmenbedingungen von Geschäftsreisen

Die grundsätzliche Reisevorbereitung beginnt mit dem definierten Reisebeschluss. Der Reisende oder der Vorgesetzte stellen die Notwendigkeit einer Geschäftsreise fest. Die Vorbereitung führt entweder der Reisende selbst oder eine Assistenzkraft durch. Diese Vorbereitung besteht aus der Beschaffung von Informationen über die Verkehrsmittel zum Zielort und die Übernachtungsmöglichkeiten. Zudem müssen Geschäftsreisen meistens formell bei dem entsprechenden Vorgesetzten beantragt und in schriftlicher Form genehmigt werden. Danach kann die Anfrage der gewünschten Reisemittel erfolgen. Dazu werden in einem Formular präzise Angaben zu dem gewünschten Verkehrsmittel und dem zeitlichen Ablauf gemacht. Anhand dieser Daten wird eine Geschäftsreise konzipiert.

Reisekostenmanagement

Geschäftsreisen beanspruchen Zeit und sind teuer. Folgende Aspekte tragen zu einem effektiven Reisekostenmanagement bei:

- Prüfen, ob die Reise tatsächlich erforderlich ist. Könnte das Ziel auch mit einer Telefon- oder Videokonferenz erreicht werden?
- Ist eine Unterbringung in einem Boardinghaus oder Appartement möglich?
- Firmenrabatte aushandeln und Preise von Dienstleistern genau vergleichen
- Spartarife bei Verkehrsmitteln und Hotels nutzen
- Termine bündeln, sodass auf einer Geschäftsreise mehrere Geschäftspartner besucht werden können.

Reiseteilnehmer

Die Vorbereitung einer Reise erfolgt abhängig von der Funktion des Reisenden innerhalb des Unternehmens. Personen mit leitenden Funktionen reisen meistens laut den unternehmensinternen Richtlinien in einer anderen Form, als Außendienstmitarbeiter oder Monteure, die vor Ort mechanische Tätigkeiten durchführen.

Grundsätzlich sollte vor jeder Geschäftsreise geklärt werden, ob das Ziel auch auf einem anderen Weg, z. B. einer Video- oder Telefonkonferenz, geklärt werden kann, oder ob es sinnvoller ist, einen anderen Mitarbeiter, die Geschäftsreise durchführen zu lassen, der für die Zielerreichung kompetenter erscheint.

MERKE

Da Geschäftsreisen jedoch zum Unternehmenserfolg beitragen und das Ansehen des Arbeitgebers steigern sollen, empfiehlt es sich, für eine gute Work-Life-Balance der Mitarbeiter auf Geschäftsreisen zu sorgen. Wenn Mitarbeitern angenehme Reisebedingungen und gewisse Freiräume eingeräumt werden, sind diese auf Geschäftsreisen produktiver und effizienter.

Reiseziel

Je weiter die Entfernung, desto umfangreicher ist die Vorbereitung der Geschäftsreise. Geschäftsreisen ins Ausland erfordern einen höheren Aufwand als Geschäftsreisen im Inland. Es müssen länderspezifische Einreisebestimmungen, Einreisedokumente, Zollbestimmungen, Sicherheitshinweise, landestypische Sitten und Gebräuche, Devisen usw. beachtet werden. Im Vorfeld sollte man bei der Organisation auch die evtl. Zeitverschiebung berücksichtigen und sich planungstechnisch auf die andere Ortszeit einrichten. Dies betrifft besonders die Hotel- und Flugbuchung.

Bei Geschäftsreisen im Inland beschränkt sich die Vorbereitung im Hinblick auf das Reiseziel, auf die Wahl der Verkehrsmittel und des Hotels, was oft von infrastrukturellen Gegebenheiten abhängig ist.

Reisetermin

Bei der Terminplanung von Geschäftsreisen gibt es auch ein hohes Einsparpotenzial. Es ist wichtig darauf zu achten, dass Termine so gelegt werden, dass nicht jedes Mal eine separate An- und Abreise notwendig wird. Es muss abgeschätzt werden, wie lange ein Kundengespräch dauert, um mehrere Termine im Zielgebiet nacheinander zu vereinbaren.

Es müssen grundsätzlich Feiertage, Brückentage und Ferienzeiten am Zielort berücksichtigt werden, da in diesen Zeitspannen Geschäftspartner oft nicht anwesend sind. Finden am Reiseziel wirtschaftliche oder kulturelle Großveranstaltungen zum Reisetermin statt, ist die Aufmerksamkeit der Geschäftspartner oft von diesen Ereignissen abgelenkt.

Bei der Terminfindung im Ausland muss darauf geachtet werden, dass die Sommerferien in den südeuropäischen Ländern meistens zwei bis drei Monate dauern. Auch müssen die klimatischen (z. B. die Regenzeit) und politischen Verhältnisse im Zielland berücksichtigt werden.

Reisedauer

Die Dauer einer Geschäftsreise ist in der Regel abhängig vom Ziel und Zweck der Reise. Bei einer Geschäftsreise ins Ausland verlängert sich die Dauer der Reise alleine durch die längere An- und Abreise und die notwendige Hotelübernachtung. Um Synergieeffekte zu erwirken, können am Zielort mehrere Termine oder Geschäftsbesuche miteinander verknüpft werden. So gestalten sich mehrtägige Geschäftsreisen effizienter. Reiseroute und Dauer müssen mit dem Reisenden genau abgesprochen werden, um festzustellen, wieviel Ruhe-, Vorlauf- und Pufferzeiten zwischen den einzelnen Gesprächsterminen eingeplant werden sollen.

Die Dauer ist für den Reisenden Arbeitszeit und die Grundlage zur Berechnung der Reisekosten.

Geschäftspartner am Reiseort

Das vorrangige Ziel einer Geschäftsreise sind erfolgreiche Gesprächsverhandlungen mit den Geschäftspartnern am Reiseort. Daher sind die Geschäftspartner auch der Dreh- und Angelpunkt bei der Vorbereitung der Reise. Der Hauptfokus liegt auf den Besprechungsterminen. Sind diese festgelegt, werden alle anderen Termine, wie z. B. An- und Abreise, Übernachtungen, Weiterreisetermine, um diese Termine herum geplant.

Wurden die Termine der Geschäftsreise längere Zeit vor Reiseantritt geplant, sollten diese bei den jeweiligen Geschäftspartnern noch einmal einige Tage vor Reisebeginn bestätigt werden.

Auch die Wahl von Reiseverkehrsmitteln ist von den Besprechungsterminen abhängig.

Verkehrsmittel

Bei der Planung der Geschäftsreise ist zu überlegen, welches Verkehrsmittel am sinnvollsten für den Reisezweck erscheint. Danach richtet sich der zeitliche Ablauf. Die Wahl des geeigneten Verkehrsmittels richtet sich neben den Gepflogenheiten des Reisenden, jedoch in erster Linie nach den unternehmensinternen Reiserichtlinien. Weitere Überlegungen sind, welche Kriterien bei der Reiseplanung Priorität haben.

Im Internet können in den unterschiedlichsten Reiseportalen Flug- und Zugverbindungen recherchiert und die entsprechenden Anschlussverbindungen und Gates geprüft werden. Routenplaner geben eine genaue Übersicht über die optimale Straßenverkehrsverbindungen zum Reiseziel.

MERKE

Da die Reisezeit auch als produktiver Faktor gerechnet wird, ist bei der Wahl des Verkehrsmittels darauf zu achten, dass das Verkehrsmittel ein stress- und störungsfreies Arbeiten ermöglicht.

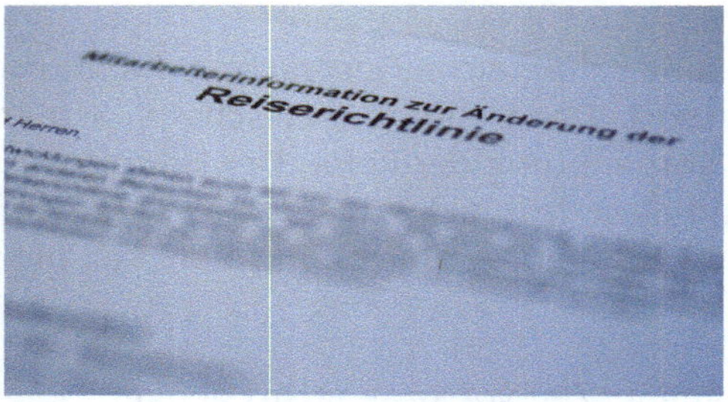

6.2.1 Unternehmensinterne Richtlinien

Um die Kosten von Geschäftsreisen und die Reisegewohnheiten von Mitarbeitern zu beeinflussen, erlassen viele Unternehmen eine firmeninterne Reiserichtlinie, die für alle Mitarbeiter verbindlich ist.

In einer solchen Reiserichtlinie sind die Planung, Durchführung und die Abrechnung von Geschäftsreisen zusammengefasst und bilden die Voraussetzung für die Reisekostenabrechnung. Die Vorteile einer solchen Richtlinie sind:

- die Grundlage für ein effizientes Controlling
- ein arbeitsrechtlicher Rahmen für die Verhaltensregeln von Reisenden
- ein Instrument zur Verbesserung der Verhandlungsmöglichkeiten mit Leistungsträgern
- die Kosten zu reduzieren und Sparpotenziale aufzudecken
- die Transparenz bei Buchungen und Abrechnungen.

Eine Reisekostenrichtlinie ist meistens in einen **Basisteil** und in einen **Anhang (aktueller Teil)** gegliedert.

- **Basisteil:** Hier sind die grundlegenden Bestimmungen festgelegt, z. B.:
  - der Geltungsbereich (Inland oder auch Ausland)
  - wann eine Geschäftsreise vorliegt
  - wo die regelmäßige Arbeitsstätte liegt
  - welche Belegvorgaben es für die Genehmigung und Abrechnung der Geschäftsreise gibt
  - wer die Reise genehmigt
  - Umgang mit Bonusmeilen.
- **Anhang:** Er enthält nähere Bestimmungen, die für einzelne Mitarbeitergruppen spezifiziert werden, oder bei rechtlichen oder steuerlichen Aspekten angepasst werden können, wie z. B.:
  - Verpflegungspauschalen/Sachbezugswerte
  - bevorzugte Vertragspartner, wie Reisebüros
  - Kontaktdaten von Ansprechpartnern bei Dienstleistern

- Wahl der Verkehrsmittel (Klasse im Zug oder Flugzeug, Sitzplatzreservierung, Fahrzeugkategorie bei Mietwagen, Firmenwagen)
- Nutzung von Privatwagen bei Geschäftsreisen
- Vorgaben zur Hotelwahl.

MERKE

Bei der Gestaltung von unternehmensinternen Reiserichtlinien muss das Unternehmensleitbild einbezogen werden. Die Regelungen sollten verständlich und transparent formuliert werden. Der Sinn einer Reiserichtlinie muss den Reisenden klar sein, damit diese sich nicht eingeschränkt fühlen, denn nur so wird sie akzeptiert und effektiv umgesetzt.

Der Prozess einer unternehmensinternen Reiserichtlinie ist ein einmaliger Aufwand, der aber ein großes Einsparpotenzial mit sich bringt. Wie alle Prozesse sollte auch eine Reiserichtlinie überprüft und an neue Situationen angepasst werden.

6.2.2 Rechtliche Erfordernisse bei Auslandsreisen

Für den reibungslosen Ablauf einer Geschäftsreise sind vorab bestimmte Formalitäten zu berücksichtigen:

- **Personalausweis:** Innerhalb der EU und des Schengenraums wird für den Grenzübertritt kein Personalausweis oder Reisepass benötigt. Man muss sich jedoch immer ausweisen können. Daher sollte der Personalausweis grundsätzlich mitgeführt werden.
- **Reisepass:** Bei Geschäftsreisen außerhalb der EU ist als gültiges Reisedokument ein Reisepass erforderlich. Viele Staaten gewähren eine Einreise nur mit einem Reisepass, der noch mindestens sechs Monate gültig ist. Zur Not reicht ein vorläufiger Pass – jedoch erkennen immer weniger Staaten den sogenannten „grünen Notpass“ an. Besser ist es, gleich einen „Express-Reisepass“ zu beantragen, der innerhalb von 72 Stunden erhältlich ist.
- **Visum:** In vielen Ländern benötigt man für die Einreise ein Visum. Ein Visum ist eine besondere Form der Aufenthaltsgenehmigung in dem entsprechenden Land. Es wird als Sichtvermerk im Reisepass eingetragen. Ein Visum sollte beantragt werden, sobald der Termin der Reise feststeht. Für eine Geschäftsreise in die USA, die eine Dauer von 90 Tagen nicht überschreitet, muss eine ESTA-Genehmigung (elektronisches System zur Einreisegenehmigung) beantragt werden. Diese ist bis zu zwei Jahre gültig. Wer sich länger aufhält, benötigt ein B1-Geschäftsvisum.

- **Auslandskrankenschein/Auslandskrankenversicherung:** Geschäftsreisende benötigen für das europäische Ausland keinen Auslandskrankenschein mehr. Hier gilt die europäische Krankenversichertenkarte (EHIC), die sich auf der Rückseite der Versichertenkarte befindet. Man sollte sich jedoch vor der Geschäftsreise bei dem Träger der Krankenversicherung erkundigen, welcher gesundheitliche Versicherungsschutz für das entsprechende Reiseland notwendig ist.
- **Auslandsreiseversicherung:** Sicherheit auf Geschäftsreisen bieten Auslandsreiseversicherungen. Diese Versicherungen bieten unterschiedliche Leistungspakete an, wie z. B. eine Reiserücktrittsversicherung oder Seminar-/Hotelrücktrittsversicherung, Übernahme von Umbuchungs- und Stornokosten. Weitestgehend werden auch gesundheitliche Leistungen wie Rücktransport, medizinische Behandlungen oder Reisegepäckversicherungen angeboten.
- **Gepäckversicherung:** Für Geschäftsreisen gelten spezielle Tarife zur Gepäckversicherung. Diese Versicherungsart leistet im Allgemeinen einen Schutz des Reisegepäcks, wenn dieses durch Diebstahl abhandenkommt oder durch Brand o. ä. beschädigt wird. Bei Geschäftsreisen gehören Bargeld, Wertgegenstände, elektronische Geräte zum dienstlichen Gebrauch mit zum Versicherungsumfang. Die Höhe der Versicherungssumme wird an den Wert des dienstlich mitgeführten Gepäcks angepasst.

6.2.3 Wünsche und Besonderheiten der Reisenden

Bei den Vorbereitungen einer Geschäftsreise sollten individuelle Wünsche der Reisenden berücksichtigt werden. Gerade für Vielreisende ist es wichtig, die Reisezeit in entspannter und angenehmer Atmosphäre zu verbringen. Für Personen, die im Anschluss an die Geschäftstermine ihren Ausgleich in Ruhe und Entspannung suchen, ist ein Hotel in ruhiger Umgebung mit einem Wellnessbereich geeigneter als ein Hotel mitten im Zentrum. Andere hingegen möchten lieber zerstreut werden und bevorzugen Unterkünfte mit einem kulturellen Angebot und Freizeitaktivitäten. Per Interview oder Fragebogen können Vorlieben der Reisenden erhoben werden, wie z. B.:

- bevorzugte Verkehrsmittel
- die Sitzplatzwahl bei Verkehrsmitteln (am Fenster oder am Gang)
- bevorzugte Fluggesellschaften und Hotelketten

- Lage des Hotels
- Anforderungen des Reisenden an das Hotelzimmer (technische Voraussetzungen, Atmosphäre, Klima usw.)
- Verpflegung und Unverträglichkeiten
- Zusatzwünsche wie Saune, Massage, Bügelservice.

Um diese Wünsche zu analysieren, müssen die speziellen Vorlieben der Reisenden in Datenform gesammelt werden, um ein personalisiertes Reiseprofil zu erstellen. So können Präferenzen bei der Sitzplatzreservierung, Spätanreisen oder andere Sonderwünsche bei der Vorbereitung automatisch beachtet werden. Dazu bieten sich Tabellen in Form von Datenbanken oder Checklisten an.

6.3 Recherche von Dienstleistern

Sind die Rahmenbedingungen der Geschäftsreise geklärt und die Konzeption abgeschlossen, werden die weiteren Reisemodalitäten, wie z. B. die Recherche nach Unterkünften und Verkehrsmitteln, erledigt.

Bei der Recherche müssen auch Optionen, die sich aus dem Reisezweck ergeben, wie z. B. Tagungsräume, Restaurantangebot, Freizeitaktivitäten, bedacht werden.

Eine professionelle Recherche hilft, durch gezielte Verhandlungen mit den Anbietern von Mobilitätsleistungen oder Unterkünften, bessere Konditionen zu erreichen.

6.3.1 Informationsquellen

Personen, die häufig Geschäftsreisen planen, nutzen für die Vorbereitung unterschiedliche Hilfsmittel und Informationsquellen, z. B.:

- Internet: Hotel- und Verkehrsmittelportale bieten umfangreiche Informationen.
- Empfehlungen von Geschäftsreisenden
- Prospekte und Hotelinformationen
- Adressen und Kontakte von Dienstleistern
- Fachzeitschriften über Travel-Management
- Reisebüropartner
- bei Auslandsreisen das Auswärtige Amt
- eigene Tipps aus den persönlichen Erfahrungen der Mitarbeiter.

Informationen über Geschäftsreisen stammen zum einen aus Erfahrungswerten der Reisenden und aus Unterlagen, die über einen Erfahrenszeitraum gesammelt und als Arbeitsmittel archiviert wurden. Solche Unterlagen müssen stets aktualisiert und ergänzt werden. Daher ist es sinnvoll, Geschäftsreisen mit den entsprechenden Personen zu reflektieren, um die Erfahrungen von der Reise bezüglich der Verkehrsmittel, Unterkünfte, Restaurants, Veranstaltungen und infrastrukturellen Gegebenheiten vor Ort zu erfassen.

Ein solches Nachschlagewerk besteht aus einem allgemeinen Teil, Checklisten, Notizen, Vordrucken und Hotelinformationen. Eine spezifischere Unterteilung kann auch nach geografischen (Ort, Land oder Kontinent) oder fachlichen (Messen, Kunden, Veranstaltungen) Kriterien erfolgen.

6.3.2 Unterkunft

Die Wahl der Unterkunft beeinflusst die Kosten einer Geschäftsreise maßgeblich. Mit Blick auf die unternehmensinternen Reiserichtlinien sollte bei der Suche nach der entsprechenden Unterkunft auf folgende Kriterien geachtet werden:

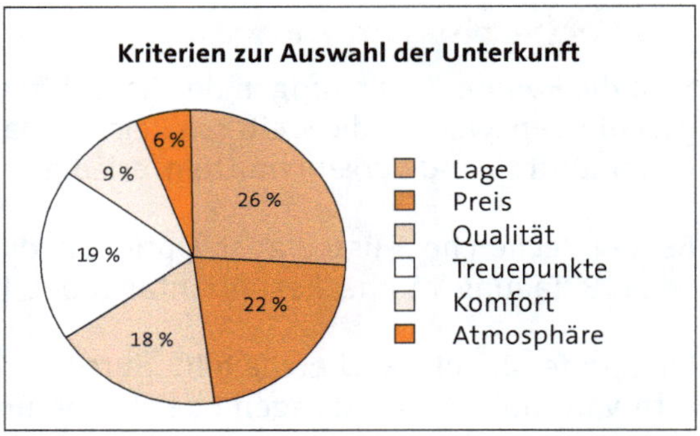

- Lage der Unterkunft
- Nähe zum Veranstaltungsort
- Anreisemöglichkeiten
- Preis
- Qualität der Unterkunft.

Verdiente Treuepunkte, der Komfort sowie die Online-Kritiken von Hotelbuchungsportalen sind weitere Aspekte für die Hotelwahl.

Bei der Wahl der Unterkunft ist die Lage für den Geschäftsreisenden das ausschlaggebende Merkmal und zumeist wichtiger als der Zimmerpreis oder die Qualität der Unterkunft.

Geschäftsreisende übernachten in der Regel in Hotels. Zur Recherche nach günstigen Konditionen stehen im Internet Vergleichsportale zur Verfügung, in denen Hotels der gewünschten Preis- und Qualitätskategorie schnell ermittelt werden können.

Um günstige Hotelkontingente und Sonderwünsche durchzusetzen, ist es wichtig, immer in bestimmten Hotels oder Hotelketten zu übernachten. Die Basis für Preisverhandlungen ist in der Regel immer der saisonale Höchstpreis. Die Preisvorstellungen und Rabatte sollten gut argumentiert und begründet werden, um diese für jede Saison zu erhalten. Die verhandelten Preise sollten jedoch immer in den Internetportalen verglichen und gegebenenfalls neu verhandelt werden.

Insbesondere zu Messezeiten ist es oft preiswerter über Dienstleister oder Selbstbuchungsportale im Internet Hotelzimmer zu buchen, da diese Institutionen meistens größere Kontingente für sich selbst reservieren.

Bei der Reservierung vor Ort sollte neben den bestmöglichen Konditionen auf

- Stornobedingungen – Wie lange kann kostenlos storniert werden?
- Zusatzleistungen – Ist das Frühstück inklusive? Welche Extras gibt es? usw.

geachtet werden.

Immer mehr Geschäftsreisende gehen dazu über, bei längeren Übernachtungen in Boardinghäusern oder Serviced Apartments (auch Aparthotel, Appartementhaus, All Suite Hotel genannt) zu übernachten. Diese Serviced Apartments befinden sich meistens direkt in den Innenstädten und sind entweder in Hotels oder eigenständigen Gebäuden untergebracht. Aufgrund ihrer meistens guten Lage haben sie eine ideale Verkehrsanbindung. Ausgestattet sind die Appartements üblicherweise mit Einrichtungsgegenständen des täglichen Bedarfs, wie einer kleinen Küchenzeile samt Geschirr und Zubehör. Wohn- und Schlafbereich sind getrennt. Hauptsächlich werden diese Appartements von Geschäftsreisenden genutzt, die sich vor Ort um bestimmte Projekte kümmern und die Appartements auch als „Zeitbüro“ nutzen, da diese in der Regel immer mit Kabel-TV, Safe, WLAN, Telefaxanschluss usw. ausgestattet sind.

Für Unternehmen stellen diese Appartements einen Spareffekt dar, denn sie sind bis zu 30 % günstiger als vergleichbare Hotelzimmer.

TIPP

Mobile Hotelzimmer: Einige Hotelketten arbeiten mit neuen Hotelzimmerkonzepten, bei denen die Hotelzimmer genau dort aufgestellt werden, wo es die Gäste wünschen: Im Wald, an einem See oder im eigenen Garten. Diese Form der „mobilen Hotelzimmer“ steht konzeptionell für Teambuilding-Events, die ihr gemeinsames Teamverhalten und Konfliktmanagement im Freien verstärken und flexible Übernachtungsmöglichkeiten benötigen. Diese mobilen Hotelzimmer verfügen über ca. 18 m² Wohnfläche und bieten modernen Hotelstandard. Sie sind ideal für die Gäste, die auf der Suche nach dem ganz besonderen, individuellen Hotelerlebnis sind. Bis zu vier Personen finden in einem „mobilen Hotelzimmer“ Platz.

Quelle: https://www.workingoffice.de

MERKE

Neben den bereits genannten Kriterien sind bei der Wahl der Unterkunft die berufliche Stellung des Reisenden sowie seine Vorlieben zu berücksichtigen, damit der Work-Life-Balance-Effekt auch auf Geschäftsreisen erhalten bleibt.

6.3.3 Wahl des Verkehrsmittels

Mit welchen Verkehrsmitteln erreicht der Mitarbeiter sein Reiseziel schnell und effizient? Muss er auch vor Ort mobil sein? Welche Rahmenbedingungen oder Reiserichtlinien schränken eventuell die Wahl eines geeigneten Verkehrsmittels ein? Diese Fragen sollten bei der Reisevorbereitung beachtet werden.

Der Firmen-Pkw, die Bahn und das Flugzeug werden grundsätzlich als Verkehrsmittel bei Geschäftsreisen eingesetzt. Für die Mobilität vor Ort sind bei der Anreise mit der Bahn oder dem Flugzeug, Mietwagen oder öffentliche Verkehrsmittel eine Option.

Um für eine Geschäftsreise, das optimale Verkehrsmittel auszuwählen, stehen im Internet viele Recherche- und Online-Buchungsportale zur Verfügung. Dort können die Preise sowie die Reisezeit mit Anschlussverbindungen hinsichtlich der Zweckmäßigkeit und des Preisgefüges verglichen werden.

Alternativen sollten immer in Erwägung gezogen werden, da gerade öffentliche Verkehrsmittel nicht immer zuverlässig sind.

Mietwagen

Ist ein Mitarbeiter ohne Pkw geschäftlich unterwegs und möchte nicht auf öffentliche Verkehrsmittel angewiesen sein, benötigt er vor Ort einen Mietwagen, um mobil zu sein. Die Vorgehensweise ist wie folgt: Online wird nach dem besten Tagesangebot in der entsprechenden Fahrzeugklasse gesucht, die Vertragsmodalitäten werden geprüft und das Fahrzeug wird reserviert.

Es lohnt sich, die Angebote verschiedener Mietwagenanbieter zu vergleichen. Neben dem Preisvergleich sollte auch geprüft werden, wo der Mietwagen bereit steht und abgegeben werden kann. Wichtig sind auch hier die Stornierungs- und Umbuchungsbedingungen, wenn sich ein Geschäftstermin kurzfristig ändert.

www.check24.de/Mietwagenvergleich
www.mietwagenvergleich.de
www.billiger-mietwagen.de

Bei einem Mietwagen für Geschäftsreisen sind ein sparsamer Benzinverbrauch und Komfort entscheidend. Neben den Benzinkosten spielt der Umweltaspekt ebenfalls eine wichtige Rolle. Kompaktklassewagen bieten diese Anforderungen. Möchten Unternehmen mit dem Mietwagen repräsentativ auftreten, bieten sich Wagen der Oberklasse an. Die Kosten können je nach Fahrzeugklasse und gefahrenen Kilometern erheblich schwanken, ebenso die Versicherung bzw. Selbstbeteiligung.

Unternehmen, die im Zuge der Geschäftsreisetätigkeit des Öfteren Fahrzeuge mieten, sollten mit einem bevorzugten Autovermieter Verträge abschließen. Viele große Autovermieter bieten heutzutage Firmentarife an, bei denen Preisnachlässe von 20 % und mehr ausgehandelt werden können. Neben den Kostenaspekten bieten solche Verträge Leistungsmerkmale, die direkt auf die Ansprüche des Unternehmens zugeschnitten sind, z. B.:

- günstige Festmietpreise
- niedrige Selbstbeteiligung
- Wegfall von Kilometerbeschränkungen
- Bonusprogramme für Freimieten
- bevorzugte Buchungsoptionen.

Daneben kooperieren auch die Deutsche Bahn AG und Fluglinien mit Mietwagenpartnern und bieten entsprechende Kombinationstickets an.

Ein Sparpotenzial kann auch durch sorgfältige Planung erwirkt werden. Sind mehrere Mitarbeiter in dieselbe Richtung unterwegs, sind Fahrgemeinschaften mit einem Mietwagen eine sinnvolle Angelegenheit.

Immer mehr Unternehmen nutzen für ihre Mitarbeiter als Alternative zum Mietwagen Carsharing-Programme. Bei diesen Programmen stellen diverse Anbieter eine Fahrzeugflotte zur Verfügung, die an vorgesehenen Plätzen für die Nutzer bereit steht. Der Zugang erfolgt in der Regel über eine Chipkarte oder einen Chip, der auf den Führerschein aufgeklebt wird. Den Weg zum Fahrzeug weist eine Smartphone-App. Die Autos können in einem bestimmten Gebiet beliebig lange genutzt und fast überall kostenfrei geparkt werden. Abgerechnet wird minutengenau oder per Stundenpauschale. Vor Fahrtantritt wählen die Mitarbeiter auf einem Touchscreen, ob sie das Auto privat oder dienstlich nutzen.

www.biztravel.fvw.de

Das Internet bietet eine Übersicht von Carsharing-Anbietern, wie z. B. Drive Now, Flinkster oder car2go.

www.carsharing-news.de

Die Bahn empfiehlt sich als Verkehrsmittel immer dann, wenn die Reisezeit für konzentriertes Arbeiten genutzt werden soll. Direkte Städteverbindungen bringen die Reisenden sicher, stressfrei, unabhängig von Verkehrs- und Straßenverhältnissen und schnell zum Ziel. Neben diesen Vorteilen bieten die verschiedenen Zugtypen Leistungsmerkmale, die eine Bahnreise für Geschäftsleute interessant machen.

MERKE

Da die Deutsche Bahn im Personenverkehr keinen relevanten Wettbewerber hat, werden exemplarisch Beispiele und Leistungsmerkmale der Deutschen Bahn AG aufgeführt.

- **Intercity (IC):** Dieser Begriff steht in vielen europäischen Ländern für Qualitätszüge mit einer hohen Reisegeschwindigkeit und Komfort. In der Regel ist der IC zuschlagpflichtig. Er verkehrt im Ein- oder Zwei-Stunden-Takt zwischen vielen größeren Städten und touristischen Regionen.
- **Eurocity (EC):** Dies sind Züge mit dem gleichen international festgelegten Qualitätsstandard, die Deutschland mit den europäischen Nachbarländern verbinden.

  Fast alle Intercity- und Eurocity-Züge haben ein Bord-Restaurant und/oder ein Bord-Bistro. Zwischenzeitlich befinden sich in den Abteilen der 1. Klasse und an den Tischplätzen im Großraum beider Wagenklassen Notebook-Steckdosen.

- **InterCityExpress (ICE):** Dieser moderne Hochgeschwindigkeitszug gilt als das Flaggschiff der Deutschen Bahn AG. Er verkehrt in der Regel täglich im Ein-Stunden-Takt zwischen den großen Zentren in Deutschland und einigen europäischen Metropolen. Dieser Zugtyp bietet sowohl in der 1. und 2. Klasse einen hohen Komfortstandard und entspanntes Reisen. In allen ICEs sind Verstärker für problemlosen Handyempfang vorgesehen, verstellbare Sitze und Ruhebereiche, in denen ein konzentriertes und entspanntes Arbeiten möglich ist. Wegen der hohen Nachfrage sollte bei der Reservierung der Sitzplatz gleich mit gebucht werden.
- **ICE-Sprinter:** Dieser Zug ist die schnellste Direktverbindung der Deutschen Bahn. Unter vier Stunden dauert die Fahrt zwischen den großen Metropolen. Die geringere Reisezeit wird dadurch erreicht, dass der ICE-Sprinter mit nur wenigen Zwischenhalten auf den Strecken verkehrt. Dadurch ist die Reiseatmosphäre besonders entspannt. Die ICE-Sprinterzüge werden auch als normale ICEs eingesetzt, da die Sprinterstrecken nur morgens und abends befahren werden. Grundsätzlich fällt für den ICE-Sprinter ein Aufpreis zum normalen ICE-Fahrpreis an und es besteht Reservierungspflicht. Dieser Aufpreis beinhaltet auch einen größeren Komfort. In der 2. Klasse stehen den Fahrgästen einige Tageszeitungen zur Verfügung. In der 1. Klasse wird abhängig von der Reisezeit ein Frühstück oder Abendessen gereicht.
- Mit dem **Nachtzugverkehr City Night Line,** können Reisende zahlreiche Verbindungen in europäische Länder über Nacht erreichen. Auf einigen Verbindungen ist auch ein Fahrzeugtransport im Autozug möglich.
- **TGV:** Mit dieser Hochgeschwindigkeitsverbindung kann schnell und bequem von einigen deutschen Städten aus Paris in ca. drei bis vier Stunden erreicht werden. Im Zug befindet sich mehrsprachiges Servicepersonal. Es besteht Reservierungspflicht in diesen Zügen. Metro-Tickets für Fahrten in Paris können an Bord erworben werden.
- **Regional** verkehren Züge, die den Fern- und Nahverkehr der Deutschen Bahn zu einem System ergänzen. Diese Züge bieten meistens ganztägig günstige und schnelle Verbindungen für Geschäftsreisende, Pendler und Gelegenheitsreisende. Sie binden die Regionen an das Fernverkehrsnetz und das S-Bahn-Netz an.

www.bahn.de

- Das **Deutschlandticket** kann deutschlandweit in allen Nahverkehrszügen wie z. B. RB-, RE-, S-Bahn-Züge (SPNV) und zusätzlich in den öffentlichen Verkehrsmitteln wie Bussen, Straßenbahnen, U-Bahnen etc. eingesetzt werden.

Fahrpreise und Rabatte

Die Fahrpreise mit der Deutschen Bahn AG setzen sich individuell zusammen und sind in erster Linie von der Verbindung, der Wagenklasse und dem Zugtyp abhängig. Weitere Kostenfaktoren sind die Wahl der Reiseklasse und die Sitzplatzreservierung.

Günstigere Fahrpreise ergeben sich aus:

- **Sparpreisangeboten der Bahn:** Die Deutsche Bahn bietet günstige Bahntickets in der 1. und 2. Klasse als Sparpreis an. Das Angebot gilt für die einfache Fahrt – auch im ICE. Bei diesen Sparangeboten besteht Zugbindung für die in der Fahrkarte eingetragenen Zugverbindungen. Diese Spartickets sind nicht umbuchbar und verfallen bei Nichtnutzung. Die Angebote sind meistens nur begrenzt verfügbar.
- **Nutzung der BahnCard:** Die BahnCard ist eine kostenpflichtige Rabattkarte der Deutschen Bahn AG und gewährt dem Besitzer Rabatte auf bestimmte Fahrpreise. Bahncard-Besitzer können am Kundenbindungsprogramm der Deutschen Bahn teilnehmen und Bonuspunkte sammeln. Für Privatkunden gilt sie in folgenden Ausführungen:
  - **BahnCard25:** für Gelegenheitsfahrer, 25 % Rabatt auf den Normalpreis und Sparangebote
  - **BahnCard50:** für häufig Reisende, 50 % Rabatt auf den Normalpreis
  - **BahnCard100:** für Personen, die privat und beruflich viel unterwegs sind. Bei Einmalzahlung eines Fahrpreises pro Jahr oder monatlich, kann ein ganzes Jahr in Deutschland flexibel ohne zusätzlichen Fahrkartenkauf gereist werden.
- **dem Geschäftskundenprogramm der Deutschen Bahn:** Es vereinfacht die Planung und Durchführung von Geschäftsreisen und vorteilhaften Geschäftskundenrabatten, verlängerte Rücknahmefristen und kompetente Beratung. Für Geschäftsreisen bietet die Deutsche Bahn AG die Business-BahnCard an:
  - **BahnCard Business 25/50:** Mit der BahnCard Business erhalten Reisende 25 % bzw. 50 % Rabatt auf den Normalpreis und weitere zahlreiche Vorteile.
  - **BahnCard Business 100:** Mit dieser Karte können Geschäftskunden ohne den Kauf eines zusätzlichen Tickets in fast allen Zügen der Deutschen Bahn reisen.
  - **BonusCard Business:** Eine kostenlose Identifikationskarte für Geschäftsreisende. Mit der Nutzung der BonusCard werden die Umsätze von geschäftlichen Reisen automatisch dem Unternehmen zugeordnet. Bei direkten Buchungen wird der daraus entstehende Geschäftskundenrabatt des Unternehmens vom Normalpreis abgezogen.

Inhaber der BahnCard erhalten auf Reisen über 100 Kilometer zusätzlich zu ihrem BahnCard-Rabatt eine City-Ticket-Berechtigung. Diese Berechtigung ermöglicht die Nutzung im Geltungsbereich des City-Tickets mit Bus, S-Bahn, U-Bahn und Straßenbahn zum Startbahnhof und am Zielbahnhof bis zum Reiseziel mit öffentlichen Verkehrsmitteln. Das City-Ticket wird durch den Zusatz „+City" hinter der Bahnhofsbezeichnung auf der Fahrkarte eingetragen.

Services der Deutschen Bahn

- **Sitzplatzreservierung:** Reservierungen von bevorzugten Sitzplätzen sind für alle Fernverkehrszüge möglich, aber nicht automatisch beim Kauf einer Fahrkarte dabei. Beim Ticketkauf in der 1. Klasse ist die Sitzplatzreservierung inklusive, in der 2. Klasse kostet sie einen Aufpreis. Beim Buchungsvorgang wird die Sitzplatzpräferenz im Buchungsablauf angegeben. Für viele Züge kann anhand eines grafischen Wagenplans geprüft werden, ob der gewünschte Sitzplatz im Abteil oder Großraumwagen, am Fenster oder Gang, verfügbar ist und gleich gewählt werden. Sitzplatzreservierungen können unabhängig vom Kauf einer Fahrkarte vorgenommen werden.
- **Gepäckservice:** Das Reisegepäck wird am Wohnort oder im Büro kostenpflichtig abgeholt und an die Zieladresse transportiert. Die Abholung und Zustellung des Gepäcks kann zu einem bestimmten Termin gebucht werden.
- **Park & Rail:** An zahlreichen Bahnhöfen können Parkmöglichkeiten verschiedener Anbieter kostengünstig genutzt werden.
- **Rail & Fly:** Mit dem Zug zum Flug. Mit diesem Service erreicht man bequem mit den Zügen der Deutschen Bahn viele Flughafen. Die Buchung von Rail & Fly erfolgt ausschließlich über die Fluggesellschaften oder Reiseveranstalter.

Flugzeug

Das Flugzeug ist ein sehr beliebtes Reisemittel bei Geschäftsreisen, wenn große Distanzen mit Grenzüberschreitung überwunden werden müssen. Durch die verkürzte Reisezeit mit einem Flugzeug sind die Termine bei einer Geschäftsreise besser zu bewältigen. Eine Flugreise kann auch als Arbeitszeit produktiv genutzt werden, z. B. Arbeiten mit dem Notebook erledigen, was bei einer Autofahrt nicht möglich ist.

Für die Geschäftsreisenden von Unternehmen bieten die Fluggesellschaften besondere Tarife an. Außerdem können Vielflieger von zusätzlichen Rabatten und Bonusmeilen profitieren.

Den Reisenden stehen unterschiedliche Beförderungsklassen zur Verfügung. In diesen Klassen gibt es jedoch unterschiedliche Tarife, abgestimmt auf die individuellen Bedürfnisse von Reisenden.

- **Economy Class:** Dies ist die niedrigste Beförderungsklasse mit dem niedrigsten Preis und sie beinhaltet daher nur wenige Service- und Komfortleistungen. Da in dieser Klasse möglichst viele Passagiere zu geringen Kosten befördert werden, ist gerade der Sitzkomfort relativ eng. Einige Fluggesellschaften bieten z. B. „Economy-Plus" oder „Premium-Economy" an, die spezielle Sitze mit mehr Beinfreiheit bieten.
- **Business Class:** Diese Klasse ist die zweithöchste Beförderungsklasse und auf die Bedürfnisse von Geschäftsreisenden ausgelegt. Der Geschäftsreisende soll in dieser Klasse ausgeruht ans Ziel kommen und ihm unterwegs ein Arbeiten ermöglichen. Diese Klasse bietet gegenüber der Economy-Class umfangreichere Service- und Komfortleistungen sowie eine bessere Qualität an Speisen und Getränken. Passagiere dieser Klasse checken an speziell ausgewiesenen Schaltern ein. Fluggesellschaften bieten häufig die Benutzung von eigenen Lounges an, in denen in der Wartezeit effektiv gearbeitet werden kann. Darüber hinaus erhalten sie nach dem Flug ihr Gepäck vor den Passagieren der Economy Class, was wiederum eine Zeitersparnis darstellt.
- **First Class:** Dies ist die höchste Beförderungsklasse und wird meistens nur auf Langstreckenflügen in Großflugzeugen angeboten. Sie bietet einen deutlich höheren Komfort als die Business Class und ist demnach meistens auch doppelt so teuer. Die Angebote für die First Class variieren stark je nach Fluggesellschaft, Flugstrecke und Flugzeugtyp.

Bei einer Geschäftsreise mit dem Flugzeug entstehen durch die An- und Abreise zum und vom Flughafen sowie durch Check-in-Zeiten Zeitverluste, die nicht produktiv genutzt werden können.

Die Flughäfen haben in der Regel eine gute Verkehrsanbindung und sind mit öffentlichen Verkehrsmitteln über eigene Haltestationen sowie über Autobahnen und Autobahnzubringer gut zu erreichen. Ebenso stehen Pkw-Stellplätze für Langzeitparker zur Verfügung. Diese Kosten müssen ebenfalls bei der Vorbereitung berücksichtigt werden.

Check-in im Internet

Um lange Wartezeiten beim Check-in zu vermeiden, bieten zahlreiche Fluggesellschaften mittlerweile mehrere Formen des Check-in an. Besonders bequem ist das Web-Check-in. Der Reisende kann vor Abflug auf der Webseite der Fluggesellschaft seine Buchung darstellen, den Sitzplatz auswählen und seine Bordkarte direkt ausdrucken.

Check-in am Automaten mit dem E-Ticket

Fast alle großen Fluggesellschaften bieten ihren Fluggästen die Möglichkeit, elektronisch am Automaten einzuchecken. Die Buchungsdaten des elektronischen Tickets sind im Buchungssystem der Fluggesellschaft gespeichert. Für das Einchecken wird entweder die Kreditkarte, die Karte des Vielfliegerprogramms oder ein maschinenlesbarerer Reisepass benötigt. Alternativ kann auch unter Angabe des Buchungscodes eingecheckt werden.

Das E-Ticket kann auch auf einem Smartphone, PDA, Blackberry oder Handy mit Internetzugang gespeichert werden. Der Reisende erhält dann eine Textnachricht mit allen Fluginformationen und einem Barcode, der am Flughafen gescannt werden kann.

Die passende Fluggesellschaft kann heutzutage leicht im Internet gefunden werden. Vergleiche zwischen den Fluggesellschaften sind empfehlenswert, denn Fluggesellschaften müssen bei Online-Buchungen stets den Endpreis anzeigen. Der angezeigte Gesamtpreis muss von Anfang an Steuern, Gebühren und Zuschläge beinhalten und nicht erst im letzten Buchungsschritt. Nur so kann eine informationsgeleitete Entscheidung getroffen werden.

Über Filterfunktionen können die Flugoptionen, wie z. B. gewünschter Abflughafen, Datum, Uhrzeit, Hin- und Rückflug, Personenzahl, eingestellt wflerden, um das gewünschte Ergebnis zu erreichen.

www.fluege.de
www.flug.de
www.expedia.de/fluege
www.google.de/flights
www.opodo.de/fluege

Für Vielflieger bieten Fluggesellschaften sogenannte Vielflieger-Programme an, bei denen Flugmeilen gesammelt und in Bonusmeilen umgewandelt werden. Bei der nächsten Buchung werden diese dann angerechnet.

Eine weitere Option für Vielflieger ist die Buchung über Luftfahrtallianzen. Hier arbeiten unterschiedliche Fluggesellschaften zusammen, um Synergieeffekte zu nutzen. Sie koordinieren zum Beispiel ihre Buchungssysteme und Anschlussflüge und stimmen sich bezüglich ihrer Vielfliegerprogramme ab. Der Vorteil einer solchen Allianz für die Fluggesellschaft liegt in der beträchtlichen Reduzierung der Betriebskosten und der weitaus besseren Auslastung der Kapazitäten.

Den Fluggästen können diese Allianzen als Vorteil mehrere Anschlussoptionen und enorm verbesserte Reisebedingungen bieten. Als nachteilig könnte sich auswirken, dass der Passagier beispielsweise einen Flug bei einer großen Fluggesellschaft gebucht hat und erst beim Check-in oder Boarding erfährt, dass eine kleinere Gesellschaft, die ebenfalls Allianzmitglied ist, mit einer kleineren Maschine, in der der Service und Komfort schlechter ist, den Flug durchführt.

MERKE

Eine Luftfahrtallianz ist ein Zweckbündnis zwischen Fluggesellschaften, bei denen die Bündelung von Ressourcen und Kapazitäten vorteilhaft für alle Beteiligten (oneworld Alliance, Sky Team, Star Alliance) ist.

6.4 Anfragen und Angebotsvergleiche für Verkehrsmittel und Unterkünfte

Die Leistungen und Preise der verschiedenen Anbieter für Verkehrsmittel und Unterkünfte werden heutzutage elektronisch im Internet über entsprechende Online-Plattformen gebucht, die als Mittler zwischen dem Unternehmen und dem Dienstleister fungieren. Diese Vorgehensweise ist deutlich schneller, da Anfragen nach den entsprechenden Kriterien strukturiert eingegeben werden. Das entsprechende Feedback erhält man in wenigen Minuten online zurück.

Früher hat man Anfragen in schriftlicher Form an potenzielle Hotels und Verkehrsmitteldienstleister geschickt; die Angebote wurden dann verglichen und die günstigste oder ansprechendste Leistung gebucht. Das kostete viel Zeit und die Vergleichbarkeit war nicht immer transparent, da Dokumente nicht einheitlich und die Leistungen nicht klar klassifiziert waren. Daher wurde teilweise zu teuer gebucht.

Heutzutage werden mithilfe von zentralen Abfrage-, Buchungs- und Abrechnungslösungen Angebote deutlich schneller eingeholt. Sie lassen sich auch erheblich einfacher vergleichen. Für diesen Service fällt für die Unternehmen lediglich eine geringe Transaktionsgebühr an.

www.biztravel.fvw.de

Wichtige Kriterien, nach denen Dienstleister für Geschäftsreisen ausgewählt werden, sind:

- örtliche Gegebenheiten
- Nachhaltigkeit
- Entfernung zum Veranstaltungsort
- Preis
- Leistungen
- Vor- und Nachteile
- Geschäftsbeziehungen
- Flexibilität
- persönliche Präferenzen der Geschäftsreisenden.

Werden Angebote in traditioneller Form verglichen, kann eine Entscheidungsbewertungstabelle oder Nutzwertanalyse für die Auswahl der Unterkunft eine Hilfestellung sein. Dieses Vorgehen ist jedoch mit einem hohen Aufwand verbunden und sollte im Hinblick auf das Verhältnis zwischen Aufwand und Nutzen kritisch geprüft werden.

Die Nutzwertanalyse ist ein Bewertungsverfahren, mit dem Alternativen nach mehreren verschiedenen Zielkriterien bewertet und verglichen werden können. Neben den quantitativen Bewertungskriterien (Kosten, Aufwand usw.) werden auch qualitative Bewertungskriterien einbezogen:

	Gewichtung	**Hotel A**	**Wert**	**Hotel B**	**Wert**	**Hotel C**	**Wert**
örtliche Gegebenheiten	4	8	32	3	12	8	32
Lage	5	7	35	10	50	10	50
Leistungen	3	8	24	5	15	6	18
Preis	4	9	36	9	36	7	28
Geschäftsbeziehungen	2	3	6	0	0	4	8
Nutzwertsumme			**133**		**113**		**136**
Bewertung	10 (sehr gut) - 1 (sehr schlecht)						

Laut dieser Analyse erhält das Hotel C die beste Bewertung.

7. Geschäftsreisen organisieren

7.1 Ökologische, ökonomische und effiziente Organisation von Geschäftsreisen

Das Thema Nachhaltigkeit ist in vielen Unternehmen bei der Gestaltung von Geschäftsprozessen ein wesentlicher Faktor. Bei Geschäftsreisen steht in erster Linie die Effizienz im Vordergrund, d. h. die Mitarbeiter sollten in möglichst kurzer Zeit und zu möglichst geringen Kosten reisen. Mit dem Begriff „Nachhaltigkeit" werden ein höherer Aufwand und mehr Kosten assoziiert. Jedoch hilft eine effiziente und nachhaltige Reiseorganisation dabei, Reisekosten zu sparen und Arbeitszeit zu optimieren. Eine „grüne Reise" besteht aus ökologischer, ökonomischer und sozialer Nachhaltigkeit.

MERKE

Laut der Studie „Chefsache Business Travel 2022“ berücksichtigen mittlerweise 56 % der Unternehmen die Einhaltung von ökologisch-sozialen Standards bei ihren Buchungen von Geschäftsreisen.

Folgende Tipps helfen dabei, eine Nachhaltigkeitsstrategie bei Geschäftsreisen umzusetzen:

- **Reisen gründlich vorbereiten:** Verkehrsmittel belasten das Klima und die Umwelt. Daher sollte vor der Reise geprüft werden, ob die Auswärtstermine mit anderen Terminen in der Nähe verbunden werden können. Bei Reisen von mehreren Mitarbeitern sind Fahrgemeinschaften sinnvoll.
- **Bahn oder Flugzeug:** Die Bahn gilt als das Verkehrsmittel mit der günstigsten CO2-Bilanz im Vergleich zum Flugzeug oder Pkw. Daher sollte man Flüge nur auf Langstrecken wählen, um wenig Zeit zu verlieren. Auf kurzen Strecken ist die Bahn eine umweltfreundlichere Alternative
- **umweltfreundliche Mietwagen:** Manche Autovermieter verfügen inzwischen über eine „grüne Flotte“, d. h. sie bieten emissionsarme Modelle an, z. B. mit Hybridantrieb.
- **„grüne Hotels“:** Sie sind ein neues Geschäftssegment von Hotels im Rahmen der Öko-Strategie. Viele dieser sogenannten grünen Hotels erzeugen ihren eigenen Strom, vermeiden übermäßige Müllproduktion, setzen recycelte Materialien für die Ausstattung ein und bieten in den Restaurants regionale Lebensmittel und Fairtrade-Produkte an.
- **Carsharing, ÖPNV, Firmenfahrräder:** Termine, die in der näheren Umgebung stattfinden, können nachhaltiger mit dem öffentlichen Nahverkehr, den Carsharing-Angeboten oder sogar mit dem Firmenfahrrad wahrgenommen werden.

www.chefsache-businesstravel.de

7.2 Buchung von Unterkünften und Verkehrsmitteln

In der Organisationsphase wird die Reiseplanung umgesetzt und der Buchungsprozess von Unterkünften und Verkehrsmitteln findet statt. Die Wünsche und Bedürfnisse des Reisenden sollten mit den unternehmensinternen Reiserichtlinien übereinstimmen. Wenn dies nicht der Fall ist, dann wird ein günstigeres Verkehrsmittel oder Hotel gebucht.

Der Buchungsprozess erfolgt telefonisch, schriftlich, per E-Mail oder online über das Internet. Alternativ kann auch ein Reisebüro oder eine Travel-Agentur die Organisation übernehmen. Wichtig ist, dass der Buchungsprozess über einen Kanal erfolgt, damit sämtliche relevanten Reisedaten zur Auswertung und Steuerung der Reise vorliegen.

Insbesondere große Unternehmen nutzen Online-Buchungssysteme, da ca. 66 % der europäischen Unternehmen inzwischen auf Reiseleistungen im Web zurückgreifen. Online-Buchungsportale sind aus dem Geschäftsreisemarkt nicht mehr wegzudenken, da diese auf die Reservierungssysteme der Reisebüros zugreifen und durch Hotelportale und Direktverbindungen mit Billigfliegern und Mietwagenfirmen verbunden sind.

www.amadeus.com
www.atlatos.com
www.obt.de

Trotz der Wachstumsraten von Online-Buchungen von Privatreisenden buchen Geschäftsreisende nach wie vor häufig beim Dienstleister – sprich Reisebüro. Der persönliche Kontakt, Sicherheitsängste bezüglich der persönlichen Daten und die mangelnde Transparenz von Internetanbietern sind die Hauptgründe dafür. Beim Buchen von Dienstleistungen im Internet sollte auf folgendes geachtet werden:

- Seriöse Reiseanbieter im Internet sind daran zu erkennen, dass die Allgemeinen Geschäftsbedingungen (AGBs), ein vollständiges Impressum, Angaben zum Datenschutz sowie Kontaktmöglichkeiten genannt werden und leicht zu finden sind.
- Beim Buchungsvorgang dürfen keine Aufschläge, wie z. B. Zusatzkosten für Kreditkartenzahlung, Versicherungen, Bearbeitungsgebühren, dazu kommen.
- Es sollte möglich sein, zum Online-Anbieter über Service-Hotlines oder E-Mail Kontakt aufzunehmen.
- Bei der Buchung erhält man einen Sicherungsschein. Dieser wird fällig, wenn der Reisevermittler zwei Leistungen, wie z. B. Flug und Hotel, anbietet.

7.2.1 Buchung der Unterkunft

Sobald das passende Hotel gefunden ist, sollte es auch schnellstmöglich gebucht werden. Egal ob die Unterkunft online, telefonisch oder schriftlich gebucht wird, sind folgende Informationen erforderlich:

- vollständige Anschrift des Unternehmens zur Rechnungsstellung
- konkretes An- und Abreisedatum
- Check-in- und Check-out-Zeiten – Möglichkeit des späteren Check-in/Check-out prüfen
- Anzahl der Zimmer (Einzel-/Doppelzimmer)
- Zimmerpreis
- Angaben, ob das Frühstück im Preis enthalten ist, ansonsten Preis des Frühstücks
- Öffnungszeiten des Restaurants und Informationen zu Mittag- und Abendessen
- Konditionen für Minibar
- WLAN-Zugang – kostenpflichtig oder kostenfrei
- Tagungsräume – Ausstattung und Pauschale
- Reservierung von Parkmöglichkeiten – Parkgebühren beachten
- Buchen von Freizeitmöglichkeiten wie Wellnessangebote, z. B. Sauna, Dampfbad, Massagen
- Anbindung an das öffentliche Verkehrsnetz (Haltestellen S-Bahn, U-Bahn, Busse)
- Sonderkonditionen bei Hotel oder Hotelkette prüfen
- Bonusprogramme für Geschäftsreisende.

Quelle: https://de.statista.com/infografik/14386/so-koennen-geschaeftsreisende-bei-hoteluebernachtungen-sparen/

7.2.2 Buchung der Verkehrsmittel

Die Buchung des Verkehrsmittels kann direkt und unproblematisch über das Internet erfolgen.

Es muss vorher geprüft werden, ob der Geschäftsreisende eine gültige BahnCard hat oder Bonuspunkte bei der Fluggesellschaft einlösen kann. Bei einer Mietwagenbuchung muss geklärt werden, ob der Reisende eine gültige Fahrerlaubnis hat.

7.2.3 Stornierung von Buchungen

Muss eine Reise abgesagt oder verschoben werden, ist auch das gebuchte Hotelzimmer oder das Verkehrsmittel davon betroffen. Eine Buchung ist ein Vertrag und somit verpflichtend. Allerdings kann der Reisende die Buchung stornieren. In diesem Fall ist meistens eine Stornierungsgebühr fällig. Daher sollten bei Buchungsvorgängen die Stornierungsbedingungen aufmerksam gelesen werden.

Um eventuelle Stornogebühren zu vermeiden, können bei der Buchung persönliche Absprachen getroffen und schriftlich bestätigt werden

7.3 Reiseunterlagen und Reiseplan

7.3.1 Reiseunterlagen organisieren

Unabhängig davon, auf welche Art und Weise Geschäftsreisen gebucht werden, ist es wichtig, alle Unterlagen und Informationen zu sammeln. Diese geben eine genaue Darstellung der Vorbereitung und des geplanten Ablaufs der Geschäftsreise wieder.

Tickets und Buchungsbestätigungen sollten in gedruckter Form vorliegen, auch wenn der Reisende Tickets und Hotelvouchers in digitaler Form gespeichert oder als QR-Code auf dem Smartphone hat. Neben diesen Dokumenten muss auch sichergestellt sein, dass der Reisende persönliche Legitimationspapiere, wie Personalausweis, Reisepass, Führerschein, Kreditkarte oder BahnCard mit sich führt.

Alle Reiseunterlagen werden in einer Mappe chronologisch geordnet und dem Reisenden als Organisationsmittel ausgehändigt. Die mögliche Gliederung einer Reisemappe könnte wie folgt aussehen:

- Reiseplan
- Reiseunterlagen: Fahrkarten, Flugplan mit Flugtickets, Platzreservierungen
- Hotelbestätigungen
- Anfahrtsskizzen, Wegbeschreibung, Straßenkarte, Stadtplan
- Personalausweis/Reisepass/Führerschein

- Terminbestätigungen der Geschäftspartner
- Besprechungsunterlagen, Präsentationsunterlagen (für jeden Termin eine eigene Mappe)
- geschäftliche Unterlagen (Preislisten, Visitenkarte, Merkblätter usw.)
- Versicherungspapiere
- Kopien wichtiger Unterlagen, z. B. Ausweise, Führerschein, Kreditkarte
- Merkblatt.

Der Reiseplan liegt als erstes Dokument in der Reisemappe. Er enthält alle wichtigen Termine in chronologischer Reihenfolge. Er ist für den Reisenden ein wichtiges Hilfsmittel während der Reise und gibt Aufschluss darüber, wann, wo und mit wem Termine stattfinden. Er sollte in tabellarischer Form strukturiert werden und folgende Angaben enthalten:

- Name des Reisenden
- Reisezweck, Reisedatum und Reiseort
- Verkehrsmittel mit genauer Bezeichnung (Zugnummer, Flugnummer)
- Abfahrts- und Ankunftszeiten, Umsteigestationen, Umsteigedauer
- Hoteladresse mit Kontaktdaten (Telefon, E-Mail, Telefax)
- Termine bei den Geschäftspartnern
- Adressen und Kontaktdaten der Geschäftspartner
- Hinweis auf Unterlagen zu den Geschäftsterminen
- private Termine (z. B. Theater- oder Musicalbesuche außerhalb der Geschäftstätigkeit)
- Bemerkungen zu den Angaben.

TIPP

Bei Auslandsreisen muss die Zeitverschiebung beachtet werden, d. h. die Termine müssen zu den jeweiligen Ortszeiten im Reiseplan eingetragen sein.

Ein **Reiseplan** könnte wie folgt aufgebaut sein:

Reisender	**Herr Rüdiger Klinger, Vorstandsmitglied**		
Reise	**München, Händlertagung Synrgy-Sport, Messe Ispo München**		
Dauer	**22. - 25.01.20..**		
Datum	**Uhrzeit**	**Verlauf**	**Bemerkungen**
22.01.	05:30 Uhr	Abfahrt Pkw zu Hause	
	06:20 Uhr	Ankunft Düsseldorf Flughafen	Stellplatz Kieshecker Weg 171 Shuttle Service (ohne Wartezeiten)
	07:30 Uhr	Abflug Düsseldorf	Flug-Nr. LH 2025 Airbus A321-100/200
	08:40 Uhr	Ankunft München, F. J. Strauß	
	09:30 Uhr	Taxi „mytaxi"	siehe Taxi-App Smartphone
	09:50 Uhr	Hotel Armada ARMADA Hotel & Conference Center München Messe Konrad-Zuse-Platz 14 81829 München Telefon: ++49 89 9376030 Telefax: ++49 89 93760310 E-Mail: arma.messe@hotels.com	Buchungsbestätigung Hotelinformationen
	...	...	...

Zu den Reiseunterlagen gehört auch ein Merkblatt, das z. B. wichtige Informationen zum Reiseziel enthält. Darin können kulturelle Sehenswürdigkeiten, besondere Restaurants, interessante Geschäfte und touristische Highlights vermerkt werden. Bei Auslandsreisen kann in diesem Merkblatt auf Sitten und Gebräuche, kulturelle Gepflogenheiten, Gastgeschenke usw. hingewiesen werden.

Weiterhin sollte den Reiseunterlagen ein Alternativszenario beigefügt werden, z. B. falls der Reisende einen Zug verpasst. In einem solchen Fall käme alternativ ein Mietwagen infrage. Demnach müssten Telefonnummern oder Hinweise zu Mietwagenverleihstationen angegeben sein. Der Reisende sollte auch immer im Unternehmen einen festen Ansprechpartner haben, der ihm bei Problemen während der Reise unterstützt und weiter hilft.

7.3.2 Zahlungsmittel organisieren

Bei Geschäftsreisen im In- und Ausland müssen die relevanten Zahlungsmittel organisiert werden. Teilweise werden auch Devisen benötigt. Um Zahlungsprobleme zu vermeiden, sollte bei der Organisation folgendes beachtet werden:

- Sind am Reiseziel gut erreichbare und vertrauenswürdige Wechselmöglichkeiten gegeben?
- Welche Bank- oder Kreditkarten sind für das Zielland freigegeben?
- Wie hoch ist der Verfügungsrahmen der Kreditkarten?
- Werden Traveller-Checks oder andere alternative Zahlungsmittel benötigt?

Firmeneigene Kreditkarte

Unternehmen verfügen meistens über firmeneigene Kreditkarten, die von den Mitarbeitern gerade auf längeren Geschäftsreisen eingesetzt werden. Eine solche Kreditkarte ersetzt den Reisekostenvorschuss und sorgt für Übersicht bei den Reisekosten. Die Karte wird auf den Namen des Reisenden ausgestellt. Rechnungsempfänger ist der Mitarbeiter. Die Belastung erfolgt über das Firmenkonto oder das Privatkonto des Reisenden. Mithilfe dieser Karte kann der Reisende bargeldlos zahlen oder Bargeld bei einem Kreditinstitut abheben. Es muss jedoch vor Reiseantritt immer geprüft werden, ob die Kreditkarte im Zielland gültig ist.

Kreditkarte

Eine Kreditkarte, die für Geschäftsreisen eingesetzt wird, sollte neben ihrer Eigenschaft als Zahlungsmittel weitere Anforderungen, wie z. B.:

- keine oder geringe Jahresgebühr
- weltweit kostenloser Bargeldbezug
- inklusive Reiseversicherung und Bonusprogramme
- keine Gehaltsbindung

aufweisen. Damit stellt sie das ideale Zahlungsmittel auf Geschäftsreisen dar.

Bankkarte

Eine Bankkarte – auch Girocard oder EC-Karte genannt – wird von der kontoführenden Bank ausgegeben. Mit dieser Karte kann in Europa meistens bargeldlos bezahlt und an europäischen Bankautomaten Bargeld abgehoben werden. Das Erkennungssymbol der Girocard ist die Aufschrift „Maestro". Der Betrag wird unmittelbar dem Inhaber der Karte belastet. In Europa hat die Girocard mindestens dieselbe Bedeutung als Zahlungsmittel wie die Kreditkarte und es fallen in der Regel keine Gebühren an. Im außereuropäischen Ausland ist hingegen mit teilweise hohen Gebühren zu rechnen.

Bargeld

Neben bargeldlosen Zahlungsmitteln, sollte auf Reisen auch Bargeld in angemessener Höhe mitgeführt werden. Damit können kleinere Beträge wie Fahrten mit dem Taxi oder öffentlichen Verkehrsmitteln, Verpflegung auf der Reise usw. beglichen werden. Bargeld ist ebenfalls nötig, wenn im Zielland keine Kredit- oder Bankkarten angenommen werden. Führt die Geschäftsreise in das Ausland, sollte nur ein geringer Betrag in die fremde Währung getauscht werden. Die besseren Kurse gibt es im Zielland. Vor Ort sollten die Kurse von Wechselstuben und Banken verglichen werden. Die aktuellen Sortenkurse können jederzeit in einem Währungsrechner berechnet werden.

www.reisebank.de

8. Geschäftsreisen nachbereiten

Damit nach der Geschäftsreise keine offenen Fragen entstehen, sollten alle Reisedetails bzw. Belege schon während der Geschäftsreise festgehalten und gesammelt werden. Um eine Reisekostenabrechnung durchzuführen, sind die steuerlich relevanten Reisekosten, wie Abreise- und Ankunftsdaten, Reiseorte, Zweck der Dienstreise wichtig.

8.1 Reisekostenabrechnung

MERKE

In einer Reisekostenabrechnung werden alle Kosten aufgelistet, die dem Unternehmen durch eine Geschäftsreise entstanden sind, wie z. B. Fahrtkosten, Verpflegungsmehraufwendungen, Übernachtungskosten und Reisenebenkosten.

Das Ziel der Reisekostenabrechnung besteht darin, die Gesamtkosten einer Reise zu ermitteln. Daher müssen alle Kosten der Reise erfasst und dem Mitarbeiter, der eventuell in finanzielle Vorleistung getreten ist, erstattet werden.

Grundsätzlich werden Geschäftsreisen vom Unternehmen finanziert. Da eine Geschäftsreise eine berufliche Tätigkeit außerhalb der geregelten Arbeitsstätte ist, erhält der Mitarbeiter für seinen Aufwand einen finanziellen Ausgleich. Dieser wird im Rahmen der Reisekostenabrechnung ermittelt und an den Mitarbeiter als Verpflegungsmehraufwand ausgezahlt.

8.2 Kostenarten unterscheiden

Reisekosten setzen sich aus folgenden Kostenarten zusammen:

- **Fahrtkosten:** Aufwendungen für die Hin- und Rückreise, Fahrten am Reiseziel und für Zwischenheimfahrten, wenn die Geschäftsreise länger dauert
- **Übernachtungskosten:** Tatsächlich entstandene Kosten für die Übernachtung (Hotel, Appartement usw.)
- **Verpflegungsmehraufwendungen:** Kosten, die eine Person zu tragen hat, weil sie aus beruflichen Gründen außerhalb der eigenen Wohnung und der regelmäßigen Arbeitsstätte unterwegs ist und sich daher zu Hause nicht verpflegen kann.
- **Reisenebenkosten:** Kosten, die im Laufe einer Geschäftsreise entstehen können, wie z. B. Parkgebühren, Hotelgarage, Fahrtickets öffentlicher Verkehrsmittel, Gepäckaufbewahrung.

8.3 Belege zuordnen

Vom Unternehmen können nur die per Beleg nachgewiesenen Kosten erstattet werden.

Für den Verpflegungsmehraufwand und die Fahrtwege mit dem Pkw hat der Gesetzgeber Pauschalbeträge beschlossen, um das Abrechnungsverfahren zu vereinfachen. Belege sind jedoch für Übernachtungskosten und alle sogenannten Reisenebenkosten zwingend notwendig. Dazu zählen z. B. Bahn- und Flugtickets, Tickets des Nahverkehrs, Taxi, Parkgebühren, Eintrittsgelder, dienstliche Telefongespräche, Gepäckaufbewahrung usw.

Bei Hotelbelegen gilt, dass die Hotelrechnung auf den Namen des Unternehmens ausgestellt ist. Die Übernachtung wird mit einem Mehrwertsteuersatz von 7 % besteuert. Alle anderen Leistungen, wie z. B. das Frühstück, werden mit 19 % besteuert.

MERKE

Alle Belege, egal ob es sich um Barbelege, Kreditkartenbelege oder Rechnungen handelt, sammeln und aufheben.

Die Belege müssen als ordnungsgemäße Rechnung vorliegen, in der die Umsatzsteuer gesondert ausgewiesen wird. Ferner muss als Rechnungsadresse der Firmenname angegeben sein. Dies sind die Voraussetzungen für den Vorsteuerabzug. Bei Kleinbetragsrechnungen unter 150 € ist der Name des Rechnungsempfängers (Firmenname) nicht erforderlich.

Eigenbeleg

Gehen auf einer Reise Rechnungen oder Quittungen verloren, können Reisende einen sogenannten Eigenbeleg ausstellen, mit dem die entstandenen Kosten nachgewiesen werden. Dieser Eigenbeleg gilt auch für Kosten, für die kein Nachweis erhältlich ist, wie z. B. Trinkgelder, Gepäckfächer oder Parkuhren.

Wichtig ist, dass der Eigenbeleg folgende Daten enthält: Datum und Gegenstand des Geschäftsvorgangs, Name und Anschrift des Zahlungsempfängers, Ausstellungsdatum sowie Name und Unterschrift des Ausstellers.

8.4 Gesetzliche Regelungen und Lohnsteuerrichtlinien

Für die steuerliche Relevanz bzw. steuerfreie Zahlung von Reisekosten ist eine auswärtige berufliche Tätigkeit eine zwingende Voraussetzung. Diese liegt vor, wenn der Mitarbeiter vorübergehend außerhalb seiner Wohnung und der **ersten Tätigkeitsstätte** tätig wird.

Der Begriff **„erste Tätigkeitsstätte"** ist in § 9 Abs. 4 Satz 1 EStG (Einkommenssteuergesetz) definiert. Demnach ist jede ortsfeste betrieblich Einrichtung eines Arbeitgebers oder eines verbundenen Unternehmens nach § 15 AktG oder eines vom Arbeitgeber bestimmten Dritten, der der Arbeitnehmer dauerhaft zugeordnet ist, **erste Tätigkeitsstätte.** Zugleich wird festgelegt, dass je Dienstverhältnis nur eine Dienststätte vorliegen kann (§ 9 Abs. 4 Satz 5 EStG).

www.gesetze-im-internet.de/estg

Eine weitere wichtige Aufgabe der Reisekostenabrechnung ist die Ermittlung des Betrags, der dem Mitarbeiter erstattet werden kann. Hierbei sind die Lohnsteuerrichtlinien zu beachten, die regeln, was dem Mitarbeiter **lohnsteuerfrei** erstattet werden kann. Dazu gehören die nachgewiesenen Fahrtkosten, die Übernachtungskosten und die Reisenebenkosten. Werden dem Arbeitnehmer die entstandenen Kosten vom Arbeitgeber nicht ersetzt, können diese als Werbungskosten im Rahmen der persönlichen Einkommenssteuererklärung geltend gemacht werden (Ausnahme Übernachtungspauschalen).

MERKE

Neben den gesetzlichen Regelungen und Lohnsteuerrichtlinien müssen bei der Reisekostenabrechnung auch die unternehmensinternen Reisekostenrichtlinien berücksichtigt werden. In manchen Unternehmen sind Aspekte zur Reisekostenabrechnung auch arbeitsrechtlich in Betriebsvereinbarungen oder Tarifverträgen geregelt.

8.5 Aspekte der Reisekostenabrechnung

In der Reisekostenabrechnung subsummieren sich verschiedenartiger Reisekosten, die nach gesetzlichen Pauschalen oder tatsächlich angefallen Kosten unterschieden werden.

Grundsätzlich enthält eine Reisekostenabrechnung Daten zur Person und zur Dauer der Geschäftsreise, d. h.:

- **Wer reist?** Name, Vorname und Abteilung bzw. Funktion des Mitarbeiters
- **Wann** ist Beginn und Ende der Reisetätigkeit? Es müssen die tatsächlichen Abreise- und Ankunftszeiten am Ort von Beginn und Ende der Reisetätigkeit erfasst werden.

8.5.1 Fahrtkosten

Die Abrechnung der Fahrtkosten richtet sich nach der Wahl des Verkehrsmittels, mit dem der Reisende die Geschäftsreise durchführt.

- **Öffentliche Verkehrsmittel und Mietfahrzeuge:** Bei Benutzung von öffentlichen Verkehrsmitteln (Flugzeug, Bahn, öffentlicher Nahverkehr, Taxi oder Fähre) und Mietfahrzeugen werden die Belege wie Flug- und Bahntickets, Fahrkarten, Taxiquittungen usw. gesammelt und einzeln in der Reisekostenabrechnung aufgeführt (Belegnachweis). Die Summe dieser Kosten wird dem Reisenden erstattet.

- **Firmenfahrzeug:** Stellt ein Unternehmen seinem Mitarbeiter für Geschäftsreisen ein Firmenfahrzeug zur Verfügung, werden auch hier alle Belege gesammelt (z. B. Benzin- und Reparaturkosten), in der Reisekostenabrechnung aufgeführt und dem Reisenden erstattet. Häufig setzen Unternehmen ein Fahrtenbuch ein, in dem die Nutzung des Fahrzeugs zu betrieblichen Zwecken dokumentiert wird.
- **Privatfahrzeug:** Verwendet der Mitarbeiter für die Geschäftsreise sein Privatfahrzeug, stehen verschiedene Optionen zur Auswahl:
  - **Abrechnung der anteiligen tatsächlichen Reisekosten gemäß Einzelnachweis:** Der Mitarbeiter weist die Gesamtkosten, die für das Fahrzeug anfallen, die Jahresfahrleistung und die beruflich gefahrenen Kilometer in einem Fahrtenbuch nach. So können die beruflich zurückgelegten Kilometer von den privat zurückgelegten getrennt werden. Die tatsächlichen Aufwendungen (Steuer, Haftpflicht- und Kaskoversicherung, Abschreibung, Betriebskosten, Reparaturen, Pflegedienst) werden in einfachen Aufzeichnungen festgehalten und mit Quittungen belegt.
  - **Abrechnung eines fahrzeugindividuellen Kilometersatzes:** Diese Pauschalierung setzt voraus, dass die zurückgelegten Kilometer einer Geschäftsreise in einem Fahrtenbuch oder in der Reisekostenabrechnung festgehalten werden. Über einen Zeitraum von zwölf Monaten wird ein fahrzeugindividueller Kilometersatz ermittelt und in den Folgejahren – bis zu einer Änderung der Verhältnisse – eingesetzt.
  - **Abrechnung nach den Richtlinien für die Kilometerpauschale:** Die Kilometerpauschale ist ein pauschaler, lohnsteuerfreier Kostensatz, der pro gefahrenem Kilometer und Fahrzeug abgerechnet wird. Die Kilometerpauschale ist ein einfaches Mittel, um Fahrtkosten schnell und unkompliziert abzurechnen. Der **§ 5 Abs. 2 BRKG (Bundesreisekostengesetz)** sieht dabei unterschiedliche Pauschalen für unterschiedliche Verkehrsmittel vor:

Kilometerpauschale Stand 2024	
Pkw	0,30 €/km
Motorrad, Motorroller, Moped, Mofa	0,20 €/km

MERKE

Diese Pauschbeträge gelten bei Benutzung des eigenen Kraftfahrzeugs. Damit sind sämtliche Kosten für den Betrieb des Fahrzeugs, wie z. B. Benzin-, Versicherungs- und Reparaturkosten, abgegolten.

8.5.2 Entfernungspauschale

Bei der Entfernungspauschale, auch „Pendlerpauschale" genannt, handelt es sich um die täglichen und regelmäßigen Fahrten von der Wohnung zur Arbeit, die bei der jährlichen Steuererklärung geltend gemacht werden können.

MERKE

Die Pauschale beträgt bis 20 volle Entfernungskilometer 0,30 €/km, ab dem 21. Entfernungskilometer 0,38 €/km der einfachen Wegstrecke.

Die Entfernungspauschale ist nicht direkt dem Bereich der Reisekosten zuzuordnen. Die Abrechnung von Fahrtkosten (z. B. Kilometerpauschale) im Rahmen der Reisekostenabrechnung bezieht sich auf geschäftliche Reisen, mit wechselnden Einsatzorten. Die Entfernungspauschale bezieht sich auf Fahrten zu der Arbeit eines Arbeitnehmers zu seiner ersten Tätigkeitsstätte. Die Entfernungspauschale wird im Rahmen der Abrechnung von Werbungskosten bei der jährlichen Steuererklärung relevant.

8.5.3 Verpflegungsmehraufwand

Der Verpflegungsmehraufwand ist ein Ausgleich für die zusätzlichen Kosten für die Verpflegung auf einer Geschäftsreise. Dieser finanzielle Ausgleich stellt eine Pauschale dar, die lohnsteuerfrei ist und nicht mit einem Beleg nachgewiesen werden muss.

MERKE

Der Arbeitgeber ist zur Auszahlung der Verpflegungspauschale **nicht** verpflichtet. Er kann die Auszahlung der Pauschale (= Spesen) ganz verweigern oder auch nur einen Teil auszahlen. Dies gilt gleichermaßen für nationale und internationale Geschäftsreisen.

Differenzen, die vom Arbeitgeber nicht erstattet worden sind, können als Werbungskosten über die jährliche Steuererklärung geltend gemacht werden.

Die maximale Höhe der lohnsteuerfreien Verpflegungspauschale richtet sich nach der tatsächlich beruflich bedingten Abwesenheitszeit und ist wie folgt gegliedert:

Verpflegungsmehraufwand Deutschland 2024

Abwesenheit	**Spesen-Pauschbeträge**
eintägige Abwesenheit (ohne Übernachtung) mehr als 8 Stunden	14 €
An- und Abreisetag bei mehrtägigen Reisen	14 €
mehrtägige Abwesenheit 24 Stunden	28 €

Abwesenheitszeiten für mehrere Geschäftsreisen an einem Tag (z. B. mehrere Kundenbesuche) werden addiert und wie eine eintägige Abwesenheit berechnet.

Bei mehrtägigen Geschäftsreisen mit Übernachtung wird für die Abwesenheit eines vollen Tages, also 24 Stunden (Zwischentag) ebenfalls eine Pauschale in Höhe von 28 € berücksichtigt.

Beispiel

Ein Mitarbeiter fährt drei Tage auf Geschäftsreise. Am 1. Tag fährt er um 14:00 Uhr los, am 3. Tag kehrt er um 17:30 Uhr von seiner Geschäftsreise zurück. Als Ausgleich erhält er einen Verpflegungsmehraufwand in Höhe von 56,00 € von seinem Arbeitgeber erstattet. Dieser Gesamtbetrag setzt sich wie folgt zusammen:

1. Tag:	Abwesenheit 14:00 Uhr - 24:00 Uhr = 10 Stunden	= 14,00 €
2. Tag:	Abwesenheit 00:00 Uhr - 24:00 Uhr = 24 Stunden	= 28,00 €
3. Tag:	Abwesenheit 00:00 Uhr - 17:00 Uhr = 17 Stunden	= 14,00 €
Gesamt:		**= 56,00 €**

Erhält der Reisende vor Ort Mahlzeiten, z. B. Frühstück oder Mittag- bzw. Abendessen, wird die Tagespauschale um

- **20 % für das Frühstück → 5,60 €**
- **40 % für Mittag- oder Abendessen → 11,20 €**

gekürzt (Prozentsätze werden von der 24-Stunden-Pauschale berechnet = 28,00 € • 20 % = 5,60 €). Ergibt sich bei einer Kürzung ein Minusbetrag, wird dieser nicht angerechnet, sondern die Erstattung auf 0 € gesetzt.

Beispiel

Reisetag Stand 2024	Tagespauschale	Erstattungsbetrag
1. Tag – Abreise 14:00 Uhr	14 € Verpflegungspauschale	14,00 €
2. Tag (ganztägig)	28 € Verpflegungspauschale	28,00 €
	Frühstück 20 % Kürzung	- 5,60 €
	Abendessen 40 % Kürzung	- 11,20 €
3. Tag – Ankunft 17:00 Uhr	14 € Verpflegungspauschale	14,00 €
	Frühstück 20 % Kürzung	- 5,60 €
Summe/Auszahlungsbetrag		**33,60 €**

Sachbezugswerte

Sachbezugswerte, wie z. B. Tankgutscheine, kostenlose Überlassung eines Dienstwagens, kostenlose oder verbilligte Verpflegung, Waren oder Dienstleistungen, sind Entgelte, die ein Arbeitnehmer vom Arbeitgeber als Teil des Arbeitsentgelts erhält, die aber nicht aus Bargeld bestehen. Der Wert eines **Sachbezugs** gehört zum steuerpflichtigen Arbeitslohn.

Erhält ein Arbeitnehmer während einer beruflich veranlassten Auswärtstätigkeit unter acht Stunden eine kostenlose oder verbilligte Mahlzeit, wird diese nach dem amtlichen Sachbezugswert nach **§ 2 SvEV (Sozialversicherungsentgeltverordnung)** berechnet. Stand 2024:

Frühstück	Mittagessen	Abendessen
2,17 € pro Tag	**4,13 € pro Tag**	**4,13 € pro Tag**

8.6 Bewirtungsbelege

Werden auf einer Geschäftsreise Geschäftsfreunde bewirtet, d. h. zum Mittag- oder Abendessen eingeladen, werden die Bewirtungskosten getrennt von den Kosten der Geschäftsreise behandelt. Die Bewirtungskosten werden dem Arbeitnehmer im Rahmen der Reisekostenabrechnung erstattet. Es wird lediglich die Verpflegungspauschale um 40 % (11,20 €) gekürzt.

MERKE

Geschäftliche Bewirtungskosten sind für den Unternehmer zu 70 % als Betriebsausgabe abziehbar.

Bei Bewirtungen in Gaststätten ist ein besonderer Belegnachweis zu erstellen. Der Nachweis kann auf einem Vordruck erfolgen, der meistens auf der Rückseite der Gaststättenrechnungen entsprechend vorbereitet ist. Ein solcher Bewirtungsbeleg muss folgende Anforderungen erfüllen:

- maschinell erstellt durch eine Registrierkasse
- Ort der Bewirtung
- Rechnungsdatum
- Rechnungsbetrag inkl. Mehrwertsteuer
- Anzahl der Teilnehmer
- genaue Bezeichnung der verzehrten Speisen („Speisen und Getränke" reicht nicht)
- genauer Grund für die Bewirtung
- Unterschrift des Gastgebers.

Übersteigt der Bewirtungsbetrag 150 € müssen zusätzlich

- Name und Anschrift des Bewirtenden, d. h. des Gastgebers
- Namen der Bewirtenden
- Rechnungsbetrag aufgeschlüsselt nach Steuersätzen sowie Mehrwertsteuersatz und -betrag
- Steuer- oder Umsatzsteueridentifikationsnummer der Gaststätte

vermerkt sein.

Es können auch Trinkgelder geltend gemacht werden. Da diese per Kassenbeleg nicht nachgewiesen werden, sollten diese direkt auf der Rechnung vermerkt und vom Empfänger abgezeichnet werden.

TIPP

Die Anforderungen an die Bewirtungsbelege sollten bei Zahlung in der Gaststätte gleich geprüft und Bewirtungskosten immer zeitnah und vollständig dokumentiert werden.

8.7 Übernachtungskosten

Übernachtungskosten sind die Kosten, die für die Übernachtung bei einer Geschäftsreise entstehen. Diese werden in der Regel vom Arbeitgeber in voller Höhe erstattet. Alternativ kann der Arbeitnehmer die Übernachtungskosten als Werbungskosten in der Einkommenssteuererklärung geltend machen.

Die tatsächlichen Übernachtungskosten müssen per Beleg (Hotelrechnung, Appartementrechnung usw.) nachgewiesen werden. Es ist wichtig, dass auf diesem Beleg die Unternehmensanschrift als Rechnungsadresse angegeben ist. Nebenkosten zur Übernachtung, wie z. B. Garage, Minibar, TV, Telefon usw. zählen nicht zu den Übernachtungskosten, sondern gegebenenfalls zu den Reisenebenkosten.

Sind in der Hotelrechnung etwaige Mahlzeiten wie Frühstück, Mittag- oder Abendessen nicht gesondert ausgewiesen, müssen die Verpflegungspauschalen herausgerechnet werden. In diesem Fall werden von der Hotelrechnung oder von der Tagespauschale 5,60 € für das Frühstück bzw. 11,20 € für das Mittag- oder Abendessen herausgerechnet.

Wird in der Rechnung neben den Übernachtungskosten der Betrag für das Frühstück extra ausgewiesen, erstattet der Arbeitgeber nur die Kosten für die Übernachtung. Der Arbeitnehmer muss dann die ausgewiesenen Kosten für das Frühstück selbst tragen.

Ohne Einzelnachweise (Hotelrechnung) können Übernachtungskosten mit einem Pauschalbetrag in Höhe von **20 € (R 9.7 Absatz 3 LStR – Lohnsteuerrichtlinien)** steuerfrei vom Arbeitgeber erstattet werden.

Reisenebenkosten

Kosten einer Geschäftsreise, die nicht den Fahrt-, Verpflegungs- oder Übernachtungskosten zugeordnet werden können, gehören zu den Reisenebenkosten, wie z. B. Gepäckkosten (Beförderung, Aufbewahrung, Reisegepäckversicherung), betrieblich veranlasste Telefongespräche und Telefaxgebühren, Straßenbenutzungskosten (Mautgebühren, Fährkosten), Parkplatz- und Garagenkosten, Repräsentationskosten (Trinkgelder, Eintrittskarten) und Kosten, die aufgrund eines eventuellen Verkehrsunfalls entstanden sind. Reisenebenkosten, die nicht per Einzelnachweis belegbar sind, wie z. B. Trinkgelder, Parkuhren usw., können mit einem Eigenbeleg nachgewiesen werden.

Kap. 8.3

MERKE

Eintrittskosten für private kulturelle Veranstaltungen, wie z. B. Theater, Musicalhall, Museen, sowie Kosten für Minibar und Fernsehen gelten nicht als Reisenebenkosten und werden daher nicht erstattet.

8.8 Geschäftsreisen im Ausland

8.8.1 Verpflegungsmehraufwand bei Geschäftsreisen im Ausland

Für Geschäftsreisen im Ausland gelten vom Zielland abhängige Pauschalen, die den Preisstrukturen in den entsprechenden Ländern angepasst sind. Sie liegen in der Regel über den inländischen Pauschalen. Diese Auslandspauschalen sind in einer Übersicht „Steuerliche Behandlung von Reisekosten und Reisekostenvergütungen bei betrieblich und beruflich veranlassten Auslandsreisen“ vom Bundesministerium der Finanzen ausgewiesen und stehen dort zum Download zur Verfügung. Für Länder, die in dieser Übersicht nicht aufgeführt sind, gelten die Pauschbeträge von Luxemburg.

www.bundesfinanzministerium.de

Bei Auslandsreisen müssen folgende Besonderheiten beachtet werden:

- Für Geschäftsreisen in das Ausland ist die Tagespauschale für den vor 24:00 Uhr Ortszeit erreichten Ort maßgeblich.
- Bei Rückreisen vom Ausland in das Inland, wird die Tagespauschale nach dem Ort angesetzt, wo der Arbeitnehmer zuletzt im Ausland tätig war.
- Bei Flugreisen gilt die Tagespauschale des Landes, in dem das Flugzeug vor 24:00 Uhr Ortszeit landet, etwaige Zwischenlandungen werden nicht berücksichtigt.
- Erstreckt sich eine Flugreise über mehr als zwei Kalendertage, gilt für die Tage zwischen Abflug und Landung die für Österreich geltende Verpflegungspauschale.

8.8.2 Übernachtungskosten bei Auslandsreisen

Bei Übernachtungen im Ausland kann der Arbeitnehmer entweder die tatsächlichen Übernachtungskosten oder die Übernachtungspauschale für das jeweilige Land geltend machen. Die tatsächlichen Übernachtungskosten, d. h. die Hotelkosten, sind durch einen Rechnungsbeleg nachzuweisen.

Erhält der Arbeitnehmer eine Rechnung, in der die Übernachtung ohne Frühstück ausgewiesen ist, erstattet der Arbeitgeber die vollen Übernachtungskosten.

Ist das Frühstück in der Rechnung getrennt von den Übernachtungskosten ausgewiesen, erstattet der Arbeitgeber nur die ausgewiesenen Übernachtungskosten.

Ist in den Übernachtungskosten das Frühstück enthalten und ist der Preis für das Frühstück in der Rechnung nicht getrennt ausgewiesen, ist der Gesamtpreis pro Übernachtung um

- **20 % für ein Frühstück und**
- **40 % für ein Mittag- oder Abendessen**

von der 24-Stunden-Pauschale des entsprechenden Landes zu kürzen.

8.9 Eine Reisekostenabrechnung durchführen

Die endgültige Reisekostenabrechnung kann auf verschiedene Arten erfolgen. Auf einem Reisekostenabrechnungsformular, mithilfe einer speziellen Software für Reisekostenabrechnungen oder im Tabellenkalkulations- oder Textverarbeitungsprogramm.

8.9.1 Reisekostenabrechnungsformular

Die Abrechnung mittels eines Reisekostenabrechnungsformulars wird in Unternehmen noch vielfach eingesetzt. Solche Vordrucke sind ablaufgerecht gestaltet und enthalten alle Angaben, die für die Abrechnung notwendig sind, wie Name des Reisenden, Personalnummer, Abteilung, Reisezweck, Reisedauer und Genehmigungsvermerk des Vorgesetzten.

Danach werden alle relevanten Aspekte, die als Grundlage für die Ermittlung dienen, in entsprechende Felder eingetragen. Häufig finden sich auf den Abrechnungsformularen auch gleich Hinweise zu den gültigen Pauschalen für die Fahrkosten und den Verpflegungsmehraufwand.

Anhand dieser Daten wird von der verantwortlichen Person die Reisekostenabrechnung durchgeführt:

Reisekosten

SPORTINA AG

Name	Marion von Seebach	Personalnummer	241869
E-Mail	marion.seebach@sportina.de	Abteilung	Ausbildungsleitung
Zweck	Teamtraining der Auszubildenden, Berlin	Genehmigt von	M. Daube

Datum	Uhrzeit	Stunden	Aufgewendet für
03.06.20__	08:00 Uhr	16	Anreise und Beginn Teamtraining 1. Tag
04.06.20__		24	Teamtraining Floßbau
05.06.20__	Bis 17:00 Uhr	17	Reflexion Teamtraining und Heimreise

Kostenart	Datumsangaben	Details				Betrag
Fahrten		☐ Flugzeug	☐ Taxi	☐ Mietwagen	☐ Andere	
		☐ Flugzeug	☐ Taxi	☐ Mietwagen	☐ Andere	
		☐ Flugzeug	☐ Taxi	☐ Mietwagen	☐ Andere	
		☐ Flugzeug	☐ Taxi	☐ Mietwagen	☐ Andere	
eigenes Fahrzeug	03.06. - 05.06.20__	Reisekilometer 680 • 0,30 € Fahrtkostenpauschale				204,00 €

Übernachtung	Datumsangaben	Übernachtungskosten	Verpflegungspauschale	Kürzung	Zweck	
Hotel Am Tegeler See Wilkestr. 2 13507 Berlin	03.06.20__	85,00 €	14,00 €	11,20 €	Abendessen	87,80 €
	04.06.20__	85,00 €	28,00 €	5,60 € 11,20 €	Frühstück Abendessen	96,20 €
	05.06.20__	0,00 €	14,00 €	5,60 €	Frühstück	8,40 €
Summe		**170,00 €**	**56,00 €**	**-33,60 €**		**192,40 €**

Nebenkosten	Datumsangaben	Kostenart (bitte Beleg anhängen und nummerieren)	
	05.06.20__	Parkgebühren Beleg-Nr. 1	15,00 €
Summe			15,00 €

Zwischensumme	411,40 €
Abzüglich des vom Unternehmen bereits übernommenen Betrags bzw. Reisekostenvorschusses	0,00 €
Gesamtauszahlungsbetrag für den Mitarbeiter	411,40 €

Unterschrift Marion von Seebach	Datum 06.06.20__

Verpflegungspauschalen (jeweils von 0:00 - 24:00 Uhr):

- 14 € bei > 8 Stunden Abwesenheit eintägiger Reisen
- 14 € für An-/Abreisetage mehrtägiger Dienstreisen
- 28 € bei ganztägiger Abwesenheit

Bei erhaltenen Verpflegungen durch Arbeitgeber sind diese Sätze zu kürzen und zwar jeweils um:

Frühstück: 5,60 €
Mittag/Abendessen: je 11,20 €

Beispiel, Verpflegung und Fahrtkosten:

3 Tage unterwegs, Montag um 17:00 Uhr losgefahren, Dienstag ganztägig vor Ort, Mittwoch 15:00 Uhr zurück. Dienstag und Mittwoch Frühstück auf Hotelrechnung. 120 km je Strecke mit eigenem Pkw gefahren.

Verpflegung = 44,80 €
2 • 14 € (Mo. und Mi.) + 1 • 28 € (Di.)
- 2 • 5,60 € (Frühstück)

Fahrtkosten = 72 €
2 • 120 km • 0,30 €

Bitte fügen Sie Belege für alle aufgelisteten Kosten an, unterschreiben Sie das Formular, und senden Sie es an die Buchhaltungsabteilung.

8.9.2 Reisekostenprogramme

Seit den Änderungen im Reisekostenrecht, wie z. B. der Neuregelung der Umsatzsteuer bei Hotelübernachtungen, ergeben sich in der Praxis teilweise Probleme mit der Reisekostenabrechnung.

Spezielle Reisekostenprogramme bieten Entlastung und versprechen kürzere Prozesse, niedrigere Kosten und deutlich weniger Bürokratie.

Obwohl bereits mehrere Softwareunternehmen Lösungen für Reisekostenabrechnungen anbieten, arbeiten die meisten Unternehmen immer noch mit Vordrucken, die per Hand oder in einer Standard-Anwendersoftware ausgefüllt werden.

Diese Softwareprogramme bieten einige Vorteile und besondere Features. Bei der Auswahl eines professionellen Reisekostenprogramms sollten Unternehmen vorab ihre Bedürfnisse klären. Wenn mehrere Personen auf die Reisekostensoftware zugreifen sollen, kann eine netzwerkfähige Lösung von Vorteil sein.

Wesentlich ist, dass das Programm mit der firmeneigenen IT-Umgebung kompatibel ist und über Schnittstellen verfügt, die unter anderem Daten direkt in die Finanzbuchhaltungssoftware einspielen können.

Eine preisgünstige Alternative zu den Softwarelösungen sind Tools für Reisekostenabrechnungen in Excel.

www.rechnungswesen-portal.de/Fachinfo/ERP-Software/Reisekostenabrechnung-Software-Loesungen-im-Vergleich.html

8.10 Reflexion und Evaluation von Geschäftsreisen

8.10.1 Reflexion

Nach Beendigung der Reise sollten neben der Auswertung der Geschäftsabschlüsse und der Reisekostenabrechnung auch die Planung und der Ablauf der Reise reflektiert werden. Es sollte eine Bilanz gezogen werden, ob sich die Reise für den Geschäftserfolg gelohnt hat und die Ziele erreicht werden konnten.

Darüber hinaus sollte kritisch betrachtet werden, was bei der Reiseorganisation gut war und beibehalten werden kann, oder ob eventuell Verbesserungen für die nächste Geschäftsreise in Betracht gezogen werden müssen. Dazu gehören insbesondere die Erfahrungen mit Dienstleistern, wie Hotels, Mietwagen und Verkehrsmitteln. Wichtig ist auch, die Struktur und den Inhalt des Reiseplans zu reflektieren.

Diese Informationen bzw. Erfahrungen werden in den Organisationsmitteln zur Reisevorbereitung vermerkt.

MERKE

Ein solches **Feedback** kann mithilfe eines Fragebogens eingeholt werden. Die vorhandenen Planungsinstrumente, wie z. B. Checklisten, müssen dann entsprechend angepasst werden, sodass die nächste Geschäftsreise noch effizienter und effektiver organisiert werden kann.

Die Ergebnisse einer Geschäftsreise, wie z. B. Aufträge oder Vertragsabschlüsse werden an die entsprechende Abteilung zur Bearbeitung weitergeleitet. Der Reiseablauf und die daraus gesammelte Informationen werden in der Regel in Mitarbeitergesprächen weitergegeben und schriftlich als Reisebericht festgehalten.

Terminvereinbarungen, die sich aus einer Geschäftsreise ergeben, müssen dahingehend geprüft werden, ob sich Überschneidungen mit anderen Terminen ergeben. Danach werden sie im Kalender vermerkt und die betroffenen Personen werden informiert.

Neue Kontakte von einer Geschäftsreise, die meistens in Form von Visitenkarten vorliegen, sollten so schnell wie möglich in einer Adressdatei elektronisch erfasst werden, sodass diese Kontaktdaten schnell bearbeitet werden und dauerhaft zur Verfügung stehen.

8.10.2 Evaluation

Die Analyse der Reflexion bzw. die Auswertung des Feedbacks sollte dazu genutzt werden, um die eigene Handlungsweise bei der Planung der Geschäftsreise zu überdenken, die Ursachen für Schwierigkeiten herauszufinden und die eigene Vorgehensweise neu zu bewerten.

TIPP

Mit einer konstruktiven Selbstreflexion wird im Hinblick auf den Geschäftsreiseprozess geklärt, was gut war, was verbesserungswürdig ist, was gelernt wurde, welche Fehler abgelegt und welche Fähigkeiten weiterentwickelt wurden, und wie der nächste Schritt aussehen muss, um die eigene Arbeitsleistung zu optimieren.

Eine solche Stärken-Schwächen-Analyse ist eine weitere Voraussetzung für ein erfolgreiches Mitwirken in Teams, da so die eigene Rolle im Team klar definiert ist. Dies befähigt in der Teamarbeit zur wechselseitigen Toleranz, Akzeptanz und Empathie, Fähigkeit zur Selbsteinschätzung, Selbstkritik und angemessener Konfliktbewältigung.

Die Ergebnisse der Analyse und Reflexion können in die unternehmensinterne Reiserichtlinie einfließen und diese ergänzen. Besteht noch keine interne Reiserichtlinie, können diese Resultate die Basis für die Entwicklung einer Reiserichtlinie sein. Der Inhalt einer Reisekostenrichtlinie bezieht sich besonders auf:

8.11 Useful Business Vocabulary

Deutsch	Englisch
Abfahrt, Abflug, Abreise	to depart, departure
Abreisedatum	check-out date
abschließen mit	to finish with
aktuell	current
Anreisedatum	check-in date
Anschlussflug	connecting flight
Antwortkarte	reply card
ausgebucht	fully booked
ausgestattet mit	equipped with
Auto mieten	to rent a car
Autovermietung	car rental
Bahnhof	station
Beamer	projector
beginnen mit	to start by
beinhalten	to include
Beispiel	example
Beleg	receipt
benötigen	to require
bestätigen	to confirm
Bestuhlung	seating
Budget	budget/financial plan
Catering-Service	catering-service
Dokumente	documents
eine Präsentation beginnen	opening a presentation
einen Flug buchen	to book a flight
einfacher Flug	one-way flight
einladen	to invite
Endverbraucher	consumer/end-user
Fahrpreis	fare
Fensterplatz	window seat
Firmentarife	corporate rates
Flipchart	flip chart
Fluggesellschaft	airline
Formular ausfüllen	to fill out a form
frei	vacant
Führerschein	driving license

Deutsch	Englisch
Gangplatz	aisle seat
Gebühr	fee
Gepäck	baggage
Geschäftsreise	business trip
gültig	valid
Händlertagung	dealer conference
Hin- und Rückflug/Hin- und Rückfahrt	round trip
Hotelbroschüre	hotel brochure
in der Nähe von	in the vicinity of/near
Informationsmaterial	handout
Innenstadt	city centre/city center
innovativ	innovative
Kommunikationsverhalten	communication behavior/training
Konferenzmappe	conference folder
Konferenzraum	conference room
Konzept	concept
Kreditkarte	credit card
kurzer Überblick	brief overview
Laserpointer	laser pointer
Leinwand	screen
Messe	exhibition
Mikrofon	microphone
Namensschild	name tag
Notebook	notebook
Passagier	passenger
Präsentation	presentation
präsentieren	to present
Rechnung	bill
Reisekosten	travel expenses, travel costs
Reisekostenabrechnung	travel expense report
Reisepass	passport
Reiseplan	travel plan
Reiseunterlagen	travel documents
reservieren/Reservierung	to book/booking
Schreibblock	writing pad
sprechen über	to talk about
Standort	location

Deutsch	Englisch
stornieren	to cancel
Tagesordnung	agenda
Tagessatz	daily rate
Tagungspauschale	conference flat
Taxi	taxi/cab
technische Ausstattung	technical equipment
Teil	part
Teilnehmer	participants
Thema	topic
Trinkgeld	tip
umbuchen	to rebooking
umsteigen	to transfer
Unterkunft	accommodation
veranschaulichen	to illustrate
Veranstaltungsort	venue
verantwortlich sein für	to be responsible for
Verfügbarkeit	availability
Verkehrsmittel	means of transport
verschieben/eine Reise verschieben	to postpone/put off a journey
verspätet sein	to be delayed
Zeitplan/Programm	timetable/schedule
Zeitverschiebung	time shift
Zielort	destination
Zimmerpreis	room rate
Zoll	customs

Ein Projekt planen und durchführen

„Ein klar formuliertes Problem ist schon halb gelöst.“
(Charles Kettering, US-amerikanischer Wissenschaftler)

Heutzutage wird dem Projektmanagement in Unternehmen eine wichtige Rolle zugeschrieben, da erfolgreiche Projekte viele positive Auswirkungen haben können: Sie tragen dazu bei, dass die Mitarbeiter besser miteinander arbeiten und zu einem Team werden und sie fördern (und fordern) die Sozialkompetenz. Durch gemeinsame Ziele und das gemeinschaftliche Erarbeiten von Lösungen entsteht ein Wir-Gefühl, das die Mitarbeiter motiviert. Nicht zuletzt bringen auch die erfolgreiche Durchführung sowie die Präsentation von Ergebnissen den Mitarbeitern Bestätigung.

Durch die Arbeit in einem Projekt lernen die Auszubildenden, sich selbst, ihre Arbeit und natürlich die einzelnen Projektschritte zu durchdenken und zu organisieren. Die bei der Planung und Durchführung auftretenden Herausforderungen sind wichtig, damit Auszubildende Prioritäten in der Bearbeitung von Aufgaben setzen können und realistische, einhaltbare Planung und die Untergliederung von Arbeitsschritten lernen. Diese Fähigkeiten sind nicht nur im Projektmanagement wichtig, sie können auch im ganz normalen Alltag hilfreich sein.

13

1. Allgemeine Grundlagen des Projektmanagement

1.1 Projektdefinition und Aufgaben des Projektmanagement

Obwohl für jeden klar zu sein scheint, was ein Projekt ist, lohnt es sich trotzdem, einige Überlegungen dazu anzustellen. Das Deutsche Institut für Normung (DIN) hat dafür eine Begriffsdefinition formuliert:

MERKE

„Vorhaben, das im Wesentlichen durch Einmaligkeit der Bedingungen in ihrer Gesamtheit gekennzeichnet ist, wie z. B. Zielvorgabe, zeitliche, finanzielle, personelle oder andere Begrenzungen; Abgrenzung gegenüber anderen Vorhaben; projektspezifische Organisation." (DIN 69901)

Projekte können ganz unterschiedlicher Art sein, Beispiele hierfür sind:

- Organisation einer Bildungsmesse
- Planung einer besonderen Veranstaltung
- Einführung eines neuen IT-Systems
- Neu-/Umbau eines Unternehmensgebäudes.

Je nach Größe und Komplexität eines angestrebten Vorhabens wird ein Projekt nicht einfach nebenbei durchgeführt. Es müssen vielmehr unterschiedliche Größen so koordiniert werden, dass das Ergebnis mit möglichst minimalem Aufwand (Minimalprinzip) oder mit gegebenem Aufwand das maximalste Ergebnis (Maximalprinzip) erreicht werden kann.

Daraus ergeben sich unterschiedliche Anforderungen, damit von einem Projekt gesprochen werden kann.

Ein Projekt

- hat einen hohen Neuigkeitsgrad
- ist ziemlich komplex
- beteiligt mehrere Abteilungen und Hierarchiestufen
- benötigt unterschiedliche Spezialisten
- benötigt eine Führungsperson, die sich auf diese Arbeit voll und ganz konzentrieren kann

- dauert häufig länger
- ist mit Risiken verbunden
- wird mit begrenzten zeitlichen, personellen und finanziellen Ressourcen durchgeführt.

Bevor ein Projekt richtig starten kann, sollte ein Projektantrag (auch Projektauftrag) erteilt werden. Hierbei handelt es sich um eine mündliche oder schriftliche Beauftragung, ein Projekt durchzuführen. Der Auftrag wird vom Auftraggeber an den Projektverantwortlichen erteilt. Sinnvoll ist es, diesen Antrag schriftlich zu fixieren, da hier gleich Projektziele definiert werden können. Für Projektanträge findet man im Internet Vorlagen, sie können aber auch selbst erstellt werden.

Inhaltlich kann ein Projektantrag Folgendes enthalten:

- Projektname und ggf. Projektnummer
- Beschreibung des Projekts
- Projektstart, ggf. auch Termin des Kick-off-Meetings
- Projektende
- Projektziele und ggf. Nicht-Ziele
- Namen des Auftraggebers, des Projektleiters, des Projektteams, ggf. des Lenkungsausschusses
- Hauptaufgaben, ggf. grobe Meilensteine
- allgemeine Randbedingungen
- Projektablauf
- ggf. Soll-Ist-Vergleich
- Ressourcen (Zeit, Geld, Personal, Sachmittel)
- Unterschriften von Auftraggeber und Auftragnehmer.

1.2 Vorgehensmodelle bei Projekten

1.2.1 4-Phasen-Modell

Projekte müssen einen definierten Anfang und Abschluss haben. Innerhalb dieses Rahmens lassen sie sich entsprechend in unterschiedliche Phasen gliedern:

Ein Projekt durchläuft mehrere Phasen, die je nach Projekt in sich stark variieren können. Die folgenden vier Phasen sind jedoch in jedem Projekt vorhanden:

1. Phase: Projektdefinition

Hier wird die Ausgangssituation des Projekts analysiert und die Projektidee wird konkretisiert und grob geplant. Man trifft Entscheidungen, wie das Projekt organisiert wird, leitet Ziele ab und schätzt die Kosten des Projekts. Der Projektantrag wird dem neu gegründeten Projektteam vorgestellt.

2. Phase: Planung

In dieser Phase wird die Vorabplanung konkretisiert und einzelne Arbeitspakete werden erstellt. Ein Projektstrukturplan gibt dabei eine gute Übersicht. Im Projektstrukturplan werden zusätzlich die Kosten-, Termin- und Personalplanung aufgelistet.

Projektrisiken werden ermittelt und Gegenmaßnahmen gesucht. Außerdem findet zur Projektfreigabe das sogenannte Kick-off-Meeting statt.

3. Phase: Durchführung

Nun werden die Projektziele in mehreren Phasen umgesetzt. Sogenannte Meilensteine bezeichnen immer ein zu erreichendes Teilziel bzw. Zwischenergebnis. Während das Projekt läuft, muss ein permanentes Controlling dafür sorgen, dass die Planung noch zu den Rahmenbedingungen passt.

4. Phase: Abschluss

Der Auftraggeber bekommt das Projekt mit seinem Ergebnis präsentiert. Außerdem findet eine Projektevaluation statt. Das Projektteam vervollständigt die Projektdokumentation und erstellt den Projektabschlussbericht. Ist das Projekt beendet, wird das Projektteam entlastet.

1.2.2 Wasserfallmodell

Das Wasserfallmodell ist ein lineares Vorgehensmodell im Projektmanagement. Das Ergebnis jeder einzelnen Phase dient als bindende Voraussetzung für die nächste Phase. Dies bedeutet, dass jede Phase zunächst komplett abgeschlossen sein muss, bevor die nächste beginnen kann.

Im Grundmodell des Wasserfallmodells sind Rücksprünge in die vorangehende Phase nicht möglich, jedoch gibt es auch erweiterte Modelle, die dies vorsehen.

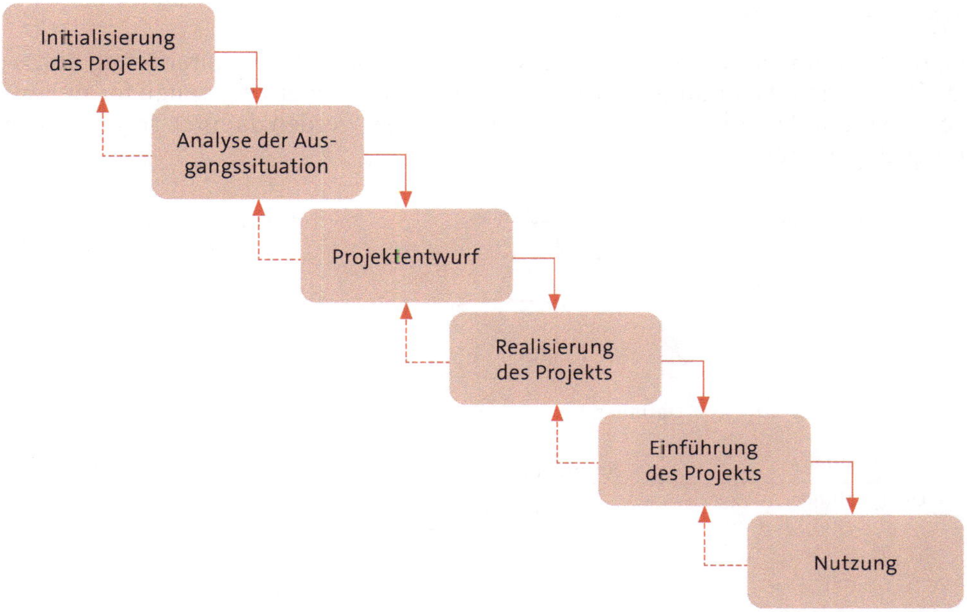

Das Wasserfallmodell eignet sich für Projekte, in denen sich Anforderungen, Leistungen und Abläufe klar beschreiben lassen und aufeinander aufbauen. Grundsätzlich ist dieses Modell jedoch sehr starr. Korrekturen lassen sich in späteren Phasen kaum noch durchführen und Fehlschläge bzw. nicht erreichte Ziele können unter Umständen erst sehr spät erkannt werden.

1.2.3 V-Modell

Eine Weiterentwicklung des Wasserfallmodells ist das sogenannte V-Modell. Es eignet sich für Projekte mit hohem Anspruch an die Qualitätssicherung.

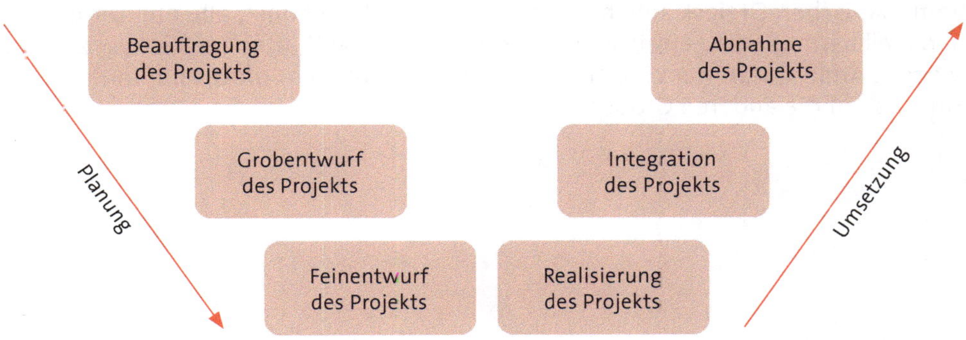

1.2.4 Spiralmodell

Beim Spiralmodell werden vier Projektphasen immer wieder spiralförmig durchlaufen. Ziele und Planungsschritte können dadurch immer wieder neu formuliert, verbessert und korrigiert werden. Mögliche Risiken werden dadurch so gering wie möglich gehalten.

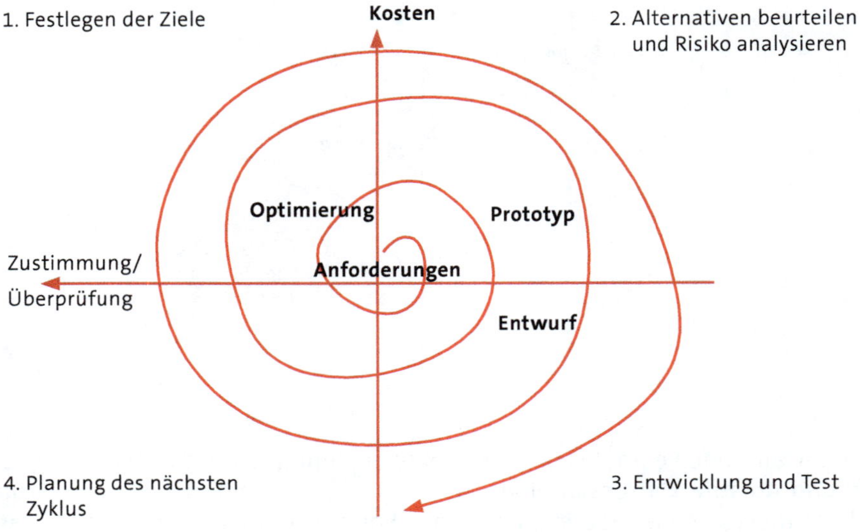

1.3 Das magische Dreieck im Projektmanagement

Im Projektmanagement unterscheidet man im sogenannten magischen Dreieck drei voneinander abhängige Zieldimensionen, die im Projekt gleichermaßen angestrebt werden.

Vom magischen Dreieck spricht man deshalb, weil die Kunst, alle drei Dimensionen gleichermaßen zu erreichen, nur mit „magischen Kräften" erreichbar zu sein scheint. Ändert man nur eine Größe im Dreieck, hat dies sofort und unmittelbar Einfluss auf die anderen Größen.

Beispiel

Werden Ressourcen in einem Projekt gekürzt, verlängert sich bei sonst gleichen Bedingungen die Projektzeit.

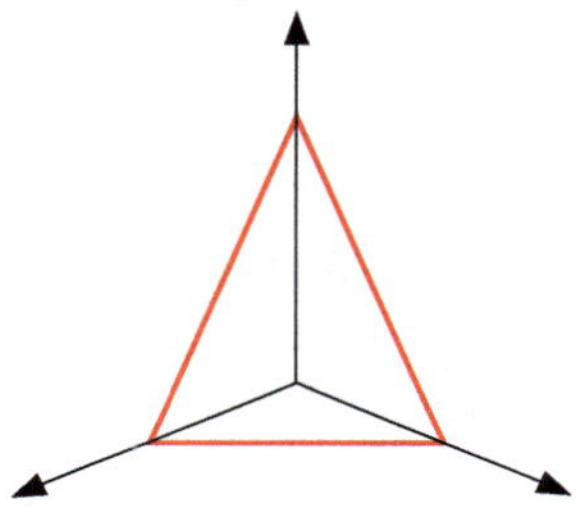

1.4 Projektanlässe

Es lassen sich folgende zwei Projektarten unterscheiden:

Interne Projekte	Externe Projekte
Interne Projekte sind für unternehmensinterne Zwecke. Die Projektauslösung ist intern bedingt. **Beispiele:** ► neues EDV-System ► neue Produktionstechniken ► Zertifizierung nach ISO 9001.	Externe Projekte sind für externe Auftraggeber. Die Projektauslösung kommt von außen. **Beispiele:** ► Kundenauftrag ► Beratungsprojekt für Kunden ► größerer Exportauftrag.

2. Die Beteiligten eines Projekts

2.1 Projektbeteiligte im Allgemeinen

Nach ihrer Funktion lassen sich folgende Projektbeteiligte unterscheiden:

2.1.1 Der Auftraggeber

Gibt ein Kunde den Projektauftrag, handelt es sich um einen externen Auftraggeber. Gibt die Unternehmensleitung oder eine andere interne Stelle den Auftrag, handelt es sich um ein internes Projekt.

Der Auftraggeber legt in beiden Fällen die Projektziele fest, die er anschließend mit dem Projektleiter abstimmt.

2.1.2 Der Lenkungsausschuss

Der Lenkungssausschuss ist ein projektbegleitendes Gremium, das temporär eingerichtet wird. Er dient als Eskalations- oder Entscheidungsgremium.

Er hat folgende Befugnisse:

- Projektleiter ernennen
- Projektteam bestätigen (auf Wunsch des Projektleiters)
- Projektplanung beurteilen und bestätigen
- Berichte der Projektleitung prüfen
- Projektdurchführung überwachen.

Im Lenkungsausschuss selbst sitzen in der Regel Mitglieder der Unternehmensleitung, Führungskräfte oder Mitarbeiter von beteiligten Abteilungen.

2.1.3 Der Projektleiter

Der Projektleiter übernimmt die Verantwortung über das Projekt und die Realisierung der Projektziele. Er plant und steuert die Umsetzung des Projekts und führt das Projektteam.

Der Projektleiter benötigt neben Fachkenntnissen auch besondere Fähigkeiten im Bereich der Personalführung. Außerdem (oder selbstverständlich) sollte er über Kenntnisse im Projektmanagement verfügen.

Aufgaben des Projektleiters	▸ Planung des Projekts ▸ Teamführung ▸ Projektüberwachung ▸ Kommunikation nach innen und außen
Verantwortung des Projektleiters	▸ Erreichen der Projektziele ▸ Einhaltung des Budgets ▸ Vertragserfüllung ▸ Berichterstattung
Kompetenzen/ Befugnisse des Projektleiters	▸ Projektentscheidungen treffen ▸ Auswahl, Planung und Einsatz der Mitarbeiter ▸ disziplinarische Kompetenzen
Kompetenzen/ Fähigkeiten des Projektleiters	▸ Fachkompetenz (fachliche Qualifikation/Erfahrung) ▸ Methodenkompetenz (Führung, Projektmanagement) ▸ Sozialkompetenz (Empathie, Führungsverhalten, Umgang mit Menschen) ▸ persönliche Kompetenz (Durchhaltevermögen, Durchsetzungsfähigkeit, Frustrationstoleranz)

2.1.4 Das Projektteam

Der Projektleiter stellt zusammen mit dem Lenkungsausschuss das Projektteam zusammen. Dieses kann sowohl aus internen als auch externen Fachleuten bestehen. Das Projektteam ist dem Projektleiter unterstellt. Sollten Kenntnisse fehlen, müssten sie in entsprechenden Fortbildungsmaßnahmen zum Projektbeginn erworben werden.

MERKE

Von Teamarbeit spricht man, wenn gleichberechtigte Personen in einer Gruppe an einem gemeinsamen Ziel arbeiten wollen und dabei intensiv interagieren.

Um Transparenz zu schaffen werden Rollen, Aufgaben und Verantwortlichkeiten zunächst schriftlich festgelegt. Ein Hilfsmittel ist der Projektstrukturplan (PSP), mit dessen Hilfe auch Arbeitspakete definiert und den Projektmitarbeitern zugeteilt werden können.

Jeder Projektmitarbeiter ist für „sein" Arbeitspaket zuständig und verantwortlich.

2.1.5 Unterschiedliche Rollen in einem Projektteam

Im Folgenden werden einige Rollen vorgestellt, die in einem Team unter Umständen auftreten können.

Spitzname	+++++	-----
Entdecker	▸ teamfähig ▸ geht unkonventionelle Wege ▸ probiert gerne Neues aus ▸ sucht nach Lösungswegen ▸ flexibel ▸ ideenreich ▸ kreativ	▸ schießt gerne übers Ziel hinaus ▸ kann nicht an Einzelaufgaben arbeiten (muss immer wieder auf den „Boden" zurückgeholt werden) ▸ übermütig und risikoreich
Krawall-macher	▸ Durchhaltevermögen ▸ Überzeugungsvermögen ▸ sehr engagiert (beim Stören) ▸ macht evtl. durch seine Kritik auf Probleme im Projekt aufmerksam	▸ lustlos ▸ kindisch ▸ negative Einstellung macht schlechte Laune ▸ unkreativ ▸ unproduktiv ▸ nervt ▸ nicht zuverlässig
Eckensteher	▸ probiert, alles schnell auszuführen ▸ hält das Projektteam nicht auf ▸ stört nicht	▸ lustlos ▸ denkt nicht nach ▸ hat keine Meinung ▸ hat keine Ausdauer

Spitzname	+++++	-----
Berufs-skeptiker	► denkt viel nach ► gibt relevante Kritikpunkte ► realistisch ► lässt sich nicht kleinreden/ist selbst-sicher ► leidet sicherlich nicht unter Überfor-derung ► arbeitet ehrgeizig	► Pessimist ► hat eine grundsätzlich negative Einstellung zum Team ► Misstrauen gegenüber Kollegen ► will immer besser als andere sein (ständige Konkurrenzsituation)
Ameise	► fleißig ► hilfsbereit ► arbeitet termingerecht ► arbeitet sorgfältig ► stört die Teamarbeit nicht	► verbraucht Energie schon am Anfang ► spricht nicht viel über die getane Arbeit ► könnte unsicher sein ► schlechte Work-Life-Balance → Überforderung
Anarchist	► gibt hilfreiche Beiträge ► bindet sich ein, wo er kann ► hat eine Vision und ein Ziel ► findet den kürzesten Weg zwischen Problem und Lösung ► ist fleißig	► wenig teamfähig ► zum Teil respektlos ► könnte ggf. auch lästern und sticheln ► unkooperativ
Charismat	► nutzt Beliebtheit, um Menschen zu führen ► gilt als vertrauenswürdig ► offen und kommunikationsfreudig ► nicht wählerisch ► Alleskönner	► zu viel Eigennutz, wenn Beliebtheit ausgenutzt wird ► überschätzt sich leicht ► egoistisch ► nicht unbedingt teamfähig (weil er andere Meinungen nicht gelten lässt) ► arrogant
Hitzkopf	► hat viel Energie ► oft hilfreich ► kann mit richtig gelenkter Energie sehr produktiv sein ► sagt die Wahrheit, dadurch können Probleme gelöst werden ► treibt Projekt voran ► lässt sich nichts „aufschwatzen“	► kontrolliert viel ► streitsüchtig ► nicht kooperativ und wenig team-fähig ► will seine Ideen durchsetzen ► Pessimist

Spitzname	**+++++**	**-----**
stilles Mäuschen	► keine ungefragten Kommentare ► hält sich aus Konflikten raus ► hat Potenzial, geht damit aber nicht hausieren ► gibt Beitrag lieber schriftlich oder durch Tätigkeiten ► kreativ ► zuverlässig und gründlich ► keine Gefühlsausbrüche ► kann gut zuhören ► arbeitet bedacht, wartet erst einmal ab	► gibt Meinung nur auf Nachfrage preis ► wirkt desinteressiert ► lässt sich durch andere verunsichern ► nicht selbstsicher ► nicht durchsetzungsfähig
Analytiker	► arbeitet bedacht ► denkt lange über Entscheidungen nach ► ist sich wirklich sicher, in dem, was er macht ► arbeitet strukturiert ► erledigt die Aufgaben, die er bekommt (nach Vorschrift)	► denkt zum Teil ungern nach ► braucht viel Zeit
Supermann	► hohes Selbstvertrauen ► denkt produktiv, zielführend und direkt	► überheblich ► Querschießer ► unkooperativ ► Dickkopf ► Egozentriker ► nicht teamfähig

Gerade für den Projektleiter ist es interessant, wenn er sich mit den unterschiedlichen Persönlichkeiten auseinandersetzt und Strategien entwickelt, wie er (in Konfliktsituationen) mit seinen Mitarbeitern umgehen kann. Außerdem ist es dahingehend interessant, dass den Teammitgliedern Aufgaben zugewiesen werden können, die ihren Stärken entsprechen oder ihrer Teamrolle entgegenkommen.

Infoband 1, LF 2, Kap. 6.1

2.1.6 Teamentwicklung und Teamregeln

Arbeiten fremde Menschen für einen Zeitraum (z. B. für ein Projekt) zusammen, wird es einen Entwicklungsprozess geben, der wie folgt aussieht:

Forming → **Storming** → **Norming** → **Performing**

Forming: In dieser Phase geht es um das Kennenlernen und „Beschnuppern“ der neuen Kollegen und das Team empfindet sich noch nicht als Team.

Storming: Bei der Storming-Phase kommt es häufig zu unterschwelligen Konflikten (vorwiegend Rangkämpfe) zwischen den Teammitgliedern. Das Team ist eher damit beschäftigt, welche Statusrolle jeder einzelne übernehmen soll, anstatt sich mit der eigentlichen Aufgabe auseinander zu setzen.

Norming: In der Norming-Phase glätten sich die Wogen allmählich wieder und die Teammitglieder entwickeln eigene Spielregeln für den Umgang miteinander.

Performing: Erst in dieser Phase kann das Team optimal zusammenarbeiten und bringt bessere Ergebnisse als in Einzelarbeit.

Wie gut die Zusammenarbeit in einem Team funktioniert, hängt letztendlich auch davon ab, welche Regeln sich die Projektteammitglieder in der Norming-Phase selbst stecken. Diese Regeln können auch schwer von außen vorgegeben werden, da ihre Akzeptanz ansonsten nicht sehr hoch ist. Wichtig ist, dass Teamregeln schriftlich fixiert und in den Teamräumen visualisiert werden.

Beispiele für Teamregeln sind:

- Jeder erkennt die anderen Teammitglieder als gleichwertige Partner an.
- Jeder übernimmt die Aufgaben des anderen, wenn es erforderlich ist.
- Zuhören ist genauso wichtig, wie reden.
- Konflikte sollen nicht verschleiert, sondern ans Tageslicht befördert werden.
- Innerhalb des Teams tadelt niemand den anderen.
- Jede Meinung und Erfahrung zählt – kann aber auch infrage gestellt werden.
- Jeder darf seinen Lernbedarf deutlich machen.
- Jeder im Team hat die Informationen, die er benötigt.
- Alle Unterlagen stehen jedem immer zur Verfügung.
- Jeder darf Kritik anbringen, sofern sie sachlich und konstruktiv geäußert wird.
- Jedes Teammitglied erkennt das gemeinsame Ziel (die erfolgreiche Umsetzung des Projektes) an.

- Keiner führt Aktionen aus, die vorher nicht beschlossen wurden.
- Entscheidungen werden festgehalten und visualisiert.
- Neue Aspekte und Zielabweichungen werden miteinander besprochen.
- Jeder hält sich an die Regeln. Sind sie nicht mehr sinnvoll, müssen sie diskutiert und erneuert werden.

Infoband 1, LF 2, Kap. 6.2

2.2 Die Projektorganisation

Je nach der Größe des Betriebs, der Dringlichkeit und der Risikobehaftung des Projekts und dem Kostenaufwand lassen sich im Grunde drei Grundformen der Projektorganisation unterscheiden:

- reine Projektorganisation
- Stabs-Projektorganisation
- Matrix-Projektorganisation.

2.2.1 Die reine Projektorganisation

Reine Projektorganisationen findet man meistens nur in stark projektorientierten Betrieben, die den Großteil ihrer Wertschöpfung über Projekte generieren. Hier werden die Projektmitglieder aus ihrem normalen Organisationsbereich herausgelöst und dem Projekt zu 100 % personell zugeordnet. Sowohl Projektleiter als auch Mitarbeiter werden dadurch von ihren regulären Aufgaben befreit und stehen nun voll und ganz dem Projekt zur Verfügung. Durch diese Maßnahme erhält der Projektleiter weitreichende Kompetenzen innerhalb des Projekts, da ihm die Mitarbeiter formal unterstellt werden.

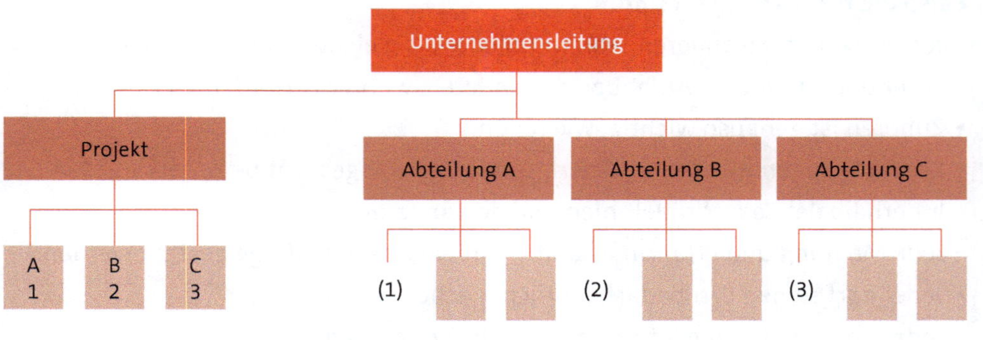

Vorteile	Nachteile
► Der Projektleiter hat eine klare Führungsrolle, die Verantwortung für das Projekt und klare Entscheidungskompetenzen. ► Das Projekt verfügt über eigene Ressourcen und ein eigenes Budget. ► Die Konzentration der Mitarbeiter liegt voll und ganz auf dem Projekt. ► Bei Störungen oder Anpassungsmaßnahmen kann schnell reagiert werden. ► Das komplette Projektteam (Projektleiter und -mitarbeiter) identifizieren sich mit der Aufgabe bzw. dem Projekt.	► Die komplette Auslastung der Mitarbeiter über die Dauer des Projekts könnte sich schwierig gestalten. ► Bei Isolation des Projekts leidet die Koordination mit den anderen Abteilungen. ► Die Aus- und Wiedereingliederung des Projektteams könnte schwierig werden.

Wann eignet sich die reine Projektorganisation?
► Sie eignet sich besonders für Großprojekte mit hoher Bedeutung. ► Sie eignet sich in kleineren Unternehmen auch zur Lösung von speziellen Aufgabenstellungen.

2.2.2 Die Stabs-Projektorganisation

Bei dieser Organisationsform fungiert der Projektleiter als Stabsstelle im Unternehmen und bekommt kein eigenes Projektteam unterstellt. Er hat dadurch eine relativ schwache Position und ist auf das Wohlwollen der Abteilungen und eine starke Unterstützung durch die Geschäftsführung angewiesen. Andererseits verschafft ihm die Nähe zur Geschäftsleitung auch eine gewisse informelle Autorität.

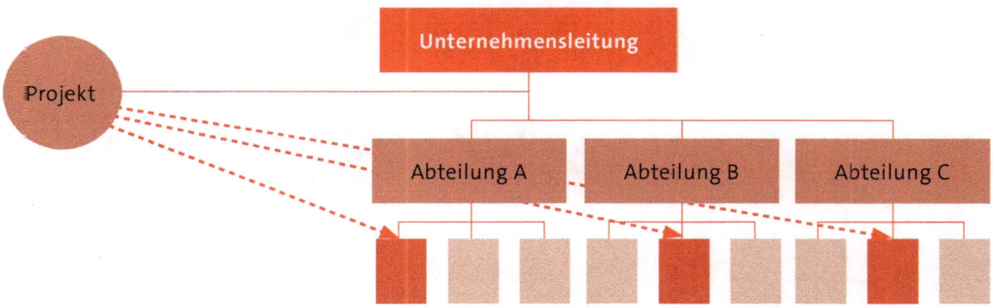

Vorteile	Nachteile
▸ schnell zu realisieren, da kein großer personeller Aufwand ▸ Nach Projektende kann das Projektteam schnell wieder in die regulären Arbeitsvorgänge integriert werden. ▸ abteilungsübergreifende Perspektiven und Arbeitsweisen	▸ schwache Position des Projektleiters ▸ Projektleiter kann keine eigenständigen Entscheidungen treffen → mögliche Verzögerung bei Entscheidungsfindung ▸ lange Reaktionszeiten ▸ evtl. Probleme, da Zuständigkeiten nicht eindeutig

Wann eignet sich die Stabs-Projektorganisation?
▸ Sie eignet sich für Unternehmen mit wenigen Projekten. ▸ Sie eignet sich für Projekte mit geringer Dringlichkeit, niedriger Komplexität, begrenztem finanziellen Aufwand und geringem Risiko.

2.2.3 Die Matrix-Projektorganisation

Bei dieser Organisationsform wird der Leiter des Projekts für die Dauer des Vorhabens aus der Linie herausgelöst. Die Projektmitarbeiter verbleiben jedoch auf ihren Stellen und sind somit auch disziplinarisch ihren Linieninstanzen unterstellt. Dies bedeutet, dass der Projektleiter hier darauf angewiesen ist, dass ihn die Linieninstanzen in seinen Weisungen unterstützen. Für die Mitarbeiter im Projektteam bedeutet es außerdem, dass sie neben den Projektaufgaben auch ihre eigentlichen Tätigkeiten ausführen müssen.

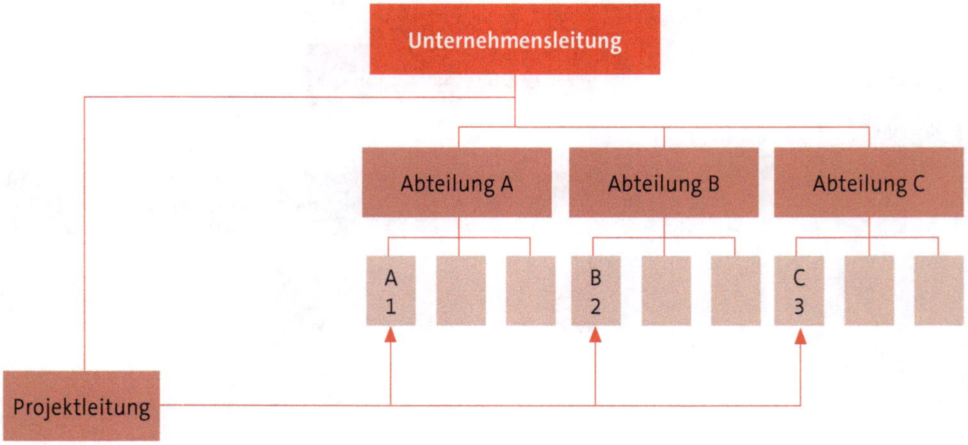

Vorteile	Nachteile
► Die Mitarbeiter werden flexibel im Projekt und in der Linie eingesetzt. ► schnelle Wiedereingliederung bei Projektende ► geringe Auslastung wird vermieden ► flexibler Nutzen von Spezialistenwissen ► bereichs- und fachbereichsübergreifendes Denken und Arbeiten ist möglich	► hohes Konfliktpotenzial durch unklare Befugnisregelung ► sehr hoher Abstimmungsbedarf zwischen Projekt und Abteilung ► Projektabwicklung wird durch reguläre Aufgaben gestört ► Führungskräfte müssen ein hohes Maß an Kompetenz und Kooperationsbereitschaft mitbringen.

Wann eignet sich die Matrix-Projektorganisation?

- Sie eignet sich für größere Projekte mit längerer Laufzeit.
- Sie ist gut geeignet, wenn Fachabteilungen innerdisziplinär zusammen arbeiten müssen.
- Sie ist gut geeignet, wenn das Projektteam innerhalb des Projekts variieren muss (z. B. durch unterschiedliches Spezialistenwissen).

2.3 Die Kommunikation im Projekt

Auch die Kommunikation zwischen unterschiedlichen Projektbeteiligten muss geplant und vereinbart werden, damit sie gerade verläuft und Informationen nicht unerwünscht verbreitet werden.

Je mehr Menschen an einem Projekt beteiligt sind, umso höher ist die Anzahl der Kommunikationsbeziehungen.

Der Projektleiter hat die Aufgabe festzulegen, wer berechtigt ist, Informationen zu erhalten bzw. weiterzugeben. Außerdem entscheidet er, wozu Informationen benötigt werden, wann Informationen weitergegeben werden, welche Informationen weitergegeben werden und wie diese Informationen dargestellt bzw. vermittelt werden.

Interne Kommunikation	Externe Kommunikation
▸ Reporting der Projektmitglieder an den Projektleiter durch Berichte und Rückmeldungen ▸ regelmäßige Teamsitzungen (ideal: montags oder freitags) ▸ festgelegte Regeln (z. B. Besprechungen immer mit Agenda und Protokoll, Teilnahmepflicht an Meetings)	▸ Reporting des Projektleiters an Auftraggeber, Lenkungsausschuss und Unternehmensleitung ▸ Meilenstein-Meetings/Meilenstein-Workshops ▸ außerdem: pfiffiges Projektmarketing (z. B. interessanter Name, Logo, Slogan)

Schon in der Projektvorbereitung sollte festgelegt werden, was von wem dokumentiert wird. Auch die äußere Form und die Form der Ablage der Dokumentation gehören in diese Planung hinein.

3. Der Projektstart

3.1 Machbarkeitsanalyse und Zieldefinition

Bevor ein Projekt im Detail geplant wird, führt man bei größeren Projekten zunächst eine Machbarkeitsstudie durch. Dabei wird geklärt, ob die Projektidee mit den Projektzielen bewältigt werden kann und gewollt wird. Außerdem klärt man in der ersten Phase

- worum es im Projekt geht (Projektgegenstand)
- wer am Projekt beteiligt ist, bzw. wer das Projekt beeinflusst (interne und externe Stakeholder).

Anschließend werden die Projektziele definiert. Diese einfach aus den Wünschen des Auftraggebers abzuleiten, ist schwierig, da es sich dabei häufig um Hoffnungen, Absichtserklärungen oder vage Vorstellungen handelt.

Daher ist das Projektteam gefragt, um aus den Wünschen des Auftraggebers konkrete Ziele zu formulieren. Diese Ziele sollten möglichst konkret – SMART – formuliert werden. Dabei hilft es, die Fragestellung „Was soll das Projekt erreichen?“ nicht aus dem Auge zu verlieren.

Aus den Ergebniszielen werden anschließend Vorgehensziele erarbeitet, also Ziele, die Mittel und Wege zu Ergebniserreichung aufzeigen.

Exkurs

SMART formulierte Projekte

Spezifisch	Das Ziel wird konkret formuliert. Ein Spielraum für Interpretationen ist somit nicht mehr möglich.
Messbar	Das Ziel wird überprüfbar, wenn genaue Zielvorgaben vorhanden sind.
Akzeptiert	Das Ziel muss einen Nutzen aufzeigen, der von allen Beteiligten getragen werden kann.
Realistisch	Das Ziel muss (auch mit Hindernissen) erreichbar sein.
Terminiert	Es gibt feste Termine für Zwischen- und Endergebnisse.

Vorteile von gut formulierten Zielen:

- das Projekt wird klarer
- die Rahmenbedingungen werden gesteckt
- das Projekt ist besser überprüfbar.

Die Projektziele werden in einer moderierten Sitzung – dem Kick-off-Meeting – den wichtigsten Stakeholdern vorgestellt.

3.2 Die Stakeholder

MERKE

„To have a stake in“ heißt: „ein Interesse an etwas haben“ oder „betroffen sein“.

Gerade dort, wo Projekte in die öffentliche Wahrnehmung rücken, finden sich Menschen oder Menschengruppen, die unterschiedliche Interessen an diesem Projekt zeigen. Ein guter Projektleiter sollte sich dieser Strömungen und Interessen bewusst sein und im Vorfeld diese Stakeholder analysieren. Dies bedeutet aber nicht zwangsläufig, dass Stakeholder ein Projekt immer negativ beeinflussen. Auch positive Einflüsse und Unterstützung sind durch Stakeholder möglich.

3.2.1 Arten von Stakeholdern

Stakeholder kann man in interne und externe Stakeholder unterteilen:

Interne Stakeholder

- Geschäftsführung
- Vorgesetzte
- Mitarbeiter
- Betriebsrat
- Gewerkschaften
- Projektleitung
- Projektgremien
- interne Berater
- (interne) Auftraggeber

Externe Stakeholder

- externe Auftraggeber
- gesellschaftliche Gruppierungen
- Gesetzgebung
- Vereine
- Lobby
- Verbände
- Presse
- Anwohner
- Gewerbetreibende
- Berufsverbände
- Kammern

Die Liste der Stakeholder lässt sich noch erweitern und untergliedern. Daher ist es wichtig, bei der Identifizierung der Stakeholder erst einmal alle Personengruppen zu notieren.

3.2.2 Die Stakeholderanalyse

Eine Stakeholderanalyse dient dazu, die betroffenen Stakeholder zu identifizieren und mögliche „Gegenmaßnahmen" bereits im Vorfeld zu planen. Die Stakeholderanalyse ist eine der Hauptaufgaben des Projektleiters. Eine strikte Vorgabe der Vorgehensweise bei der Stakeholderanalyse gibt es nicht, eine vierstufige Analysetechnik hat sich jedoch etabliert:

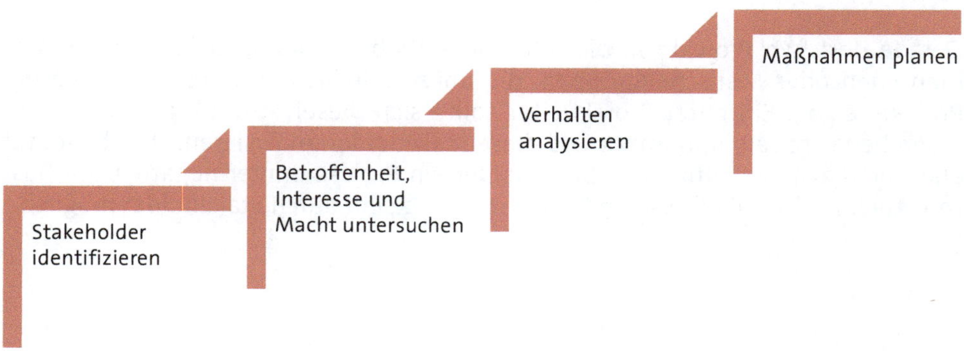

3.2.2.1 Stakeholder identifizieren

Hier ist es empfehlenswert, in einem Brainstorming mögliche Stakeholder zu sammeln. Dabei sollten alle Ideen zugelassen werden. Nachdem diese Stakeholder gesammelt wurden, sollten sie entsprechend geclustert werden (z. B. nach Vereinen, Vorgesetzten).

Folgende Fragestellungen können bei der Identifikation der Stakeholder helfen:

- Was ist das Ziel der Projektphase (des Projekts), wer zieht daraus positive und wer negative Konsequenzen?
- Wer ist fachlich involviert?
- Wer ist leitend involviert?
- Wer legt an welcher Stelle Regeln und Rahmenbedingungen fest?
- Welche öffentlichen Stellen sind involviert und welche sollten noch involviert werden?
- Welche Verordnungen, Gesetze und Vorgaben müssen eingehalten werden?
- Wer hat ein Interesse daran, dass das Projektziel erreicht wird?
- Wer hat ein Interesse daran, dass das Projektziel nicht erreicht wird?
- Wer muss bei strategischen Entscheidungen seine Zustimmung geben?
- Wer kann ein Veto einlegen?
- Wer kann Stimmung für oder gegen das Projekt machen?

3.2.2.2 Betroffenheit, Macht und Interesse untersuchen

Im nächsten Schritt wird analysiert, inwieweit die Stakeholder durch das Projekt betroffen sind, bzw. welche Machtstellung sie besitzen.

3.2.2.3 Verhalten analysieren

Im dritten Schritt wird analysiert, mit welchem Verhalten man bei den unterschiedlichen Stakeholdern rechnen kann.

- Mit welchen Stakeholdern könnte es Konflikte geben?
- Mit welchem Ausmaß ist bei den Projekten zu rechnen?
- Wo sind Projektbefürworter?
- Wie können diese den Erfolg des Projekts unterstützen?

3.2.2.4 Maßnahmen planen

Im letzten Schritt plant man konkrete Maßnahmen, wie auf die Stakeholder eingewirkt werden kann, um Widerstände zu minimieren und potenzielle Unterstützer zu aktivieren. Ratsam ist es immer, mit offenen Karten zu spielen und die Stakeholder so früh wie möglich am Projekt teilhaben zu lassen. Dazu eignen sich regelmäßige Treffen oder Veröffentlichungen, wie Newsletter.

Exkurs

Kreativitätstechniken

Sogenannte Kreativitätstechniken erleichtern die Ideenfindung – nicht nur beim Risikomanagement, sondern in jeder Situation.

Kreativitätstechniken gibt es viele, die meisten sind auch schon aus dem Schulunterricht bekannt.

Kreativ-intuitive Techniken	Systematisch-analytische Techniken	Kombi-Methoden
► Brainstorming ► Provokation ► kreatives Schreiben ► 6-3-5 Methode ► Brainwriting ► Kopfstandtechnik ► Mindmapping ► Clustern	► Kraftfeldanalyse ► Osborn-Checkliste ► morphologischer Kasten ► Ursache-Wirkungs-Diagramm	► CPS (Creative Problems Solving) ► 6-Hüte-Methode ► Walt Disney Methode ► Open Space ► Zukunftswerkstatt

Die Erläuterungen zu diesen (und vielen weiteren) Kreativitätstechniken findet man im Internet.

Wichtig ist, dass Kreativität nur unter guten Rahmenbedingungen stattfinden kann. Daher ist es wichtig, dass eine klare Aufgaben- und Zielstellung vorhanden ist. Es muss eine ungezwungene Arbeitsatmosphäre herrschen und kreatives Querdenken erlaubt sein. Jede Lösung muss als Vorschlag akzeptiert werden, Kritik ist bei einer ungezwungenen Ideenfindung störend.

3.3 Risikomanagement

Projekte sind von Natur aus keine Routinetätigkeiten und deshalb auch mit Risiken verbunden. Diese können das Projekt beeinflussen oder auch gefährden, im schlimmsten Fall kann das Projekt scheitern.

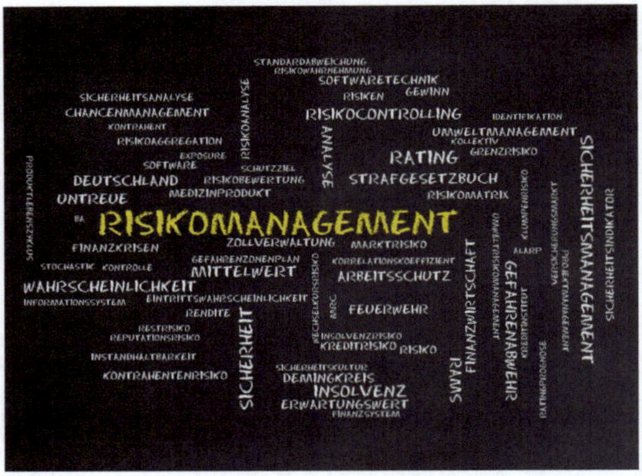

MERKE

Als Risiko wird ein ungewolltes, problembehaftetes Ereignis (Krise) bezeichnet, das mit einer gewissen Wahrscheinlichkeit eintreten kann und Auswirkungen auf die Qualität des Projekts hat.

Die Risikowahrscheinlichkeit beschreibt die Aussicht für den Eintritt eines Ereignisses, die Schadenhöhe das Ausmaß des eingetretenen Schadens.

Aus beiden Faktoren lässt sich der Risikofaktor errechnen:

Risikofaktor = Eintrittswahrscheinlichkeit • Schadenhöhe

Ziel des Risikomanagement ist es, Risiken frühzeitig zu erkennen und zu minimieren. Dafür ist es sinnvoll, im Vorfeld vorbeugende Maßnahmen zu definieren.

3.3.1 Risikoquellen im Projektmanagement

In komplexen Projekten können viele Risiken lauern. Die folgende Tabelle beschreibt beispielhaft, welche Risiken auftreten könnten:

Anforderungen an das Projekt	► Die Anforderungen an das Projekt sind unvollständig oder unklar definiert oder es sind Änderungen zu erwarten.
Technik	► Neue Programme oder Tools werden erstmalig eingesetzt und es muss erst noch eine Einarbeitung erfolgen. ► Es fehlen Hard- und Softwarekomponenten. ► Schnittstellen sind nicht immer kompatibel. ► Eine geplante Lösung ist technisch nicht umsetzbar.
Kunde	► Mangelnde Kooperationsbereitschaft oder konkurrierende Interessengruppen können Risiken im Kundenbereich sein. ► Der Auftraggeber wird zahlungsunfähig.
Stakeholder/Umfeld	► Das Management steht nicht hinter dem Projekt. ► Es gibt Marktveränderungen im Projektverlauf. ► Es gibt gesetzliche Änderungen, die das Projekt beeinflussen.
Personelles	► Die Projektmitarbeiter sind nicht ausreichend motiviert. ► Es gibt nicht genügend (qualifizierte) Mitarbeiter. ► Der Projektleiter ist mangelhaft ausgebildet. ► Es gibt Ausfälle durch Krankheit oder Fluktuation. ► Konflikte im Team behindern den Projektverlauf.
Projektplanung	► Es werden wichtige Aktivitäten übersehen. ► Die Ziele sind nicht klar genug gesetzt, dadurch kommt es zu überflüssig definierten Arbeitspaketen. ► Kosten und Aufwand werden zu optimistisch geschätzt.
Projektdurchführung	► Es kommt zu terminlichen Verzögerungen. ► Es ändern sich Anforderungen. ► Es gibt Mängel in der Ausführung.
Projektabschluss	► Das Projekt endet nicht termingerecht. ► Das Produkt ist mangelhaft oder wird am Markt nicht akzeptiert.

3.3.2 Der Prozess im Risikomanagement

Um ein gutes Risikomanagement durchzuführen, sollte man sich an den folgenden Prozess halten:

Risikoidentifikation

- In dieser Phase soll eine möglichst vollständige Liste von konkret formulierten Risiken erstellt werden.
- Dazu kann man neben Fragebögen und Checklisten auch Workshops mit Kreativitätstechniken oder Experteninterviews nutzen. Sehr empfehlenswert ist es, Erfahrungen aus vorangehenden Projekten einfließen zu lassen.
- Verschiedene Annahmeszenarien sollten in dieser Phase dokumentiert werden.

Risikoanalyse

- Hierbei geht es um eine qualitative und quantitative Bewertung und Priorisierung der ermittelten Risiken, und zwar nach Eintrittswahrscheinlichkeit und Schadenausmaß.
- Als Hilfsmittel eignet sich hierzu eine Risikomatrix (siehe unten).
- Da eine Risikobehandlung Kosten und Zeit beansprucht, sollte man sich in der folgenden Phase eher auf die „hohen" und „sehr hohen" Risiken beziehen.

Risikobehandlung

- Ziel dieser Phase ist es, einen Maßnahmenplan zur Behandlung der ermittelten Risiken zu erarbeiten.
- Maßnahmen können zur Vorbeugung oder Vorsorge sein.
- Vorbeugung: Die Maßnahmen sollen verhindern, dass ein Risikofall überhaupt eintritt (z. B. Stakeholderanalyse, sorgfältige Projektvorbereitung).
- Vorsorge: Die Maßnahmen sollen im Risikofall negative Auswirkungen minimieren (z. B. Reserven planen, Versicherung abschließen).
- Es sollte darauf geachtet werden, dass die Verhältnismäßigkeit zwischen Schadenhöhe/Eintrittswahrscheinlichkeit und Aufwand/Kosten der Maßnahmen gesichert ist.

Risikocontrolling

- Ziel des Controlling ist die Umsetzung des Maßnahmenplans im Eintrittsfall.
- Hier kann man z. B. ein Frühwarnsystem einführen, das den Risikoeintritt frühzeitig erkennt.
- Auch sollten „schwache" Signale, wie z. B. Gerüchteküche oder erhöhte Krankheitsquoten Beachtung finden.
- Eine regelmäßige Überarbeitung des Maßnahmenplans kann veränderte Risikosituationen aufgreifen.

3.3.3 Methoden im Risikomanagement

3.3.3.1 Risikomatrix

Einzelne Risiken können mithilfe einer Risikomatrix dargestellt werden. Diese kann unterschiedlich aussehen, aber die Darstellungsformen sind vom Grundgedanken ähnlich. Risiken werden anhand von Bewertungsskalen eingeteilt und lassen sich dann durch Farben nach Risikograden darstellen.

Bewertungsskala (beispielhaft)	
Wahrscheinlichkeit	**Schadenauswirkung**
► sehr wahrscheinlich ► könnte passieren ► ziemlich unwahrscheinlich ► unvorstellbar	► katastrophal ► erheblich ► gering ► unbedeutend

Schadenhöhe	**Risikomatrix**			
katastrophal	Auftraggeber wird zahlungsunfähig		Produkt wird auf dem Markt nicht akzeptiert	Endtermin kann nicht eingehalten werden
erheblich		Projektleiter wird vom Team nicht akzeptiert	Systemkomponenten sind nicht kompatibel	
gering		Teamarbeit im Projektteam funktioniert nicht		
unbedeutend				Mitarbeiter des Projektteams werden krank
	unvorstellbar	ziemlich unwahrscheinlich	könnte passieren	sehr wahrscheinlich
	Eintrittswahrscheinlichkeit			

- kein Risiko
- geringes Risiko
- mittleres Risiko
- hohes Risiko
- sehr hohes Risiko

3.3.3.2 Der Maßnahmenplan

Im Maßnahmenplan oder Risikomanagementplan ist es sinnvoll, sich auf die fünf höchsten Risiken zu konzentrieren.

Risikomaßnahmen

Risiko	Wahrscheinlichkeit	Schaden	Risikoklasse	Maßnahme	Verantwortlicher
Endtermin kann nicht eingehalten werden	sehr wahrscheinlich	katastrophal	sehr hoch	Zeitplanung nicht zu straff, Zeitpuffer einbauen	Projektleiter
Systemkomponenten sind nicht kompatibel	könnte passieren	erheblich	mittleres Risiko	mehrere Systeme zum Test vor Ort haben, IT-Spezialisten hinzuziehen	IT-Abteilung

3.4 Die Kick-off-Veranstaltung

Bei dieser Veranstaltungsform handelt es sich um das erste offizielle Treffen des gesamten Projektteams. Es dient zur Projektvorstellung und zur Motivation der Teammitglieder.

INFO

Nach DIN 69901-5 Projektmanagement – Projektmanagementsysteme wird das Kick-off-Meeting als offizielle Veranstaltung genannt, die nach der Projektplanung durchgeführt wird. Als Teilnehmer werden mindestens alle Mitglieder des Projektteams und der Auftraggeber genannt. Zweck der Veranstaltung ist, ein gemeinsames Verständnis für das Projekt zu schaffen und die zu erledigenden Aufgaben in Gang zu setzen.

In der Praxis finden Kick-off-Veranstaltungen nur in Organisationen statt, in denen Projektarbeit Seltenheitscharakter hat oder neu ist. In projektorientierten Unternehmen sind Kick-off-Veranstaltungen mit Start-up-Workshops oder der ersten Arbeitssitzung gleichzusetzen.

3.4.1 Ziele der Kick-off-Veranstaltung

Kick-off-Veranstaltungen verfolgen häufig folgende Ziele:

- Das Projektziel soll allen Projektteilnehmern vermittelt werden.
- Die Führungskräfte sollen das Projekt unterstützen.
- Die Projektbeteiligten sollen motiviert werden.
- Die Projektbeteiligten werden über den Projektplan informiert.
- Die Projektbeteiligten können sich untereinander abstimmen.

3.4.2 Der Teilnehmerkreis einer Kick-off-Veranstaltung

Wer zu der Kick-off-Veranstaltung eingeladen wird, kann individuell entschieden werden. Bei größeren oder wichtigen Projekten kann unter Umständen auch ein erweiterter Teilnehmerkreis (z. B. Presse oder Stakeholdervertreter) eingeladen werden.

Im Allgemeinen gehören aber folgende Personen zum Teilnehmerkreis der Kick-off-Veranstaltung:

- Auftraggeber (oder ein Vertreter des Auftrag gebenden Unternehmens)
- Auftragnehmer oder entsprechender Vertreter
- Projektleiter
- Projektteam
- weitere Beteiligte (Lenkungsausschuss).

3.4.3 Gestaltung der Kick-off-Veranstaltung

Kick-off-Veranstaltungen können unterschiedlich gestaltet werden. So kommen zum Beispiel Podiumsveranstaltungen genauso infrage, wie Workshops. Bei richtig großen Projekten kann auch eine abschließende Pressekonferenz Bestandteil des Kick-off-Meetings sein.

Ein Kick-off-Meeting ist nach Möglichkeit eine Präsenzveranstaltung.

Im Normalfall leitet der Projektleiter die Kick-off-Veranstaltung, es kann aber auch ein externer Moderator sinnvoll sein.

Eine Agenda für ein Kick-off-Meeting könnte folgendermaßen aussehen:

- Begrüßung der Teilnehmer oder Vorstellungsrunde
- Vorstellung des Projekts (mit Zielen, Projektauftrag usw.)
- Darlegung der Projektplanung und Projektorganisation
- Präsentation der Stakeholder- und Risikoanalyse
- Kommunikationsregeln
- Vereinbarung weiterer Schritte

LF 12 Ergebnisse und Beschlüsse des Meetings werden in einem Protokoll festgehalten.

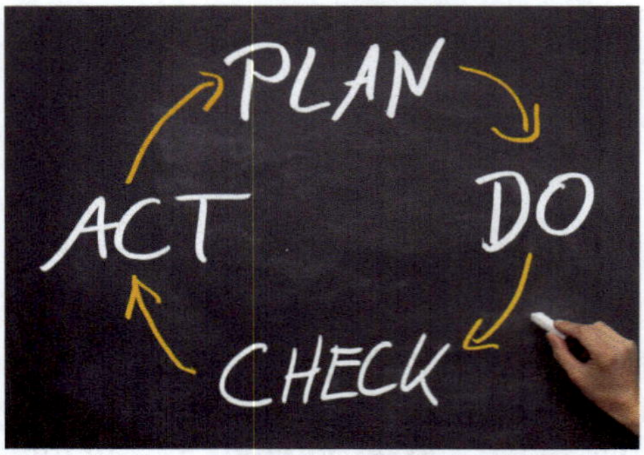

4. Die Projektplanung

4.1 Planung und Kriterien

Um ein Projekt möglichst erfolgreich zu gestalten, bedarf es einer detaillierten Projektplanung. Der Projektauftrag dient dabei als Basis, von der sämtliche Aufgaben, Zielsetzungen sowie ein zeitlicher Rahmen abzuleiten sind. Wichtig ist, bereits bei der Projektplanung etappenweise vorzugehen, um die Ordnung und strukturierte Durchführbarkeit des Projekts zu gewährleisten.

Um ein Projekt detailliert planen zu können, müssen zunächst die für das Projekt zentralen Fragen formuliert und beantwortet werden.

Kriterien, die bei der Planung eines Projekts beachtet werden müssen, sind z. B.:

- Welches Ziel hat das Projekt?
- Welche Teilziele gibt es?
- Sollten Teilziele festgelegt werden?
- Welche Aufgaben entstehen durch das Projekt?

- Wie viel Zeit wird zur Erledigung jeder einzelnen Aufgabe benötigt?
- Wer kann die jeweiligen Aufgaben ausführen?
- Welche Mitarbeiter/wie viele Mitarbeiter stehen für das Projekt zur Verfügung?
- Wie viele Mitarbeiter werden tatsächlich benötigt?
- Wie sind die Rahmenbedingungen für das Projekt?
- Welche Rahmenbedingungen müssen für das Projekt festgelegt werden?
- Mit welchen Methoden sollen Teilziele und Hauptziel erreicht werden?
- Wie können die Umsetzung des Projekts sowie dessen Teilschritte transparent gestaltet werden?
- Wie komplex gestalten sich das Projekt, das Projektziel und die Umsetzung?
- Welche Kosten entstehen bei der Planung und Umsetzung des Projekts?
- Welche finanziellen Mittel stehen zur Verfügung?

Funktionen eines Projektplans

Der Projektplan bringt Struktur in ein Projekt und bietet die Möglichkeit, Termine planen, umsetzen und einhalten zu können. Ebenso gibt er eine Übersicht über das Projekt und enthält Ausgangs- und Zielsituation.

4.2 Projektstrukturplan

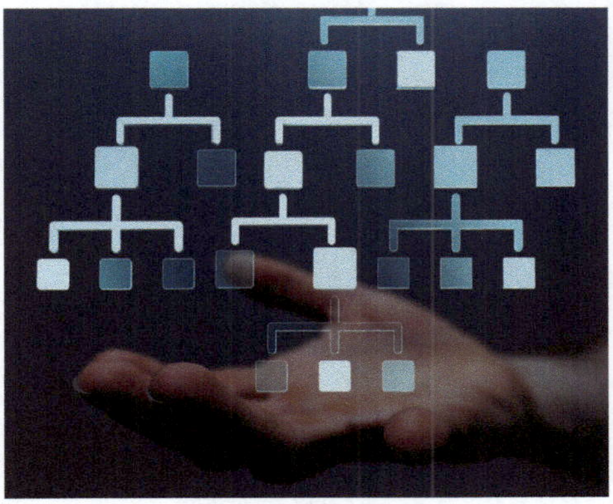

Mithilfe der festgelegten Kriterien kann ein Projektstrukturplan (PSP) ausgearbeitet werden, der eine Übersicht zu dem gesamten Projekt gibt. Das Projekt wird dabei in einzelne Aufgaben untergliedert, anschließend werden die Aufgaben hierarchisch geordnet.

Ein Projektstrukturplan enthält die durchzuführenden Aufgaben und ggf. eine Angabe der ausführenden Person.

4.2.1 Teilaufgaben und Arbeitspakete

Teilaufgaben sind Aufgaben innerhalb eines Projekts, die zur Umsetzung weiter unterteilt werden können. Arbeitspakete innerhalb eines Projekts sind solche Bereiche, die nicht weiter unterteilt werden.

4.2.2 Strukturierungsmethoden

Der Projektstrukturplan dient dazu, dem Projekt eine Struktur zu geben und dadurch die Umsetzung des Projekts zu erleichtern. Je nach Bedarf kann das Projekt unterschiedlich strukturiert sein:

- Orientierung am Aufbau oder am Ergebnis (objektorientiert)
- Orientierung an Funktionen/Tätigkeiten
- Orientierung an einzelnen Phasen des Projekts oder Projektabschnitten
- Orientierung an einer Kombination aus den oben genannten Punkten.

Ebenfalls wird bei Projekten zwischen einer vertikalen und einer horizontalen Struktur unterschieden.

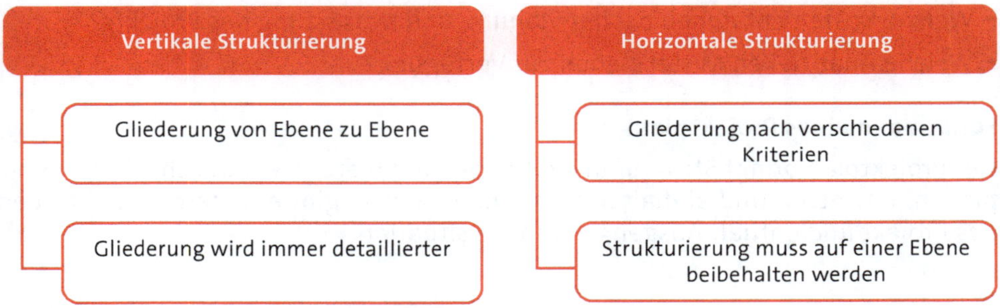

4.3 Projektablaufplan

Im Gegensatz zum Projektstrukturplan enthält der Projektablaufplan Informationen darüber, welche Tätigkeiten in welcher zeitlichen Abfolge ausgeführt werden müssen.

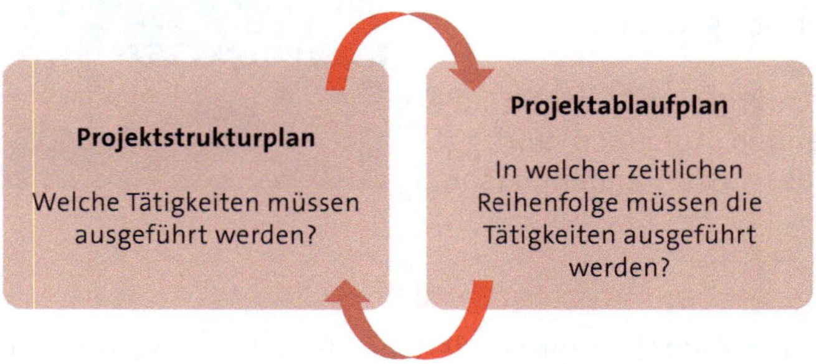

Wichtig bei der Festlegung einer zeitlichen Reihenfolge aller Aufgaben ist die Berücksichtigung der Aufgaben, die voneinander abhängig sind.

Beispiel

Innerhalb eines Projekts soll eine PowerPoint-Präsentation erstellt werden. Diese soll später auf einem Speichermedium wie einer CD oder einem USB-Stick für alle Projektteilnehmer bereitgestellt werden. Damit dieser Schritt ausgeführt werden kann, ist es zunächst notwendig, die Präsentation tatsächlich zu erstellen (Aufgabe 1), damit diese auch auf einem Speichermedium gespeichert werden kann. Weiter ist es wichtig, CD-Rohlinge oder USB-Sticks zu beschaffen (Aufgabe 2), da ohne diese die Präsentation nicht wie vorgesehen auf das Speichermedium übertragen (Aufgabe 3) und bereitgestellt werden kann (Aufgabe 4). Die Erledigung von Aufgabe 4 ist also abhängig von der Erledigung der Aufgaben 1, 2 und 3.

Ein weiterer zu beachtender Punkt ist die zeitliche Planung und deren Einhaltung sowie das Einkalkulieren eventuell benötigter Pufferzeiten. Hierfür müssen die im Projektstrukturplan festgelegten Aufgaben zunächst in eine zeitlich sinnvolle Reihenfolge gebracht werden. Anschließend muss die Dauer für die Erledigung der Aufgaben festgestellt werden und die hierzu benötigten Projektteilnehmer müssen feststehen. Nun kann ein konkreter und verbindlicher Terminplan für die Durchführung des Projekts und der einzelnen Aufgaben definiert werden.

4.4 Zeit- und Terminplanung

Die Zeit- und Terminplanung kann erst dann stattfinden, wenn die für das Projekt notwendigen Aufgaben bereits formuliert sind. Um die Zeit- und Terminplanung durchzuführen, ist es sinnvoll, sich an den unten stehenden Fragen zu orientieren und diese für das Projekt wie auch für einzelne Aufgaben zu beantworten oder entsprechend umzuformulieren.

Zeitplanung	► Sind die Aufgaben detailliert genug? ► Wie viel Zeit wird für jede einzelne Aufgabe benötigt? ► Welche Mitarbeiter können diese Aufgaben erledigen? ► Wie viel Zeit wird insgesamt für die Erledigung aller Aufgaben benötigt? ► Wie lange dauert die Durchführung des gesamten Projekts? ► Welche Aufgaben sind abhängig von einander? ► Welche Aufgaben können gleichzeitig bearbeitet werden?
Terminplanung	► Wann kann das Projekt beginnen? ► Wann muss das Projekt (spätestens) beendet sein? ► Stehen die geplanten Mitarbeiter auch für genau diesen Zeitraum zur Verfügung? ► Stehen genügend Mitarbeiter zur Durchführung des Projekts in dem geplanten Zeitraum zur Verfügung? ► Welche Zeitreserven/Pufferzeiten können an welcher Stelle im Terminplan hilfreich sein? ► Sind weitere benötigte Ressourcen (Räume, Materialien usw.) zu den geplanten Terminen erhältlich?

TIPP

Für die Erstellung der Terminplanung eignen sich zum Beispiel:

- Balken- oder Zeit-Wege-Diagramme
- Vorgangs- oder Meilensteinlisten
- Netzpläne.

4.4.1 Gantt-Diagramm

Ein Gantt-Diagramm findet in der Projektplanung und bei der Umsetzung von Projekten häufig Anwendung. Mithilfe eines solchen Diagramms kann der zeitliche Ablauf von Projekten und Teilschritten unter Bezugnahme auf den Terminkalender abgebildet werden. In einem Gantt-Diagramm sind sowohl die einzelnen Teilbereiche und deren Fortschritte erkennbar, als auch die parallelen Fortschritte innerhalb des Projekts. Ebenfalls kann anhand eines Gantt-Diagramms abgelesen werden, welche Projektaufgaben zeitlich parallel abgearbeitet werden können und welche nacheinander abgearbeitet werden müssen. Die Aufgaben selbst werden nach dem frühestmöglichen Starttermin gegliedert. Zur weiteren Differenzierung und um leichter einen Überblick zu erhalten, kommen auch Farben und senkrechte Linien zum Einsatz, um Personen, die mit Einzelaufgaben betraut sind oder auch ein Team erkennbar zu machen und unterschiedliche Projektphasen optisch voneinander abzusetzen.

4.4.2 Vor- und Nachteile des Gantt-Diagramms

Vorteile	Nachteile
► Einzelne Fortschritte und parallele Fortschritte einzelner Aufgaben sind gut ablesbar. ► übersichtliche und kompakte Darstellung ► nützlich für die Ressourcenplanung ► Zuerst erfolgt eine Auflistung, was zu tun ist, dann, wann es zu tun ist. ► Es eignet sich sowohl unterstützend für große als auch für kleine Projekte.	► Komplizierte Abhängigkeiten und Verflechtungen sind nur schwer darzustellen. ► Der Ressourcenverbrauch ist nicht ablesbar. ► Aktivitäten, die die Projektlaufzeit bestimmen, sind nicht oder nur begrenzt ablesbar. ► Die Erstellung des Diagramms kann aufwendig sein. ► Eine Vielzahl dargestellter Aufgaben kann den Überblick erschweren.

Gantt-Diagramm

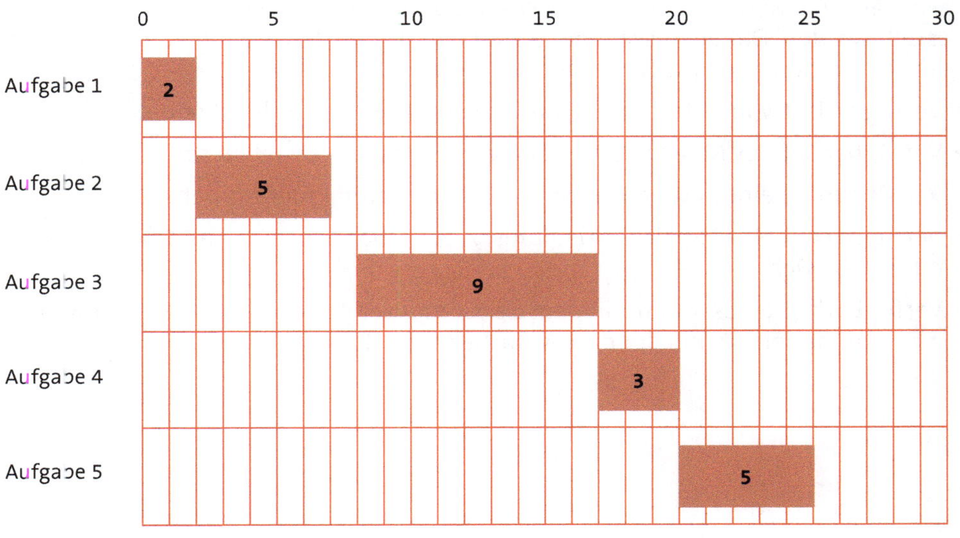

4.5 Ressourcenplanung

Um ein Projekt durchführen zu können, werden sogenannte Ressourcen benötigt. Ressourcen können z. B. sein:

- Personal/Mitarbeiter
- technische Geräte, z. B. Computer, Maschinen
- Verbrauchsmaterialien, z. B. Stifte, Papier
- Werkstoffe
- Räumlichkeiten, z. B. bestimmte Gebäude, bestimmte Räume.

Wichtig ist, dass für jede Aufgabe des Projekts die zur Durchführung notwendigen Ressourcen bekannt sind.

Beispiel

Innerhalb eines Projekts soll eine PowerPoint-Präsentation erstellt werden. Diese soll anschließend auf einem Speichermedium allen Beteiligten zur Verfügung gestellt werden. Dabei müssen, neben der benötigten Zeit, verschiedene Faktoren bedacht werden. Die Ressourcen hierfür sind:

- Verfügbarkeit von Mitarbeitern, die Präsentationen erstellen können
- Verfügbarkeit des Mitarbeiters, der die Präsentation erstellen soll
- Verfügbarkeit eines Computers mit den benötigten Programmen
- Verfügbarkeit eines Speichermediums, z. B. Vorhandensein von CD-Rohlingen oder USB-Sticks
- Verfügbarkeit eines Raums, in dem der Computer mit den benötigten Programmen vorhanden ist und der dem Mitarbeiter auch zugänglich ist.

Es gibt verschiedene Arten von Ressourcen:

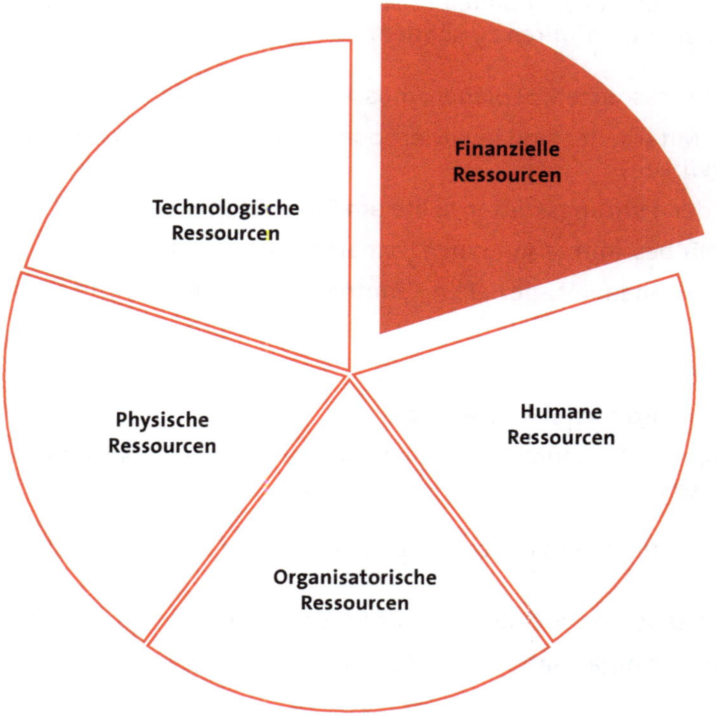

4.5.1 Finanzielle Ressourcen

Finanzielle Ressourcen sind alle Punkte in finanzieller Hinsicht, die für die Durchführung des Projekts sowie einzelner Aufgaben notwendig sind.

Um finanzielle Ressourcen zu planen, müssen z. B. folgende Fragen gestellt werden:

- Wie viel Kapital wird benötigt? Steht dieses Kapital in der benötigten Höhe zur Verfügung?
- Steht das benötigte Kapital zum Durchführungszeitraum des Projekts zur Verfügung?
- Ist die Kreditwürdigkeit zum Durchführungszeitraum des Projekts gegeben?
- Ist der Cashflow zum Durchführungszeitraum des Projekts ausreichend?

4.5.2 Humane Ressourcen

Bei humanen Ressourcen handelt es sich um die Menschen, die benötigt werden, um das Projekt durchführen zu können.

Um humane Ressourcen zu planen, müssen z. B. folgende Fragen gestellt werden:

- Wie viele Mitarbeiter sind involviert oder sollen an der Durchführung des Projekts mitwirken?
- Wer von den Führungskräften sollte am Projekt mitwirken?
- Werden für bestimmte Aufgaben Facharbeiter benötigt?
- Werden Personen mit speziellen Kenntnissen zur Durchführung des Projekts benötigt?

4.5.3 Organisatorische Ressourcen

Organisatorische Ressourcen sind jene Faktoren, die zur Organisation des Projekts und für dessen Durchführung benötigt werden.

Um organisatorische Ressourcen zu planen, müssen z. B. folgende Fragen gestellt werden:

- Soll es ein zentrales oder dezentrales Ressourcenmanagement geben?
- Wie sollen die organisatorischen Zuordnungen einzelner Aufgaben gestaltet sein?
- Werden Informationssysteme benötigt? (Welche? Wann? Wie lange?)

4.5.4 Physische Ressourcen

Physische Ressourcen sind jene Faktoren, die tatsächlich greifbar sind.

Um physische Ressourcen zu planen, müssen z. B. folgende Fragen gestellt werden:

- In welchem Gebäude soll das Projekt durchgeführt werden?
- Wie groß muss das Gebäude oder die Immobilie sein, in der das Projekt durchgeführt werden soll?
- Verfügt das Gebäude über genügend große Räumlichkeiten?
- In welcher Stadt oder in welchem Land steht das Gebäude/befindet sich die Filiale/usw.?

4.5.5 Technologische Ressourcen

Die technologischen Ressourcen sind technologische Entwicklungen, die zur Durchführung des Projekts genutzt werden können oder benötigt werden.

Um technologische Ressourcen zu planen, müssen z. B. folgende Fragen gestellt werden:

- Existieren bereits Qualitätsstandards und müssen diese eingehalten werden?
- Ist es sinnvoll, ggf. selbst Qualitätsstandards einzuführen?
- Existieren bereist eingetragene Markennamen?
- Inwiefern können aktuelle Errungenschaften von Forschung und Entwicklung zur Durchführung des Projekts nützlich sein?
- Inwiefern wird aktuelles Fachwissen, z. B. aus Forschung und Entwicklung, benötigt und ist zugänglich?

4.6 Kostenplanung

Auch ein Überblick über die anfallenden Kosten ist zur Realisierung eines Projekts wichtig. Die Kosten sind nicht ausschließlich als reiner Geldwert zu sehen, sondern als Werteinsatz: Es werden beispielsweise Zeit und Materialien benötigt bzw. verbraucht, für die Kosten anfallen. Der Projektstrukturplan kann der Kostenplanung als Basis dienen, da hier Projektziele, Aufgaben und Arbeitspakete untergliedert sind und die Kosten entsprechend ermittelt werden können. Unter Bezug auf die zuvor durchgeführte Termin- und Ressourcenplanung werden die Kosten festgelegt, dies kann z. B. eine Zuteilung der exakten Plansumme oder ein gewisser Prozentsatz des Projektbudgets sein.

4.6.1 Personalkosten

Personalkosten sind die Kosten, die für die Beschäftigung des Personals entstehen. Dies können z. B. Gehälter, Löhne oder Provisionen sein. Die im Projekt beschäftigten Mitarbeiter eines Unternehmens beziehen beispielsweise während der Zeit, in der sie am Projekt arbeiten, weiterhin ihr Gehalt oder erhalten bei erfolgreicher Durchführung eine Provision oder Prämie.

4.6.2 Materialkosten

Werden grundsätzlich oder zur Durchführung eines Projekts bestimmte Roh-, Hilfs- und Betriebsstoffe benötigt, dann muss festgelegt werden, welche Menge benötigt wird und was diese Menge kosten darf bzw. kosten wird. Die Kosten, die bei der Anschaffung entstehen, sind Materialkosten.

4.6.3 Kapitalkosten

Kapitalkosten oder auch Zinskosten sind Kosten für die Bereitstellung von Kapital. Genügt beispielsweise das vorhandene Kapital nicht, um das Projekt durchzuführen, muss Kapital geliehen werden (z. B. als Darlehen oder Kredit). Hierdurch entstehen Kapitalkosten, die im Rahmen der Kostenplanung berücksichtigt werden müssen.

4.6.4 Fremdleistungskosten

Kann das eigene Unternehmen nicht alle Aufgaben oder Aufträge selbst ausführen, so besteht die Möglichkeit, andere Unternehmen mit diesen Aufgaben zu betrauen. Erbringt ein anderes Unternehmen eine Leistung, so ist dies eine Fremdleistung, für die das eigene Unternehmen aufkommen muss. Innerhalb eines Projekts kann es sein, dass Aufgaben an ein fremdes Unternehmen ausgegliedert werden, weil die Bearbeitung im eigenen Unternehmen nicht möglich ist.

4.6.5 Gerätekosten

Gerätekosten entstehen immer dann, wenn Geräte für das Ausführen von Tätigkeiten bereitgestellt werden. Innerhalb eines Projekts müssen daher z. B. Kosten für Instandhaltung (Verschleiß), Reparatur, Montage oder auch Transport berücksichtigt werden.

4.6.6 Umweltschutzkosten

Auch der Umweltschutz spielt heutzutage eine wichtige Rolle. Daher sollte bei der Durchführung des Projekts auch überlegt werden, ob Verunreinigungen oder Emissionen verursacht werden, für deren Beseitigung Kosten anfallen könnten.

4.6.7 Einzelne Phasen der Kostenplanung

Die Kostenplanung wird in vier Phasen unterteilt:

1	Grundlagen ermitteln	Festlegung eines Kostenrahmens
2	Vorentwurf	Schätzung der anfallenden Kosten
3	Entwurf	Berechnung der anfallenden Kosten
4	Ausführung	Kosten(vor-)anschlag

5. Durchführung und Controlling

5.1 Warum Projekt-controlling?

Sind die Planung der Einzelaufgaben sowie des gesamten Projekts abgeschlossen, wird mit der Durchführung des Projekts begonnen. Meistens werden sogenannte Meilensteine gesetzt, d. h. Zwischenziele werden bestimmt und das Projekt wird dadurch in Durchführungsphasen unterteilt. Das Projektcontrolling dient dazu, eventuelle Abweichungen von der Planung möglichst frühzeitig zu erkennen oder gar vorherzusehen, bereits aufgetretene Abweichungen zu erkennen und darauf zu reagieren. Die Definition von Soll- und Ist-Zuständen ist relevant, um kritisch hinterfragen zu können, ob das Projekt wie geplant läuft oder ob kleinere oder gravierende Abweichungen vorkommen. Innerhalb des Projektcontrolling werden zunächst die Ist-Zustände ermittelt. Diese Daten werden dann mit dem zu erreichenden Soll-Zustand verglichen. Dabei festgestellte Abweichungen können untersucht und geeignete Maßnahmen können ergriffen werden. Für das Projektcontrolling ist der Projektleiter zuständig.

INFO

Ist-Zustände/Ist-Daten geben Auskunft über die aktuelle Situation, z. B.:

- Qualität
- Leistung
- Ergebnisse
- Zeit
- Bearbeitungsdauer
- Termine
- Kosten
- Arbeitsaufwand.

Das Controlling besteht, ob nun allgemeines Controlling oder Projektcontrolling, stets aus einem Regelkreis, dessen Inhalte in jedem Controlling enthalten sind. Dieser Regelkreis stammt aus dem Management, ist jedoch wichtiger Bestandteil für gelingendes (Projekt-)Controlling.

Controlling-Regelkreis:

5.1.1 Zielsetzung

Um ein Projekt überhaupt gestalten zu können, bedarf es einer Idee oder eines Verbesserungsvorschlags und damit einhergehend eines Ziels. Warum soll das Projekt überhaupt durchgeführt werden? Mit welchem Hintergrund? Zu welchem Ergebnis soll es führen? Wichtig ist, das Ziel SMART zu definieren.

Kap. 3.1 Exkurs

Eine Zielsetzung muss daher auch im Projektcontrolling bekannt sein, damit die weiteren Schritte daraufhin geplant, gesteuert und kontrolliert werden können.

5.1.2 Planung

Ist das Ziel definiert, kann auch das Projekt mit seinen einzelnen Aufgaben und Phasen geplant werden. Hierzu gehört auch das Projektcontrolling, das ebenfalls einerseits geplant werden sollte und andererseits zeigt, welche Ziele wie genau erreicht werden sollen.

5.1.3 Erfassung der Daten

Das Projektziel wurde festgelegt, um einen bestimmten Zustand zu erreichen, etwas zu verbessern oder ein Vorhaben umzusetzen. Damit ein Vergleich auch im Rahmen des Projektcontrolling möglich ist, muss der Ist-Zustand festgestellt werden.

5.1.4 Durchführung eines Soll-Ist-Vergleichs

Im nächsten Schritt wird nach der Erfassung des Ist-Zustands dieser mit dem Soll-Zustand verglichen. Hier können Abweichungen erkannt werden.

5.1.5 Analyse von Abweichungen

Nach der Durchführung des Soll-Ist-Vergleichs werden in diesem Schritt die Abweichungen analysiert.

- Warum kam es zu den Abweichungen?
- Um welche Art Abweichungen handelt es sich?
- Sind die Abweichungen vertretbar und sind sie ggf. im Rahmen einer vorher festgelegten Abweichungsspanne akzeptabel?
- Sind Abweichungen aufgrund von Fehlplanungen und Fehleinschätzungen entstanden?

5.1.6 Gründe für Abweichungen

Oft ergeben sich während der Durchführung eines Projekts Probleme, die vorher nicht bedacht wurden und für die dann Lösungsmaßnahmen entwickelt und umgesetzt werden müssen, um das Projekt und die Erreichung des Projektziels nicht zu gefährden. Die Gründe für Abweichungen können vielfältig sein:

Ungeplanter Mehraufwand ist notwendig	► Mehraufwand durch entstandene Fehler ► Unterschätzung der Arbeitspakete und Aufgaben im Vorfeld ► Der im Vorfeld geplante Umfang des Projekts wird durch den Auftraggeber verändert. ► Mehraufwand durch Streit oder Spannungen unter den Projektmitarbeitern ► Mehraufwand durch mangelnde Motivation der Projektmitarbeiter ► Mehraufwand durch Vorverlegung des bisher geplanten Fertigstellungszeitpunkts durch den Auftraggeber
Unrealistische Planungen	► Es werden zu wenige Mitarbeiter eingeplant. ► Es werden zu viele Mitarbeiter eingeplant. ► Es werden unrealistische zeitliche Ziele gesetzt. ► Es werden falsche Methoden zur Realisierung des Projekts gewählt.
Mangel an Kapazitäten	► ungeplanter Ausfall von Mitarbeitern z. B. durch Kündigung oder Krankheit ► Die Kapazitäten sind zwar vorhanden, werden aber falsch verplant und daher nicht optimal eingesetzt.
Schwierigkeiten mit der Qualität	► Überhöhte Qualitätsansprüche überfordern die Projektmitarbeiter. ► Zu niedrige Qualitätsansprüche demotivieren die Projektmitarbeiter. ► Die angestrebte Qualität wird nicht erreicht. ► Zu hohe Ansprüche an die Qualität führen zu Terminschwierigkeiten und höheren Kosten.
Psychosoziale Faktoren	► Zu wenig Lob und Anerkennung führt zu Demotivation der Projektmitarbeiter. ► Ein falsch gewählter Führungsstil durch die Projektleitung wirkt sich negativ auf die Projektmitarbeiter und deren Arbeitsergebnisse aus.

5.1.7 Ergreifen von Gegenmaßnahmen

Wurden die Abweichungen erkannt und analysiert, können entsprechende Gegenmaßnahmen getroffen werden, um eine Lösung zu finden und das Projekt weiterzuführen.

5.1.8 Erfolgskontrolle

Im Rahmen der Erfolgskontrolle wird festgestellt, ob die Maßnahmen erfolgreich waren, d. h. ob und mit welchen Mitteln der angestrebte Soll-Zustand erreicht wurde. Im Anschluss an die Erfolgskontrolle können neue Ziele, ausgehend von dem neuen erreichten Soll-Zustand, festgelegt werden.

5.2 Verantwortlichkeiten

Im Rahmen des Projektcontrolling hat nicht nur ein Mitarbeiter oder der Projektleiter die Verantwortung, sondern diese kann bei mehreren Beteiligten liegen:

Der Projektleiter hat die Aufgabe, das gesamte Projekt zu überwachen und zu kontrollieren. Er organisiert Statusmeetings und überprüft regelmäßig den Projektfortschritt. Als verantwortlicher Projektleiter muss eine Person für die Qualitätsprüfung Sorge tragen und Steuerungsmaßnahmen für das Projekt festlegen sowie die Projektpläne bei Bedarf anpassen. Der Projektleiter ist außerdem die Verbindung zwischen den Mitarbeitern des Projektteams und dem Auftraggeber. Er muss selbst gut und aktuell über den Projektstatus informiert sein und auch sein Team und den Auftraggeber regelmäßig über den jeweils aktuellen Status informieren.

Das Projektteam hat die Aufgabe, die zugeteilten Aufgaben und Arbeitspakete zu bearbeiten und dabei möglichst nicht vom Terminplan abzuweichen. Ebenso hat das Projektteam die Aufgabe, den Projektleiter regelmäßig über die Fortschritte des Projekts, aber auch über Schwierigkeiten und Abweichungen zu informieren und Statusberichte abzuliefern.

Bei größeren Projekten kann es einen gesonderten Controller geben, der den Projektfortschritt überwacht und die Ist- und Soll-Situationen miteinander abgleicht. Er muss in der Lage sein, Problemsituationen zu erkennen und gemeinsam mit dem Projektleiter Steuerungsmaßnahmen festzulegen.

Ab und zu gibt es im Rahmen größerer Projekte auch einen Qualitätsmanager, der die Einhaltung von zuvor festgelegten oder extern auferlegten Qualitätsstandards überprüft und auch beispielsweise die erreichten Meilensteine auf ihre Qualität hin überprüft.

5.3 Einsatz verschiedener Controlling-Methoden und Kennzahlen

Grundlage eines funktionierenden Controlling ist nicht alleine der Controlling-Regelkreis, sondern ein Controlling benötigt zum Funktionieren stets Kennzahlen, mit denen Vergleiche angestellt oder Aussagen getroffen werden können. Dies bedeutet aber nicht, dass einfach sämtliche Kennzahlen, von denen man schon einmal gehört hat, für das Controlling des Projekts hinzugezogen werden sollten. Sinnvoll ist, eine Auswahl zu treffen und die Kennzahlen zu wählen, mit deren Hilfe sinnvolle Aussagen zum Fortschritt des Projekts, zum Fortschritt einzelner Teilbereiche oder auch zur aktuellen zeitlichen Situation und zur Einhaltung des Terminplans, der benötigten und verbrauchten Ressourcen usw. getroffen werden können. Daher sollte zuerst ein Blick darauf fallen, welche Informationen überhaupt im Zusammenhang mit diesem Projekt relevant sind.

5.3.1 Ampel-Controlling

Das sogenannte Ampel-Controlling geht von den drei Phasen einer Ampel aus: Rot, Gelb und Grün.

Grün: Es ist alles im grünen Bereich. Die Zielerreichung ist mit den bisher geplanten Ressourcen möglich und realistisch.

Gelb: Achtung: Eventuell können die geplanten Ziele nicht erreicht werden, die geplanten Ressourcen sind ggf. nicht ausreichend. Es sind bedeutende Planabweichungen zu erwarten.

Rot: Achtung: Die geplanten und gesetzten Ziele können nicht erreicht werden und/oder ggf. erzielte Ergebnisse können nicht verwendet werden.

Anhand der Farben wird für jeden deutlich erkennbar, wie es um die Realisierung der Teilaufgaben derzeit steht. Das Ampel-Controlling ist für jeden leicht nachvollziehbar, da das Prinzip bereits durch den Straßenverkehr bekannt ist:

Grün: Alles ist gut, das Fahrzeug kann ohne Einschränkung weiterfahren/der Fußgänger kann ohne Einschränkungen weiterlaufen.

Gelb: Entweder: Achtung, jetzt aber schnell, oder: Schon mal das Tempo verlangsamen. Grundsätzlich sind bei der Gelbphase eine Reaktion sowie eine (Verhaltens-) Änderung notwendig.

Rot: Alles steht. Es geht erst einmal nicht mehr weiter.

Bei Verwendung des Ampel-Controlling ist es wichtig, zuvor genau zu definieren, wann die Ampel auf welche Farbe umspringt. Geschieht dies beispielsweise bereits bei Nutzung einer eingeplanten Pufferzeit? Die Definition sollte im Rahmen der Projektplanung festgelegt und allen Projektbeteiligten bekannt gemacht werden.

5.3.2 Controlling nach Meilensteinen

Meilensteine werden untergliederte Teilaufgaben und Arbeitspakete genannt, die es innerhalb eines Projekts zu erreichen gilt. Diesen Meilensteinen sollte daher auch die größte Aufmerksamkeit gewidmet werden.

Meilensteine lassen sich sowohl in kleineren als auch in größeren Projekten definieren und gehören grundsätzlich zum Projektmanagement, da sie benötigt werden, um überschaubare Etappen und Zwischenziele innerhalb des Projekts festzulegen. Werden Meilensteine nicht erreicht, muss ggf. das Projekt verlängert oder abgebrochen werden. Meilensteine müssen nicht ausschließlich Teilaufgaben und Arbeitspakete sein, es können auch zeitliche Meilensteine festgelegt werden, sogenannte Terminmeilensteine. Diese sind z. B. relevant, um den zeitlich geplanten Rahmen des Projekts einzuhalten.

Vorteile	Nachteil
► Meilensteine sind die Punkte, an denen erkannt werden kann, ob das Projekt plangemäß und zielgerichtet verläuft. ► Meilensteine helfen dabei, den Überblick zu bewahren und die Kontrolle über das Projekt zu behalten.	► Meilensteine sind die Punkte, die besonders wichtig und daher auch besonders kritisch sind.

Checkliste für das Controlling nach Meilensteinen:

Voraussetzungen erfüllt?	► Definition von Zielen, Inhalten, Start- und Endtermin des Projekts ► Die Bedeutung des Projekts ist bekannt. ► Festlegung von Rahmenbedingungen ► Wichtige Vorgaben für das Projekt sind definiert und bekannt. ► Wissen, wann welche Teilergebnisse erreicht werden müssen ► Wissen, welche Ressourcen in welchem Umfang eingeplant sind ► Der Projektstrukturplan wurde erarbeitet.
Vorbereitungsphase	► Festlegen, wer bei der Erstellung des Meilensteinplans mitwirken soll ► Termin für die Festlegung der Meilensteine vereinbaren ► Agenda und Ziele für diesen Termin festlegen ► Überlegung, ob es bereits durch außen festgelegte Meilensteine (z. B. Deadline) gibt ► Räumlichkeiten und Materialien organisieren ► notwendige Unterlagen für den Termin zusammenstellen
Einzelne Schritte	► Eröffnung und Begrüßung des Termins ► Vorstellung des Ablaufs/der Agenda ► Erläuterung „Meilensteine" mit Begründung ► Besprechung des Projektstrukturplans ► Erklärung eines typischen Meilensteins ► Sammeln von Vorschlägen aller Anwesenden ► Auswertung der Sinnhaftigkeit der Vorschläge und der zeitlichen Realisationsmöglichkeiten ► Vereinbarung von Meilensteinen ► Beendigung des Termins mit ggf. Festlegung eines neuen Termins
Dokumentation	► Dokumentation des Termins, z. B. anhand eines Protokolls ► Darstellung der festgelegten Meilensteine mit einem geeigneten Programm ► Abstimmung festgelegter Meilensteine ggf. mit Auftraggeber oder Vorgesetztem ► Ausgabe des fertigen Meilensteinplans an alle Beteiligten

5.3.3 Controlling nach Arbeitspaketen

Das Controlling nach Arbeitspaketen verhält sich so, wie das Controlling nach Meilensteinen. Einzelne Arbeitspakete werden dabei als Meilensteine festgelegt und deren Umsetzung und das Erreichen einzelner Ergebnisse werden betrachtet und geben Aufschluss über eventuelle weitere Maßnahmen.

5.3.4 Controlling nach Fertigstellungsgrad

Bei der Angabe des Fertigstellungsgrades handelt es sich um eine Controlling-Kennzahl, die aufzeigt, in welchem Umfang Teile des Projekts bzw. das gesamte Projekt bereits fertiggestellt sind. Da insbesondere der Fertigstellungsgrad nicht immer eindeutig festzustellen ist, sollte nie eine Kennzahl alleine für sich stehen. Der Fertigstellungsgrad sollte deshalb auch nur in Zusammenhang mit anderen Kennzahlen und Zielen des Projekts betrachtet werden.

5.3.5 Controlling anhand von Time to Complete

Bei Time to Complete handelt es sich um eine Controlling-Kennzahl, die den Zeitraum nennt, der bis zur Fertigstellung des Projekts noch verbleibt. Der Zeitraum wird normalerweise in Tagen benannt, kann aber z. B. auch als Prozentzahl in Anbetracht des gesamten Projektzeitraums formuliert werden. Es sollte jedoch nie eine Kennzahl alleine für sich stehen, daher sollte Time to Complete nur in Zusammenhang mit anderen Kennzahlen und Zielen des Projekts betrachtet werden.

5.3.6 Controlling anhand von Cost to Complete

Bei Cost to Complete handelt es sich um eine Controlling-Kennzahl, die eine Schätzung über die zu erwartenden Restkosten zulässt. Die noch zu erwartenden Restkosten einschätzen zu können ist wichtig, da dies als Indikator für ein gelingendes oder nicht gelingendes Projekt genutzt werden kann. Stimmen die geschätzten noch zu erwartenden Kosten mit den ganz zu Anfang geplanten Kosten überein, so kann das Projekt weiterlaufen. Andernfalls kann hier eine Warnung ergehen, dass die Ressourcen anders eingeteilt werden müssen, wesentlich mehr benötigt wird usw. Es sollte jedoch nie eine Kennzahl alleine für sich stehen, daher sollte Cost to Complete nur in Zusammenhang mit anderen Kennzahlen und Zielen des Projekts betrachtet werden.

5.4 Termin-, Kosten- und Leistungskontrolle

Die Termin-, Kosten- und Leistungskontrolle sind ebenfalls wichtige Bestandteile des (Projekt-) Controlling.

5.4.1 Terminkontrolle

Die Terminkontrolle dient dazu, die für das Projekt insgesamt und die für einzelne Aufgaben und Phasen festgelegten Termine einzuhalten und somit im Zeitplan zu arbeiten. Termine können dabei von außen vorgeschrieben (z. B. Wunschtermin durch Kunde) oder von innen selbst festgelegt sein (Plantermin durch Projektteam). Die Terminkontrolle dient dazu, die Einhaltung festgelegter Termine sicherzustellen oder Abweichungen festzustellen und auf diese frühzeitig reagieren zu können. Je nach zeitlichem Rahmen des Projekts empfehlen sich hierfür beispielsweise Statusberichte zu einzelnen Aufgaben und Arbeitspaketen.

5.4.2 Kostenkontrolle

Die Kostenkontrolle dient der Feststellung, ob die Kosten für die Durchführung des Projekts im zuvor festgelegten Rahmen liegen. Auch in Bezug auf die Kosten ist ein Soll-Ist-Vergleich sinnvoll, um zu überprüfen, ob Abweichungen von den kalkulierten Kosten auftauchen. Um Abweichungen festzustellen ist es außerdem notwendig, dass beispielsweise die Mitglieder des Projektteams ihre Arbeitszeiten notieren und die entstandenen Projektkosten detailliert erfasst werden. Dann lässt sich nicht nur feststellen, dass Abweichungen vorkommen, sondern auch an welcher Stelle die Abweichungen (z. B. in Form von zu hohen Kosten) entstehen. Somit lässt sich wiederum der Grund für die Abweichungen herausfinden und es können Gegenmaßnahmen eingeleitet werden.

5.4.3 Leistungskontrolle

Die Leistungskontrolle dient dazu, die Fortschritte der einzelnen Projektaufgaben zu überwachen und auch hier ggf. auftauchende Abweichungen frühzeitig zu erkennen und rechtzeitig entgegenzuwirken.

5.4.4 Sachfortschrittskontrolle

Eine Sachfortschrittskontrolle kann im Rahmen eines Projekts zwei Faktoren ermitteln:

- Projektfortschritt
- Produktfortschritt.

Auch hier wird der Fertigstellungsgrad des Gesamtprojekts oder einzelner Arbeitspakete oder Aufgaben ermittelt.

5.4.5 Die Wichtigkeit von Kennzahlen

Kennzahlen sind nicht nur im Projektcontrolling von Bedeutung, sondern spielen im gesamten betriebswirtschaftlichen Zusammenhang eine wichtige Rolle. Anhand von Kennzahlen können Sachverhalte, Fertigstellungsgrade, Bestände und andere wichtige Faktoren ermittelt und bewertet werden. Aus diesen Bewertungen resultieren dann mögliche Reaktionen. Der Einsatz bzw. das Berechnen von Kennzahlen ist auch aus einem anderen Grund sinnvoll: Objektivität. Ein guter Mitarbeiter kann sicherlich das eine oder andere nach seinem „Bauchgefühl" entscheiden und wird damit richtig liegen. Doch weder kleine noch größere Unternehmen sollten sich darauf verlassen, dass jeder Mitarbeiter aus dem Bauch heraus grundsätzlich und immer richtige Einschätzungen liefert, sondern dass eben eine sachliche Begründung sinnvoll sein kann. Jeder Mensch, egal, wie gut er in seinem Job ist, kann Fehler machen und Fehleinschätzungen treffen. Die Gründe hierfür sind vielfältig:

- Überschätzen der eigenen Fähigkeiten
- Überschätzen der bisher geleisteten Arbeit
- Unterschätzen der noch verbleibenden Zeit
- Unterschätzen der noch zu erledigenden Arbeit
- Unterschätzen/Verharmlosen möglicherweise auftretender Probleme

- Ignorieren von bestehenden Problemen
- Ignorieren von zeitlichen Planüberschreitungen
- Fehleinschätzungen benötigter Pufferzeiten
- Fehleinschätzungen aufgrund von Zeitmangel
- Fehleinschätzungen aufgrund von Druck.

Natürlich können auch bei der Berechnung von Kennzahlen Fehler passieren. Dennoch helfen Kennzahlen, die Nachvollziehbarkeit von betrieblichen Situationen und betriebswirtschaftlichen Handlungen und Entscheidungen sachlich nachvollziehbar zu begründen.

5.5 Ursachenanalyse

Die Ursachenanalyse dient dazu, Fehler zu untersuchen, die im Rahmen des Projekts gemacht wurden bzw. Schwierigkeiten zu untersuchen, die im Rahmen des Projekts aufgetreten sind. Das Auffinden von Fehlerursachen liegt dabei im Vordergrund, damit die Ursachen behoben werden können bzw. in einem nächsten Projekt von vorneherein vermieden werden können.

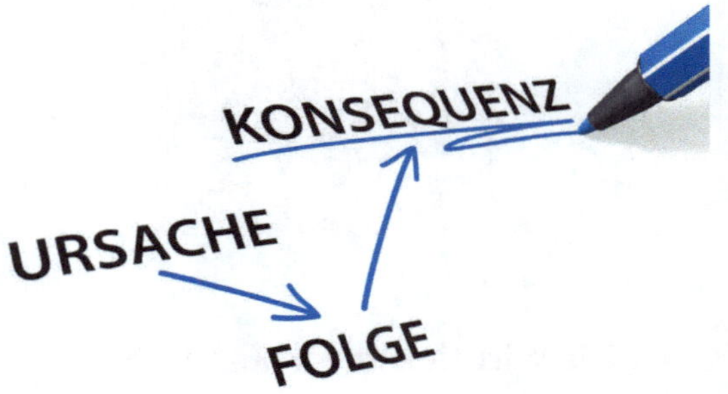

Aus den gefundenen Ursachen können Verbesserungsmaßnahmen abgeleitet werden, wodurch ein erneutes Auftreten des Fehlers oder der Schwierigkeit verhindert wird.

Um Fehlerursachen im Rahmen eines Projekts auf den Grund zu gehen, kann der Fokus nacheinander auf verschiedene Faktoren gelegt werden, z. B. auf:

- Handlungsfehler
- (Zeit-/Ressourcen-/...)Planungsfehler
- Technikfehler
- Systemfehler
- Prozessfehler.

Wichtig ist, dass es bei der Ursachenanalyse nicht darum geht, einen Verursacher im Sinne eines Schuldigen zu finden, sondern herauszufinden, worin die Schwierigkeiten lagen und an welcher Stelle aus welchem Grund etwas schief gelaufen ist und nicht geklappt hat. Das Augenmerk liegt bei der Ursachenanalyse in der Prozessverbesserung, also dem Finden von Verbesserungspotenzial und dem Einleiten von tatsächlichen Verbesserungen und Verbesserungsprozessen.

5.5.1 Durchführung einer allgemeinen Ursachenanalyse

1. Fehler identifizieren: Was ist falsch gelaufen? An welcher Stelle? Zu welchem Zeitpunkt?
2. Welche Verfahren, Prozesse oder Arbeitsabläufe sowie Aufgaben und Arbeitspakete hängen mit dem Auftreten des Fehlers zusammen? Inwiefern wurde der Fehler begünstigt?
3. Kritisches Hinterfragen und Auseinandersetzen mit dem Fehler sowie den involvierten Verfahren, Prozessen, Arbeitsabläufen, Aufgaben und Arbeitspaketen
4. Möglichst exakte Beschreibung der festgestellten Abweichung bzw. des aufgetretenen Fehlers
5. Ableiten und Formulieren von Verbesserungspotenzial
6. Verbesserungspotenzial als Basis für konkrete Verbesserungsmaßnahmen nutzen. Darstellen der geplanten, umzusetzenden Verbesserungsmaßnahmen
7. Veränderte „neue“ Situation erkennen und Beteiligte informieren

5.5.2 Ursachenanalysebogen

Ein einfacher Ursachenanalysebogen für ein Projekt kann beispielsweise so aussehen:

Abweichung Nr.	Abweichung	Beschreibung des Prozesses/Arbeitsablaufs	Darstellung der Abweichung	Verbesserungspotenzial/ Verbesserungsmaßnahme	Neue Situation
1.	Die Liste ist mit einer Verzögerung von zehn Tagen erstellt worden; sie ist unvollständig und fehlerhaft.	Eine Kontrolle und Aktualisierung der Liste soll jeden Mittwoch erfolgen und ist dem gesamten Projektteam zur Verfügung zu stellen. Bei der Aktualisierung der Liste ist Mitarbeiter A auf die pünktlich eingereichten Ergebnisberichte von Mitarbeiter B und C angewiesen.	Bei der Betrachtung der Vorgehensweise wurde festgestellt, dass Mitarbeiter B und C keinen definierten regelmäßigen Zeitpunkt für die Abgabe der Ergebnisberichte kannten, da dieser zuvor nicht vereinbart wurde.	Der Punkt „terminlich geregelte Abgabe der Ergebnisberichte“ wird mit in das Protokoll der zu verteilenden Aufgaben aufgenommen, außerdem wird kurzfristig ein regelmäßiger Abgabetermin vereinbart.	Der Punkt „terminlich geregelte Abgabe der Ergebnisberichte“ ist nun im Aufgabenprotokoll des Projekts enthalten. Bei zukünftigen Projekten wird dieser Punkt daher nicht mehr vergessen werden und diese Abweichung somit nicht mehr auftreten.
2.	...	...	...	...	...

Bei Bedarf können auch Haupt- und Nebenursachen benannt und ein Ursache-Wirkungs-Diagramm gezeichnet werden. Wichtig ist in jedem Fall, die Ursachen auf Vollständigkeit hin zu überprüfen: Wurden wirklich alle möglichen Gründe für die Abweichung(en) berücksichtigt?

5.6 Projektdokumentation

Für die gelingende Durchführung eines Projekts, ebenso wie für ggf. folgende, ähnliche Projekte ist eine ordentliche Projektdokumentation notwendig. Die DIN 69901 erklärt dazu Grundlagen, Prozesse, Prozessmodelle, Methoden, Daten, Datenmodelle und weitere Begriffe, die im Projektmanagement Anwendung finden. Die DIN ist in fünf Bereiche unterteilt:

DIN 69901

- DIN 69901-1 Grundlagen
- DIN 69901-2 Prozesse/Prozessmodell
- DIN 69901-3 Methoden
- DIN 69901-4 Daten/Datenmodell
- DIN 69901-5 Begriffe

Die DIN 69901 definiert eine ordentliche Projektdokumentation als eine „Zusammenstellung ausgewählter, wesentlicher Daten über Konfiguration, Organisation, Mitteleinsatz, Lösungswege, Ablauf und erreichte Ziele des Projekts".

Die Durchführung einer Projektdokumentation dient den Projektteilnehmern bzw. den Mitarbeitern, die an dem Projekt beteiligt sind, insbesondere im Hinblick auf spätere Projekte, da die einzelnen Schritte des durchgeführten Projekts detailliert reflektiert werden und die Kommunikation und Durchführung kommender Projekte so erleichtert.

Fälschlicherweise wird die Projektdokumentation manchmal auch mit dem Projektabschluss gleichgesetzt. Tatsächlich muss die Projektdokumentation aber nicht zwingend am Ende des Projekts angefertigt werden. Da die Projektdokumentation sehr umfangreich ist, bietet es sich an, diese direkt im Verlauf des Projekts anzufertigen und parallel zur Abwicklung des Projekts immer wieder zu bearbeiten.

Die Projektdokumentation dient neben der Vorbereitung auf nächste, ähnliche Projekte außerdem dazu, die einzelnen Schritte des Projekts für andere, ggf. Außenstehende, nachvollziehbar zu erläutern. Hier wird der Ablauf inklusive aufgetretener Planabweichungen geschildert, ebenso erhält die Projektdokumentation die angewendeten Lösungsstrategien und Begründungen für die Wahl der Lösungsstrategien.

5.6.1 Unterlagen für die Projektdokumentation

Die Projektdokumentation sollte grundsätzlich alle Unterlagen enthalten, die zur Darstellung des Projekts und seiner Durchführung notwendig sind und mit dem Projekt zusammenhängen:

- Projektberichte
- Projektauftrag
- Projektstrukturplan
- weitere, das Projekt betreffende Pläne
- wichtigen, aussagekräftigen Schriftverkehr
- Sitzungsprotokolle und andere Protokolle
- weitere Dokumente, die zur Erläuterung des Projekts und seiner Durchführung dienen.

5.6.2 Aufbau einer Projektdokumentation

Einleitung	► Beschreibung des Ist-Zustands ► Beschreibung des Problems oder der Aufgabe ► Nennen von Rahmenbedingungen ► Nennen von Projektzielen ► Beschreibung des Soll-Ist-Vergleichs ► ggf. Erwartungen an das Projekt
Hauptteil	► Einblick in das grundsätzliche Projektmanagement ► Einblick in das Projektmanagement des in der Einleitung beschriebenen Projekts ► Informationsangabe zu Zeitplan, Finanzierung/angefallenen Kosten, Controllingmaßnahmen, erwarteter Wirtschaftlichkeit ► Erläuterungen zu aufgetretenen Abweichungen/Problemen ► Beschreibung der Projektergebnisse
Schluss	► Wurden die Erwartungen an das Projekt erfüllt? ► Konnte der Soll-Zustand erreicht werden? ► Welche Abweichungen zur Planung traten auf und welche Rückschlüsse werden oder wurden daraus für kommende Projekte gezogen? ► Ausblick auf Folgeprojekte

Nach dem Schlussteil sollte der Anhang alle wichtigen Zusatzdokumente enthalten, die der Leser der Projektdokumentation benötigt, um vollumfänglich informiert zu sein und die Schritte des Projekts nachvollziehen zu können.

Auch wenn eine Projektdokumentation grundsätzlich aus einer Einleitung, einem Hauptteil und dem Schluss besteht, so ist nicht grundsätzlich vorgegeben, in welcher Form oder welchem Layout die Projektdokumentation gestaltet werden muss. Sinnvoll ist eine Absprache zu Beginn des Projekts, diese kann zwischen dem Projektleiter und dem Auftraggeber stattfinden und in einer solchen Absprache kann dann festgelegt werden, welche Form die Projektdokumentation haben soll.

Wichtige Punkte, die unabhängig von einer Absprache immer beachtet werden sollten:

- Es sollte ein Inhaltsverzeichnis vorhanden sein.
- Es sollten Seitenzahlen verwendet werden.
- Abbildungen und Tabellen sollten nummeriert werden.
- Ein Anhang sollte gekennzeichnet und separat nummeriert werden.
- Abbildungen und Tabellen sollten sowohl innerhalb der Projektdokumentation, als auch im Anhang über eine Quellenangabe verfügen.

Alle Punkte sollten so formuliert und erklärt sein, dass auch ein am Projekt unbeteiligter Leser das Projekt und seine Einzelschritte nachvollziehen kann.

5.7 Projektberichte

Die Berichterstattung ist für ein gutes Projektmanagement sinnvoll, da anhand der Berichte Ergebnisse der Projektarbeit dokumentiert und kommuniziert werden können. So sind alle Projektteilnehmer (z. B. Mitarbeiter, Auftraggeber, Management) aktuell informiert und haben den gleichen Wissensstand. Projektberichte können außerdem Aufschluss zu Fortschritten des Projekts geben und auch ein Mittel zur Nachbearbeitung einzelner Projekteinheiten sein.

5.7.1 Projektstatusbericht/Projektfortschrittsbericht

Ein Projektstatusbericht oder auch Projektfortschrittsbericht gibt Aufschluss über den aktuellen Stand des Projekts:

- Wie ist der aktuelle Status?
- Wie weit ist das Projekt vorangeschritten?

Es findet eine Einschätzung der Gesamtsituation statt.

5.7.2 Projektsonderbericht

Projektsonderberichte sind dann sinnvoll, wenn das Projekt nicht wie geplant läuft. Treten Abweichungen vom Projektstrukturplan auf, so kann ein Projektsonderbericht Auskunft darüber geben, in welcher Art und welchem Umfang ein Problem aufgetreten ist, welche Folgen dies für den Ablauf und die Umsetzung des Projekts hat bzw. hatte und kann die vorgeschlagenen Lösungsmöglichkeiten enthalten.

5.7.3 Projektabschlussbericht

Der Projektabschlussbericht unterstützt die Abschlussevaluation des Projekts, d. h. es werden Nachkalkulationen und Abweichungsanalysen durchgeführt, es wird aufgelistet, welche Fortschritte und auch Abweichungen zustande kamen, und wertet somit die Erfahrungen, die durch das Projekt gemacht wurden, aus.

5.7.4 Fragen für eine gelingende Berichterstellung

Klärung des Absenders	► Wer erstellt den Bericht: der Projektmanager oder ein Projektmitarbeiter? ► Aus welcher Position heraus wird der Bericht formuliert?
Klärung des Empfängers	► An wen richtet sich der Bericht? Wer ist der Empfänger? ► Welche Informationen benötigt der Empfänger?
Klärung des Formats	► Welches Format sollte ein solcher Bericht haben? ► Gibt es nutzbare Formatvorlagen? ► Kann ggf. selbst eine Formatvorlage erstellt werden?
Klärung des Mediums	► Welches Medium soll zur Übermittlung des Berichts genutzt werden? ► Welches Programm kann zur Übermittlung des Berichts genutzt werden?
Klärung der Termine	► Mit welcher Regelmäßigkeit soll ein Bericht erstellt und präsentiert bzw. vorgelegt werden? ► Sollen Berichte z. B. bei jedem erreichten Meilenstein oder ausschließlich bei auftretenden Problemen eingereicht werden?
Klärung des Umfangs	► Gibt es eine Vorgabe über den Umfang des Berichts? (vorgegebene Seitenzahl, Formulare, die grundsätzlich in jedem Bericht enthalten sein müssen)
Klärung der Art	► Um welche Art von Bericht handelt es sich oder soll es sich handeln? (Projektstatusbericht, Projektsonderbericht, Projektschlussbericht usw.)

5.8 Checkliste für ein gelungenes Projektcontrolling

- regelmäßige Besprechungen
- Durchführung von Soll-Ist-Vergleichen
- Erfassen von Abweichungen
- Dokumentation von Abweichungen
- Analyse von Abweichungen sowie deren Ursachen und Folgen
- Feststellen von Gegenmaßnahmen zu Abweichungen
- Durchführen von Gegenmaßnahmen zu Abweichungen
- Dokumentation aller Schritte/Phasen
- Erstellung von Ergebnis- und Zwischenberichten
- Erstellung eines Projektberichts
- Controlling in allen Bereichen des Projekts.

5.9 Hilfreiche Kennzahlen bei der Umsetzung eines Projekts

Hilfreiche Kennzahlen bei der Umsetzung eines Projekts können je nach Bedarf und Projekt z. B. sein:

Budgetbezogene Kennzahlen		
AC	Actual Cost	Summe aller zum Stichtag tatsächlich angefallenen Kosten
BAC	Budget at Completion	geplante Gesamtkosten
CPI	Cost Performance Index	CPI = EV / AC
CV	Cost Variance	Kostenabweichung
EAC	Estimate at Completion	prognostizierte Gesamtkosten
EV	Earned Value	Summe der Kosten aller zu 100 % fertiggestellten Arbeitspakete/Aufgaben, Fertigstellungswert
PV	Planned Value	Summe der Plankosten aller zum Stichtag geplanten Arbeitspakete/Aufgaben, Plankosten für die geplanten Leistungen
SPI	Schedule Performance Index	SPI = EV / PV
VAC	Variance at Completion	Gesamtkostenabweichung

Terminbezogene Kennzahlen		
AT	Actual Time	Tage seit dem Projektstart
ES	Earned Schedule	erarbeiteter Zeitwert
PD	Planned Duration	geplante Projektdauer in Tagen
SPI (t)	Schedule Performance Index	Zeitplan Kennzahl
SV	Schedule Variance	Terminverzug
% Complete	Percent Complete	Ist-Fortschritt, Fertigstellungsgrad

6. Der Projektabschluss

6.1 Durchführung einer Abschlusskontrolle

Um ein Projekt vollständig abzuschließen, muss der gesamte Projektablauf noch einmal dahingehend kontrolliert werden, ob die zuvor definierten Ziele auch erreicht wurden und sofern die Ziele erreicht wurden, ob dies im zuvor festgelegten Rahmen (Kosten, Termine usw.) verwirklicht werden konnte.

Termine	▸ Wurden alle Termine eingehalten? ▸ Wurden Pufferzeiten in Anspruch genommen? ▸ In welchem Umfang wurden Pufferzeiten in Anspruch genommen oder wurden Termine überzogen? ▸ Welche Gründe gab es für die Inanspruchnahme von Pufferzeiten? ▸ Welche Gründe gab es für die Überziehung von festgelegten Terminen?
Kosten	▸ Wie hoch waren die geplanten Kosten angesetzt und entsprechen diese den tatsächlich entstandenen Kosten? ▸ Gab es Kostenüberschreitungen? ▸ Welche Gründe gab es für Kostenüberschreitungen?
Leistungen	▸ Welche Leistungen waren geplant und konnten ordnungsgemäß erbracht werden? ▸ Welche Leistungen konnten nicht oder nur mit Verspätung erbracht werden? ▸ Aus welchem Grund konnten Leistungen nicht erbracht werden?

Ressourcen	► Welche Ressourcen waren eingeplant und wurden auch plangemäß benötigt bzw. eingesetzt? ► An welcher Stelle der Ressourcen kam es zu einer Fehlplanung? ► Aus welchem Grund kam es zu einer Fehlplanung der Ressourcen? ► Bei welcher Ressource kam eine Fehlplanung zustande?
Meilensteine	► Welche Meilensteine wurden definiert und konnten diese erreicht werden? ► Konnten Meilensteine nicht erreicht werden? ► Aus welchem Grund konnten Meilensteine nicht erreicht werden? ► Wurden die Meilensteine sinnvoll und realisierbar definiert?
Methoden	► Welche Methoden wurden im Rahmen der Durchführung des Projekts eingesetzt? ► Haben sich die eingesetzten Methoden bewährt? ► Wäre an manchen Stellen eine andere Methode auch geeignet oder evtl. sogar sinnvoller gewesen? ► Warum wäre an manchen Stellen eine andere Methode auch geeignet oder evtl. sogar sinnvoller gewesen?
Kennzahlen	► Haben sich die eingesetzten Kennzahlen bewährt? ► Wie war der Krankenstand der Projektmitarbeiter? ► Wie viele Tests, Reviews, o. Ä. wurden durchgeführt? ► Wie viele Änderungen mussten je Arbeitspaket, Aufgabe oder bis zum nächsten Meilenstein jeweils durchgeführt werden? ► Welche zusätzlichen Kosten sind durch aufgetretene Änderungen entstanden?

6.2 Gründe für einen Projektabschluss

Ein Projektabschluss dient dazu, dem Projektteam und all seinen Mitarbeitern einen Rückblick auf das Projekt zu ermöglichen und sich gegenseitig Feedback zu geben. Ergebnisse und neues Wissen werden dokumentiert, die Projektergebnisse werden festgehalten und der Abschlussbericht wird vorbereitet. Ebenso dient der Projektabschluss insgesamt dazu, das Projektteam von seinen Aufgaben zu entlasten und für alle ein ersichtliches Ende des Projekts einzuläuten bzw. das Projekt offiziell zu beenden, sodass alle wieder ihren eigentlichen Hauptaufgaben nachgehen können.

6.3 Projektabnahme

Für die Projektabnahme am Ende eines erfolgreich durchgeführten Projekts muss bereits zu Beginn des Projekts das Abnahmeverfahren für das Projekt festgelegt werden. Die Abnahme selbst findet jedoch erst am Ende des Projekts statt. Das Projekt kann entweder projektbegleitend und schrittweise, oder aber ganz zum Ende bei Abschluss bzw. vollendeter Umsetzung des Projekts, abgenommen werden.

Bei der Projektabnahme werden durch den Projektleiter die Ergebnisse des Projekts an den Auftraggeber übergeben. Der Auftraggeber kann dabei z. B. eine außenstehende Firma oder ein privater Kunde, aber auch der Abteilungsleiter oder der Geschäftsführer des eigenen Unternehmens sein. Nachdem der Auftraggeber die Ergebnisse des Projekts erhalten hat, überprüft er, ob die Projektziele auch tatsächlich erreicht wurden und nimmt das Projekt ab.

6.4 Abschlusssitzung

In der Abschlusssitzung werden verschiedene Faktoren kritisch bewertet aber auch gewürdigt. Hierzu gehören:

- die Projektleitung
- die Projektorganisation
- das Projektergebnis
- die Zusammenarbeit.

Restaufgaben werden definiert und zur Erledigung an die Teammitglieder vergeben. Ebenso werden aufgetretene Schwierigkeiten sowie Abweichungen vom Projektstrukturplan im Team gemeinsam analysiert. Für den sauberen Abschluss des Projekts bietet es sich außerdem an, einen Feedback-Fragebogen unter allen mitwirkenden Projektteammitgliedern zu verteilen und diesen dann auszufüllen, um ihn z. B. letztlich der schriftlichen Auswertung beizulegen.

6.4.1 Der Teilnehmerkreis einer Abschlusssitzung

An der Abschlusssitzung sollten all diejenigen teilnehmen, die auch am Projekt selbst mitgearbeitet haben, und die demnach auch in der Abschlusssitzung noch etwas beitragen können oder aber möchten.

6.4.2 Themen in der Abschlusssitzung

Die Themen in der Abschlusssitzung sollten sich zunächst um die Ziele des Projekts drehen:

- Welche Ziele wurden anfangs gesetzt?
- Wurden diese Ziele erreicht?
- Welche der gesetzten Ziele wurden ggf. nicht erreicht?
- Aus welchem Grund wurden gesetzte Ziele nicht erreicht?

Weiterhin sollte es eine Feedback-Runde (oder einen Feedback-Fragebogen) geben, die den Projektteilnehmern die Gelegenheit gibt, Verbesserungsvorschläge und Kritik zu äußern.

Als weiteres Thema sollten die „Lessons learned“ besprochen werden:

- Welche sind die Lektionen, die das Projektteam und das Unternehmen aus der Durchführung und Umsetzung des Projekts gelernt haben?
- Welche Fehler wurden begangen und welche Maßnahmen werden getroffen, um diese in zukünftigen Projekten zu verhindern?

Sollten noch Restaufgaben erledigt werden müssen, so können auch diese innerhalb der Abschlusssitzung besprochen und zur Erledigung verteilt werden.

6.5 Abschlussfeier

6.5.1 Gründe für eine Abschlussfeier

Ein gelungenes Projekt ist der richtige Anlass, zum Ende des Projekts eine Abschlussfeier zu veranstalten. Eine Abschlussfeier dient dazu, den Stellenwert des Projekts noch einmal zu bekräftigen und einen guten Eindruck zu hinterlassen. Oft ist ein Projekt für die Mitarbeiter des Projektteams gerade zum Ende hin sehr anstrengend und stressig, sodass es insbesondere notwendig und motivierend ist, das Projekt mit einer angemessenen Abschlussfeier ausklingen zu lassen. Das Projekt konnte nur aufgrund des Zusammenhalts sämtlicher Projektmitarbeiter erfolgreich durchgeführt werden.

6.5.2 Der Teilnehmerkreis einer Abschlussfeier

Zur Abschlussfeier sollten die Mitarbeiter des Projektteams und der Projektleiter erscheinen, ebenso alle weiteren betroffenen Mitarbeiter und Vorgesetzte, Abteilungsleiter, Auftraggeber und Kunden.

Bildquellenverzeichnis

Lernfeld 9

S. 32: © JiSign – fotolia.com; S. 33: © bluedesign – fotolia.com;
S. 35: © DOC RABE Media – fotolia.com; S. 39: © fotodo – fotolia.com;
S. 40: © Marco2811 – fotolia.com; S. 42: © Calado – fotolia.com;
S. 46: © fotodo – fotolia.com; S. 52: © pressmaster – fotolia.com;
S. 59: © styleuneed – fotolia.com; S. 65: © sverker – fotolia.com;
S. 68: © Fantasista – fotolia.com; S. 72: © Krasimira Nevenova – fotolia.com;
S. 74: © nmann77 – fotolia.com; S. 90: © Marco2811 – fotolia.com;
S. 100: © fotodo – fotolia.com

Lernfeld 10

S. 116: © fotomek – fotolia.com; S. 118: © Gina Sanders – fotolia.com;
S. 135: © electriceye – fotolia.com

Lernfeld 11

S. 202: © Robert Kneschke – fotolia.com; S. 218: © Photographee.eu – fotolia.com;
S. 230: © JiSign – fotolia.com; S. 235: © Sven Bähren – fotolia.com;
S. 236: © marinini – fotolia.com; S. 236: © contrastwerkstatt – fotolia.com;
S. 237: © Calado – fotolia.com; S. 237: © lightpoet – fotolia.com;
S. 253: © Gulien Diavel – fotolia.com

Lernfeld 12

S. 262: © Rawpixel.com – fotolia.com; S. 276: © blende11.photo – fotolia.com;
S. 277: © gstockstudio – fotolia.com; S. 279: © Sven Hoppe – fotolia.com;
S. 285: © Robert Kneschke – fotolia.com; S. 288: © lightpoet – fotolia.com;
S. 290: © WunderBild – fotolia.com; S. 291: © vinzstudio – fotolia.com;
S. 293: © Wiski – fotolia.com; S. 295: © kasto – fotolia.com;
S. 300: © Rawpixel.com – fotolia.com; S. 302: © Yuri Arcurs – fotolia.com;
S. 304: © VadimGuzhva – fotolia.com; S. 309: © Rawpixel.com – fotolia.com;
S. 312: © VDR - Verband Deutsches Reisemanagement;
S. 316: @ Christian Pedant – fotolia.com; S. 318: © Chefsache Business Travel;
S. 322: © Björn Wylezich – fotolia.com; S. 327: © Rawpixel.com – fotolia.com;
S. 334: © Statista.com; S. 338: © lialia699 – fotolia.com;
S. 339: © DOC RABE Media – fotolia.com; S. 340: © nmann77 – fotolia.com;
S. 350: © Chefsache Business Travel

Lernfeld 13

S. 362: © Coloures-pic – fotolia.com; S. 368: © fotografiedk – fotolia.com;
S. 377: © Robert Kneschke – fotolia.com; S. 378: © amino2003 – fotolia.com;
S. 384: © CrazyCloud – fotolia.com; S. 390: © MK-Photo – fotolia.com;
S. 391: © vege – fotolia.com; S. 393: © Jamrooferpix – fotolia.com;
S. 396: © Michael Tieck – fotolia.com; S. 399: © Gina Sanders – fotolia.com;
S. 401: © Coloures-pic – fotolia.com; S. 406: © cirquedesprit – fotolia.com;
S. 407: © Robert Kneschke – fotolia.com; S. 409: © Sergey Nivens – fotolia.com;
S. 412: © bluedesign – fotolia.com; S. 415: © sp4764 – fotolia.com;
S. 420: © Trueffelpix – fotolia.com; S. 423: © scusi – fotolia.com

Stichwortverzeichnis

A

B

D

E

F

G

R

V

W

Z